精准扶贫精准脱贫
百村调研丛书

李培林／主编

精准扶贫精准脱贫
百村调研·总报告卷

脱贫与内生发展

CASE STUDIES OF TARGETED POVERTY REDUCTION
AND ALLEVIATION IN 100 VILLAGES

李培林 ／ 主　编
马　援　魏后凯　陈光金 ／ 副主编

社会科学文献出版社
SOCIAL SCIENCES ACADEMIC PRESS (CHINA)

党的十八大以来,党中央从全面建成小康社会要求出发,把扶贫开发工作纳入"五位一体"总体布局、"四个全面"战略布局,作为实现第一个百年奋斗目标的重点任务,作出一系列重大部署和安排,全面打响脱贫攻坚战。脱贫攻坚力度之大、规模之广、影响之深,前所未有,取得了决定性进展,显著改善了贫困地区和贫困群众生产生活条件,谱写了人类反贫困历史新篇章。

——摘自习近平总书记2018年2月12日"在打好精准脱贫攻坚战座谈会上的讲话"

"精准扶贫精准脱贫百村调研丛书"
编 委 会

主　编：李培林

副主编：马　援　魏后凯　陈光金

成　员：（按姓氏笔画排序）

　　　　王子豪　王延中　李　平　张　平　张　翼

　　　　张车伟　荆林波　谢寿光　潘家华

中国社会科学院国情调研特大项目
"精准扶贫精准脱贫百村调研"
项目协调办公室

主 任：王子豪
成 员：檀学文　刁鹏飞　闫　珺　田　甜　曲海燕

在"十四五"时期进一步巩固拓展脱贫攻坚成果的若干考虑[*]
（代序）

谢伏瞻

党的十九届四中全会明确提出，要"坚决打赢脱贫攻坚战，巩固脱贫攻坚成果，建立解决相对贫困的长效机制"。根据党中央决策部署，我国的脱贫攻坚及后续工作面临着三个时段的三重目标任务：到2020年末打赢脱贫攻坚战；从现在起到未来若干年巩固脱贫成果和提高脱贫质量；2020年后更长的时期建立并实施常态化的帮扶相对贫困人口的长效机制。着眼于中华民族伟大复兴的战略全局，统筹考虑新冠肺炎疫情冲击和上述三重目标任务，可以考虑在"十四五"时期设置过渡期，巩固拓展脱贫成果，提高脱贫质量，并为建立帮扶相对贫困人口的长效机制做好准备。

一 以应急和兜底思维高质量打赢脱贫攻坚战

当前，我国脱贫攻坚进入冲刺阶段，取得全面胜利还面临诸多困难和挑战。全国还有52个贫困县、2707个贫困村、551万建档立卡贫困人口未实现脱贫退出。虽然同过去相比总量不大，但都是贫中之贫、困中之困，是最难啃的硬骨头。"三保障"问题基本解决了，但稳得住、巩固好还不是一件容易的事情。突如其来的新冠肺炎疫情又给打赢脱贫攻坚战带来新的挑战。此外，脱贫人口还存在一定的返贫风险。一是部分建档立卡脱贫户虽然达到脱贫标准，但是超过标准不多，分红和补贴性收入占比高，脱贫还不稳定；二是住户调查数据表明，农村居民还有较高的动态返贫率和边缘人口规模；三是疫情冲击的长期影响存在很大不确

---

[*] 本文为中国社会科学院院长、党组书记谢伏瞻在全国政协第十三届全国委员会常务委员会第12次会议（2020年6月）上的书面发言。

定性，未来经济增长和新增就业能力难以估计，可能会导致一部分家庭返贫。

为确保高质量打赢脱贫攻坚战，建议以疫情动态变化为依据，在合力攻坚的超常规治理基础上，增加应急和兜底两项举措。应急主要包括两方面：一是以农村社区为单元，以脱贫标准为基准，加强社区返贫和新致贫动态监测，简化边缘户识别、建档立卡、帮扶等程序，适当扩大监测范围和频率，应测尽测，随时将这部分人纳入动态帮扶范围；二是根据各地实际情况，酌情增加应急性帮扶措施，例如扩大消费扶贫，新增以工代赈、扶贫公益性岗位等。兜底是指将保障脱贫的范围从无力脱贫户扩大到疫情冲击户，综合利用好低保、社会救助机制，应兜尽兜。

二 设置巩固提升缓冲期，巩固拓展脱贫成果，提高脱贫质量

打赢现行贫困标准下的脱贫攻坚战，并不意味着消除绝对贫困画上了句号，还要不断增强脱贫支撑条件的可持续性，使建档立卡户和原贫困地区能够稳定脱贫。考虑到疫情冲击对经济社会发展的综合影响及其对脱贫工作的直接间接影响，为了巩固拓展脱贫成果，提高脱贫质量，可以考虑将"十四五"时期前两年定为脱贫巩固提升缓冲期。

在缓冲期内，重点做好以下四个方面的工作。一是全面加强扶贫资产的清查和监管。摸清扶贫资产规模、结构、权属、经营效益等情况，加强扶贫资产后续管理，制定全国扶贫资产管理指导办法，探索多元化的扶贫资产管理模式。二是继续优化农村劳动力转移就业扶持措施，为建档立卡户和受疫情冲击失业的贫困户就业提供有针对性的政策支持，包括职业教育和劳动技能培训。三是继续开展易地扶贫搬迁社区的后续建设和管理工作，并对近1000万扶贫搬迁户继续实施后续帮扶。四是对少数不稳定脱贫户以及可能出现的少数返贫户或边缘户开展动态监测，跟踪帮扶。

要强调的是，在脱贫巩固提升缓冲期内，应合理区分扶贫资产、资源、社区建设方面的措施与到户支持措施。前者以资产保值增值、能力

建设为主要目标，权益和收益归属于其所有者，可优先惠及建档立卡户，但不再仅仅是惠及建档立卡户，重点用于失能、重病及突生家庭变故的少数困难户。采取常规到户支持措施脱贫的继续予以支持。

三 以整个"十四五"时期为准备期，推动贫困治理重点从绝对贫困顺利转向相对贫困

从"十四五"时期开始，我国将在整体上消除绝对贫困并进入扶持相对贫困的历史阶段。根据发达国家和地区的经验，扶持相对贫困对整个社会经济体系提出了更高的要求，也需要经历相当长的历史时期。目前，国内对于相对贫困的认识、政策准备还相当有限，地区、城乡差距较大，如何扶持相对贫困人口还缺乏顶层设计。可以考虑在"十四五"时期多做一些研究和试验，鼓励地方先行探索，作为建立扶持相对贫困人口长效机制的准备期。具体来说，可以开展以下五个方面的基础性工作。

一是建立符合我国国情的"三支柱"减贫战略。世界银行提出的"三支柱"减贫战略，即"劳动密集型经济增长＋人力资本投资＋社会保障"，主要是针对欠发达国家减贫的，但与发达国家减缓相对贫困战略在很大程度上也存在一致性。我国过去以经济增长和开发式扶贫为主的减贫战略实质上隐含着"三支柱"的原理。2020年以后，我国应该在现有制度和政策框架基础上通过优化配置，建立起一个针对相对贫困人口、更加符合我国国情的新型"三支柱"减贫战略，可考虑由包容性增长、基本公共服务均等化、社会保护构成。

二是推动农村反贫困与乡村振兴战略的衔接，主要是将过去以精准扶贫为目的的区域开发、产业扶贫、易地搬迁、转移就业等方面的接续性工作融入乡村振兴战略中。

三是探索建立城乡统一的多元贫困标准和监测体系。可以考虑的贫困标准有兜底型贫困标准、数值型相对贫困标准、比例型相对贫困标准、多维贫困标准以及共享繁荣指标等。对多元贫困标准进行探索，可以比较不同贫困标准的优劣和适用性，以便未来更好地选择指标、阈值以及

对应的政策设计。

四是根据现有扶贫开发建档立卡系统的优势和缺点，研究探索基于新的技术手段以及适应相对贫困治理需要的识别、登记和管理信息系统。

五是稳妥推动扶贫工作体制转型。相对贫困属性决定其不再适用超常规治理，而是需要实现国家治理现代化进程中的相对贫困治理常态化和现代化。精准扶贫格局的优点应该保留，但是要加强地方政府、社会力量的作用。农村扶贫开发体制要向城乡统一的体制转型，最有可能的是把扶贫机构设在主管社会福利的民政部门。未来的贫困治理必须追求制度化、法制化，对政府、贫困家庭的权利和义务进行规定和约束。最后，非常重要的是要增强基层社会服务能力，培育对相对贫困的发现和干预的响应性与集成性能力。

总　序

调查研究是党的优良传统和作风。在党中央领导下，中国社会科学院一贯秉持理论联系实际的学风，并具有开展国情调研的深厚传统。1988年，中国社会科学院与全国社会科学界一起开展了百县市经济社会调查，并被列为"七五"和"八五"国家哲学社会科学重点课题，出版了《中国国情丛书——百县市经济社会调查》。1998年，国情调研视野从中观走向微观，由国家社科基金批准百村经济社会调查"九五"重点项目，出版了《中国国情丛书——百村经济社会调查》。2006年，中国社会科学院全面启动国情调研工作，先后组织实施了1000余项国情调研项目，与地方合作设立院级国情调研基地12个、所级国情调研基地59个。国情调研很好地践行了理论联系实际、实践是检验真理的唯一标准的马克思主义认识论和学风，为发挥中国社会科学院思想库和智囊团作用做出了重要贡献。

党的十八大以来，在全面建成小康社会目标指引下，中央提出了到2020年实现我国现行标准下农村贫困人口脱贫、贫困县全部"摘帽"、解决区域性整体贫困的脱贫攻坚目标。中国的减贫成就举世瞩目，如此宏大的脱贫目标世所罕见。到2020年实现全面精准脱贫是党的十九大提出的三大攻坚战之一，是重大的社会目标和政治任务，中国的贫困地区在此期间也将发生翻天覆地的变化，而变化的过程注定不会一帆风顺或云淡风轻。记录这个伟大的过程，总结解决这个世界性难题的经验，为完成这个攻坚战献计献策，是社会科学工作者应有的责任担当。

2016年，中国社会科学院根据中央做出的"打赢脱贫攻坚战"战略部署，决定设立"精准扶贫精准脱贫百村调研"国情调研特大项目，集中优势人力、物力，以精准扶贫为主题，集中两年时间，开展贫困村百村调研。"精准扶贫精准脱贫百村调研"是中国社会科学院国情调研重大工程，有统一的样本村选择标准和广泛的地域分布，有明确的调研目标和统一的调研进度安排。调研的104个样本村，西部、中部和东部地区的比例分别为57%、27%和16%，对民族地区、边境地区、片区、深度贫困地区都有专门的考虑，有望对全国贫困村有基本的代表性，对当前中国农村贫困状况和减贫、发展状况有一个横断面式的全景展示。

在以习近平同志为核心的党中央坚强领导下，党的十八大以来的中国特色社会主义实践引导中国进入中国特色社会主义新时代，我国经济社会格局正在发生深刻变化，脱贫攻坚行动顺利推进，每年实现贫困人口脱贫1000多万人，贫困人口从2012年的9899万人减少到2017年的3046万人，在较短时间内实现了贫困村面貌的巨大改观。中国社会科学院组建了一百支调研团队，动员了不少于500名科研人员的调研队伍，付出了不少于3000个工作日，用脚步、笔尖和镜头记录了百余个贫困村在近年来发生的巨大变化。

根据规划，每个贫困村子课题组不仅要为总课题组提供数据，还要撰写和出版村庄调研报告，这就是呈现在读者面前的"精准扶贫精准脱贫百村调研丛书"。为了达到了解国情的基本目的，总课题组拟定了调研提纲和问卷，要求各村调研都要执行基本的"规定动作"和因村而异的"自选动作"，了解和写出每个村的特色，写出脱贫路上的风采以及荆棘！对每部报告我们都组织了专家评审，由作者根据修改意见进行修改，直到达到出版要求。我们希望，这套丛书的出版能为脱贫攻坚大业写下浓重的一笔。

中共十九大的胜利召开，确立习近平新时代中国特色社会主义思想作为各项工作的指导思想，宣告中国特色社会主义进入新时代，中央做出了社会主要矛盾转化的重大判断。从现在起到2020年，既是全面建成小康社会的决胜期，也是迈向第二个百年奋斗目标的历史交会期。在此期间，国家强调坚决打好防范化解重大风险、精准脱贫、污染防治三大攻坚战。2018年春节前夕，习近平总书记到深度贫困的四川凉山地区考察，就打好精准脱贫攻坚战提出八条要求，并通过脱贫攻坚三年行动计划加以推进。与此同时，为应对我国乡村发展不平衡不充分尤其突出的问题，国家适时启动了乡村振兴战略，要求到2020年乡村振兴取得重要进展，做好实施乡村振兴战略与打好精准脱贫攻坚战的有机衔接。通过调研，我们也发现，很多地方已经在实际工作中将脱贫攻坚与美丽乡村建设、城乡发展一体化结合在一起开展。可以预见，贫困地区的脱贫攻坚将不再只局限于贫困户脱贫，我们有充分的信心从贫困村发展看到乡村振兴的曙光和未来。

是为序！

全国人民代表大会社会建设委员会副主任委员
中国社会科学院副院长、学部委员
2018 年 10 月

内容提要

精准扶贫精准脱贫百村调研项目，在2016年至2018年期间，在全国范围内选择了104个贫困村和脱贫村开展了国情调研。每个样本村按计划在国情调研基础上撰写和出版一本调研报告，形成一套丛书。本报告是这个研究项目的总报告，由主报告、专题篇和附录三个部分组成，是对样本村在脱贫攻坚大潮中的脱贫和发展进程的整体性呈现。

主报告利用87个样本村的村级问卷调查数据和95个样本村的6391份住户问卷调查数据，以及村庄调研报告中的资料数据，描述了2016年以来全国百个贫困村的基本村情、贫困状况、村级贫困治理和帮扶措施、贫困户致贫原因及到户帮扶措施、精准脱贫进展及成效。本报告基于福祉理论，将增进社区福祉界定为村庄发展的目标，提出从脱贫到繁荣性发展的贫困村内生发展思路和主线。基于内生发展思路，报告在户脱贫成效分析基础上，对样本村减贫和发展进程、成效以及内生发展水平进行了评价。进而，报告总结了百村调研的主要发现、脱贫经验和存在的问题，以繁荣性发展为愿景，提出脱贫地区减缓相对贫困、实现内生发展和促进共享繁荣的展望及政策建议。

精准扶贫百村调研获得了大量实证性发现，主要内容可归纳为五个方面：第一，贫困村及贫困户面临明显的劣势条件。贫困村地处偏远，农地资源有限，农业生产以传统农业为主；新型经营主体等经济实体少，集体企业少，集体经济收入低；小学和幼儿园覆盖率低，饮水和住房不安全比例高；建档立卡户劳动力年龄结构老化，子女上学负担重，养老压力大；贫困村人口受教育程度低，女性、贫困户、西部地区、少数民族聚居村更低。第二，贫困程度较深的非建档立卡村处于明显劣势地位。它们所获得的扶贫资源、项目更少，村内样本户对生活评价满意程度更低，对5年后生活预期消极悲观的比例更高。第三，精准扶贫经历了纠错、改进和加强的过程。早期的贫困识别以及退出都还不够精准，贫困户致贫原因与帮扶措施的匹配程度低，到户帮扶措施对贫困户覆盖程度低。到2017年仍有不少错误要通过动态调整、回退、整改和巩固提升等方式加以纠正。随着时间的推移，所有村的扶贫力度都得到了加强，贫困村发展短板不断得到补齐，建档立卡户得到的帮扶措施更加丰富，精准扶贫程度提高。第四，精准扶贫和脱贫取得了可验证的效果。村级和户级帮扶措施发生了很大的调整，投入资金也大幅度增加。脱贫村的建设和发展水平明显优于非贫困村以及贫困村，脱贫户的收入水平和生活水平指标大大高于未脱贫户，其生活评价也同时高于非贫困户和贫困户。第五，脱贫成为贫困村内生发展的起点。2015年和2016年样本村实施了大量的公共建设项目、发展干预措施，出现了大规模发展集体经济和增加集体收入的苗头，第一书记和扶贫工作队加强和改善了贫困村治理。

样本村的五年精准扶贫实践形成了大量宝贵的扶贫经验，与此同时，从面向未来的视角，精准扶贫在收官之际仍存在不少待解问题。本调研样本村形成的精准扶贫经验可总结为九个方面：一是创新与加强村级贫困治理，以驻村帮扶和党建引领为其核心；二是持续、全方位增加扶贫投入；三是不断优化和改善精准识别，尤其是采取了应纳尽纳的动态调整以及边缘户识别和监测；四是始终坚持正确的方向和思路，建立纠错机制，坚持精准扶贫方略，创新扶贫方式，瞄准脱贫目标不放松；五是坚持以发展减贫为主导方式，应当予以坚持，在艰难中开辟成功的道路；六是提升以扶贫对象为中心的精准脱贫政策集成性，使扶贫对象真正成为脱贫政策的中心；七是坚持提高扶贫对象的自我发展能力，包括农户层面和村层面，是一种有利于自主脱贫和可持续脱贫的减贫路径；八是注重激发内生动力，开展扶志行动和精神扶贫，促使贫困人口转变观念，树立信心和愿望，消除依赖心理，自觉融入发展进程；九是实行脱贫后的巩固提升政策以确保稳定脱贫。本调研也发现了精准扶贫中的一些问题，其中不少都随着脱贫攻坚的推进而逐步解决。从面向未来的角度看，精准扶贫的待解问题可归纳为以下六个方面：一是精准扶贫还不足以培育足够的内生发展能力；二是攻坚战不足以充分完成长期性扶贫任务；三是现行驻村帮扶体制强大但是不可持续；四是内生发展面临农村社区教育不足的短板；五是精准扶贫政策尚未解决延续或转换问题；六是扶贫产业、扶贫贷款及扶贫资产均存在相关风险。

展望未来，本报告提出贫困地区遵循"三步走"路径以追求繁荣性发展的战略思路。第一步是通过扶贫开发和精准扶贫实现稳定脱贫，培育初步的内生发展能力；第二步是在稳定脱贫基础上重点培育内生发展能力；第三步是进一步追求共享的繁荣性发展。脱贫地区需逐步转向以解决相对贫困为主，这是下一步反贫困的主要使命，主要对象是脆弱性、冲击性贫困人群以及老年人、大病患者等特殊人群。在促进贫困村脱贫发展问题上需考虑城乡关系的动态平衡，为愿意城镇化定居的人和愿意返乡创业和生活的人都提供良好的制度和政策环境。未来，与减缓相对贫困同等重要的是要促进底层人口收入更快增长以及共享繁荣。基于上述展望，主报告提出了促进相对贫困地区内生发展的战略和政策建议：一是推动全面脱贫与实施乡村振兴战略衔接；二是完善促进相对贫困地区发展的支持政策；三是建立"三支柱"减缓相对贫困战略和政策；四是设置脱贫"过渡期"，巩固脱贫成果；五是推动贫困治理常态化以及乡村治理能力现代化建设。

专题篇共有七篇。专题一从村庄整体视角分析了样本村扶贫和减贫的成效、挑战与建议；专题二从乡村治理现代化角度分析了村庄贫困治理对改善乡村治理带来的贡献和挑战；专题三详细描述了样本户收入与消费的总量与结构特征，并分析了贫困农户收入和消费的问题与挑战；专题四以调研数据专门分析了中国就业扶贫和社会保障扶贫的政策和实践进展以及成效，对存在问题进行了探讨；专题五分析了贫困村的教育现状和教育扶贫成效，也分析了教育扶贫中存在的一些难点问题；专题六讨论了健康乡村建设现状和面临的主要问题；专题七探讨生态扶贫实践，指出这是精准脱贫与生态建设的"双赢"之策。

附录是对研究报告的有益补充，由三部分组成。第一部分为百村村情，利用调研数据对样本村情况进行了更细致的描述，有助于增加对样本村的了解；第二部分是附表，共有6个，既提供中国的贫困标准、贫困状况等背景性数据，也分类呈现样本村和样本户基本特征；第三部分是抽样调查所使用的行政村和住户调查问卷，有助于对数据的理解。

目 录

主报告：精准扶贫与贫困村的内生发展研究 .... / 001

  一 内生发展：贫困村脱贫的考察视角 .... / 003

  二 百村贫困状况 .... / 020

  三 百村贫困治理与村级帮扶 .... / 042

  四 百村精准帮扶 .... / 060

  五 百村精准脱贫 .... / 073

  六 贫困村减贫与内生发展 .... / 086

  七 百村脱贫经验与问题 .... / 106

  八 展望与政策建议 .... / 118

专题报告：百村脱贫的多维视角 .... / 125

  专题一 村庄扶贫减贫：成效、挑战与建议 .... / 127

  专题二 村庄贫困治理与乡村治理 .... / 151

  专题三 精准扶贫村农户收入与消费状况分析 .... / 171

  专题四 就业扶贫与社会保障扶贫 .... / 198

  专题五 贫困村教育现状、教育扶贫成效及建议 .... / 220

专题六 健康乡村建设现状、问题及对策 …………… / 244

专题七 生态扶贫：精准脱贫与生态建设的

"双赢"之策 …………………………………… / 263

附 录 …………………………………………………… / 287

附录一 百村村情 ………………………………… / 289

附录二 百村样本特征 …………………………… / 322

附录三 百村调查问卷 …………………………… / 334

附录四 中国农村贫困标准及贫困状况 ………… / 365

参考文献 ………………………………………………… / 371
后 记 …………………………………………………… / 379

主 报 告

精准扶贫与贫困村的内生发展研究

一 内生发展：贫困村脱贫的考察视角

改革开放进程就是中国持续减贫和消除绝对贫困的过程。从1978年到2015年，中国现行标准下的农村贫困发生率从97.50%下降到5.70%，对世界减贫做出了巨大贡献。2007年中共十七大报告确定到2020年全面建成小康社会奋斗目标，2015年底中共中央和国务院做出打赢脱贫攻坚战的决定，要在2020年实现剩余贫困人口及贫困地区摆脱贫困的历史性任务。在这个背景下，中国社会科学院实施了"精准扶贫精准脱贫百村调研"国情调研特大项目，在104个样本村开展了国情调研，形成了样本村和样本户的抽样调查数据。为了分析基于国情调研的贫困村发展，本研究建立了贫困村从脱贫到繁荣性发展的内生发展研究思路和主线，既用于对样本村发展的评价和经验总结，也用于对脱贫地区进一步减缓相对贫困和促进共享繁荣的展望研究。

（一）消除贫困与全面建成小康社会
1. 改革开放以来中国的减贫行动
近代以来，就人民生活而言，中国曾经长期处于积贫积弱状态。从

1949年新中国成立到改革开放前，整个国家都在为捍卫国家主权、奠定国民经济基础而努力。[1] 改革开放前的多数年份里，由于农村集体经济体制以及社会救济等因素，中国人民维持了最低限度的营养水平，同时在农村发展了最基本的医疗卫生和教育体系。[2] 在改革开放之初，中国农村人口增长到7.9亿，农民仍然几乎都处于普遍贫困状态。按照低水平的生存标准，1978年农村贫困人口有2.5亿，人们饮食只能勉强果腹，恩格尔系数高达85%。按照2011年制定的现行贫困标准推算，1978年农村贫困发生率高达97.5%。

中国的改革开放，挽救了国民经济，也开启了中国轰轰烈烈的改善民生和反贫困进程。改革开放以来，中国的农村反贫困历程可以被划分为五个历史阶段。[3]

1979~1985年，通过农村经济体制改革减贫。国家实施农村家庭联产承包责任制，开展农产品市场和价格改革，允许发展乡镇企业。农村改革带来农业生产的发展、农产品价格和销售收入的提高以及农村劳动力的非农就业，成为当时主要的减贫动力。

1986~1993年，启动农村专项扶贫开发。国家建立专门扶贫机构，确定开发式扶贫方针，划分贫困片区，确定国家级和省级贫困县，制定第一条贫困线，为贫困地区安排专项扶贫资金，实施优惠政策，开展定点扶贫。严格地说，1986年以来的农村反贫困行动都属于农村专项扶贫开发范畴，只是以后各阶段都有更为明确的阶段性计划。在这个意义上，1986~1993年是中国农村扶贫开发进程的起步阶段。

1994~2000年，开展"八七扶贫攻坚"。即利用7年时间，基本解决8000万人的温饱问题。这是中国首个有明确目标的扶贫计划，开启了第一轮扶贫攻坚战，调整了贫困线，较大幅度地增加扶贫投入，开展东西部地区扶贫协作，在贫困地区发展交通、文化、科技、教育等社会事业，强化省（市区）党委、政府的扶贫责任。到2000

---

[1] 林毅夫、蔡昉、李周：《中国的奇迹：发展战略与经济改革》（增订版），上海人民出版社，1999。
[2] 世界银行：《中国：90年代的扶贫战略》，高鸿宾、张一鸣、叶光庆译，中国财政经济出版社，1993。
[3] 吴国宝等：《中国减贫与发展（1978~2018）》，社会科学文献出版社，2018。

年，中国尚未解决温饱的人口减少到3209万，基本实现跨入小康社会目标。①

2001~2010年，实施《中国农村扶贫开发纲要（2001~2010）》。这是第一轮农村扶贫"十年纲要"期，可以定义为综合减贫阶段，采取了整村推进、产业化扶贫、贫困劳动力培训等综合措施，与西部大开发、支农惠农、农村低保等宏观政策叠加在一起。按照2010年的扶贫标准1274元，农村贫困人口从2000年的9422万人减少到2010年的2688万人。

2011~2020年，实施《中国农村扶贫开发纲要（2011~2020年）》。这是第二轮扶贫开发"十年纲要"期，可以定义为大扶贫阶段。在此期间，中国制定了新的贫困标准。②到2020年，中国要在现行贫困标准之下，稳定实现扶贫对象不愁吃、不愁穿，保障其义务教育、基本医疗和住房安全（即"两不愁、三保障"），以及贫困地区区域性的脱贫发展目标。由于贫困标准的提高，2011年扶贫对象增加到1.22亿人，比原标准之下增加了约1亿人，全国合计共有832个贫困县。在这个阶段，中国逐渐确立专项扶贫、行业扶贫和社会扶贫相互协调、互为补充的大扶贫格局，开展脱贫攻坚战，扶贫力度大幅度增加。

改革开放以来，伴随着持续并且不断加强的农村扶贫开发，持续的经济增长和社会保障体系的增强，中国农村贫困人口持续减少。在城乡二元结构之下，现行标准下的贫困主要在农村，农村贫困发生率从1978年的97.50%持续下降到2012年的10.20%以及2015年的5.70%。到2015年底，中国农村还有5575万贫困人口（见图1）。

2. 世界视野中的中国减贫进程

中国减贫是世界减贫的重要组成部分，也是世界减贫的重要实践者和贡献者。2000年，联合国首脑会议制定了千年发展目标，致力于到2015年将世界贫困人口在1990年基础上减少一半。到2012年，全球

---

① 李君如：《2000年：我国进入小康社会》，《毛泽东邓小平理论研究》2000年第1期。
② 改革开放以来，中国先后制定了三个贫困标准，请参见附录二中附表1。最新的贫困标准一般被称为"现行标准"。如无特殊说明，本报告中使用的都是这个标准。

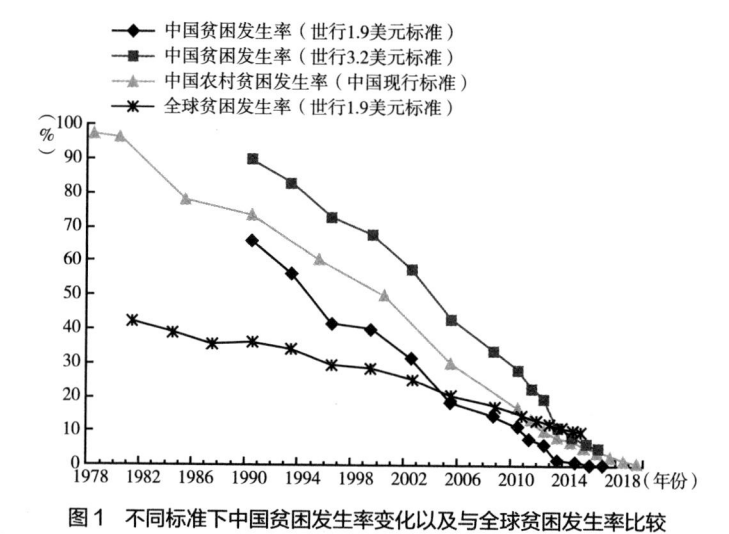

图 1　不同标准下中国贫困发生率变化以及与全球贫困发生率比较

资料来源：历年《中国农村贫困监测报告》，世界银行数据库（https://data.worldbank.org/）。

减贫目标提前 3 年完成，贫困人口减少 54.2%。中国只用了大约 10 年时间就实现了千年目标中的减贫目标。① 中国贡献了 1990~2012 年全球减贫规模的 63%，如果没有中国贡献，全球千年发展减贫目标就不可能实现。② 到 2015 年，世行 1.9 美元标准下的中国贫困人口数量降至 960 万，只相当于 1990 年的 1.28%。同期，世界其他地区的贫困人口从 11.48 亿减少至 7.27 亿，并没有实现减半目标，撒哈拉南部非洲的贫困人口只减少了 28%。③ 在这个背景下，国际社会又采取了新的减贫行动。2015 年 9 月，联合国可持续发展首脑峰会召开，会议通过的《2030 年可持续发展议程》将在全球范围内消除一切形式的贫困作为目标之一。2019 年 4 月，非盟发布了《2063 议程：我们想要的非洲》，提出在一代人时间里消除贫困的目标。④

事实上，如果按照世行 1.9 美元标准以及以贫困发生率降至 3% 以下

---

① 《中国实施千年发展目标进展情况报告》，联合国网站，https://www.un.org/chinese/millenniumgoals/china08/1_1.html，查询时间：2020 年 5 月 11 日。
② 李培林、魏后凯主编《扶贫蓝皮书：中国农村扶贫开发报告（2016）》，社会科学文献出版社，2016。
③ United Nations, "The Millennium Development Goals Report 2015,"
④ "Agenda 2063: The Africa We Want," African Union, https://au.int/en/agenda2063/overview.

作为消除贫困的标志，2013年中国的贫困发生率已降至1.9%，实现了消除贫困的目标。中国政府确定的目标，是在本国贫困标准之下，实现所有贫困人口的脱贫。值得说明的是，中国现行的贫困标准远远高于世行1.9美元标准，但在一定程度上低于世行3.2美元标准。[①]2013年，中国贫困标准下的贫困发生率为8.5%，世行3.2美元标准下的贫困发生率为12.10%。到2016年，3.2美元标准下的中国贫困发生率降至5.4%（见图1）。按照当前的减贫速度，到2020年中国完全有把握将该比例降至3%以下，甚至更低。

3. 脱贫攻坚和全面建成小康社会

早在2011年，中国就制定了全部消除贫困的目标。简单地推算，从2015年到2020年，平均每年需要减贫1100万人。事实上，扶贫进行到攻坚的最后阶段，受贫困地区恶劣条件和贫困人口能力不足的限制，减贫进程往往止步或徘徊于"最后一公里"。[②]因此，减贫速度难以维系，到了后期会有所下降。基于脱贫越到最后越困难的认知，自十八大以来，中国政府努力探索新的减贫方略来打破这个"堡垒"。2013年底，中共中央办公厅、国务院办公厅发布了《关于创新机制扎实推进农村扶贫开发工作的意见》，拉开了精准扶贫的序幕。2014年以来，全国范围内开展统一标准的贫困人口识别和建档立卡，为12.8万个贫困村和9800万贫困人口建立档案，制定帮扶计划。《中共中央国务院关于打赢脱贫攻坚战的决定》（以下简称《决定》），吹响了新一轮脱贫攻坚战的号角。

《决定》是在联合国可持续发展首脑峰会2个月后做出的。习近平主席在峰会上发表演讲时指出，落实2015年后发展议程"一分部署，九分落实"，[③]已经透露出脱贫攻坚的信号。经过一轮的调整，建档立卡系统已经基本建成，实现了脱贫攻坚期与"十三五"规划期的吻合，其目标

---

① 中国社会科学院农村发展研究所课题组：《中国扶贫标准研究报告》（未刊稿），2017年。
② 蔡昉：《穷人的经济学——中国扶贫理念、实践及其全球贡献》，《世界经济与政治》2018年第10期。
③ 《习近平在联合国发展峰会上的讲话》，新华网，http://www.xinhuanet.com//politics/2015-09/27/c_1116687809.htm，2015年9月27日。

正是要实现2011年确定的全部脱贫目标。

2016年以来，从中央到地方，实行党管扶贫，"五级书记"直接抓扶贫；加强中央统筹、省负总责、市县抓落实的分级、协力推进体制，政府扶贫和社会扶贫同步加强，各方投入资金、资源均大幅度增加；在贫困地区实行由脱贫攻坚统揽经济社会发展全局和党政"一把手"共同负责制；实行"双包"帮扶和驻村帮扶全覆盖，每个贫困村都有对口帮扶的单位，都有上级派驻的第一书记和扶贫工作队，每个贫困户都有直接联系的帮扶责任人。全国共派出25.5万个驻村工作队，累计选派290多万名县级以上党政机关和国有企事业单位干部到贫困村和软弱涣散村担任第一书记或驻村干部。截至2020年，仅中央财政专项扶贫资金累计已达5305亿元，地方财政、整合涉农资金、社会资金、金融资金用于扶贫的规模均大幅度增长。在社会扶贫中，东部发达地区政府、企业、公共机构与西部对口帮扶地区建立了更加紧密的协作关系。通过如此大规模的脱贫攻坚行动，从2016年到2019年，中国农村贫困人口年均减少1256万，到2019年底已下降到551万，贫困发生率下降到0.6%，打赢脱贫攻坚战胜利在望。

从脱贫攻坚战的力度、规模和影响力看，它完全可以称得上一个新的扶贫阶段。但是，从未来更长的历史视野看，脱贫攻坚亦可视为第二轮"十年纲要"期的一部分，它创造性地将纲要目标变为现实，将扶贫开发与中国全面建成小康社会的目标紧密结合在一起。

作为脱贫攻坚对象的832个贫困县、12.8万个建档立卡贫困村，以及9000多贫困人口，毕竟只是农村地区和农村居民中的少数。如火如荼的脱贫攻坚战中需要考虑两个问题：一是贫困村和贫困人口的出路何在？二是边缘村庄被"冷落"问题。实践表明，脱贫攻坚不可避免地产生了一些边缘村、边缘户以及部分贫困户过于"优待"的问题。党的十九大报告提出，实施乡村振兴战略。脱贫攻坚进入后半程，攻克深度贫困堡垒成为新的历史任务，而实施乡村振兴战略同步开启，制定了跨越小康的五年规划，在贫困地区出现了脱贫攻坚与乡村振兴有机衔接的阶段性命题。在此期间，越来越多的贫困户、贫困村、贫困县摘掉贫困的"帽子"。脱贫县在维持政策稳定以巩固脱贫成果的同时，工作重点自然地向实施乡村振兴战略和县域发展转移。

（二）精准扶贫百村调研实施情况

1. 中国社会科学院的国情调研传承

中国社会科学院是中国哲学社会科学研究的最高学术机构和综合研究中心，在中国改革开放和现代化建设中，进行创造性的理论探索和政策研究，肩负着从整体上提高中国人文社会科学水平的使命。中国社会科学院有深厚的国情调研传统，要让学者走出书斋，走入基层，把学问做在大地上，为人民做学问。早在1988年，中国社会科学院与全国社会科学界一起开展百县市经济社会调查。这个项目被列为"七五"和"八五"国家哲学和社会科学重点课题，出版了《中国国情丛书——百县市经济社会调查》。1998年，国情调研视野从中观走向微观，由国家社科基金批准百村经济社会调查"九五"重点项目，出版了《中国国情丛书——百村经济社会调查》。1993年，中国社会科学院成立了国情调查研究中心。2006年，中国社会科学院组织实施针对企业、乡镇和村庄三类基层单位的国情调研项目；后又在各地建立国情调研基地，实现国情调研机制化。

2. 精准扶贫百村调研的立项和实施

正是由于其悠久的国情调研传统，在脱贫攻坚战启动的历史性时刻，中国社会科学院决定实施国情调研特大项目"精准扶贫精准脱贫百村调研"（以下简称为"精准扶贫百村调研"或"本调研"）。本调研是中国社会科学院历史上第一个如此大规模同步展开的国情调研项目，故命名为"特大项目"。在全国范围内选择104个村开展调研，目的在于对全国的贫困村能形成有一定代表性的认识，对当前（当时）农村贫困状况和减贫进展有一个科学准确的判断。项目设计采取了"统分结合"机制。在"统"的部分，由总课题组统一设计调查问卷、抽样方案、调研进度安排等，确保每个村的调研都在大体相同的原则下开展。

在"分"的部分，各调研组根据本村的独特性，自行选择问题，开展深入的专题性调研。当时，"精准扶贫精准脱贫"基本方略刚刚提出不久，精准识别还不完善，精准脱贫尚未开始。始于2016年底的精准扶贫百村调研相继展开。样本村绝大多数是贫困村，少数是过去的脱贫村或贫困程度较深的非贫困村。

大部分样本村的主体性调研均在2017年完成，部分村的后续调研延续到2018年甚至更晚。但是通过问卷调查收集村、户样本数据主要是2016年情况。2018年底，首批20部"精准扶贫精准脱贫百村调研丛书"正式出版。每本都是一部独具特色的村庄调研报告，记录了一个村的脱贫发展故事。2020年，又先后有60部相继出版，形成了一个丰富的研究系列。

（三）研究主线：贫困村的内生发展

1. 问题界定

总报告的使命是反映百村脱贫与发展的总体进程与成就。2016年是五年脱贫攻坚期的第一年，精准扶贫百村调研的问卷数据只是记载了脱贫攻坚的开端。从了解国情变迁的角度，这无疑是个遗憾。很多村庄调研项目在执行中延长了期限，观察了更多的变化，并反映在村庄报告里，在一定程度上弥补了这个缺憾。针对这样的数据特点，主报告选择"扬长避短"，在脱贫攻坚的后期，回望来时的路，充分利用这些采集于还没有受到充分重视时期的调研数据，写出一段中国贫困村脱贫的"截面史"！概括地说，这篇报告准备回答：脱贫攻坚早期的贫困村有什么特征？它们的贫困状况如何？它们的精准识别做法和效果怎样？它们采取了什么精准帮扶措施以及产生了什么成效？最后，精准扶贫给贫困村发展带来了哪些积极影响？是否有利于村庄发展目标的实现？

2. 福祉导向的村庄发展目标

什么是村庄发展的目标？社会主义新农村建设提出了"生产发展、生活宽裕、乡风文明、村容整洁、管理民主"的20字总要求，乡村振兴战略又提出了"产业兴旺、生态宜居、乡风文明、治理有效、生活富裕"

的20字总要求，这些都可以作为乡村以及村庄发展的理想目标。20世纪90年代的"百村调查"采用了费孝通先生建议的类型比较方法，即用家庭还是村集体、家庭还是宗族、自给导向还是市场导向，将村落社会结构划分为8种类型。其中，以家庭为主体、市场指向性强且村集体和宗族力量不够强大的村落，具有"内生发展"的特征，是村落发展的理想形态。[①] 这个界定，主要是从动力机制来说的，既没有考虑理想的村庄所应达到的状态，也没有考虑资源或区位劣势明显的贫困村难以发展的现实。

村庄与城镇社区的一个最大区别是，它们是相对独立的空间单元，拥有不同程度的社区资源、资产，在一定程度上具有共同体特征。"福祉"的概念框架可以有助于我们进一步认识村庄发展的目标。"福祉"（well-being）的字面含义是生命的"好的存在"或"好的状态"，例如"快乐和健康的状态"（Cambridge Dictionary）。斯坦福在线哲学百科将福祉界定为一个人的生活对其本人来说好的程度，或者对他有益处的东西。[②] 我们倾向于从综合福祉的视角来定义"福祉"。[③] 与"福祉"近似的术语包括幸福、福利、生活质量等，但是它们的内涵有很大的区别。"福祉"概念已经越来越为中国社会所接受。一个典型标志是，2013年11月召开的中共十八届三中全会，首次在党的重要文件中正式提出："以促进社会公平正义，增进人民福祉为出发点和落脚点。"[④] 在进一步涉及概念内涵和测量时，对于"福祉"便有着更多的定义。在本研究中，需要特别关注以下三组概念：享乐主义福祉和实现主义福祉；经济福祉和居民福祉；个人福祉、社区福祉和社会福祉。[⑤] 本研究采用实现主义福祉定义，该定义遵循亚里士多德的"最高的善"（highest

---

[①] 陆学艺主编《内发的村庄》，社会科学文献出版社，2001。
[②] Crisp, R., "Well-being," in Zalta, E. N. (ed.), *The Stanford Encyclopedia of Philosophy* (Summer 2013 Edition), http://plato.stanford.edu.
[③] 吴国宝主编《福祉测量：理论、方法与实践》，东方出版社，2014。
[④]《中国共产党第十八届中央委员会第三次全体会议公报》，新华网，http://www.xinhuanet.com//politics/2013-11/12/c_118113455.htm，2013年11月12日。
[⑤] Wiseman, J. and K. Brasher, "Community Wellbeing in an Unwell World: Trends, Challenges, and Possibilities," *Journal of Public Health Policy*, 2008(29), 353-366.

good）或身体和灵魂合乎德性的圆满的实现（eudaimonism）的哲学传统。① 其最重要、最广为人知的应用是阿马蒂亚·森的能力扩展理论，基本含义是个人潜能、价值的实现以及生活质量的提高，不只是单纯的感官快乐；② 居民福祉以居民生活为对象，其中包含非常重要的经济因素，但是与单纯考察经济活动的经济福祉有巨大区别；③ 福祉可区分为个人、社区、社会福祉等不同层次，依次是递进和包含关系，最终指向社会进步。④

3. 贫困村的内生发展：从脱贫到繁荣性发展

基于上述分析，我们将增进社区福祉界定为村庄发展的目标。社区福祉包括社区居民和区域两个层面，发展的结果应体现为居民及社区福祉水平的同步提升。参考国际文献，居民、社区、社会层面增进的、进步的福祉状况可以称作蓬勃兴盛（flourish）或繁荣兴旺（prosperity）。⑤⑥ 尽管不同研究中的具体界定不同，但是蓬勃和繁荣具有近似的内涵，都具有积极、活力、价值、成就、实现潜能等特征。积极心理学用幸福五元素（PERMA）⑦ 来表征人们所追求的蓬勃人生；⑧ 不丹王国用国民总幸福（GNH）来界定国家的繁荣。⑨ 中国现代化进程中的共同富裕目标也具有这种繁荣之意。由此，既内生发展又繁荣兴盛的村庄才是真正理想的村庄，这应当是贫困村脱贫发展的前景追求。

---

① 〔古希腊〕亚里士多德：《尼各马可伦理学》，廖申白译，商务印书馆，2003。
② Sen, A., *Commodities and Capabilities*, Amsterdam: Elsevier Science Publisher, 1985.
③ Stiglitz, J., A. Sen, and J-P. Fitoussi, "Report by the Commission on the Measurement of Economic Performance and Social Progress," INSEE, https://www.insee.fr/en/information/2662494, 2009.
④ Stern, S., A. Wares, and S. Orzell, "Social Progress Index 2014: Methodological Report," https://www.socialprogress.org/resources?filter=2014, 2014.
⑤ World Bank, "The World Bank Annual Report 2013", The World Bank, 2013.
⑥ 〔美〕塞利格曼：《持续的幸福》，赵昱鲲译，浙江人民出版社，2012。
⑦ PERMA 是指积极情绪（Positive emotion）、身心投入（Engagement）、社会关系（Relationship）、意义（Meaning）和成就（Achievement）。
⑧ 〔美〕塞利格曼：《持续的幸福》，赵昱鲲译，浙江人民出版社，2012。
⑨ Ura, K., S. Alkire, T. Zangmo, and K. Wangdi, "An Extensive Analysis of GNH Index," Centre for Bhutan Studies, www.grossnationalhappiness.com, 2012.

从测量角度，我们可以将考察对象划分为居民和整个社区两个类型或层次，将考察内容区分为发展动力机制和发展状态两个方面，它们既区别明显，又联系密切。有研究在前述村落发展理想形态基础上，针对贫困村发展动力机制，重新设置了经济属性、市场导向性、治理机制、动力来源4个维度。[1] 结合已有的研究和实践，基于社区福祉和乡村振兴的理念，可以将贫困村的内生发展或繁荣性发展归纳为8个维度（见表1）。从各维度的含义看，它们既在不同程度上呈现内生发展的特征，又都是繁荣性发展的表现。换句话说，内生发展和繁荣性发展具有内在一致性。

表1 贫困村的内生发展/繁荣性发展维度

维度	内生发展/繁荣性发展含义
基础设施	基础设施完善：山水林田路、水电路气房讯综合建设，提高耕地质量和农业综合生产能力，提高生产生活便利性
经济	产业振兴：市场化，家庭经济和民营经济充分发展，集体经济适当发展，资源、资产充分利用
生活	生活富裕：健康和教育良好，充分就业，生活水平提高，收入差距合理，消除贫困，社区安全，基本公共服务有保障
生态环境	生态宜居：生态保护，综合整治和改善人居环境
文化	文化振兴：发展社区教育，实现乡风文明
人才	人才振兴：人才返乡和下乡，良性流动，人才培养
治理	治理有效：自治、德治、法治"三治"融合，居民充分参与，社区管理和服务充分有效
驱动力	内生动力：培育集体和居民内生发展能力，适当辅以外部援助

资料来源：根据有关资料整理。参考了澳大利亚墨尔本的维多利亚社区指标（Community Indicators Victoria, CIV），资料来源为 Wiseman, J. and K. Brasher, "Community Wellbeing in an Unwell World: Trends, Challenges, and Possibilities," *Journal of Public Health Policy, 2008(29), 353-366*。

---

[1] 檀学文：《贫困村的内生发展研究——皖北辛村精准扶贫考察》，《中国农村经济》2018年第11期。

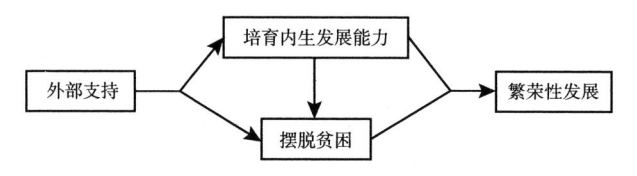

图 2　内生发展：贫困村脱贫与繁荣性发展的主线

但是，毕竟贫困村基础薄弱，不能期望从摆脱贫困一下子跨越到繁荣性发展。所以贫困村恰当的发展路径应该是：通过外部支持，在贫困村自身努力之下，首先追求脱贫，与此同时致力于培育内生发展能力，并使其成为脱贫的主要力量；在脱贫基础上，通过内生发展能力的进一步培育，不断追求繁荣性发展目标。可见，内生发展是贯穿贫困村从脱贫到繁荣性发展的主线（见图2）。当然，这并不否认一部分贫困村的确没有发展前途。精准扶贫中，"一方水土养不活一方人"的村落将会通过易地扶贫搬迁，经过主动选择，实现贫困村的易地重生。

4. 培育内生发展能力的开发式扶贫实践

一直以来，中国政府以开发式扶贫为核心，致力于培养贫困地区和贫困人口的自主或内生发展能力，通过发展经济和勤劳致富实现脱贫致富。根据国务院扶贫办原主任范小建的总结，开发式扶贫与救助式扶贫的根本区别在于，它强调通过扶持，使有劳动能力的穷人获得发展能力和机会，走上自尊、自重、自立、自强的道路，而不是走向"贫困依赖"。[1] 在推动开发式扶贫中，政府始终提倡不等不靠，动员群众在接受政府扶持的同时，积极依靠自己的力量来改变贫穷落后的面貌。开发式扶贫有利于培养内生发展能力的措施有：以"以工代赈"等方式，加强贫困地区基础设施建设，为贫困人口提供优惠政策，以此增强贫困地区产业发展的竞争力；在贫困地区优先发展医疗卫生和公共卫生，普及义务教育，提高贫困人口身体和文化素质；针对贫困地区农村劳动力，开展农业科技以及转移就业技能培训，增强务农或就业能力；为贫困户提供小额贷款、社区基金等资金支持，

---

[1] 范小建：《中国特色扶贫开发的基本经验》，《求是》2007年第23期。

增加其参与生产的机会；开展"整村推进"，提高村庄综合发展能力等。[①] 开展精准扶贫和脱贫攻坚以来，中国对识别出来的贫困片区、贫困县、贫困乡镇、贫困村以及贫困户，仍然坚持开发式扶贫，坚持群众主体地位，注重发扬自力更生、艰苦奋斗、勤劳致富精神，扶贫先扶智，增强贫困人口自我发展能力。[②]

（四）资料来源及样本说明

精准扶贫百村调研收集了丰富的数据和文献资料，包括各子课题组在村内实施的村级问卷调查和住户问卷调查数据，以及大量专题调研所收集到的各种数据和资料，它们分别展现在村庄调研报告之中。主报告就是以这些村样本、户样本数据以及专题调研资料为基础撰写而成的。

1. 村样本数据

精准扶贫百村调研项目共设立了104个村庄调研子项目，实际完成100个样本村的调研。2016年，全国共有55.9万个村委会，由于村庄合并等因素，比2014年减少了2.6万个。村庄合并也在样本村中体现出来，一些原先选定的村后来成为合并村的一部分。全国建档立卡贫困村约12.8万个，占村庄总量23%左右。100个样本村中，建档立卡贫困村91个，占贫困村总数的0.07%。针对不同类型的村庄选择，项目设计时做了一些原则性限定，包括来自贫困县的村比例、建档立卡贫困村比例、东中西区域分布、省（区、市）分布、片区分布、民族地区分布等，由申请者自主选择样本村，但是总课题组会进行基本的资格审查。第一轮申请名单提供给第二轮申请者，以便于他们选择样本村。实际结果是，样本村的地域分布非常广泛。但是样本村分布存在着三个"相对集中"：相对集中于西部地区，占样本村总数的57%；集中于贫困县，贫困县样本村比例为76%；集中于少数民族聚集村，其比例为47%。

[①] 李培林、魏后凯主编《扶贫蓝皮书：中国农村扶贫开发报告（2016）》，社会科学文献出版社，2016。
[②] 《中共中央 国务院关于打赢脱贫攻坚战的决定》，新华社，http://www.xinhuanet.com/politics/2015-12/07/c_1117383987.htm，2015年12月7日。

根据建档立卡系统数据，2016年100个样本村的人口规模平均为2045人，农民人均纯收入5504元，建档立卡人口比例19.20%，建档立卡人口人均纯收入4464元。① 与全国建档立卡贫困村相比，样本村的人口规模、人均收入水平以及平均贫困发生率都要略高一些。全国行政村人口规模约为1600人，农民人均可支配收入12363元，按农村人口推算的村均贫困发生率为9.1%（见表2）。

表2　2016年样本村、全国建档立卡贫困村、全国行政村人口和收入情况

项目	村均人口（人）	农民年人均可分配收入（元）	建档立卡人口比例（%）	建档立卡人口人均纯收入（元）
子课题样本村	2045	5504.10	19.20	4464.20
建档立卡贫困村	1556	4760.70	15.90	3945.10
所有行政村	1619	12363.00	9.10	

资料来源：样本村和建档立卡贫困村数据由国务院扶贫办信息中心提供；所有行政村数据来自国家统计局，其中村均人口用农村户籍人口9.7亿人除以2016年行政村数量得到，建档立卡人口比例用2016年建档立卡人口数除以行政村数量得到。

总课题组以获得的87个样本村问卷数据进行相关分析。② 为便于分析比较，本报告将样本村按照四种方式进行分类，所有样本村和87个有数据样本村的部分分类数据可见表3。

---

① 本报告中所使用的农民人均收入指标均采用家庭人均纯收入口径，由工资性收入、经营性净收入、财产性收入、转移性收入构成。当前统计部门使用的家庭人均可支配收入也是由上述四大类收入构成，不过后两类分别是财产性净收入、转移性净收入，核算项目以及计算的人口范围有所变化。一般的问卷调查难以达到可支配收入的精确程度，故采用相对可行的纯收入口径。基于国家统计局住户调查数据，同等条件下，人均纯收入大约比人均可支配收入低5%~6%。可参考王萍萍"住户调查和收支、贫困统计"，在"中国社会科学论坛（2013年·经济学）：城镇化加速发展背景下的福祉测量与政策应用"上的演示文稿，2013年11月22日；占一熙、吴旭娟：《浅议农村居民人均可支配收入与农民人均纯收入概念融合使用意义》，《统计科学与实践》2018年第5期。

② 另外13个子课题组有的未提供，有的村问卷丢失，有的村问卷数据不符合要求。

表3 所有样本村和有数据样本村的分布比例

单位：个、%

项目		所有样本村数及比例		有数据样本村数及比例	
		村数	比例	村数	比例
		100	100.00	87	100.00
地区	东部	11	11.00	10	11.49
	东北	4	4.00	2	2.30
	中部	28	28.00	23	26.44
	西部	57	57.00	52	59.77
贫困村		91	91.00	80	91.95
属于贫困县的村		76	76.00	65	74.71
民族村		47	47.00	43	49.43

资料来源：精准扶贫百村调研汇总数据。以下如无说明，均为此来源，不再一一标注。

按地区分类：地区的基本分类是东部、东北、中部和西部地区四大类型，11.49%来自东部地区，26.44%来自中部地区，59.77%来自西部地区。有数据的样本村比例，在中部地区略有下降，在西部地区略有提高。东北地区有4个样本村，其中2个提供了数据。

按地形分类：地形分类按照平原、丘陵、山区、高原四大类型，根据需要可将山区和高原合并。

按村贫困类型分类：村的贫困类型首先是建档立卡贫困村和非贫困村。其中，建档立卡贫困村中又可以进一步区分出脱贫村。由此，样本村可以分为贫困村（未脱贫村）、脱贫村和非贫困村。87个样本村中，80个为建档立卡贫困村，其中有2个在2015年脱贫，24个在2016年脱贫，另有7个为贫困人口较多的非贫困村。

按村民族聚居类型分类：按村内居民中少数民族人口比例是否超过30%，将样本村区分为汉族聚居村和民族聚居村。所有样本村和有数据样本村中，民族聚居村比例分别为47%和49%。

各子课题组采用总课题组统一设计的"行政村调查问卷"，开展村级问卷调查，由村干部或驻村干部回答和提供资料。村问卷包括如下13部分：自然地理、人口就业、土地资源及利用、经济发展、社区设施和公共服务、村庄治理与基层民主、教育科技文化、社会稳定情况、村集体经济和集体财务、公共建设与农民集资、建档立卡贫困人口、本年度和上年度的发展干预、第一书记和扶贫工作队。最后一部分由于涉及对驻村干部的评价，一般要求村干部在回避驻村干部时回答。加上多选项、其他注明等内容，问卷涵盖1000多个指标。为确保横向可比性，问卷调查要求在相同年度完成，即在2016年底或2017年开展调查，填写2016年数据，发展干预措施还要填写2015年数据。分析问卷中有21份调查于2016年，66份调查于2017年，表内所填数据均为2016年指标。①

2. 户样本数据

本报告将使用在各样本村抽样调查获取的住户样本数据进行分析。总课题组设计了相对统一的住户抽样方法。课题组要求在每个村至少分别调查30户贫困户和30户非贫困户，除非贫困户数不足30户。其统计学参考依据是，在中心极限定理下，如果合理抽样，30个样本便具有良好代表性。课题组建议的抽样方法是等距抽样或完全随机抽样，如果获取作为抽样框的住户名单存在困难，可采取分层抽样。村内通常非贫困户多，贫困户少，所以两类样本比例不一致。原则上，可以通过计算加权平均数来平衡样本量与住户总体比例的偏差。

总课题组总共获得了95个样本村的农户调查样本数据，剔除2份指标缺失严重问卷，共有6391份户问卷数据，平均每村67.3份，其中建档立卡户和非建档立卡户样本分别为35.1个和32.1户。考虑到有4个村的户样本格外多，平均达到124.5个，在排除它们的情况下，其余的91个村平均样本户数为64.8个，其中5个村样本数少于60个。②95个有户样本数据的村，有92个属于100个执行的项目村。另有3个项目立项后因故终止，但是户问卷已调查完成，予以保留采用。③村样本和户样本数据匹配情况见表4。合计有96个村提供了数

---

① 个别村问卷于2018年补充过数据，如村VID：1096。
② 样本户少于60个的原因，有的是因为村内贫困户数少于30，有的是调研期间无法找到足够的户数。
③ 这3个样本村VID分别是1047、1093、1100。

据，其中83个村提供了完整的村、户数据，有4个村没有提供数据。①

表4 样本数据的村户匹配情况

单位：个

项目	有户数据	无户数据	合计
有村数据	83	4	87
无村数据	9	4	13
合计	92	8	100

6391个户样本，大体上建档立卡户和非建档立卡户各占一半。建档立卡户略多一些，比例为52.37%；非建档立卡户比例为46.68%，户类型未知的比例约为1%。建档立卡户以一般贫困户为主，占33.97%；低保户和五保户合计占27.91%。脱贫户占建档立卡户比例达38.12%，在所有户样本中的比例约为20%（见图3）。

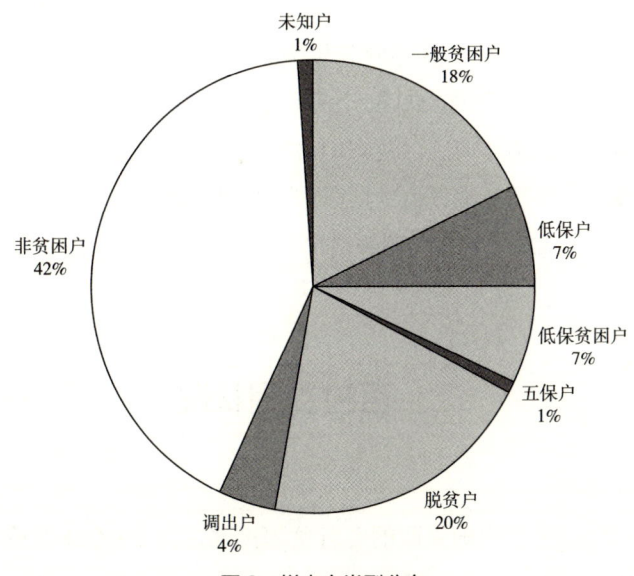

图3 样本户类型分布

---

① 其中的1个村提供了村、户数据，但是数据格式偏差大，缺失值多，有效性存疑，予以剔除。

建档立卡调出户是2016年新出现的一个特有概念。2015年底，一些地方识别不够精准问题暴露出来之后，自上而下开展了重新识别和动态调整，一些明显不符合贫困标准的建档立卡贫困户被"调出"了建档立卡系统。与脱贫户情况不同的是，它们的名单将从系统中删除。调出户的比例一方面代表着过去识别不准的程度，同时也反映着动态调整准确性提高程度，体现了精准识别的阶段性动态。需要指出的是，少数子课题组对脱贫和调出没有完全区分清楚，致使问卷存在户类型指标与扶贫措施分类指标不能对应的情况。例如，问卷封面将户类型填写为建档立卡户，但是在问卷扶贫脱贫部分将相关信息填写在非建档立卡户的栏目里，难以分辨是调出还是脱贫。为此，反复对照表内资讯和封面信息，以确认哪里出错，但是仍有一部分问卷无法核实，只能调整为未知户。[①]

各子课题组的住户抽样问卷调查采用总课题组统一设计的"住户调查问卷"。除封面信息外，问卷包括如下11个部分：家庭成员、住房条件、生活状况（含收支、财产、存贷款、生活评价等）、健康与医疗、安全与保障、劳动与就业、政治参与、社会联系、时间利用、子女教育、扶贫脱贫。其中，扶贫脱贫部分分量最大，按对象分为非建档立卡户和建档立卡户两部分，由两类对象分别填写。非建档立卡户部分指标较少，主要涉及调出户的调整情况以及它们对村内扶贫工作的评价。建档立卡户部分指标较多，涉及各类具体帮扶措施、对村内扶贫工作评价以及脱贫退出情况。加上多选项、其他注明等情况，住户问卷涵盖了980多个指标。

二 百村贫困状况

2011~2020年，中国采取的现行贫困标准是以2010年物价水平和贫困家庭消费为基础的，年人均收入或消费2300元。这个标准按照物价水

---

① 例如，样本村（VID：1038）有24份脱贫户被错误登记为调出户，经核实后更正。

平进行调整，2018年和2019年分别为2995元和3218元。在实际识别贫困人口时，在核算家庭收入基础上，还格外关注"三保障"未实现的情况。精准扶贫百村调研样本村的贫困程度相对高于全国平均水平，在2015年和2016年也经历了较大比例的调整和一定比例的脱贫退出。本部分分析了不同类型样本村的贫困状况以及贫困户条件，并按照一定标准对边缘户比例进行了推算。2016年样本户收入未达标的比例约为30%，义务教育失学辍学和缺少基本医疗保险的比例已经很低，但是住房不安全和饮水不安全的比例还是相当高的。非建档立卡户中边缘户标准以下的人口，更多的可能属于贫困户，边缘户比例反而很小。

（一）贫困户的识别与调整

1. 全国精准识别和动态调整的基本进程

中国对贫困村和贫困户的精准识别和建档立卡始于2014年，当年年底就初步完成了识别程序和建档立卡系统的建设。贫困户识别的基本原理是，以贫困标准为依据，主要采取贫困规模逐级分解和规模控制方式，向下逐级确定贫困指标，在行政村由村干部负责识别工作。初期纳入建档立卡系统的人数为8962万人，相当于2013年统计贫困人口8249万人的108.6%，符合建档立卡规则中可以酌情上浮10%的规定。2015年10月，广西马山县违规认定扶贫对象事件被审计署和中央媒体曝光。[①] 国务院扶贫办以此为契机，在全国范围内组织开展建档立卡"回头看"，着力解决因规模分解不当、标准把握不合理、执行公示公告程序不严格而导致的扶贫对象不准、致贫原因不清、未整户识别等问题。在此过程中，也出现了一些较好的识别创新做法，如，贵州的"四看法"、广西的"一进二看三算四比五议"方法。[②] 到2016年6月，全国有近200万人参与

---

① 《审计署：广西马山县违规认定3000多名扶贫对象》，新华网，http://www.xinhuanet.com/politics/2015-10/08/c_1116756133.htm。
② "四看法"指一看房、二看粮、三看劳动力强不强、四看有没有读书郎，以此为基础构建一个贫困评价指标体系；"一进二看三算四比五议"指进农户家了解情况，看住房生产生活设施和发展状况，算收入、支出等情况，与本村（屯）农户比收入等情况，议评分数是否合理、情况是否真实，是包括评价内容在内的整套评价程序和方法。

了建档立卡"回头看"工作，共新增（补录）贫困人口807万人，剔除识别不准人口929万人，建档立卡人口调整为8840万人。①

这轮大规模调整仍然存在不准问题，少数贫困户被错误地剔除。2016年底第一次正式实施脱贫程序后，一些脱贫户的收入仍然低于扶贫标准。2017年初，各地对2016年脱贫可靠性开展自查自纠，又有245万标注为脱贫的人口重新回退为未脱贫人口。2017年7月，国务院扶贫办再次组织各地开展扶贫对象动态调整，完全取消了规模控制，力争实现"应退尽退、应纳尽纳"。② 这可以被视为常态化动态调整的开端。这次调整中，很多地方规定了应予清退的条件清单，如有车、有房、有工商注册的实体等，并采取多部门大数据比对方式进行核实。到2018年，贫困人口的动态调整基本成熟，识别准确性大幅度改善。

精准扶贫百村调研开展时，建档立卡已经开展了两年多，各地第一轮大规模"回头看"已经完成，正处于新的动态调整周期。其间，对于贫困识别问题，各子课题组接触到的主要是动态调整、贫困退出、完善建档立卡资料等工作。一些子课题组也对村内的早期建档立卡工作进行了追溯。很多村庄调研报告都验证了前面提到的各种识别不准的情形及其原因。除了优亲厚友、平均主义、责任心缺失等因素外，一个重要的原因就是2014年开始建档立卡时，很多地方干部根本没有意识到以后会发生什么，还只是将其作为从上面派下来的、往往"有头无尾"的一件任务，勉强完成了事。很多非整户识别、非贫困户入围、张冠李戴现象都较为普遍。随着动态调整的不断推进，要求越来越严，基层政府的重视程度也随之提高。例如，安徽省永顺村的调研报告经过细致分析发现，经过多轮调整和看似复杂的数据变动，除了被剔除的名单，最终的名单其实与最初的名单差距很小；贵州烂山村的调研报告记录了扶贫干部到深山中寻找一户几乎被遗忘的贫困户的例子；广西顺安村的调研报告记

---

① 刘永富：《全面贯彻中央决策部署　坚决打赢脱贫攻坚战》，《学习时报》2017年5月5日。
② 杨穗：《扶贫对象的精准识别和动态调整》，载李培林、魏后凯、吴国宝主编《中国扶贫开发报告（2017）》，社会科学文献出版社，2017。

录了调研者和扶贫干部寻访一个坚决不愿意搬迁的农户的例子。精准扶贫百村调研的样本村和样本户数据，也在一定程度上反映了这个特定阶段的贫困户调整情况。

2. 贫困户调整的变化

2015年和2016年的第一轮调整，程序并不很严谨，被认定为非贫困户的，有的直接剔除，有的被当成脱贫户处理，而没有留下完整记录。当然，也存在着受访者未必熟悉情况或数据的现象。这使得村级问卷中关于建档立卡户调整的数据缺失严重。包括调出和调入指标在内，50%左右的问卷中指标值缺失，25%的问卷数据为0（即无调整），25%有调整。尽管如此，数据亦能在一定程度上揭示一些建档立卡户调整的情况。

（1）有调整村比例基本稳定，无调整村比例有所提高，未填比例有所下降。

（2）调整方向发生变化，调出规模加大，调入规模降低，净调整由调入转变为调出。2015年以补充被遗漏的贫困户为主，调入和调出人口比例分别为3.62%和3.24%；2016年以清除被错误纳入的非贫困户为主，调入人口比例下降到0.55%，而调出人口比例提高到5.61%（见表5）。

（3）到2017年，调整的数量很少。样本户数据显示，2017年调出户只占三年累计调出户的12%左右。

表5　2015年和2016年建档立卡调入和调出的户及人口比例

单位：%

调出／调入比例	2015年	2016年
调出户比例	3.86	5.86
调出人口比例	3.24	5.61
调入户比例	5.33	1.01
调入人口比例	3.62	0.55

注：表中比例的基数为村户数或人口数。

（二）贫困状况及特点

在本部分分析中，贫困状况主要指贫困户及贫困人口比例，即通常所说的贫困发生率。主要使用两类指标，一是建档立卡贫困人口，二是实际贫困人口。每类指标，除总体情况外，还分别考察分地区、分贫困村类型、分村民族聚居类型的分布情况。

1. 样本村贫困程度明显高于平均水平

对于所有的样本村，2016年底，建档立卡户比例平均值为30.25%，中值为25.36%，比例最低的不足0.5%，比例最高的超过80%；建档立卡人口比例平均值为26.09%，中值为23.78%，比例最低的不足0.4%，比例最高的超过88%（见表6）。如果以样本村人口、贫困人口总数进行计算，样本村建档立卡户和人口比例分别为27.72%和24.17%，比各村的比例均值低2个百分点左右。根据表2，样本村在建档立卡系统内的建档立卡人口比例均值为19.20%，调查的建档立卡人口比例比官方数据高近7个百分点。可见，总的来说，样本村的建档立卡人口比例非常高，部分村贫困程度更深。

表6 2016年底样本村建档立卡户及人口比例

单位：%

建档立卡户/人口	总比例	比例均值	比例中值	最小值	最大值
建档立卡户	27.72	30.25	25.36	0.49	82.75
建档立卡人口	24.17	26.09	23.78	0.38	88.63

注：户比例和人口比例的村样本量分别为83、82个。

将样本村调查数据与能够匹配上的建档立卡系统数据进行对比，在78个可匹配样本中，调查的建档立卡户及人口比例最大的分别为82.05%和65.38%。除了正常存在的误差之外，导致这种偏差的一个重要原因是，课题组调查倾向于了解村内的实际建档立卡户情况，凡是纳入过系统且未被剔除出系统的均应计算在内；而建档立卡系统只是记录后来"被认可"的部分。例如2017年以前很多地方倾向于将2014年和2015年脱贫的人口不纳入统计范围。

2. 不同类型样本村贫困程度比较

分村贫困类型看，三类样本村的建档立卡户和人口比例呈现梯次分布。未脱贫村贫困程度最高，建档立卡户比例为32.79%，建档立卡人口比例为29.25%；脱贫村贫困程度介于未脱贫村和非贫困村之间，其建档立卡户和人口比例分别为28.09%和22.59%，或者说在建档立卡贫困村中属于偏低的。非贫困村建档立卡户和人口比例分别为19.42%和16%，在三类村中是最低的。尽管如此，非贫困村的贫困程度从绝对值看也是很深的（见图4）。

分地区看，来自三大地区的样本村贫困发生率总体上非常接近，贫困人口比例差距很小，贫困户比例差距略大一些。就建档立卡人口比例而言，三大地区样本村介于24%和27%之间，差距很小，中部地区和西部地区基本持平。就建档立卡户比例而言，中部地区样本村最高，为34.24%，而东部和西部分别为28.90%和28.68%（见图5）。这表明，各子课题组在中部和东部地区选择的样本村都是贫困程度更深的，其中，中部地区由于家庭规模小而使得建档立卡户比例最高。

分样本村地形看，山区高原地区样本村的贫困程度是最深的，它

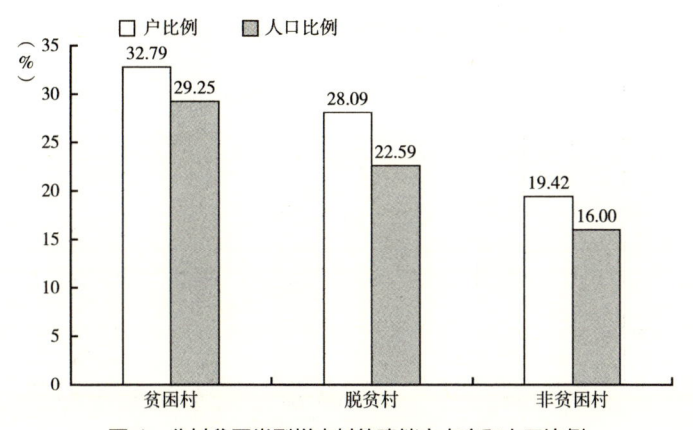

图4 分村贫困类型样本村的建档立卡户和人口比例

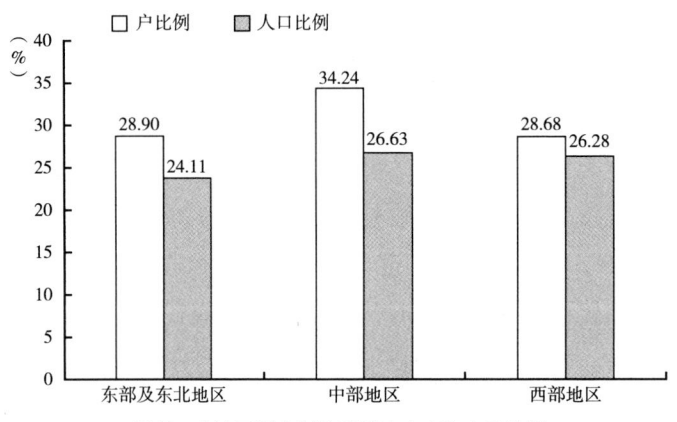

图5 分地区样本村的建档立卡户和人口比例

们的建档立卡人口比例最高,达到28.08%,其建档立卡户比例也达到31.28%,只略低于平原地区样本村,但是平原地区样本村的建档立卡人口比例为25.02%,比山区高原地区样本村低3个百分点。丘陵地区样本村的建档立卡户和人口比例最低,分别为22%和18%左右(见图6)。这表明,平原地区样本村都是贫困程度很深的。

此外,数据显示,民族聚居村的建档立卡户和人口比例分别达到30.65%和27.43%,分别比汉族聚居村高不到1个和3个百分点。也就是说,两类样本村贫困程度有差别但是很小。

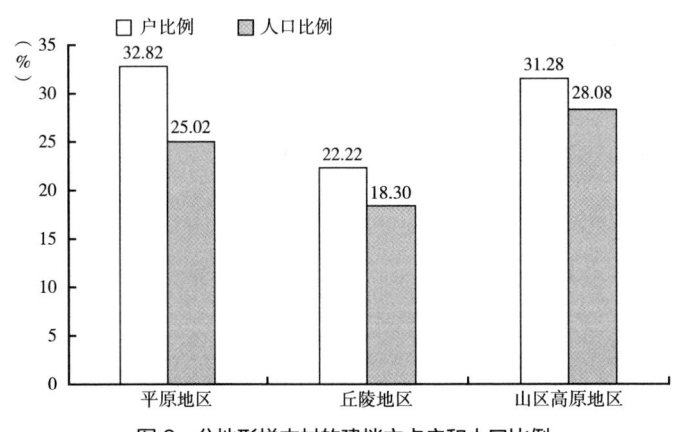

图6 分地形样本村的建档立卡户和人口比例

3. 估计的贫困比例略低于建档立卡比例

为了回应"贫困村没那么多贫困人口"的观点，以及反映建档立卡规模受指标分解限制而可能与实际偏离，村问卷中设置了实际贫困户数和实际贫困人口数的指标，其目的是请受访村干部从他们自己的判断出发估计本村的贫困规模。平均结果是，村干部自我估计的实际贫困户和实际贫困人口比例分别比建档立卡户和人口比例低4个百分点以上（见图7）。在受访村干部看来，建档立卡对贫困人口高估的情况是存在的，实际贫困户数和贫困人口数分别比建档立卡数低4.60%和6.29%。

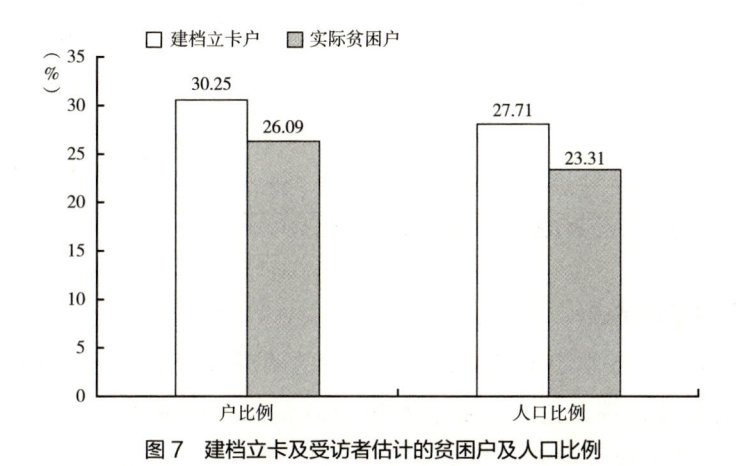

图7　建档立卡及受访者估计的贫困户及人口比例

有的村认为没那么多贫困人口，有的村则认为贫困人口多于建档立卡人口。具体地看，有24个村认为实际贫困人口小于建档立卡人口，平均少72.71人；有14个村认为实际贫困人口多于建档立卡人口，平均多57.36人。其余占大多数的42个村认为二者一致。估计的贫困人口与建档立卡人口偏差比较大的村（大于50人）有16个，平原村、中部地区村、脱贫村所占比例偏高一些。

4. 村均贫困人口变动

此处的贫困人口是指年底（开展贫困退出程序前）系统内仍未脱贫的建档立卡人口，其数值应由上年度贫困人口、调入和调出的贫困人口、脱贫人口以及贫困户人口自然变动共同决定。由于2015年和2016年部分样本村贫困人口数据存在高估，以及缺失值比例比较高的现象，2014年，有完整数据的样本村，平均有152.59户贫困户，贫困人口为510.84人，贫困人口比例为24.28%；2015年，这些村贫困户、贫困人口平均减少21.33户、78.39人，贫困人口比例下降1.4个百分点；2016年，贫困户、贫困人口较上年平均减少11.74户、38.73人，贫困人口比例下降至19.88%，两年间合计降低了4.4个百分点（见表7）。

表7 2014~2016年村均贫困人口变化

单位：户、人、%

项目	2014年	2015年	2016年
贫困户数	152.59	131.26	119.52
贫困人口数	510.84	432.45	393.72
贫困人口比例	24.28	22.91	19.88

注：样本数为58个；表中比例为样本村贫困人口总数与总人口数比值。

（三）贫困户特点

这里以户样本中未脱贫建档立卡户的调查数据来分析调查时期贫困户的家庭条件，主要对应于贫困户脱贫标准中的收入水平和"四保障"（义务教育保障、基本医疗保障、住房安全保障、饮水安全保障）。[1]2016年底，全体建档立卡户样本中，未脱贫户为2071户，占61.88%。只有30%贫困户人均收入还不达标，贫困户的适龄子女义务教育保障和家庭成员基本医疗保障已基本解决，但是住房不安全和饮水不安全的比例仍然相当高，甚至非贫困户、脱贫户以及非贫困村也是如此。

1. 大部分贫困户收入水平高于当年贫困标准

2016年，未脱贫建档立卡户家庭人均纯收入平均值为6517.70元，

---

[1] 脱贫标准的官方说法是"两不愁、三保障"，后来增加了饮水安全保障，但是表述未变。饮水安全本质上属于"两不愁"，但是与"三保障"并列为"四保障"更有利于表达和理解。

中值为 4640 元。该平均收入水平相当于当年全国贫困地区农民人均可支配收入的 77.11%，介于贫困地区农民人均可支配收入五等份分组的中等收入组和中低收入组平均收入之间（见图 8）。在样本贫困户纯收入的构成中，以工资性收入和转移性收入为主，两者比例分别为 33.17% 和 45.19%；而经营性净收入比例还不到 17%（见图 9）。这表明，样本贫困户经营性净收入比例明显偏低，而转移性收入比例明显偏高。原因之一可能是，本次调查对转移性收入采取了比较细致的"全口径"，尤其是将赡养费、养老金、低保金、报销医疗费等都纳入在内。

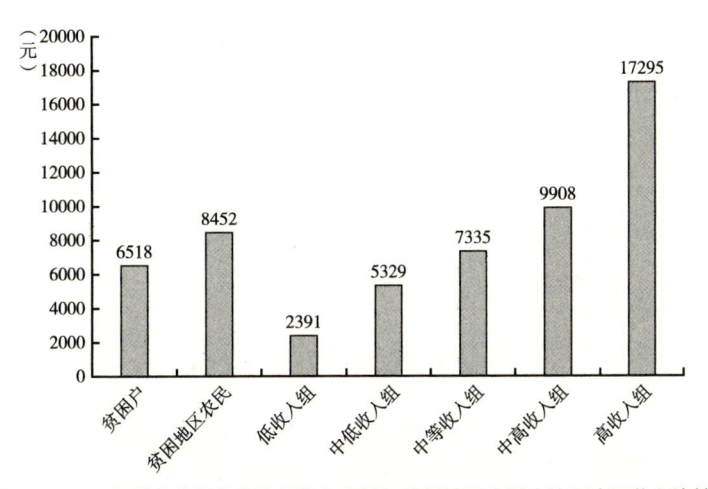

图 8 2016 年样本贫困户人均纯收入及其与贫困地区农民人均可支配收入比较

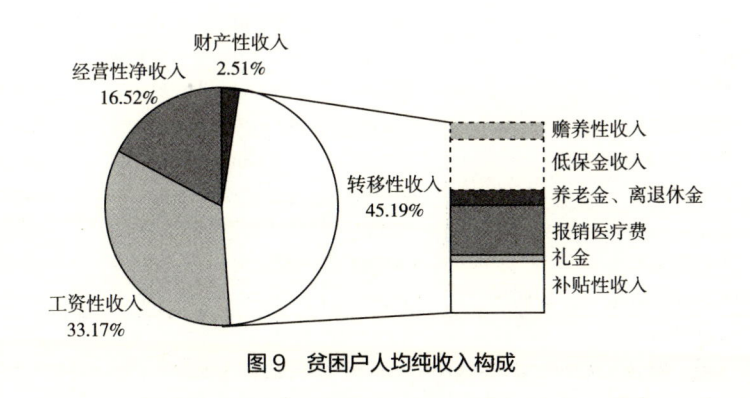

图 9 贫困户人均纯收入构成

总的来看，样本贫困户的家庭人均收入水平已经不低，明显高于当年国家贫困标准2952元。但是，样本户收入的分散程度很大，收入水平最高的10%人口超过13600元，收入最低的10%人口低于1000元，30.95%的样本户人均纯收入低于2952元。

分地区看，贫困户人均纯收入水平及其构成的差异主要体现在东北地区与其他地区之间。东部地区样本贫困户人均纯收入最高，达到7076.48元，比其他地区高500~1400元。中部地区和西部地区样本贫困户人均纯收入基本都在6500元左右。东北地区人均纯收入最低，仅为5670.51元，相当于东部地区的80.13%（见表8）。在收入构成上，所有地区都是转移性收入占最大比例，比例范围从40%到75%。除此以外，中部地区和西部地区的工资性收入都超过1/3，经营性净收入比例在6%~19%，财产性收入比例低。东部地区，工资性收入和经营性净收入比例分别为24%和19%左右。东北地区样本非常特殊，工资性收入和经营性净收入比例均低于10%，财产性收入比例高达12.45%，转移性收入比例高达74.48%。也就是说，东北地区样本贫困户的非劳动收入比例高达近87%。[①]

表8 分地区的样本贫困户人均纯收入及其构成

单位：元、%

项目	东部地区	东北地区	中部地区	西部地区
人均纯收入	7076.48	5670.51	6418.62	6561.06
工资性收入	1686.32	390.49	2447.05	2381.04
经营性净收入	1328.53	350.50	955.62	1184.04
财产性收入	51.13	706.18	109.01	139.06
转移性收入	4010.50	4223.35	2906.94	2856.92
其中：赡养性收入	571.07	414.54	310.60	188.44
低保金收入	694.88	1779.77	683.35	686.45
养老金、离退休金	411.17	382.52	303.23	191.09
报销医疗费	1209.65	1167.35	816.75	699.72
礼金	122.93	0.00	123.23	156.72
补贴性收入	1000.81	479.16	669.77	934.50
人均纯收入低于2952元户比例	25.69	25.95	29.57	33.58

---

① 进一步看，东北地区贫困户的转移性收入中，低保金收入远远高于其他地区，报销医疗费也几乎是最高的，但是其补贴性收入最低，礼金收入为0。这表明东北地区贫困户样本具有某种特殊性。

分样本村的民族聚居类型看，汉族聚居村和少数民族聚居村样本贫困户的人均纯收入总体水平非常接近，两者分别为6525.24元和6475.10元，相差仅50元。但是，两类样本纯收入构成有一些小的差别。汉族聚居村贫困户的工资性收入和转移性收入均高于少数民族聚居村贫困户，少数民族聚居村贫困户的经营性净收入则明显高于汉族聚居村，两类村贫困户的财产性收入差距很小。少数民族聚居村样本户人均转移性收入比汉族聚居村样本户低400余元，该差距来自低保金、报销医疗费、赡养费以及养老金和离退休金。少数民族聚居村贫困户的补贴性收入和礼金收入均高于汉族聚居村，尤其是补贴性收入比后者高251元（见表9）。

表9 分样本村民族聚居类型的样本贫困户人均纯收入及其构成

单位：元、%

项目	汉族聚居村	民族聚居村
人均纯收入	6526.24	6475.10
工资性收入	2224.86	2186.53
经营性净收入	916.35	1302.79
财产性收入	122.61	134.13
转移性收入	3262.42	2851.64
其中：赡养性收入	319.62	198.03
低保金收入	943.72	602.47
养老金、离退休金收入	302.15	205.84
报销医疗费收入	913.10	715.57
礼金收入	92.84	187.33
补贴性收入	691.00	942.41
人均纯收入低于2952元户比例	27.02	35.33

2. 义务教育在校率高，但延迟入学明显

本报告附录的《百村村情》展示了建档立卡户子女入学情况。各学段建档立卡家庭子女的非在校比例均高于非建档立卡家庭，义务教育阶段差距较小，高中阶段非常接近，但是建档立卡家庭子女就读职业学校

比重更大。

进一步考察样本户义务教育阶段适龄儿童的上学情况。2001年9月至2010年8月间出生的儿童，所有样本户中有2437位，贫困户样本户中有724位。非贫困户和脱贫户样本以及贫困户样本中，义务教育阶段适龄儿童参加义务教育的比例分别为92.06%和91.71%，非常接近，但是看上去非常低。当前未参加义务教育分为几种情况。最主要的一种情况是延迟入学，大部分在上幼儿园或学前班，少数未上学，这两种情形合计起来，两类样本户的比例都是4%左右；其次是失学辍学，可以理解为入学后又不再上学，两类样本户比例分别为0.70%和1.38%，虽然都很低，但是后者是前者的2倍（见表10）。① 其他情形中还包含着初中毕业离校，即提前完成义务教育，不过其比例非常低。

表10 样本户义务教育阶段适龄儿童上学情况

单位：人、%

项目	非贫困户和脱贫户 人数	非贫困户和脱贫户 比例	贫困户 人数	贫困户 比例
适龄儿童	1713	100	724	100
义务教育	1577	92.06	664	91.71
上幼儿园或学前班	62	3.62	25	3.45
未上学	9	0.53	4	0.55
失学辍学	12	0.70	10	1.38
其他	53	3.09	21	2.91

注：其他包括毕业离校、"其他"、缺失值等情况。

义务教育阶段适龄儿童未上学和失学辍学的原因差别不大，故合并分析。此类情况，所有样本共有35例，其中贫困户14例，非贫困户和脱贫户合计21例。各类原因中，占比最高的是孩子自己不想上，也可理解为厌学，比例在30%上下；其次是健康原因，占比分别为29%和

---

① 其他儿童可能在其他学段上学，或者初中毕业离校等。

19%。回答上学费用高的，在贫困户样本中的比例为28.57%，而非贫困户及脱贫户样本中该比例低于10%（见表11）。由于家庭缺少劳动力或家长流动等家庭原因导致儿童失学的总共只有1例，而且属于非贫困户，在此可忽略不计。贫困户样本的少量失学辍学案例中，自己不想上、健康原因、上学费用高这三类原因占90%以上，这3个比例均高于非贫困户及脱贫户。

表11 未上学及失学辍学原因分布

单位：户、%

项目	非贫困户及脱贫户 数量	非贫困户及脱贫户 比例	贫困户 数量	贫困户 比例
生病残疾等健康原因	4	19.05	4	28.57
上学费用高承担不起	2	9.52	4	28.57
附近没有学校	0	0.00	0	0.00
附近学校不接收	0	0.00	0	0.00
孩子自己不想上	6	28.57	5	35.71
家长流动	0	0.00	0	0.00
家庭缺少劳动力	1	4.76	0	0.00
其他原因	3	14.29	0	0.00
缺失值	5	23.81	1	7.14
合计	21	100.00	14	100.00

3. 基本医疗保障覆盖率高

（1）社会保险覆盖情况

贫困人口基本医疗有保障，主要是指贫困人口应全面纳入基本医疗保障体系范围，常见病、慢性病能够获得及时诊治，得了大病、重病基本生活有保障。

本研究将农户医疗保障分为4类：新农合、城镇居民医保、职工医保以及商业保险。如果4项皆无，视为缺乏保障。其中，前3项可视为基本医疗保障，因为有些外出务工人员参加了职工医保。新农合与城镇居民医保有一个从分设到合并的过程，其间一些地区在称呼和认知上有一些混淆，但是后来已经逐渐统一为城乡居民医保，只是在口头上可能还叫新农合。

从户脱贫角度，只有全家人都拥有某种形式的基本医保，才可称为基本医疗有保障。数据显示，全体样本户中，全家拥有某项基本医保的比例为92.05%，并非全家人都有基本医疗保障的比例为5.09%，缺失值比例为2.86%。其中，贫困户样本全家有基本医疗保障的比例为90.83%，并非全家人都有基本医疗保障的比例为5.74%。非贫困户并非全家人都有基本医疗保障的比例为5.21%，两者相差很小。脱贫户的基本医疗保障程度更高，达94.27%，并非全家人都有基本医疗保障的比例低至3.53%（见图10）。

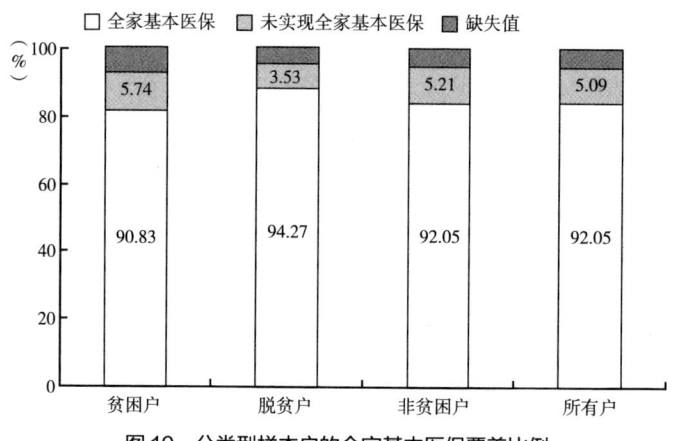

图10 分类型样本户的全家基本医保覆盖比例

分地区看，东中部地区和西部地区贫困样本户全家享受基本医疗保障比例差别很小，均为92%左右，西部地区并非全家人都有基本医疗保障的比例为5.07%，比东中部地区略高出0.7个百分点。分样本村的民族聚居类型看，少数民族聚居村未实现全家享受基本医疗保障的比例更高一些，达到6.44%。分样本村的贫困类型看，脱贫村的贫困户基本医疗保障程度最高，而非贫困村最低，未实现全家人享受基本医疗保障的比例高达8.17%。

从人口角度看，建档立卡户中，97.57%的人口享受城乡居民基本医疗保险，0.29%的人口享受职工医疗保险，2.25%的人口持有商业保险，只有2.57%的人不享受上述任何一项医疗保险。建档立卡人口中已脱贫人口与未脱贫人口参加基本医疗保险的比例几乎无差别。可见，以人口为单位的基本医疗保障覆盖率已经达到很高水平，以户为单位低估了基本医疗保障程度。

（2）生病治疗及未治疗情况

还可用生病没有治疗情况及其原因来评判医疗保障情况。在所有的调查样本户中，2016年共报告5610位身体不健康者，占家庭总人口的23.34%，有不健康人口的家庭比例为65.42%。这些不健康者中，2016年发病/需要治疗的有4064人，占72.44%。所有样本中，共发生263例需要治疗而未治疗者，所占比例为6.47%，总的来说是很低的。其他进行治疗的情形中，47.32%为自行买药，28.42%为门诊治疗，33.75%为住院治疗。分户贫困类型看，建档立卡户的未治疗比例明显高于非建档立卡户（见表12）。分样本户贫困类型看，对于未治疗的原因，尽管所有样本户选择的最主要的原因都是经济困难，但是贫困户此项选择的比例更是远远高于脱贫户和非贫困户，对于医院太远（就医不便）的选择比例极低（见图11）。

表12　2016年样本户成员生病治疗情况

单位：%、人

项目	发病/需要治疗者	其中		
		建档立卡户	非建档立卡户	未脱贫户
未治疗	6.47	7.81	4.46	7.69
自行买药	47.32	46.59	48.50	46.57
门诊治疗	28.42	27.63	29.63	27.49
住院	33.75	33.65	33.84	32.96
急救	0.74	0.91	0.49	0.83
样本数	4064	2421	1637	1677

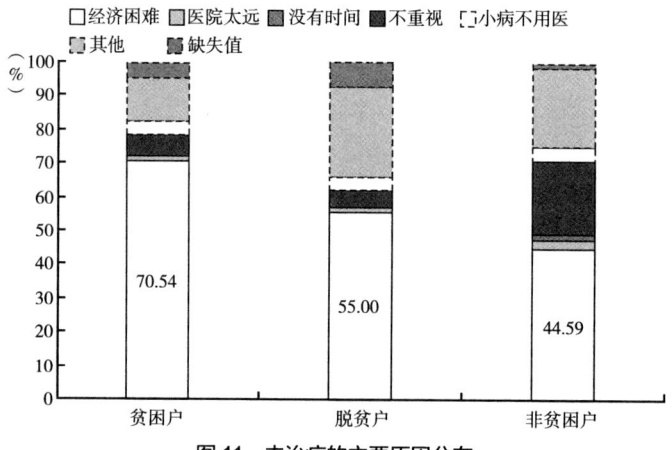

图 11　未治疗的主要原因分布

4. 住房保障不足状况严重

在住房安全保障方面，本研究主要关注有房可住和住房安全两个方面。在有房可住方面，样本贫困户人均住房面积均值为 39.16 平方米。在所有样本户中，当时只有 2 户无房可住。如果以人均 25 平方米为基本住房面积保障标准，则人均住房面积不达标的样本贫困户比例高达 42.14%。在住房安全方面，从回答情况看，住房为政府认定的危房或未经认定的危房比例合计为 27.79%，其中受访者主观认定不安全比例为 15.63%（见图 12）。主观认定的危房不一定都符合危房标准，但是其中的一部分是有可能的，容易产生认定争议。

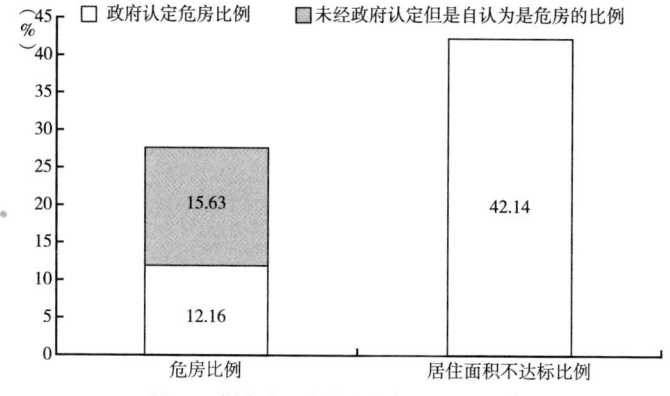

图 12　样本贫困户住房安全缺乏保障比例

5. 饮水不安全普遍存在

贫困人口饮水安全有保障，主要是指贫困人口有水喝，水质安全达到当地农村饮水安全评价标准。本报告主要用饮用水源和饮水困难两个指标来分析样本户的饮水安全保障状况。

本次调研将饮用水源主要分为 7 类，其中将净化自来水、受保护的井水和泉水、桶装水视为安全水源，将不受保护的井水和泉水、江河湖泊水、雨水视为不安全水源。剩余贫困户样本中，有 72.78% 贫困户使用安全水源，依然有 25.08% 的贫困户使用不安全水源。与此相比，脱贫户和非贫困户中使用不安全水源的比例非常接近，分别为 19.94% 和 19.13%。贫困户使用不安全水源的比例比其他样本户高 5 个百分点之多（见图13）。从所处的区域来看，西部地区贫困户使用不安全饮水水源比例比东中部地区还要高 1 个百分点以上。从是否为民族聚居村来看，少数民族聚居村贫困户使用不安全水源比例远远高于汉族聚居村，两者比例分别为 28.97% 和 18.37%。就剩余贫困户使用不安全水源比例而言，出现了脱贫村和非贫困村的比例远远高于贫困村的现象，可能是由于在非贫困村和脱贫村的少量贫困户还没有得到足够关注。

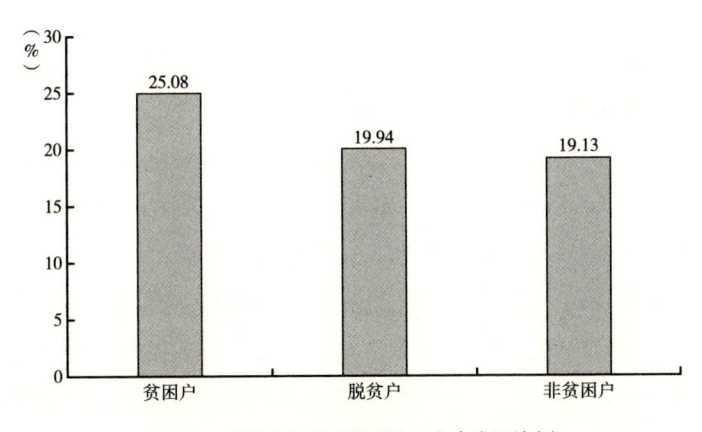

图 13 分样本户贫困类型的不安全水源比例

饮水困难包括 3 类情形：单次取水往返时间超过半小时、间断或定时供水、当年连续缺水时间超过 15 天。不存在这 3 类情形的可视为无饮水困难。虽然贫困户存在饮水困难的比例仍然最高，但依然有相当高比例的脱贫户和非贫困户存在饮水困难。有饮水困难的贫困户比例超过30%，非贫困户超过24%，而脱贫户则为20%（见图14）。这里可能既包括了指标口径差异，也包含一部分未真正解决的农户。贫困户和非贫困户的3类饮水困难情形中，间断或定时供水的比例是最大的，这个指标主要与自来水供应相联系；而在脱贫户该比例是较低的，体现出脱贫成效。

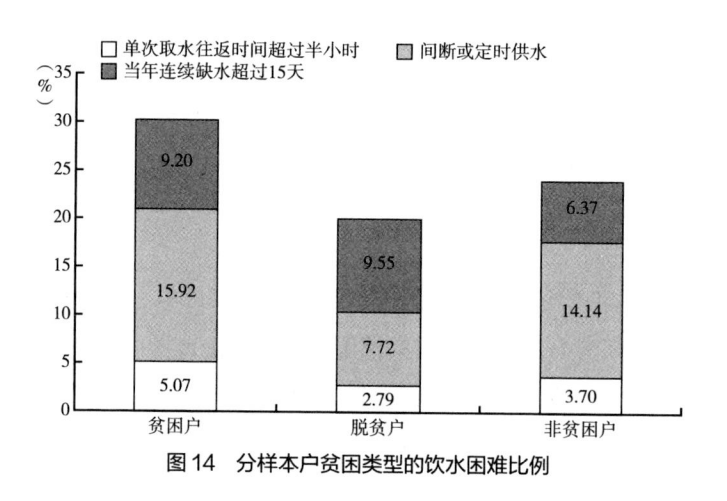

图14 分样本户贫困类型的饮水困难比例

从区域分布来看，西部地区存在饮水困难的比例明显高于东中部地区，分别为27.44%和18.72%。从村贫困类型来看，脱贫村贫困户饮水困难问题解决得最好，饮水困难比例只有11.37%，远远低于任何其他类型的样本户；而非贫困村的饮水困难比例最高，达到33.80%。从是否为民族聚居村来看，民族聚居村的饮水困难比例仅略低于非贫困村，处于第二位（见图15）。即使脱贫村的样本户饮水安全情况是最好的，但仍有超过10%的农户存在饮水困难，非贫困村和少数民族聚居村的饮水困难比例甚至超过了30%。这表明2016年饮水安全还没有得到足够重视，脱贫时没有充分考虑饮水达标问题。

（四）边缘户推算

以贫困标准的1.2倍作为边缘户标准，从收入标准和消费两个方面，

图15 分类型贫困户饮水困难比例

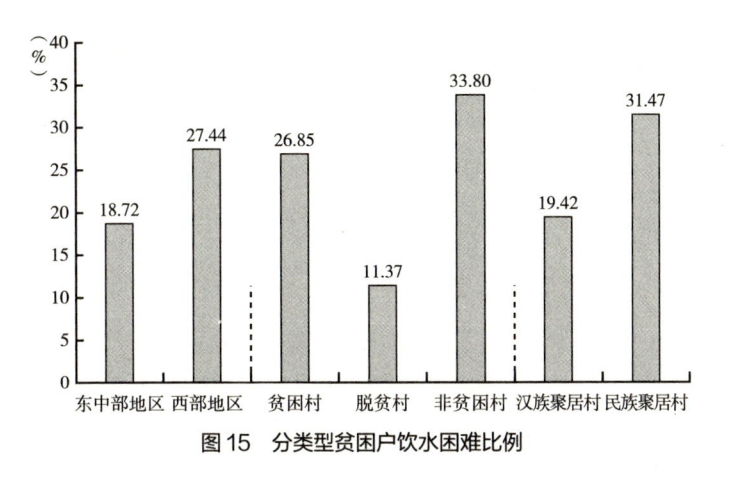

推算非贫困户中的边缘户规模。假定样本数据有效,那么收入标准下,低于边缘户标准比例高达24.36%,其中19.99%低于贫困标准;收入和消费双重标准下,低于边缘户标准比例为12.96%,其中9.51%低于贫困标准。这意味着,低于边缘户标准的户中大部分可能属于贫困户。当然,考虑到消费指标被低估的因素,消费贫困户和消费边缘户比例都要相应地下降。

1. 边缘户标准界定

2019年中央"一号文件"提出要研究解决收入水平略高于建档立卡贫困户的群众缺乏政策支持等新问题。这个问题是在脱贫攻坚实践中由于固定和单一的贫困识别"门槛"所造成的,收入水平略高于建档立卡贫困户的群众在一些地方被称为"边缘户""临界户"等,本报告将其称为边缘户。对于如何界定"收入水平略高于",很长时间并无明确说法,[①]各地做法也不尽相同,有的按收入,有的按综合条件。按收入的界定,有的按贫困标准的1.2倍,有的按5000元计。为了更好地体现实际生活水平含义,本报告以贫困标准的1.2倍定义"边缘性非贫困户",简称"边缘户",可以同时或分别使用收入和消费指标。2016年的贫困标

---

① 2020年《国务院扶贫开发领导小组关于建立防止返贫监测和帮扶机制的指导意见》中,将边缘户的收入标准界定为国家扶贫标准的1.5倍,这主要是一个监测指标,不是扶贫目标。

准为2952元，故边缘户门槛标准值为3542.4元，为简化起见，取整为3500元。如果2016年底人均纯收入达到3500元，且每年增长9%，则到2020年可接近5000元。

2. 边缘户的归属问题

如果仅采用人均收入指标，那么非贫困户样本中收入低于3500元的户有658户，比例高达24.36%；收入低于2952元的户比例也高达19.99%。两者之差的4.37个百分点可以看作真正的边缘户。考虑到收入指标的局限性，以2016年家庭人均纯收入和消费均低于3500元为标准，符合该条件的样本户共计350户，占非贫困户比例12.96%。如果计算均值，它们的人均收入和人均消费分别为1601元和1795元，均远低于当年贫困标准。边缘户标准下的非贫困样本户分为四类：收入和消费均高于贫困标准、收入低于贫困标准而消费高于贫困标准、收入高于贫困标准而消费低于贫困标准、收入和消费均低于贫困标准。他们的收入和消费特征差异非常明显（见表13）。前3类样本都属于边缘户范畴，他们合计占边缘户样本的26.57%，占非贫困户样本的3.44%。第四类样本户的收入和消费均低于贫困标准，应属于贫困户，占非贫困户样本比例达9.51%。①

表13　边缘户范围内的样本户分类

单位：户、%、元

项目	条件区间	样本量	样本比例	纯收入	消费支出
边缘户	纯收入和消费支出均介于2952元和3500元之间	12	3.43	3252.09	3145.56
	纯收入小于等于2952元，但是消费支出介于2952元和3500元之间	21	6.00	832.85	3178.72
	纯收入大于2952元，但是消费支出小于等于2952元	60	17.14	3233.73	1828.66
贫困户	纯收入和消费支出均小于等于2952元	257	73.43	1205.77	1611.60
	合计	350	100.00	1601.20	1795.43

---

① 本研究中，消费支出数据有局限性，问卷中所列的分项支出项目加总后仅为总支出的一部分，但是不少问卷将这些分项加总后得出总支出，从而导致总支出低估。其对结果的影响是：消费边缘户及贫困户比例均会下降。

（五）贫困状况小结

中国的精准识别在国外并非没有"原型"，在原理上叫作瞄准式扶贫，在实践上多个国家建立了类似的贫困人口信息系统。一个基本区别在于，国外的贫困人口识别主要是通过代理指标审定（Proxy Means Test）概率判断方法进行，而中国的精准识别主要采取在村内家计调查和综合评定方法，最好的能做到以县为单位对农户统一打分排序，并且在识别贫困的同时也就识别了致贫原因。中国如此大规模的精准识别面临很多技术性、操作性、认识性问题，识别不准在所难免。由于学术研究、审计监督以及媒体监督，中国政府采取了"回头看"动态调整的纠错机制，改进识别方法，纳入被漏评的贫困户，剔除被错误纳入的非贫困户，提高识别准确率。精准扶贫百村调研记录了动态调整主要阶段的特征，年度性调入调出户和人口比例在3%~5%，相对是比较高的。从2015年到2016年，调出比例提高，调入比例下降，2017年调整已经很少。

样本村的建档立卡户和人口比例明显高于全国平均水平，这一方面是因为调研者倾向于选择更贫困的村开展研究，另一方面也是因为我们的调查将所有曾经被纳入建档立卡系统的农户都计算在内。根据受访村干部的估计，实际贫困人口比例大概比建档立卡比例低4个百分点左右，有的偏低，有的偏高。报告对不同类型样本村的贫困状况进行了比较，脱贫村介于未脱贫村和非贫困村之间，分地形看丘陵地区样本村略低一些，三大区域的样本村以及两类民族聚居样本村之间差别不大。

从样本贫困户家庭条件看，约70%贫困户收入水平已经超过当年贫困标准。2016年，未脱贫建档立卡户家庭人均纯收入平均值为6517.70元，介于2016年贫困地区农民人均可支配收入五等份分组的中等收入组和中低收入组平均收入之间。他们的收入结构的明显特征是，经营性收入比例明显偏低，而转移性收入比例高。"三保障"方面，从2016年情况看，义务教育和基本医疗保障还是相当不错的，但是住房安全保障和饮水安全问题还存在很大缺口。报告按照贫困标准的1.2倍比例分析了收入和消费双重边缘户标准以下样本情况，发现其中只有很小比例属于符合定义的边缘户，绝大部分属于消费贫困户，甚至收入和消费的双重贫困户。由于本研究中消费数据以及收入数据有一定程度的缺失和低估，从而边缘户比例和贫困程度会被高估，但是，边缘户标准之下有一定比例的贫困，这是值得警惕的。

三 百村贫困治理与村级帮扶

实施精准扶贫以来，贫困村都建立了扶贫"四支队伍"，即村"两委"干部、第一书记、扶贫工作队以及贫困户帮扶责任人，完善了村级贫困治理机制。驻村干部主导成为村级贫困治理的主流模式，不少样本村案例也揭示了县级行动、乡镇党委政府、村内能人发挥的积极作用。与建立村级扶贫治理机制同步的是村级帮扶措施的开展。2016年以来的贫困村脱贫出列，都需要在基础设施建设、基本公共服务、产业发展、集体经济和收入上达到一定的要求，这些都主要依靠增加投入和帮扶来实现。中国扶贫资金的大幅度增长是从2016年开展脱贫攻坚后开始启动的，财政资金、涉农整合资金、社会帮扶资金均是如此。仅以财政专项扶贫资金为例，2009年至2015年每年增加30亿~60亿元，2016年猛增139.5亿元，2017年起每年增长200亿元。行业扶贫资金、地方财政资金原先的基数较低，后来以更快速度增长。2016年，全国省级财政扶贫资金约316亿元。2018年，全国省、市、县三级财政扶贫资金已达2000亿元。精准扶贫百村调研收集了2015年和2016年村级扶贫资金和项目数据，涉及11类20项建设或发展项目，呈现了脱贫攻坚开局之年贫困村所发生的快速投入增长态势，以及在不同项目、不同类型村之间的分布差异。

（一）贫困治理与驻村帮扶主体特征

1. 村级贫困治理的发展

村级贫困治理是针对贫困村脱贫而形成的帮扶力量及其运行机制和帮扶方式。村"两委"或村干部是最基层、最直接的帮扶力量。实施精准扶贫以来，国家对贫困村实行驻村帮扶制度。政府为每个贫困村分配定点帮扶单位，向贫困村派遣第一书记和扶贫工作队，驻村开展帮扶工作。除此以外，还为每个贫困户配备帮扶责任人。村级扶贫的"四支队伍"成为村级扶贫力量的基础结构。其中，帮扶责任人不需要驻村，但是需要经常联系和探访贫困户。因此，驻村帮扶力量主要是第一书记和扶贫工作队。第一书记和工作队长有的村是一人兼任，有的村是两个人分别担任。扶贫工作队的队员有的来自同一个单位，有的来自多级、多个单位。他们要帮助村里加强党建、吸引资源、形成思路、发展经济以及开展扶贫活动，是乡村脱贫不可或缺的重要力量。村庄调研报告显示，精准扶贫以来，在驻村帮扶机制之下，贫困村的村级贫困治理形成了两种特色鲜明的模式。

（1）驻村帮扶主导的村级自主治理模式

这是最主流的治理模式，村内扶贫行动主要在村层面自主展开，包括自主决策、寻求资源、开拓市场等。村级治理力量由驻村帮扶队伍主导。第一书记和扶贫工作队队长凭借定点帮扶单位的支持和资源而成为主导角色。很多村庄调研报告都描述了驻村干部创造性开展帮扶工作并主导村内扶贫的典型事例，如有河南土桥村、山西沙壕村、安徽永顺村等。他们不仅要在贫困村开展党建工作，更要全盘策划和组织村内的各项帮扶思路和措施，对于村干部力量薄弱的贫困村更是如此。驻村干部与村干部的关系由能力大小、性格强弱等因素决定，有的是相互合作和配合关系，有的就是以驻村干部作为主要领导者。对于村级组织比较薄弱的村，驻村帮扶工作队还承担起配优配强村干部的任务。有的村到了后期调整了村干部，还有的村仍然维持着村干部比较薄弱的局面。

扶贫工作队一般由3~5人组成，有的地方还将乡镇干部和村干部纳入扶贫工作队范围，在这种情况下，政府及相关部门下派的驻村干部人数就会减少。但是也有的地方实施"加强版"的驻村帮扶。例如，贵州烂山村既有脱贫攻坚队，还有同步小康工作组；一些地方为同一个贫困村指派省、市、县等多级定点帮扶单位，或同级多个平行帮扶单位，每个单位都派驻工作队员，这样驻村干部人数就会大大超过5人。①

当然也有少数样本村，可能由于村干部相对较为强势，扶贫工作还是由主要村干部（一般是村支部书记）主导，驻村干部起协助作用。一个典型例子是陕西青龙寺村，该村成立的精准扶贫工作小组由村支书任组长，村委会主任和第一书记任副组长。

（2）乡镇主导的村级贫困治理模式

样本村中有一些为数不多的村，在村级帮扶"四支队伍"正常运转的情况下，得到了来自乡镇的主动扶贫行动的额外支持。乡镇的行动力量如果比较强大，那么乡镇就会成为村级脱贫的主导力量。这种情况下，如果村"两委"和驻村帮扶的力量都不够强大，或者驻村干部的帮扶积极性和主动性不够强，那么乡镇主导就会成为村级脱贫的主要模式。例如，山东崔家沟村在整村搬迁后，其所在的镇打造"园区 + 社区 + 基地"的镇域经济发展格局，重点发展镇域工业产业园区和社区灵活就业中心，同步发展现代农业，为搬迁后村民就业提供机会；江苏王码村的驻村帮扶主要提供了资金支持和基础设施建设，产业发展是由镇党委政府在全镇范围内统一规划和实施，不少贫困户因此获得了发展产业或就业机会；贵州烂山村所在的白云山镇也类似地在全镇范围内流转土地，建立多片蔬菜基地，通过合作社吸收贫困户就业。

（3）其他村级扶贫的有生力量

村级扶贫治理的力量不仅有村级的"四支队伍"、乡镇党委政府，不少地方还出现了更多的直接贡献于村级脱贫的有生力量，比较典型的是在县级开展的有关行动以及村内被动员起来的党员、新乡贤等。县级有

---

① 这种情形的案例村来自精准扶贫百村调研以外的其他调研。

关部门显然对村级脱贫有重要促进作用，不过一般都是通过制定政策、统一开展基础设施建设等方式间接发挥作用的。这里提到的能直接贡献于村级脱贫的县级因素主要是指县级在产业发展方面的积极作为。例如，海南白沙县大力打造电商平台，对打安村的扶贫农产品销售起到了直接带动作用；贵州七星关区推行"一市五金多套餐"精准扶贫机制[①]，区级"套餐"直接惠及龙凤村的贫困户。

村内农民党员和外出的成功人士等新乡贤帮扶贫困户的例子也很多。例如，广东西厢村在建设村级综合中心的时候，由一位新乡贤出资支付了原占地经营的业主的补偿费，使综合中心建设得以顺利推进；广西龙岗村号召党员做产业带头人和政策宣传员。

2. 第一书记的主要特征

截至调查时，有回答的82个样本村中，78个村有第一书记，占样本村的比例为95.12%。另外，分别有2个村没有第一书记，或者以前有、现在没有。75个有回答的建档立卡村样本中，有2个村以前有、现在没有第一书记，有1个村一直没有第一书记。7个非贫困村中只有1个村没有第一书记。

现有第一书记的派驻时间，绝大部分发生在2015年和2016年，两年合计达83.75%（见图16）。由于调查时间是2017年，所以调研过程见证了6例新的第一书记的上任。2014年上任的第一书记一般应在2017年进行轮换，而2013年上任的第一书记很有可能是留任。

样本村的第一书记以男性为主，占83.91%。第一书记的年龄分布很广，最大的58岁，最小的26岁，平均年龄40.79岁。[②] 分年龄段看，30岁以下（不含30岁）的占10%，30~45岁（不含45岁）的占57.14%，45岁及以上的占32.86%。从第一书记的学历结构来看，本科占58.97%，研究生占10.26%，两者合计达到69.23%（见图17）。第一

---

① "一市五金多套餐"："一市"，指的是重点发展苗木产业，建立"免费苗木超市"，供贫困户自选自用；"五金"，指建立大病医疗抵垫周转基金、产业发展扶持基金、精准扶贫风险兜底基金、小额贷款贴息基金、壮大产业发展担保基金；"多套餐"，指的是根据贫困户实际需求推出的精准扶贫多套餐。

② 年龄计算以调查的2017年为准。

图16 第一书记上任年份占比分布

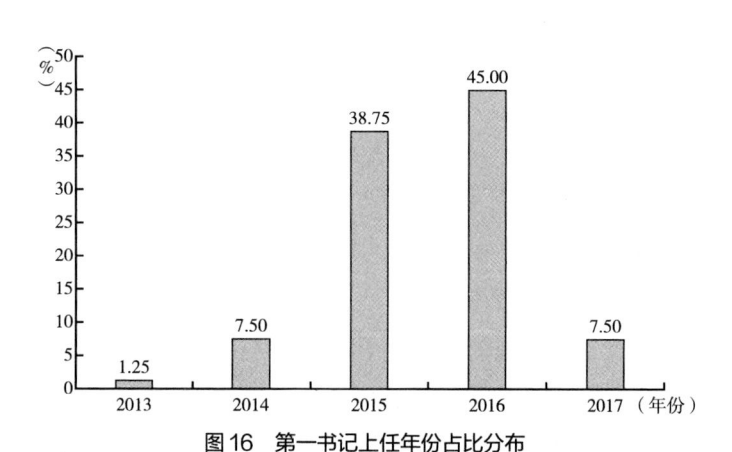

图17 第一书记学历占比分布

书记所在工作单位的层次涵盖了从中央到乡镇的5个级别，以县级单位比例为最高，为44.44%；其次是省级单位，比例为20.99%；地级市和乡镇单位的比例分别为16.05%和12.35%；来自中央单位的第一书记比例为4.94%。第一书记所在单位属性以党政机关为主，占58.44%；其次是事业单位，占36.36%；来自企业的占5.19%。

以调研时间为基准的最近半年，第一书记在村工作天数平均达到119.08天，中间值为129天。在岗天数最长的为180天，即全勤；但是亦有3人从来没有在岗。第一书记按要求应当驻村,村里没有条件的可以住在乡镇。样本村的第一书记半年内在基层居住时间平均为119.59天,占全部天数的66.44%。在基层居住时间达到一半的比例为76.32%。其中,第一书记在村居住的天数平均为92.93天,占全部居住天数的77.71%。在基层居住时间不足1/3的比例达15.79%。一部分书记间或在村和乡镇居住。仅在乡镇居住的占7.56%(见图18)。

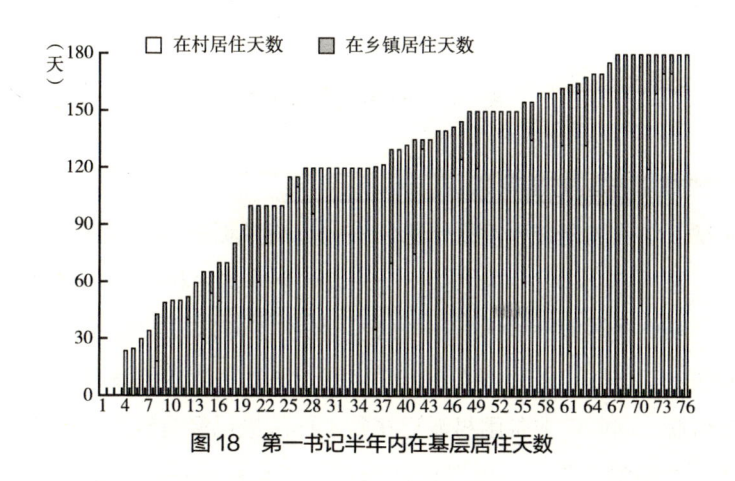

图18 第一书记半年内在基层居住天数

第一书记在村工作期间,作为帮扶责任人,平均需要联系7.68个贫困户。① 他们作为扶贫工作者走访过的贫困户更多,平均达到101.67户。第一书记的工作内容,最主要的包括制定脱贫计划、落实帮扶措施、帮助贫困户诊断致贫原因、参与脱贫考核,也在必要时候参与扶贫对象的识别。除此以外,第一书记还要接待和处理群众上访,帮助引进资金和项目等(见图19)。

对于第一书记考核的结果表明,75%为优秀,其他为合格,仅有1例为基本合格。村"两委"对第一书记工作满意程度与考核结果类似,其中基本满意的为2例。在这种调查情境下,基本合格和基本满意也就意味着不够合格和不够满意。

---

① 对一些样本做了缺失值处理,主要是这些村将该村贫困户数填写在这里,与此题定义口径不符。

图19 第一书记的工作内容

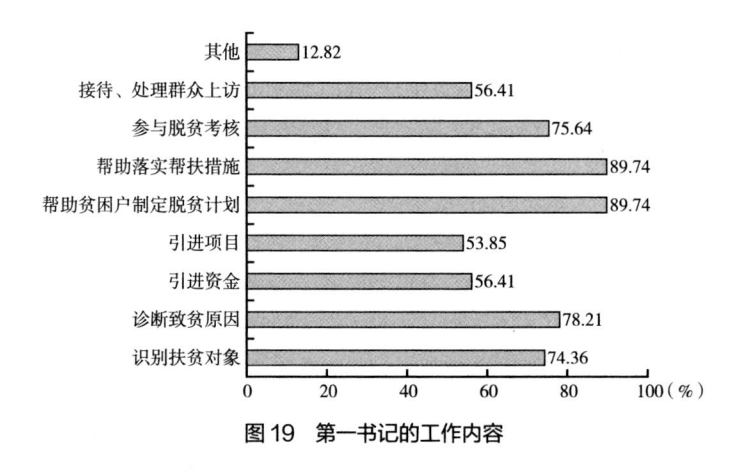

工作内容	比例(%)
其他	12.82
接待、处理群众上访	56.41
参与脱贫考核	75.64
帮助落实帮扶措施	89.74
帮助贫困户制定脱贫计划	89.74
引进项目	53.85
引进资金	56.41
诊断致贫原因	78.21
识别扶贫对象	74.36

3. 扶贫工作队的主要特征

扶贫工作队的配置程度低于第一书记。有数据的73个建档立卡村中，68个村有扶贫工作队，占比为93.15%。7个非贫困村中有5个村有扶贫工作队。81%的村同时拥有第一书记和扶贫工作队，12%的村拥有第一书记或扶贫工作队。这表明在2016年底，扶贫工作队仍没有实现对贫困村的全覆盖，同时向非贫困村派遣扶贫工作队也已经是较为普遍的做法。

样本村扶贫工作队的派驻时间与第一书记的派驻时间基本一致，都是以2015年和2016年为主，有一部分仍为2014年派驻，有少量为2011~2013年以及2017年派驻，表明一些村的扶贫工作队的派驻历史比第一书记更长久。

扶贫工作队的人数一般为3~5人，这个规模的扶贫工作队占55.41%。其平均人数为5.30人，众数为5人，最少为1人。扶贫工作队员的原工作单位与第一书记一样，分布于各个层级，但仍是以县级为主，且比例进一步提高，达到近51.93%，比第一书记高7.4个百分点。其中，扶贫工作队员主要来自于县级和乡镇，两类来源比例达到或超过60%。①

扶贫工作队员半年内在村工作天数为108.71天，相当于第一书记

---

① 此为多选题，所以各来源比例合计超过100%。

平均工作天数的91.29%。半年内，扶贫工作队员平均在基层居住时间为101.08天，其中在村居住天数为69.68天，在乡镇居住31.40天，相当于第一书记在基层居住时间的84.52%。扶贫工作队员在基层居住时间少于第一书记，应该与来自乡镇、村的队员比例提高有关。扶贫工作队员承担的工作，从回答频数的分布看，与第一书记的工作内容非常接近，但是他们在诊断致贫原因、引进资金和项目上的比重略大一些。同样地，调查周期内，扶贫工作队员没有考核不称职的情况。村委会对工作队员的满意程度绝大部分为非常满意，满意程度为一般的比例仅为3.45%。

样本村第一书记中，差不多有一半兼任扶贫工作队队长，该比例为52.05%。扶贫工作队长也是男性占绝大多数，其比例达90.54%，高于第一书记。工作队长的平均年龄为42岁，略高于第一书记。工作队长的学历构成也与第一书记非常接近，他们的学历为本科及以上为主，为70%左右。细微差别在于，工作队长的学历为研究生的比例略低于第一书记。扶贫工作队长原单位的层级也与第一书记相似。分类统计结果显示，第一书记和扶贫工作队长的单位层级因素、单位属性因素在不同类型贫困村之间的分类并没有显示出明显的差别。

（二）村级帮扶资金和项目的总体情况

1. 村级项目资金的增长

贫困村获得的帮扶资金，既包括与项目同步下达的项目资金，也包括不与项目挂钩的帮扶或援助资金，这里主要指前者。2015~2016年，伴随着帮扶项目的增加或项目平均投资规模的增加，样本村的村级项目帮扶资金大幅度增长。两年内，根据66个和68个村记录的项目投资规模，分别达到了2.95亿元和7.93亿元；村均投入分别达到454.51万元和1162.29万元，增加了1.56倍。投资规模比较大的项目包括道路建设、农田水利、危房改造、产业发展、易地扶贫搬迁等。绝大部分项目的村均投资额2016年比2015年有较大幅度增长，提高了对贫困村的覆盖率

（见表14）。①

在道路建设方面，2016年村内道路建设大幅度增加，包括村内道路建设长度、村均投资规模以及村覆盖率。因此，村内道路建设投资增加了近1倍。同时，通村道路建设项目由于村覆盖率的降低，总投资额从近6000万元下降到约4400万元。

农田水利方面，以小型水利建设项目为主。2016年，有项目投资的村比例从19.54%增加到24.14%，村均投资规模从86万元提高到492万元，小型水利建设投资从不足1500万元增加到1亿元以上。基本农田建设及改造项目到2016年也只有7个村实施，总投资规模为1000万元。

表14 样本村2015年和2016年村级帮扶措施的投资规模

单位：万元、%

项目类型	村均投资额 2015年	村均投资额 2016年	有投资村比例 2015年	有投资村比例 2016年	投资总额 2015年	投资总额 2016年
所有项目	454.51	1169.54	75.86	78.16	29548.66	79263.47
新建通村道路	209.60	210.44	32.18	24.14	5868.86	4419.27
新建村内道路	326.64	455.82	31.03	41.38	8819.23	16409.51
小型水利建设	85.77	491.93	19.54	24.14	1458.09	10330.50
基本农田建设及改造	0.00	148.51	0.00	8.05	0.00	1039.60
新建自来水入户	60.67	47.98	11.49	12.64	606.70	527.79
新建蓄水池（窖）	41.46	40.19	5.75	17.24	207.30	602.87
新增农村电网改造	134.13	155.11	9.20	13.79	1073.00	1861.34
解决无电户	17.08	11.00	5.75	2.30	85.40	515.00
危房改造	69.99	78.04	48.28	52.87	2939.40	3589.96
人居环境改善	391.87	171.99	11.49	21.84	3918.70	3267.87
培育特色产业项目	233.67	451.91	10.34	24.14	2103.00	9490.17
培育合作社	87.02	146.09	13.79	19.54	1044.28	2483.56
新扶持农家乐户数	37.71	298.33	8.05	3.45	264.00	895.00
广播电视入户	22.59	31.75	4.60	6.90	90.37	190.52

① 另外20多个村未提供数据不代表其未发生项目投资。此处仅以有记录的数据为限。

续表

项目类型	村均投资额		有投资村比例		投资总额	
	2015年	2016年	2015年	2016年	2015年	2016年
村文化活动室	16.50	71.20	11.49	13.79	165.00	854.35
宽带入户	8.37	13.91	11.49	19.54	83.67	236.45
易地搬迁（迁出）	170.33	1319.03	3.45	13.79	511.00	15828.40
易地搬迁（迁入）	217.50	958.31	1.15	8.05	217.50	6708.20

住户自来水建设以及蓄水池（窖）建设的额度比较小，总金额均只有500万~600万元，覆盖率在20%以下，村均投资额在50万元以下。电网改造村均投资规模是饮水安全项目的3倍左右，覆盖率也不高，总投资额不大。

在居住条件改善方面，2016年与2015年相比，危房改造的村均投资额及村覆盖率均有一定程度提升，村内改造户数同步增加。人居环境改善项目似乎有所反复，2016年，虽然得到投资的村增加了1倍，但村均投资规模下降了一半以上，投资总额不增反降。

2016年，扶持贫困村产业发展的投资大幅度增加，项目覆盖面扩大，村均投资额度也大幅度增加。培育特色产业项目的村均投资额从233.67万元提高到451.91万元，覆盖比例从10.34%扩大到24.14%，相应地，投资总额从2100万元增加到9500万元。培育合作社项目虽然村均投资额小一些，但是同样在增加，总投资额增加了1倍以上。农家乐的发展，虽然数量增加少，但是每个项目的额度大幅度提高，结果总投资为2015年的3倍。

2016年，样本村的易地扶贫搬迁项目投资呈现井喷式增长。迁出村的村均投资从170万元增加到1319万元，覆盖比例从3.45%提高到13.79%，总投资额从511万元猛增到1.58亿元。迁入村的村均投资从217万元提高至958万元，覆盖率从1.15%提高到8.05%，总投资额增加到6708万元。

2015年，对村庄覆盖程度最高的五类项目依次是危房改造、新建通村道路、新建村内道路、小型水利建设和培育合作社。2016年，该排序发生变化,村内道路建设排在第二位,培育特色产业项目取代了扶持合作社项目(见图20)。2015年,按投资额大小排序的五类项目依次是:新建村内道路、新建通村道路、人居环境改善、危房改造和培育特色产业项目;2016年,易地搬迁提高到第一位,小型水利建设排至第三位,危房改造和人居环境改善项目跌出前五位(见图21)。

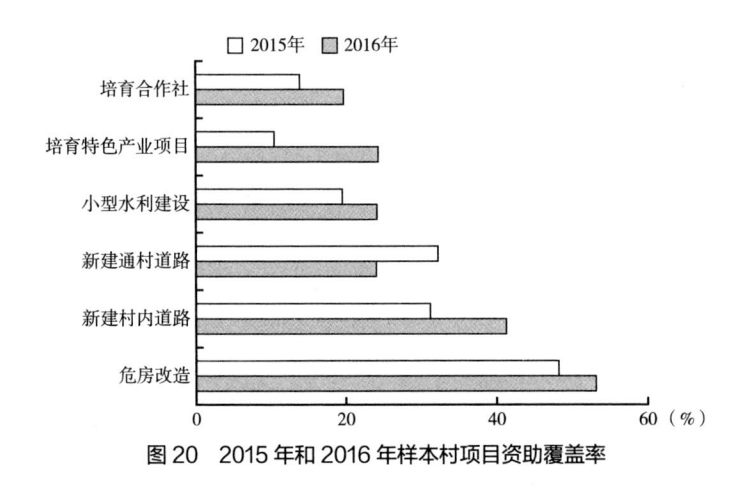

图20 2015年和2016年样本村项目资助覆盖率

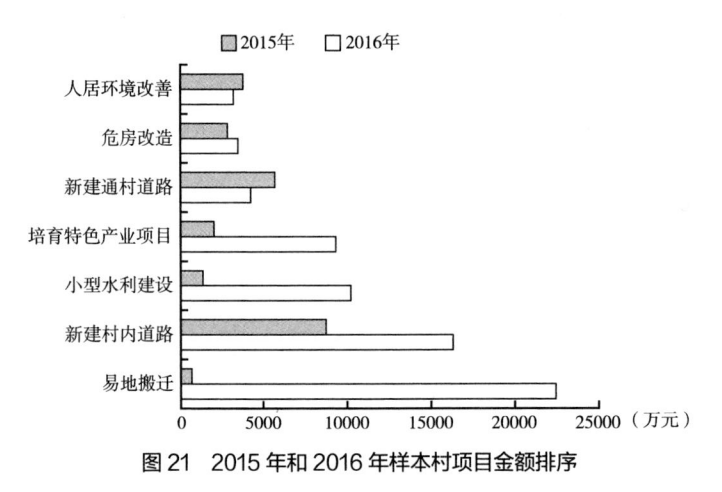

图21 2015年和2016年样本村项目金额排序

总的来说,项目投资都是以财政专项扶贫资金和行业部门资金为主,两年两者都占2/3左右。2016年,各类项目中的社会帮扶资金和群众自筹资金比例下降，但是行业部门资金比例明显增加（见图22）。[①]

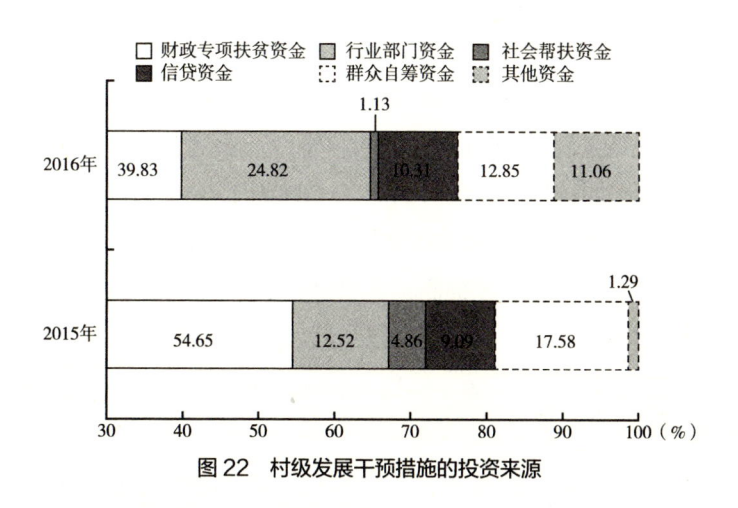

图22　村级发展干预措施的投资来源

年份	财政专项扶贫资金	行业部门资金	社会帮扶资金	信贷资金	群众自筹资金	其他资金
2016年	39.83	24.82	1.13	10.31	12.85	11.06
2015年	54.65	12.52	4.86	9.09	17.58	1.29

2. 项目实施规模的扩大

在所列的18项村级帮扶项目中，2016年与2015年相比，大部分项目的村均规模增加，绝大部分项目对样本村的覆盖率提高。同样地，绝大部分措施的项目总量是增加的，部分项目数量大幅度增加（见表15）。

在道路建设方面，2015年，通村道路和村内道路的村均新建里程分别为5.60公里和6.86公里，2016年提高到15.74公里和8.08公里；在项目对样本村的覆盖程度上，通村道路项目覆盖比例由34.48%下降为26.44%，村内道路项目由39.08%提高到43.68%，两类道路建设总里程分别比上年度增加了115.34%和31.65%。

在农田水利建设方面，小型水利建设项目和基本农田建设及改造项目的数量、村覆盖率均有较大幅度的提高，建设总量大幅度增加。2016年，小型水利建设数量增加了71.68%，基本农田建设及改造面积从31亩增加

[①] 有一种可能是，2015年的财政资金不能区分专项资金与部门资金。2016年其他来源资金比例较高是因为一些资金无法确认来源就填入此项。

到 8000 余亩。

在居住条件改善方面，项目村的危房改造项目稳步推进，2015 年到 2016 年，村均改造户数从 19.96 户增加到 27.33 户，村覆盖率从 59.77% 提高到 62.07%，改造总量增加了 42.20%。人居环境改善项目覆盖的户数基本持平，但是村覆盖率从 18.39% 提高到 26.44%，覆盖户规模相应增加。

在产业发展方面，2016 年，样本村特色产业培育项目的数量、覆盖率都较大幅度增加，村均数量从 1.36 个增加到 1.76 个，村覆盖率提高到 33.33%，总量增加了 168%。新培育合作社数量平缓增加，村均数量略有降低，村覆盖率有一定程度提高，总数略有增加。两年内共培育 74 个合作社，大体上每村 1 个。农家乐的发展显得很不平衡，2016 年与 2015 年相比，村覆盖率从 10.34% 下降到 3.45%，只有 3 个村新发展了农家乐，总户数为 26 户。

在文化建设方面，广播电视入户和村文化活动室建设这两类项目都平稳推进。村均建设数量、村覆盖率以及建设总量都是略有增减或基本持平。文化建设项目的一个基本特点是覆盖率比较低，仅为 20% 左右。

表 15　样本村 2015 年和 2016 年村级帮扶措施的项目规模

项目类型	单位	村均项目规模 2015 年	村均项目规模 2016 年	项目村比例（%）2015 年	项目村比例（%）2016 年	项目总量 2015 年	项目总量 2016 年
新建通村道路	公里	5.60	15.74	34.48	26.44	168.08	361.95
新建村内道路	公里	6.86	8.08	39.08	43.68	233.14	306.94
小型水利建设	处	5.95	9.24	21.84	24.14	113.00	194.00
基本农田建设及改造	亩	15.50	1189.57	2.30	8.05	31.00	8327.00
新建自来水入户	户	251.00	141.93	14.94	16.09	3263.00	1987.00
新建蓄水池（窖）	个	35.25	8.22	9.20	20.69	282.00	148.00
新增农村电网改造	处	9.00	4.21	17.24	27.59	135.00	101.00
解决无电户	户	33.75	7.33	9.20	6.90	270.00	44.00
危房改造	户	19.96	27.33	59.77	62.07	1038.00	1476.00
人居环境改善	户	126.50	125.87	18.39	26.44	2024.00	2895.00
培育特色产业项目	个	1.36	1.76	16.09	33.33	19.00	51.00
培育合作社	个	1.94	1.56	20.69	28.74	35.00	39.00

续表

项目类型	单位	村均项目规模 2015年	村均项目规模 2016年	项目村比例（%） 2015年	项目村比例（%） 2016年	项目总量 2015年	项目总量 2016年
新扶持农家乐户数	户	2.11	8.67	10.34	3.45	19.00	26.00
广播电视入户	户	324.57	358.62	16.09	14.94	4544.00	4662.00
村文化活动室	个	1.21	1.30	21.84	22.99	23.00	26.00
宽带入户	户	56.00	65.36	18.39	37.93	896.00	2157.00
易地搬迁（迁出）	户	21.60	55.24	5.75	24.14	108.00	1160.00
易地搬迁（迁入）	户	51.33	52.22	3.45	10.34	154.00	470.00

在信息化建设方面，2016年新安装宽带入户的村数及平均规模均有大幅度增加，覆盖村的比例从18.39%提高到37.93%，户均新安装规模从56户增加到65.36户，安装数量增加了1倍以上，村内已有约11%的农户拥有能联网的计算机。

在易地扶贫搬迁项目方面，2016年，样本村的迁出和迁入户都有大幅度增加。村均迁出户数从21.60户增加到55.24户，涉及村比例从5.75%增加到24.14%；村均迁入的户数维持51户至52户水平，但是涉及村比例从3.45%提高到10.34%。2015年，样本村只有100余户迁入和迁出，2016年分别增加到400余户和1100余户。

在自来水入户和蓄水池项目建设方面，与2015年相比，2016年的数量是下降的。2016年，两类项目分别只相当于上年度的60.89%和52.48%。电力保障方面，2016年解决无电户电力供应的村均户数大幅度下降，村覆盖率也较大幅度降低，其结果是实施总量大幅度下降。新增农村电网改造项目，村均项目数量减少一半，村覆盖率提高到60%，项目数量减少25.19%。

（三）村级帮扶资金和项目的分配状况

1. 帮扶资金的分布和变化

2015年，村级项目帮扶资金在不同类型样本村的分布，存在一定差别，但差别不算很大。2016年，随着投资量的大幅度增加，各类样本村之间的金额出现分化，主要是脱贫村的投资仍然远远高于其他类型村，东西部地区村的投资大幅度增加，汉族聚居村的投资大幅度增加。

前已述及，2015 年和 2016 年，分别有 66 个和 68 个村记录了项目投资，村均投资额分别为 454.51 万元和 1169.54 万元。[①] 从样本村贫困类型来看，2015 年，三类样本村的项目资金分布还算均衡，贫困村和非贫困村都是 400 余万元，脱贫村只有 300 余万元。2016 年，贫困村投资规模略有增加，非贫困村投资规模有较大幅度下降，而脱贫村投资规模增加了将近 1 倍，接近 700 万元。村均投资规模排序由贫困村＞非贫困村＞脱贫村，变为脱贫村＞贫困村＞非贫困村（见图 23）。

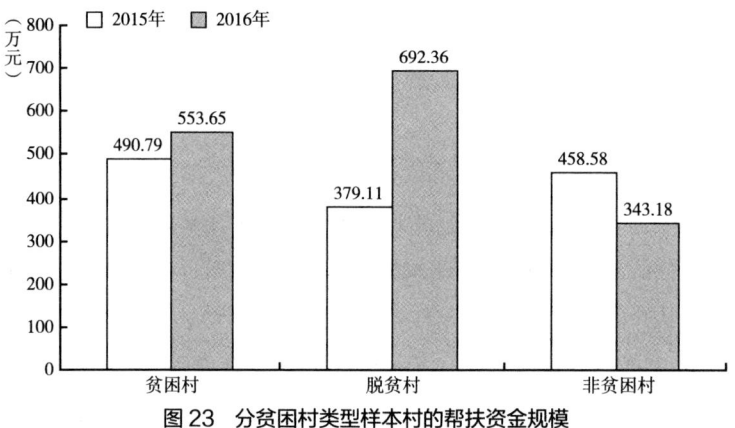

图 23　分贫困村类型样本村的帮扶资金规模

从不同区域来看，东部及东北地区由于少数村的年度投资规模波动特别大，导致各村投资规模差异性变大，中西部地区样本村的差距相对小一些。从 2015 年到 2016 年，三大地区的村均投资规模都明显增加，而且东部地区增加更快。但是，如果东部地区去掉极端值，则村均投资规模及其变化幅度就小得多。中部和西部地区的变化更有规律一些，中部地区样本村村均投资从 347.88 万元增加到 23.73% 万元，西部样本村村均投资从 457.36 万元增加到 58.5% 万元。

---

① 有一个东部样本村（VID：1084），2015 年无项目和资金记录，2016 年项目资金高达 4.07 亿元，这会严重导致各项均值的偏离。所以下面的分类计算中，将这个村的资金额处理为本年度其他村的均值 580 万元。

从民族聚居类型看，2015 年，汉族聚居村的村均投资额只有 373.13 万元，比少数民族聚居村低 170 万余元。到了 2016 年，汉族聚居村的村均项目投资规模增加到 578.58 万元，比上年度增长 55.06%；而少数民族聚居村只增长了 6.43%，为 581.50 万元，两者几乎持平。

综上所述，2016 年和 2015 年相比，不同类型村的项目投资规模总体上都是增长的，有的增长可能还谈不上规律性变化，例如汉族聚居村和民族聚居村之间的相对变化。西部地区样本村投资规模的较快增加，有可能是脱贫攻坚后政府对西部地区综合投入的增加带来的；脱贫村投资规模的较快增加，很有可能是为了达到当年脱贫目的的有意选择。

2. 帮扶项目的分布及变化

为有所聚焦，这里主要分析 7 个项目指标：①新建道路，包括通村道路和通组道路；②新建自来水入户；③新建蓄水池（窖）；④危房改造户数；⑤培育特色产业项目数；⑥培育合作社数；⑦易地搬迁户数，包括迁入和迁出。同样地，各类帮扶项目在不同类型样本村的分布差别有大有小，2016 年与 2015 年的变化大小和方向也不尽相同。

从村脱贫的分类看，2015 年，贫困村实施项目更多的主要是道路、蓄水池（窖）以及易地搬迁，脱贫村主要是自来水入户项目比另两类村多得多，而非贫困村比较突出的是危房改造项目明显多于另两类村。三类村的特色产业项目、合作社培育项目的数量都是很小的。2016 年与 2015 年相比，比较明显的变化是，脱贫村的道路建设规模大幅度增加，以至于超过了贫困村；入户自来水建设在三类村都减少，在脱贫村的建设数量大幅度下降；[①] 易地搬迁数量在贫困村和脱贫村均有大幅度增加，在非贫困村也产生了搬迁户；危房改造项目规模在贫困村有较大幅度增加的同时，在非贫困村大幅度下降（见表 16）。2016 年，贫困村和脱贫村的村均特色产业超过了 1 个，但是仍有将近一半的样本村没有特色产业，包括脱贫村。一般情况下，实现贫困村脱贫要求有主导产业，这点没有严格地执行。

[①] 这是因为有一个脱贫村（VID：1021）2015 年超过了 1600 户的自来水入户项目，使平均值过于偏离。

表16　分贫困类型样本村部分村级项目村均建设规模

单位：公里、户

项目	新建道路 2015年	新建道路 2016年	入户自来水 2015年	入户自来水 2016年	危房改造 2015年	危房改造 2016年	易地搬迁 2015年	易地搬迁 2016年
贫困村	10.00	11.15	29.33	26.31	15.92	27.83	49.00	66.25
脱贫村	4.64	22.83	194.42	25.32	15.50	14.86	8.50	37.75
非贫困村	4.13	5.10	25.00	18.50	42.25	18.40	0.00	3.00

从不同区域贫困村情况看，2015年，西部地区样本村在数量上占优的建设项目包括新建道路、蓄水池（窖）、危房改造以及易地搬迁，处于明显劣势的是入户自来水。2016年与2015年相比，三大地区样本村的新建道路同步大幅度增加；入户自来水建设在东部和西部都是增加的，只有在中部地区是减少的；蓄水池（窖）的建设数量本来主要在西部地区样本村，但是2016年大幅度减少，与此同时，中部地区样本村开展了一些建设；东部和中部地区样本村的危房改造规模都有明显增加，三大地区样本村均值达到基本相同水平（见表17）。产业项目在地区间分布及变化与在不同贫困类型村之间一样，平均数量少，增长平缓。

表17　分地区样本村部分村级项目村均建设规模

单位：公里、户

项目	新建道路 2015年	新建道路 2016年	入户自来水 2015年	入户自来水 2016年	危房改造 2015年	危房改造 2016年	易地搬迁 2015年	易地搬迁 2016年
东部及东北地区	5.50	17.49	52.00	80.00	7.78	23.50	9.00	315.00
中部地区	5.89	10.52	83.00	18.73	8.00	21.93	0.00	16.67
西部地区	9.30	15.57	19.89	43.88	24.71	27.40	42.17	42.86

分村民族聚居类型看，2015年，少数民族聚居村在建设项目规模上相对具有优势，道路建设、危房改造和蓄水池（窖）村均数量均高于汉族聚居村，仅入户自来水数量明显低于汉族聚居村，产业项目、合作社数量、搬迁数量较为接近。2016年与2015年相比，两类村各类项目增

长幅度有所不同。汉族聚居村道路建设大幅度增加，而少数民族聚居村村均建设规模几乎未变，结果是汉族聚居村超过了少数民族聚居村；入户自来水建设在少数民族聚居村有所增加但是不多，所以仍以汉族聚居村居多（见表18）。略显意外的是，两类村的村均特色产业项目以及合作社数量，在2015年都比较低且接近，2016年的增幅及平均水平仍较为接近，少数民族聚居村仅略低一些。

表18　分民族聚居类型样本村部分村级项目村均建设规模

单位：公里、户

项目	新建道路		入户自来水		危房改造		易地搬迁	
	2015年	2016年	2015年	2016年	2015年	2016年	2015年	2016年
汉族聚居村	6.17	17.65	58.84	60.62	11.66	29.69	42.00	76.69
少数民族聚居村	9.37	10.35	22.08	29.75	23.33	21.21	35.60	39.56

（四）贫困治理与村级帮扶情况小结

脱贫攻坚以来，村级贫困治理的完善和加强与资金资源投入快速增长一样，都发生了明显的变化。在此之前，贫困村基本靠"单打独斗"，有的靠分配项目，有的靠"争取"项目，更多的可能只有等待。村级扶贫的加强主要体现在驻村帮扶上，村里至少增加了1倍外来的有生力量，项目和资金也随之增加。村级扶贫多数情况下都是以驻村干部为主导，有的是第一书记，有的是扶贫工作队长。驻村干部努力抓党建，形成新发展思路，积极争取资源，培育产业主体。许多村建起了扶贫综合中心、扶贫企业、扶贫驿站、慈善超市、夜校或讲习所、文化大舞台等，打造扶贫新阵地。在村级"四支队伍"基本架构基础上，实践中还创新了更多村级脱贫模式，有两类比较典型：一类是乡镇主导，即乡镇层面发展面向各村脱贫需求的主导产业、建立就业基地、成立扶贫公司等，对村级脱贫发挥了直接的带动作用；另一类是县级主导，即在县层面发展面向贫困村和贫困户的主导产业、电商平台等，使县级行动直接惠及贫困村和贫困户。还有很多贫困村对口帮扶单位不只满足于向贫困村派驻干部和提供资源，而且将贫困村脱贫纳入本单位的本职工作，成为驻村帮扶的坚强后盾。

2016年，建档立卡村已经基本实现了驻村扶贫全覆盖，调查时仅有少量的建档立卡村第一书记或扶贫工作队缺位。与此同时，多数非贫困村也拥有驻村的第一书记或扶贫工作队。驻村干部大部分都是2015~2016年派驻，在岗时间一般为3年或2年，但是也有相当比例干部为2013年或2014年派驻，表明他们是留下来干第二轮或者延期了。第一书记来自从中央到乡镇的各级政府部门，年龄分布广，学历层次相对较高。相对来说，扶贫工作队长所在的单位级别、学历略低一些，但对基层了解全面，熟悉基层工作。大部分驻村干部都实现了多数时间或全部时间驻村，但是亦有一定比例驻村时间不足2/3。这种"两头挂"的现象以后逐步减少。

从2015年到2016年，村均建设项目和项目投资均有数倍的大幅度增长，这可以看作脱贫攻坚带来的明显变化。投资规模比较大的项目包括道路建设、农田水利、危房改造、产业发展、易地扶贫搬迁等。2016年，投资额增长幅度最大的是脱贫村，这些村当年脱贫，所以获得了将近1倍的资金增长。分项目看，易地搬迁、村内道路建设方面均实现了大幅度增长。村级帮扶资金在各地区样本村、分民族聚居样本村之间的分布及变化存在一些差异，但并不明显。

四　百村精准帮扶

针对致贫原因采取精准帮扶措施，是最有效的扶贫方式。中国的精准扶贫基本方略中，最初提出了"五个一批"脱贫路径，即发展生产脱贫一批、易地搬迁脱贫一批、生态补偿脱贫一批、发展教育脱贫一批、社会保障兜底一批。此后，精准脱贫路径逐渐扩展到健康扶贫、资产收益扶贫、就业扶贫、消费扶贫、危房改造、饮水安全工程、小额信贷等。但在脱贫攻坚初期，精准帮扶的程度还比较有限。本次调研采用了建档立卡系统的致贫原因分类，[①]但是这种分类法不太适合直接用于分析，原因在于一些致贫原因不能直接与帮扶措施相对应，同时最主要原因和其他原因的划分法比较机械，难以体现多类致贫原因的复合性影响。因此，这部分内容以致贫原因或者帮扶措施为对象进行分析。2016年与2015年相比，到户帮扶措施有较明显增加，与致贫原因匹配程度有所提高，但是总的来说，贫困户精准帮扶的程度还是比较粗糙的。

（一）致贫原因与帮扶措施

1. 致贫原因分析

样本户的最主要致贫原因分布很不均匀，与总体的建档立卡数据相似。因病致贫的农户比例达到1/3，缺劳力、缺资金、残疾、上学、缺技术等致贫的农户比例也较高。发展动力不足、交通条件落后、缺土地、因婚、缺水、灾害等因素致贫的农户比例都很低（见图24）。

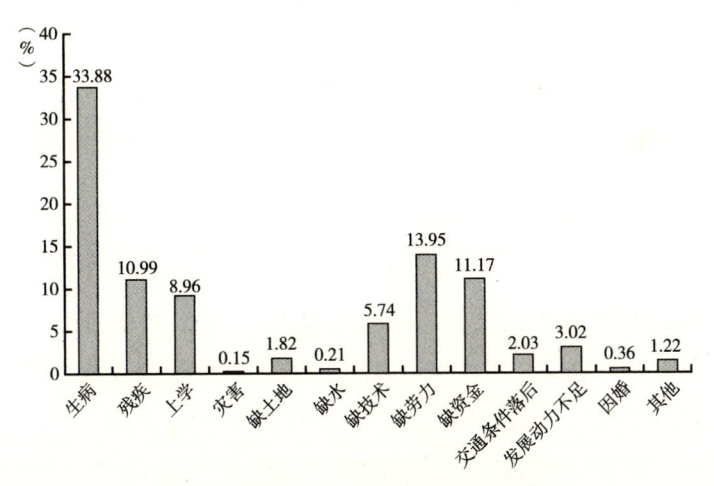

图24　建档立卡样本户最主要致贫原因分布

---

① 建档立卡系统将每户的致贫原因分为最主要原因（单选）和其他原因（可多选）。致贫原因分为12类，分别是：1.生病；2.残疾；3.上学；4.灾害；5.缺土地；6.缺水；7.缺技术；8.缺劳力；9.缺资金；10.交通条件落后；11.自身发展动力不足；12.因婚。本次调研在原有基础上增加了"因婚致贫"。

由于在致贫原因问题上采取的是多选项方式，除了选择最主要的原因之外，还可以选择其他原因。结果表明，其他致贫原因与最主要致贫原因具有相当高的一致性。我们选择最主要致贫原因比例排序靠前的7个因素，以及其他致贫原因比例排序靠前的8个因素，可以发现，后者中的7个因素与前者完全一致，只多出1个交通因素。值得关注的是，最主要原因和其他原因中前3个因素是一致的，都是生病、缺资金和缺劳动力。之所以要列出7个主要原因，是因为我们想将排在第7位的发展动力不足问题引入视野，而且的确这个因素在其他原因中排序更靠前（见表19）。

表19 建档立卡样本户的最主要致贫原因和其他致贫原因的对比

单位：%

项目	最主要致贫原因 比例	最主要致贫原因 排序	其他致贫原因 比例	其他致贫原因 排序
生病	33.88	1	25.89	3
缺劳动力	13.95	2	33.83	1
缺资金	11.17	3	30.50	2
残疾	10.99	4	10.49	8
上学	8.96	5	14.31	6
缺技术	5.74	6	19.97	4
发展动力不足	3.02	7	17.63	5
交通条件差			11.16	7

建档立卡户的致贫原因很多都是复合性的，难以准确做出主次之分。我们从致贫原因出发，重新构造家庭致贫原因变量，凡是某原因在最主要原因或其他原因中被选就取值为1，否则取值为0，结果见图25。从中可以看出，将最主要致贫原因与其他致贫原因合并后，建档立卡户的这8类致贫原因比例多数都有较大幅度提高，分布均衡性有所改善，排序前3位的原因仍是生病、缺劳力和缺资金，缺技术和发展动力不足问题也凸显出来。

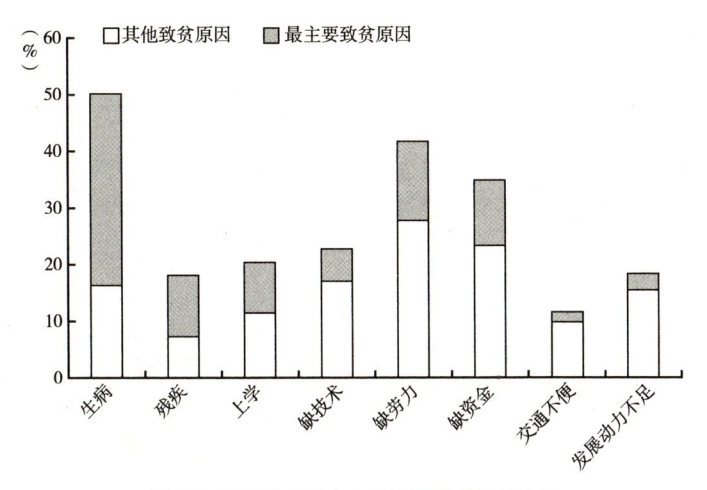

图25　建档立卡样本户的8类致贫原因比例

2. 帮扶措施与致贫原因匹配状况分析

本次调研将帮扶措施划分为7类。后来发展比较普遍的资产收益扶贫在当时还没有引起重视，光伏等有关项目一般被记在发展生产栏目下。7类措施中，基础设施建设、公共服务和社会事业包含很多项内容，所以它们被选择的频率明显高于其他类措施。除此以外，选择频率较高的就是发展生产，其比例为33.48%。技能培训、小额信贷、易地搬迁的比例均在14%左右。选择比例最低的是带动就业，比例为7.84%（见图26）。值得关注的是，依然还有14.31%的样本户没有得到上述措施中的任何一项。

从致贫原因角度看扶贫措施的匹配程度比较困难。这是因为大部分致贫原因难以对应明确的帮扶措施，如缺劳力、发展动力不足等。[1] 我们分析了其中3类致贫原因与对应的帮扶措施的匹配情况：因学致贫家庭得到教育资助、缺技术家庭得到技术培训、缺资金家庭得到小额信贷。结果显示，因学致贫家庭只有47.88%得到教育资助，缺技术家庭只有18.51%得到技术培训，缺资金家庭只有19.49%得到小额信贷（见表20）。这些数据表明，这3类致贫原因与对应帮扶措施之间的匹配程度还是很低的。

---

[1] 因病致贫对应的帮扶措施是明确的，但是本次调研问卷数据在提供合适指标上也存在困难，故未能予以分析。

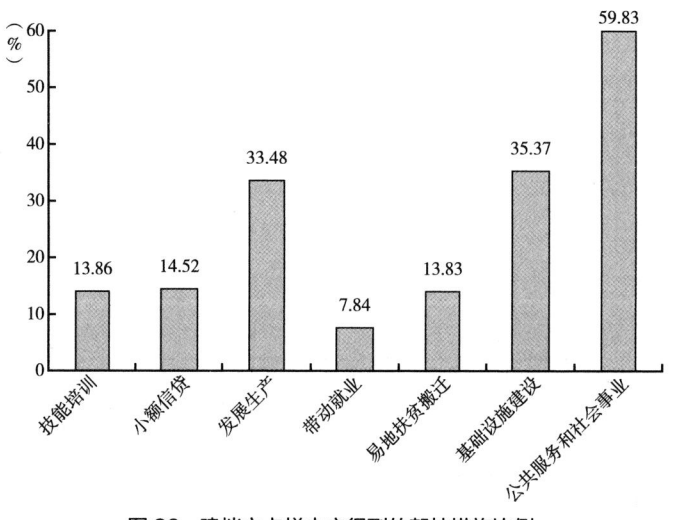

图 26　建档立卡样本户得到的帮扶措施比例

表 20　3 类原因致贫家庭得到相应帮扶措施比例

单位：%

致贫原因	发生率	相应帮扶措施比例
因学致贫	20.41	47.88
缺技术	22.65	18.51
缺资金	34.75	19.49

注：此处因学致贫得到的教育资助是指，家庭中任何一个上学的子女得到教育补助或捐款，或 2016 年领取了任意金额的教育补助。

分析享受各类扶贫措施的样本户所对应的家庭致贫原因类型也是很有意义的。每类扶贫措施所对应的家庭贫困类型也都是多样的，横向比较呈现较为明显的特征。首先，因病致贫户享受各类扶贫措施的比例都是最高的，而发展动力不足户享受各类扶贫措施的比例几乎都是最低的。这似乎可以说明，对于因病致贫户，无论其"因病致贫"理由是否充分，[①] 其家庭都有条件承担各类帮扶措施，包括发展生产措施；而发展动力不足户，其各类措施参与率都很低，甚至有的

---

① 言下之意是，曾经一些地方的因病致贫是很有"水分"的，在 2017 年以后逐步得到纠正。

还低于残疾人户。其次，几乎每类措施对于各类致贫原因贫困户都有一定的覆盖比例，很难体现精准扶贫特征。除小额信贷外，其他措施都难以体现出"对症下药"。例如，技术培训覆盖缺技术户的比例为32.13%，而覆盖缺资金户和交通不便户的比例都超过了40%。发展生产措施，覆盖比例最高的户是因病致贫户和缺资金户，但是缺劳力户的参与率也接近39%。带动就业措施的覆盖率，除因病致贫户外，居然是缺劳力户最高（见表21）。因此，致贫原因与帮扶措施的匹配程度总体上是非常差的。

表21 分致贫原因样本户享受各类帮扶措施的比例

项目	1.技术培训	2.小额信贷	3.发展生产	4.带动就业	5.易地扶贫搬迁	6.基础设施建设	7.公共服务和社会事业措施
样本数（户）	333	435	1001	234	413	1056	1792
生病（%）	51.05	49.66	46.15	54.27	48.18	48.11	54.69
残疾（%）	17.72	17.93	18.38	16.67	19.13	17.71	22.04
上学（%）	28.53	30.11	27.27	28.63	21.55	25.28	21.43
缺技术（%）	32.13	24.14	26.57	26.92	29.54	29.45	24.33
缺劳力（%）	30.33	33.33	38.86	34.19	43.10	41.76	48.94
缺资金（%）	42.04	48.74	41.96	31.62	35.84	40.34	34.38
交通不便（%）	42.04	10.34	15.18	8.12	21.07	12.88	10.60
发展动力不足（%）	15.02	22.30	21.18	16.24	14.04	19.22	19.36

注：此表应纵向看，比例含义为享受了某类帮扶措施的家庭，存在各类致贫原因的比例。例如，享受技术培训有333个样本，因病致贫的有51.05%，残疾致贫的有17.72%，以此类推。

（二）产业扶贫类别及方式

所有3347个建档立卡户样本中，在2015年或2016年实施了发展生产类扶贫项目的有1055个，比例为31.52%。其中，74.69%的样本户实施了1个项目，23.32%的样本户实施了2个项目，1.99%的样本户实施了3个项目。本研究将产业项目分为六类，各类项目所占比例见图27。可见，种植业和养殖业项目占绝对主体，比例分别为54.70%和60.53%。林果业、加工业、服务业以及制造业项目从数量上只相当于零头。

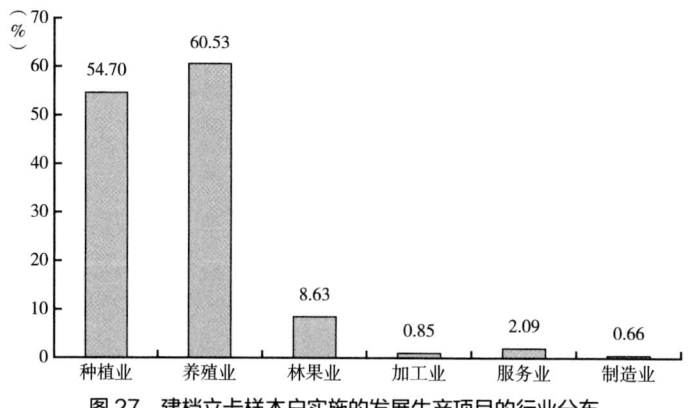

图 27　建档立卡样本户实施的发展生产项目的行业分布

政府在实施产业扶贫项目时，扶持方式以资金支持为主，所占比例为 68.06%。产业化带动和技术支持方式所占比例分别为 25.46%、24.05%，其他支持方式占 13.15%（见图 28）。其他支持方式中，所占比例最大的是免费发放农业生产资料，如种苗、树苗、菌丝、猪仔、鸡雏、化肥农药等。这种方式带有投入补助、产业引导的特点，有时能帮助生产者降低市场交易费用，有时也显得盲目。此外，还有少量保底收购、发展养殖场、培育合作社等形式，大体上可以归入市场化带动方式。

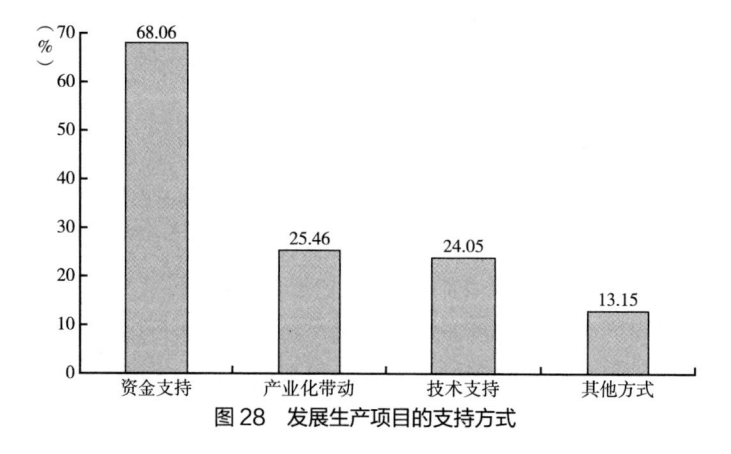

图 28　发展生产项目的支持方式

发展生产项目既需要农户自筹资金投入，也能得到资金扶持。数据显示，56.77%的贫困户发展生产项目投入了自筹资金，平均投入规模为8112.73元，如果分摊到其他未发生投入的样本户，则下降为4605.87元。85.73%的项目都得到资金扶持，平均扶持规模为8745.74元，几个超过10万元的补助案例大大拉高了补助平均值，实际上其中值应为2000元左右。如果将自筹资金和扶持资金合在一起视为项目投资额，则80.04%的项目发生了投资额，平均投资规模为12254.62元，分摊到所有样本则平均为9808.29元（见表22）。

表22 发展生产项目自筹资金及扶持资金情况

单位：%、元

资金来源	发生比例	已发生样本平均金额	所有样本平均金额
自筹资金	56.77	8112.73	4605.87
扶持资金	85.73	8745.74	7497.74
项目投资	80.04	12254.62	9808.29

发展生产项目的样本户对项目效果的评价尚可，分别有27.93%和41.99%的受访者对项目效果表示非常满意或比较满意，不满意的比例仅为6.56%。当然，问卷中也有个别受访者认为产业扶持是形式主义，言下之意颇为不满。

（三）就业扶贫类别及方式

2015年和2016年，样本贫困户中得到就业支持的有242户，占所有建档立卡样本户的7.23%。就业扶贫项目在2015年和2016年实施的比例分别为42.69%和54.24%。在各类致贫原因中，缺劳力的家庭占41.89%。换句话说，还有58.11%的家庭不存在缺劳力因素。这从另外一个方面表明，7.23%的带动就业比例是相当低的。

这些被带动就业的从业人员的就业地点以本地为主，在本乡镇以内就业的占68.18%，其中在本村就业的占51.24%。在本乡镇内（本村外）

就业和在省外就业的比例都在17%左右,在省内和县内乡外就业的比例约为15%,零工和固定就业是这些带动就业样本的主要就业方式。零工主要分布在本村和本乡镇;固定就业则分布在各地,在县外和省外分布也比较多。

这些被带动就业者,2016年的就业时间平均为6.12个月,中值为6个月。2015年带动就业收入中值为8000元,其平均值达到13540元,由于个别案例收入很高而偏离中值较多。总的来说,虽然带动就业的比例不高,但是受访者对带动就业的评价还是不错的,非常满意或比较满意的比例合计达到82.26%,只有5%左右的表示不满意。

(四)技能培训及成效评价

1. 培训内容

样本中,共有14.24%的受访者回答得到过技能培训。排除回答范围在2015年和2016年以外的样本以及其他一些错误样本,在这两年内接受培训的有401例,占建档立卡户样本的11.98%。技能培训项目在2015年和2016年实施的比例分别为33.86%和62.95%。绝大多数接受过培训的家庭只接受了1项培训,另有约6%的家庭有人接受了2项甚至3项培训。从培训类型来看,农村实用技术培训远远高于其他类型,所占比例为73.25%;其次是劳动力转移就业培训,比例为15.95%;其他3类培训的比例均低于10%(见图29)。2016年参加培训人次是2015年的2.41倍。

贫困户技能培训的内容非常广泛,经归类汇总,我们将其划分为农业技术培训、转移就业培训和农村新型培训三类。农业技术主要是种植业技术、养殖业技术以及其他农业技术,在培训的发生频次上占绝对主体地位,占比72.54%,其中种植业又是养殖业培训的1.61倍。种植业技术培训既包括水稻、玉米等传统农产品的种植技术,也包括茶叶、果品等特色产品的种植技术。养殖技术培训也类似,包括传统产品和特色产品的养殖技术。转移就业培训占比为19.06%,内容包括建筑和装修、家政服务、厨师、驾驶、加工制造技术等。大部分为建筑业和服务

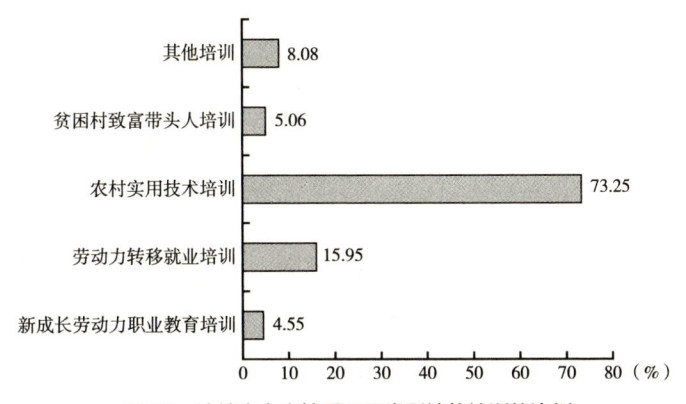

图29 建档立卡户接受不同类型技能培训的比例

培训类型	比例(%)
其他培训	8.08
贫困村致富带头人培训	5.06
农村实用技术培训	73.25
劳动力转移就业培训	15.95
新成长劳动力职业教育培训	4.55

注：此题为多选，故合计比例超过100%。

业，面向工厂的加工制造培训比例还很低。农村新型培训是一个大类，既包括了一些综合性比较强、难以归类的情况，也包括能够更好推动农村发展的培训内容，尤其是创业培训、电商培训、农产品加工及手工制作、经营管理等。它们的发生频次低，但是有利于农村结构性变革（见表23）。

表23 建档立卡户样本参加培训的具体内容

单位：人次

培训类型	培训内容	频数
农业技术培训（449）	种植业技术	270
	养殖业技术	168
	其他农业技术	11
转移就业培训（118）	厨师	20
	家政服务	20
	建筑和装修	44
	驾驶、汽修	12
	加工制造技术	12
	其他培训	10

续表

培训类型	培训内容	频数
农村新型培训（52）	创业培训	8
	电商培训	6
	农产品加工及手工制作	15
	经营管理	6
	农村实用技术	7
	综合培训	10

2. 培训时间和费用

各类培训都以短期培训为主，占95.92%。短期培训的平均天数为12.28天，培训天数的中值为7天，最短半天，最长半年。但也有个别是长期的，4.08%的农户参加的培训时间为1~3年。关于培训费用，做答的样本平均补助资金为207.55元，平均自费资金为403.21元，自费资金约为补助资金的2倍。

3. 培训效果

对于培训效果，34.92%的回答者认为实现了稳定就业，54.63%的回答者则认为没有实现稳定就业，还有10.45%的因为培训尚未结束而无法回答。这个指标的设计主要是针对长期培训的就业效果，短期培训尤其是农业技术培训，很难说与稳定就业有什么关联。上述回答比例在一定程度上体现了这种不匹配性的存在。

（五）四项保障情况

1. 义务教育保障

在所有3347个建档立卡样本户中，回答有因学致贫的户数为683户，所占比例为20.41%。列举了因学致贫的户和未列举因学致贫的户都分别有一定比例得到了教育资助。其中，因学致贫户得到教育资助的比例为47.88%，非因学致贫户得到教育资助的比例亦有13.33%。在682户得到教育资助贫困户中，有327户属于因学致贫户，另外的355户属于非因学致贫户（见表24）。因学致贫户和非因学致贫户享受到的平均教育资助金额分别为2466.85元和1725.26元，前者是后者的1.43倍。反过来看，因学致贫户中尚有52.12%没有得到教育资助。

表24 因学致贫户得到教育资助情况

单位：%、户

项目	非因学致贫户	因学致贫户
无教育资助比例	86.67	52.12
有教育资助比例	13.33	47.88
教育资助案例数	355	327

注：得到教育资助的含义为家中有在学子女在2016年获得了教育补助或捐款。

2. 基本医疗保障

根据本报告在第二部分的界定，以户为单位，全家人都能享有基本医疗保障的比例，对于建档立卡户来说为92.14%，而非建档立卡户为92.05%，可见，建档立卡户的基本医疗保障覆盖程度与非建档立卡户相当。此外，未能实现全家人都有基本医疗保障的比例，建档立卡户和非建档立卡户分别为4.90%和5.21%。此外，建档立卡户中，脱贫户全家人都能享有某种基本医疗保障在一定程度上高于未脱贫户。

3. 住房安全保障

2015年和2016年，建档立卡户和非建档立卡户实施了危房改造项目的比例分别为31.49%和19.18%，前者是后者的1.64倍。建档立卡户中脱贫户与未脱贫户的危房改造比例几乎一致。

4. 饮水安全保障

饮水安全保障项目，容易界定到户的主要是自来水入户和修建蓄水池（窖）。修建自来水是其中最主要的项目，有30.12%的建档立卡户享受了这个项目，应该说比例是很高的。建档立卡户中，脱贫户实施了自来水入户工程以及修建蓄水池（窖）的比例都要高于未脱贫户。其中，脱贫户和未脱贫户实施了自来水入户项目的比例分别为37.07%和25.83%，实施了修建蓄水池（窖）项目的比例分别为8.62%和3.52%。此外，少量样本户还给出其他饮水项目，如打井、自引山泉水等。

（六）精准帮扶实施情况小结

精准扶贫要在精准识别贫困户及其致贫原因基础上，对症下药，缺什么补什么，采取针对性措施，帮助实现精准脱贫。但是事实并非如此简单，有些致贫原因容易提供对应的帮扶措施，有些则不尽然。建档立卡系统最主要致贫原因和其他致贫原因的分析容易忽略多种原因复合性影响。本报告将其进行合并，重新梳理了贫困户的8类主要致贫原因，处于前3位的是生病、缺劳力和缺资金，缺技术和发展动力不足问题也很明显。鉴于同一户致贫原因的多样性以及得到帮扶措施的多样性，分别从这两个方面分析二者的匹配程度。结果表明，即使容易找到对应措施的致贫原因，它们得到对应帮扶措施的比例也是很低的。从扶贫措施角度，每类扶贫措施所对应的家庭贫困类型也都是多样的，从中可以看到扶贫措施与致贫原因一定程度的匹配，例如公共服务和社会事业措施对于因病致贫户和缺劳力户的覆盖比例最高，小额信贷措施对于因病致贫户和缺资金户覆盖比例最高。但是，多数情况下还看不出明显的匹配规律。就样本数据总体而言，贫困户的帮扶措施与致贫原因的匹配程度是很低的。

在三项发展型精准扶贫措施中，产业扶贫的项目数和覆盖率都最高，比例达到31%以上，以种植业和养殖业项目为主体，以政府资金支持为主，贫困户也有一部分出资。其他支持方式中，所占比例最大的是免费发放农业生产资料，如种苗、树苗、菌丝、猪仔、鸡雏、化肥农药等。发展生产项目的样本户对项目效果的评价尚可。参与就业扶贫样本户比例只有7%左右，以本地零工和外出固定就业为主，但是增收效果明显，受访者评价高。享受过技能培训的样本户比例只有12%左右，以短期农业技术培训为主，有少量的综合性培训，从短期看带动增收效果尚不明显。

五 百村精准脱贫

精准脱贫是指扶贫对象在精准扶贫的帮助下，收入和家庭条件真实地超过扶贫标准。中国自2016年起开展贫困县、贫困村、贫困户三个层面的贫困退出评估认定工作。2016~2019年，全国分别有28个、125个、283个贫困县实现脱贫摘帽。到2019年底，全国832个贫困县中还剩下52个未摘帽，比例为6.25%。全国共有建档立卡贫困村12.8万个，到2020年初，全国还剩下2707个贫困村未出列，比例为2.11%。根据统计数据，2019年底全国农村贫困发生率为0.6%，还剩余551万贫困人口。2016年贫困户脱贫和贫困村出列是首次经过正规程序认定实现的，但程序规范性不强、结果可靠性不足，同时，部分户未达脱贫标准、脱贫户对脱贫程序和标准不够满意等情况也存在。2017年以来，脱贫程序日趋规范和严格，对脱贫质量更加关注，脱贫后返贫比例逐年大幅度下降。

（一）贫困户脱贫进度

调研情况显示，村问卷中脱贫数据的缺失比较严重，但也可以在一定程度上给出较为合理的结果。2014~2016年，村均脱贫户数分别为37户、48户和61户，村均脱贫户占建档立卡户比例分别为20.26%、30.27%、48.43%。2014年，脱贫人口占建档立卡贫困人口的比例为18.01%。2016年，脱贫人口规模提高了近1倍，脱贫人口比例提高到50.42%（见表25）。2013年底，全国贫困人口为9899万，到2016年底降为4335万，脱贫比例达到56.21%。如此看来，样本村的脱贫进度还要略低一些。

表 25　2014~2016 年样本村脱贫情况

单位：户、人、%

项目	2014 年	2015 年	2016 年
脱贫户数	36.59	48.05	61.43
脱贫户比例	20.26	30.27	48.43
脱贫人口数	108.70	154.41	213.43
脱贫人口比例	18.01	28.18	50.42

注：2014 年、2015 年和 2016 年纳入统计的村样本数分别为 46、59、60 个。

在所有 3347 个建档立卡样本户中，2016 年底实现脱贫的样本数为 1274 个，所占比例为 38.06%。样本户脱贫时间并非都在 2016 年，而是以 2016 年为主，所占比例为 66.17%。另外，分别有 5.02%、14.44% 的建档立卡户已于 2014 年和 2015 年实现了脱贫。还有 5.89% 的样本户回答不知道是哪年脱贫的，8.48% 的问卷此问题回答缺失，都表明不能准确判断脱贫的时间（见图 30）。

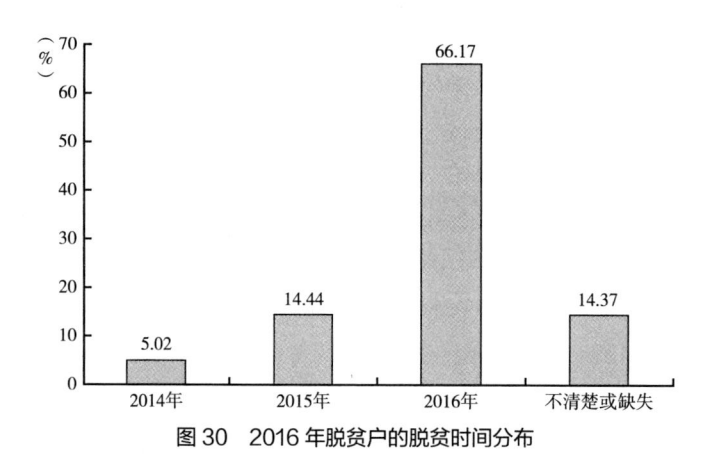

图 30　2016 年脱贫户的脱贫时间分布

（二）户脱贫程序与评价

1. 脱贫程序

对于脱贫程序，本次调查设计了村干部调查、签字盖章、名单公示这3个指标。对于脱贫前的村干部调查程序，80.38%的受访者认为有过村干部调查，7.85%的受访者明确表示没有村干部来调查过，11.74%的受访者表示不知道或者未回答（见图31）。与不知道脱贫时间略有不同的是，不知道是否有村干部调查并不一定意味着村干部没有来调查，因此与没有村干部调查的选项是不同的。

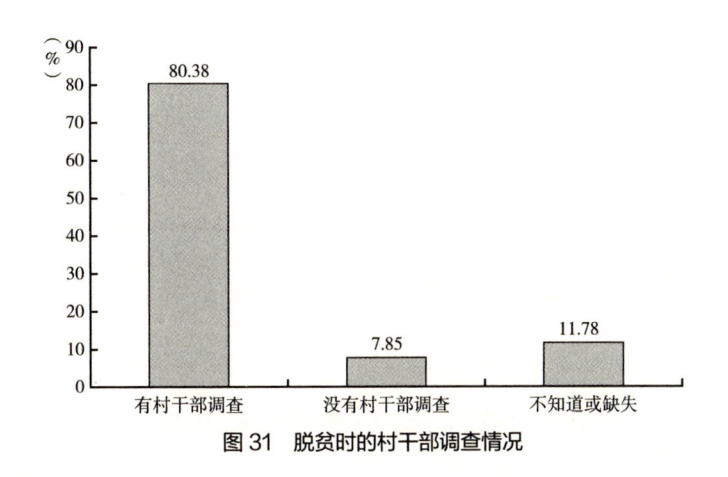

图31 脱贫时的村干部调查情况

作为对脱贫结果的认可程度，脱贫户在相关文档上签字或盖章是重要的。扶贫工作中曾经发生过贫困户不愿签字认定脱贫问题。分析结果显示，79.95%的受访者签过字，还有2.35%的受访者没有签字但是盖章确认，两项合计为82.30%。除此之外，10.59%的人回答说没有签字盖章，还有8%的人回答说不知道。[①] 如果受访者不是户主，不知道是否签字盖章是正常的，回答没有签字盖章也有可能出错。

71.59%的人回答，对脱贫结果进行了公示，6.67%的人回答没有公示，21.74%的人表示不知道或者没有回答。公示的文告一般张贴在村部院内，或者在村民组某处进行了张贴，一些农户没有看到也属于正常情况。

最后，对于脱贫程序是否满意问题，只有70.02%的受访者表示满意，有13.66%的人表示不满意，还有8.56%的人表示无所谓（见

---

① 因此题为多选题，故回答比例超过100%。

图32)。对脱贫程序表示不满的比例大体上对应着对脱贫程序不知情的比例。

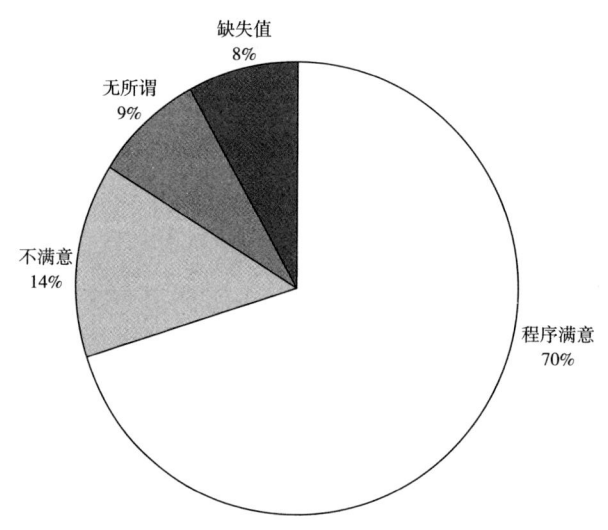

图32 脱贫户对脱贫程序满意与否的回答比例

2. 脱贫评价

本研究用3个主观指标来表示受访者对脱贫结果的评价：对本户脱贫结果是否满意、对本户扶贫效果评价以及对本村扶贫效果评价。

68.76%的受访者对于本户的脱贫结果是满意的，16.25%的受访者表示不满意。对脱贫结果不满意比例比对脱贫程序不满意比例低2.59个百分点。有8%的受访者对脱贫结果表示无所谓（见图33）。

对于本户到调研时为止的扶贫效果，59.89%的受访者认为好，包括非常好以及比较好，比较好的比例相对更高一些；认为效果一般的比例为17.97%。8%的受访者认为本户扶贫效果不好，包括不太好以及很不好。5%的受访者对本户扶贫效果说不清楚。对于本村到目前为止的扶贫效果的同步评价显示，受访者对本村扶贫效果评价为好的比例略高于对本户的评价，对于本村扶贫效果评价为不好的比例略低于对本户的评价，同时说不清的比例也略高一些（见图34）。

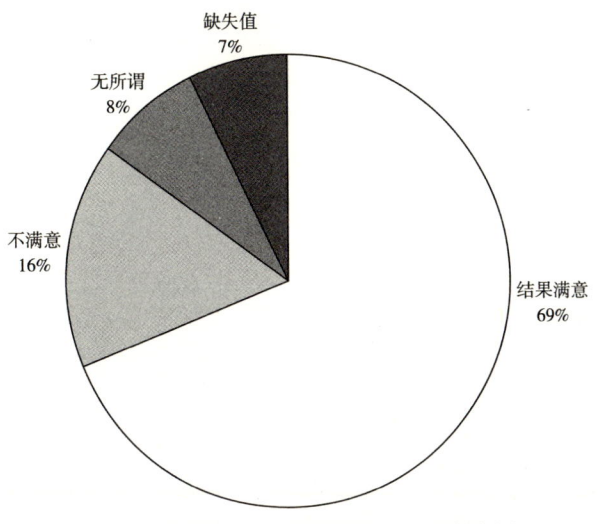

图 33　脱贫户对脱贫结果满意与否的回答比例

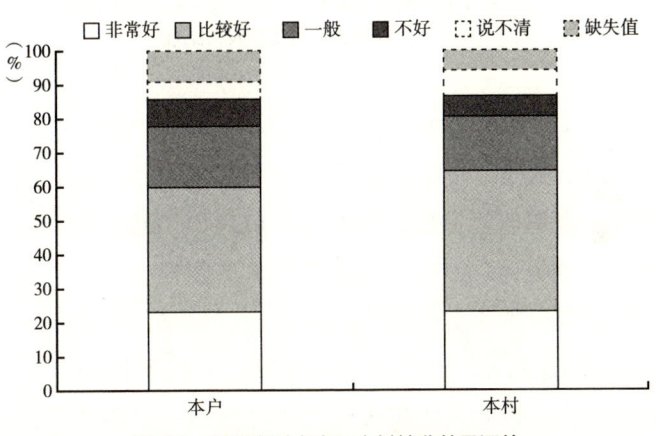

图 34　脱贫户对本户及本村扶贫效果评价

（三）户脱贫成效分析

1. 脱贫户收入及结构特点

脱贫攻坚以来，建档立卡户收入水平以更快速度提高。从 2015 年到 2019 年，建档立卡户人均纯收入与贫困地区人均可支配收入比值由

44.64%提高到84.79%。①建档立卡户中，显然脱贫户收入更高。2016年，脱贫户样本的平均家庭人均纯收入已达8830.14元，比当年全国贫困地区农民人均可支配收入高4.47%。同年，脱贫户收入水平相当于非贫困户的83.73%，相当于未脱贫户的1.35倍（见图35）。

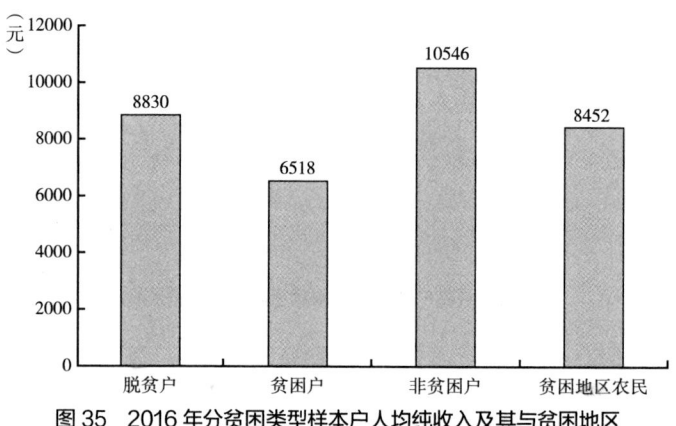

图35 2016年分贫困类型样本户人均纯收入及其与贫困地区农民人均可支配收入比较

脱贫户收入结构的基本特点是：工资性收入和转移性收入比例高，经营性净收入比例低。与非贫困户相比，脱贫户工资性收入比例接近，经营性净收入比例明显偏低，而转移性收入比例明显偏高。脱贫户工资性收入比例高达47.17%，但是仍比非贫困户低4.8个百分点。换句话说，非贫困户的工资性收入比例更高。但是，脱贫户的经营性净收入比例只有18.77%，远低于农村地区（包括贫困地区）的一般水平。脱贫户的转移性收入比例大大高于非贫困户，超过了30%，而非贫困户不到20%。在脱贫户的转移性收入中，所占比例最大的是补贴性收入和报销医疗费收入。而后者，既与医疗支出水平有关，也与报销制度有关。与剩余贫困户相比，脱贫户工资性收入比例、经营性净收入比例都更高一些，但是转移性收入比例较大幅度地低于剩余贫困

---

① 习近平:《在决战决胜脱贫攻坚座谈会上的讲话》，《人民日报》2020年3月7日。

户（见图36）。这表明，虽然到2019年，建档立卡户收入中转移性收入比例逐年下降，经营性收入比例也有所提高，①但是2016年脱贫户的收入的确主要是依赖工资性收入和转移性收入，且经营性收入非常有限。

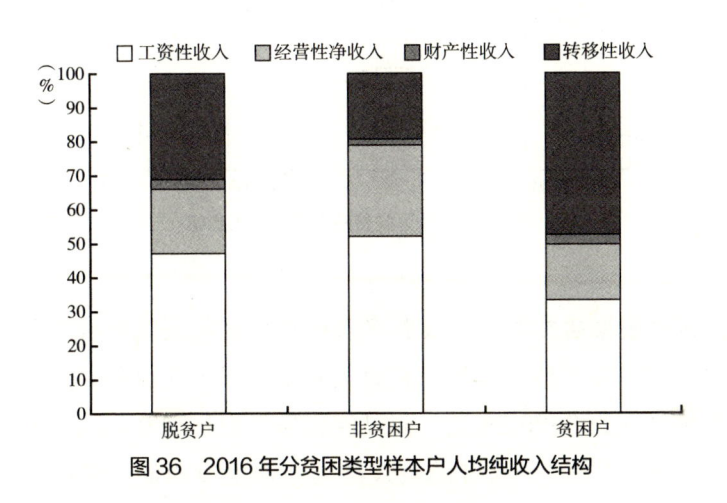

图36 2016年分贫困类型样本户人均纯收入结构

2. 不同类型脱贫户收入比较

分地区看，脱贫户人均纯收入水平，从东部地区向东北地区、中部地区和西部地区依次递减。东部地区超过1万元，东北地区超过9000元，中部地区和西部地区分别为8700余元和近8400元。中部地区脱贫户收入水平与全国脱贫户样本的平均收入水平持平。脱贫户的收入结构，中部地区和西部地区非常接近，而东部地区和东北地区各有特点。中部地区和西部地区，工资性收入比例都很高，而转移性收入比例相对较低，在28%至29%之间。东部地区和东北地区的转移性收入比例都很高，但是东部地区经营性净收入比例低，东北地区工资性收入比例最低（见图37）。

---

① 习近平：《在决战决胜脱贫攻坚座谈会上的讲话》，《人民日报》2020年3月7日。

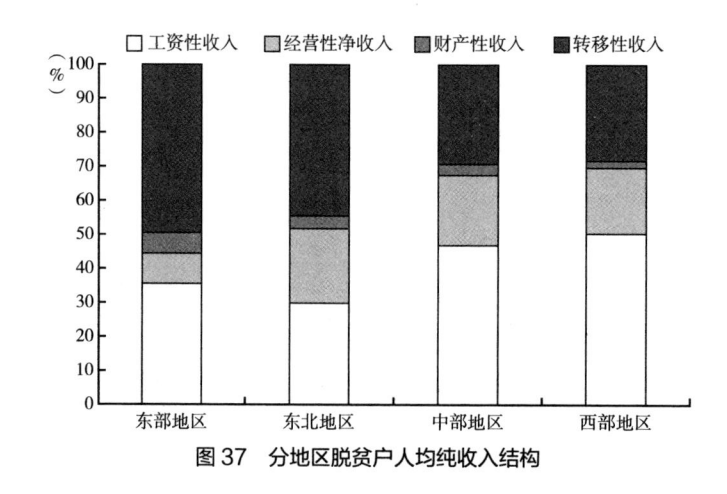

图37 分地区脱贫户人均纯收入结构

分村民族聚居类型看，汉族聚居村和少数民族聚居村的脱贫户收入水平和结构存在较大差异。在收入水平上，少数民族聚居村的脱贫户人均纯收入为7675.29元，而汉族聚居村则达到9342.76元，前者只占后者的82.15%。两者的收入结构差别也很明显。它们的工资性收入比例接近，但是少数民族聚居村脱贫户的经营性净收入比例较高，为25.39%，在所有脱贫户分类里差不多是最高的；与此同时，它们的转移性收入比例又是最低的，只有24.42%（见图38）。[1] 这表明，2016年，少数民族聚居村脱贫户的收入结构存在着与其他脱贫户相反的特点，并导致其收入水平明显偏低。此外，不同地形样本村脱贫户收入水平和结构存在一定的差别，但并没有不同民族聚居村之间的差别那么大。

3. 脱贫户收入与脱贫标准的比较

脱贫户纯收入在整体上已经达到较高水平，但是内部差距比较大。例如，其四分位差为6875元，收入最低10%的户人均收入低于1960元，收入最高10%户的人均收入高于17249元。与脱贫标准2952元相比较，脱贫户收入低于脱贫标准的样本数为206个，所占比例为16.17%，其中

---

[1] 图38中的25%乃是系统自动由24.42%省略小数点所致。

汉族聚居村

转移性收入 36%
工资性收入 46%
财产性收入 4%
经营性净收入 14%

少数民族聚居村

转移性收入 25%
工资性收入 48%
财产性收入 2%
经营性净收入 25%

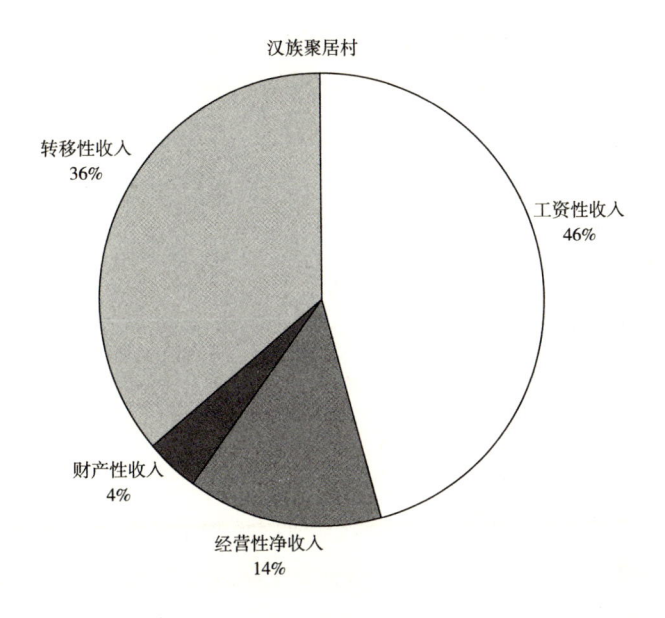

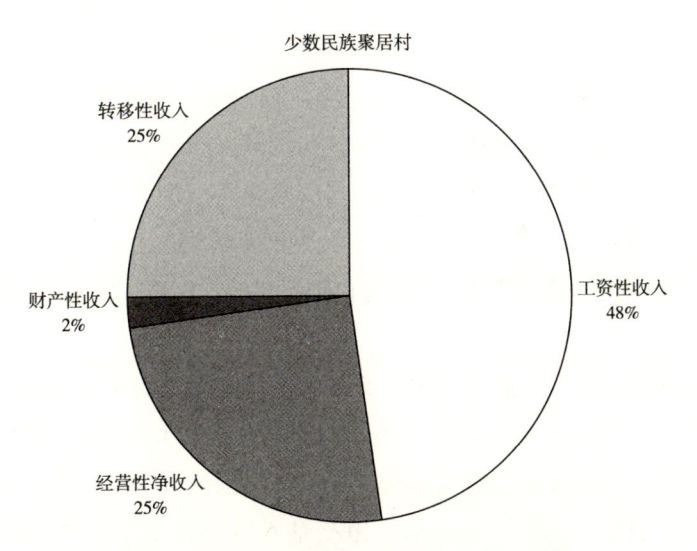

图38 分样本村民族聚居类型的脱贫户纯收入结构

没有纯收入或者支出大于收入的户所占比例为1.96%。收入不高于2952元的206个样本户的人均纯收入仅为536.78元，收入介于0元和2952元之间的181个样本户的人均纯收入为1726.98元，这些显然都是不正常的特殊值。检查这些样本户家庭收入的原始数据，他们的收入大体上呈现以下特征：一是大多数没有工资性收入或工资性收入很低；二是部分样本户报告的经营性成本大于经营性收入，表明存在亏损或前期投入过大，负收入值越大越是如此；三是部分样本户分项收入指标缺失严重，有的漏报，有的全部缺失，导致计算结果为 0 或极小值；四是的确有一部分样本户的收入数据不乐观，既无工资性收入，经营性收入也很低。可见，在这 16.17% 的收入低于脱贫标准的脱贫户中，一部分属于收入漏报或当年经营亏损的非贫困户，还有一部分有因标准把握不准而退出的"错退户"。

4. 脱贫户的四项保障

义务教育保障。脱贫户义务教育阶段适龄子女的适龄在学情况略好于贫困户以及非贫困户，但是其未适时上学或失学辍学情况也是存在的。脱贫户适龄子女的上学率，包括中小学以及少量的职业中学，比例达到 95.2%，比另两类样本户高 3 个百分点左右。差别主要在于，脱贫户适龄子女的学前教育在学率明显偏低，也就是他们义务教育延迟入学的情况要少一些。与此同时，脱贫户义务教育阶段适龄子女未上学或失学辍学比例合计为 2.40%，又比另两类样本户要略高一些（见图 39）。脱贫户中共发生 13 例义务教育阶段适龄子女失学辍学或未上学，在回答原因的 10 例中，4 例为健康原因，3 例为孩子不想读，2 例为其他，1 例为家长流动。

基本医疗保障。脱贫户的家庭基本医疗保障覆盖程度是最高的。在脱贫户样本中，全家都有基本医疗保障的比例为 94.27%，高于其他两类样本户。没有实现全家基本医疗保障的比例为 3.53%，低于其他两类样本户（见图 40）。总的来看，享受基本医保的人口比例达到 98% 左右。各类家庭有 3%~5% 没有实现全家都有基本医保，多数是部分人未享受。

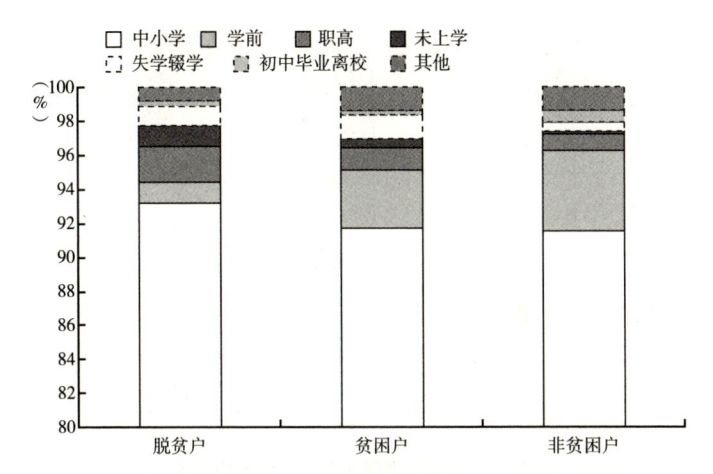

图 39　分贫困类型样本户义务教育阶段适龄子女适龄在学情况

注：义务教育阶段适龄子女是指 2016 年下半年年满 6~13 周岁，可以上小学或初中，如果在上学前教育则属于延迟上学，如在上高中或职高则属于提前上学。

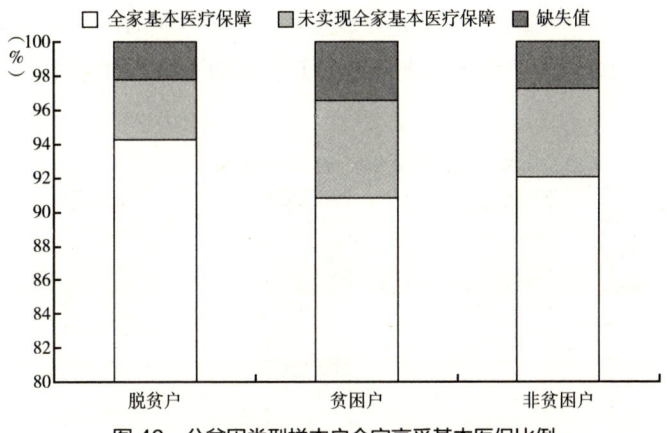

图 40　分贫困类型样本户全家享受基本医保比例

住房安全保障。脱贫户住房安全比例为 84.91%。除此以外，其住房属于政府认定危房的农户比例为 5.92%，这仍然比较高，不能达到脱贫标准。不仅如此，还有 9.16% 脱贫户认为所住住房虽然不是政府认定的危房，但是自认为不安全。即使其中并非都真的是危房，但是总的来说，实际居住危房比例还会更高一些。相对而言，脱贫户的安全住房比例明显高于未脱贫户，但是低于非贫困户（见图 41）。

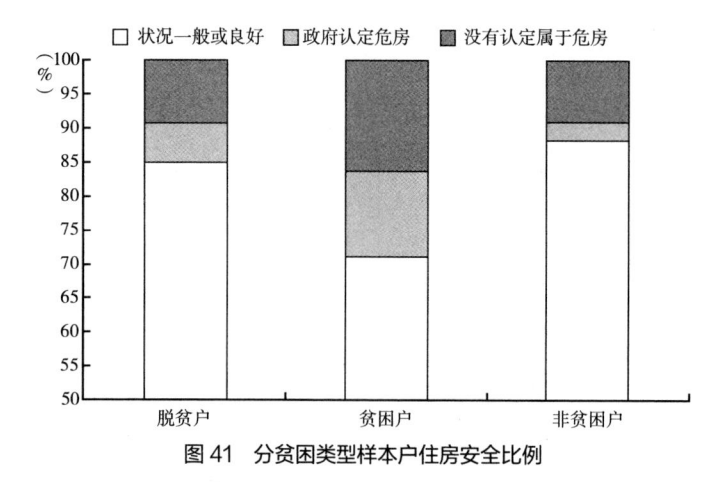

图 41　分贫困类型样本户住房安全比例

饮水安全。根据本研究界定的安全水源，2016年底，各类农户安全饮水的保障程度都比较低，基本上低于80%。脱贫户有76.77%享有安全水源，高于未脱贫户而略低于非贫困户。脱贫户不安全水源的比例接近20%，与非贫困户基本持平，但是较为明显地低于未脱贫户25%的比例（见图42）。

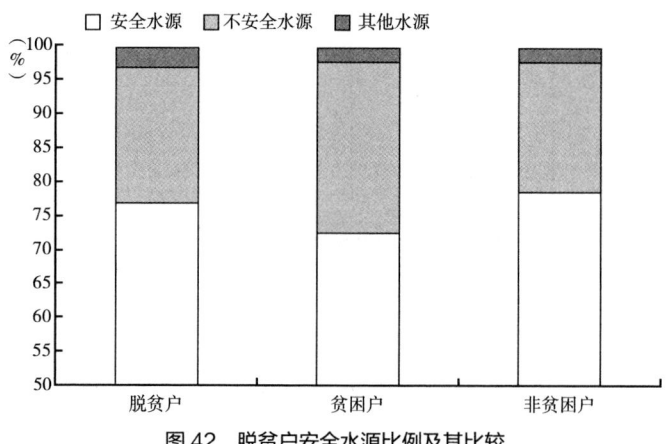

图 42　脱贫户安全水源比例及其比较

总的来看，2016年，各类农户的四项基本保障的覆盖程度都还有一定的提升空间，相互之间的差距在一定程度上存在，脱贫户还没有完全实现各项保障（见表26）。

表26　各类样本户四项基本保障覆盖比例

单位：%

四项基本保障	分项目	脱贫户	贫困户	非贫困户
义务教育	义务教育在学	93.17	91.71	91.54
	失学辍学或未上学	2.40	1.93	0.68
	其他	4.43	6.36	7.78
基本医疗	全家基本医疗保障	94.27	90.83	92.05
住房安全	状况一般或良好	84.91	71.17	88.17
	政府认定危房	5.92	12.61	2.85
安全饮水	安全水源	76.77	72.50	78.46
	无饮水困难	81.35	71.48	77.43

（四）精准脱贫小结

2016年是实施贫困退出、精准脱贫的第一年。精准扶贫百村调研见证了首次贫困退出的程序、结果以及成效等。总的来说，如果仅用当年的标准来衡量，贫困村及贫困户脱贫的程序、成效都还算是可圈可点的。但是用往后越来越严的标准来看，2016年的脱贫质量还有不小的差距，体现在程序合规性、满意程度、各项保障的实现程度以及可能存在的一定比例的收入不达标情况等。

2016年底，所有样本中，共有37.50%的建档立卡贫困村和48.43%的建档立卡户已实现脱贫，其中，近20%已于2014年或2015年脱贫。脱贫户对于所列的3项规范脱贫程序的认知程度在70%~80%，对脱贫结果的满意程度为70%左右，认为扶贫效果好的比例为60%左右。2016年脱贫户平均收入水平已经远远高于脱贫标准，其收入结构的主要特点是工资性收入和转移性收入比例高而经营性收入比例低。脱贫户收入水平从东部地区到东北地区、中部地区和西部地区渐次递减。中西部地区脱贫户收入结构明显特点是转移性收入比例相对偏低。少数民族聚居村脱贫户收入水平与汉族聚居村脱贫户相比明显偏低，而且其收入结构中经营性收入比例高、转移性收入比例低。脱贫户中有16.17%的家庭人均收入低于脱贫标准。对这些户的收入结构检查结果显示，少数户属于收入未达标的"错退户"是有可能的。

对脱贫户的四项保障实现程度的分析表明，它们均明显高于未脱贫户，与非贫困户相比则高低不同。表现突出的是，它们的义务教育保障和基本医疗保障程度都高于非贫困户，饮水安全保障略低于非贫困户，仅住房安全保障程度差距略大一些。这表明，2016年脱贫户在保障程度上与非贫困户没什么差别，但是比未脱贫户好得多。相比之下，脱贫户与非贫困户在收入水平上还是有较大的差距。以上是脱贫户与非贫困户以及未脱贫户之间的横向比较，可以显示脱贫成效明显。但是，如果用2017年以后乃至于目前的脱贫标准纵向比较，2016年的脱贫成效还有较大的不足，体现为脱贫程序不健全、贫困户认可度不够高、各项保障实现程度均有不同比例缺口。

六　贫困村减贫与内生发展

本报告前几个部分有的以贫困户为对象，有的以脱贫户为对象，都只是村内的一小部分人口。这部分依托样本村和样本户数据，以样本村和村内全体住户为对象，描述贫困村脱贫与发展进程，分析脱贫村的内生发展程度。这部分共包括四方面内容，即村和户层面的减贫进程、村庄层面的发展水平、农户生活水平以及对脱贫村的内生发展评价。基本结论是，脱贫村在三类村中的表现是最好的，但是在脱贫时也只能说是处于内生发展的起点，而且外力援助发挥了重要的推动作用。"脱贫不脱政策"和脱贫后巩固提升措施为脱贫村的内生发展提供了良好的机遇和制度保障。

（一）村庄减贫进程描述

从选择标准及其贫困人口比例看，本研究中的样本村最初其实都是贫困村，只不过少数没有成为建档立卡村，所以都要经历从减贫到进一步发展的过程。贫困村减贫可从三个层面进行考察：首先，扶贫工作层面的脱贫出列，即建档立卡贫困村经验收达到脱贫出列标准，主要是村内建档立卡贫困人口比例应降低到3%或2%以下[①]，并辅以基础设施建设、基本公共服务、集体经济收入等指标。其次，村内贫困户脱贫进度或比例的下降，这是一个动态过程，首先降至村出列标准，然后继续下降直至清零。理论上，村内贫困人口比例下降程度与贫困村脱贫出列的结果应是一致的。但是，本研究显示的2016年情况还并非如此，脱贫出列村的未脱贫人口比例还比较高。最后脱贫户及贫困户的收入增长和各项保障的实现程度，这是实质性脱贫指标，前两类指标都可看作外在表征。因包括脱贫户在内的分类样本户收入和保障情况已在第五部分进行了分析，这里不再重复，值得提及的是，脱贫户的各项保障都还存在一定的缺口。

1. 贫困村出列进度

综合多方面资料显示，到2016年底，80个建档立卡样本村中共有26个村实现脱贫出列，脱贫比例为32.50%，其中2015年有2个，2016年有24个。[②]2015年脱贫的2个村在以后是否重新履行过退出程序不得而知。但是，至少有另1个村在建档立卡系统内是2018年脱贫，而网络信息显示这个村在2015年曾被列为"脱贫销号村"。[③]此后三年，每年村出列数量较为均衡，分别为15个、20个和16个。到2019年底，80个建档立卡样本村已有77个脱贫，未脱贫比例为3.75%（见图43）。同期，全国建档立卡贫困村未脱贫比例为2.11%。可见，样本村出列进度极为接近但是略低于全国总体进度。

---

① 西部地区贫困村出列标准为降至3%以下，中部地区贫困村标准为降至2%以下。
② 资料来源包括：国务院扶贫办建档立卡数据、互联网查询信息、个别向地方扶贫办及子课题组核实数据。
③ 该村VID为1064。

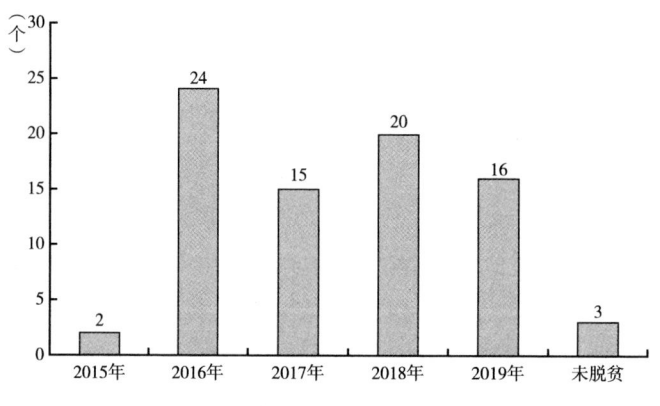

图43 建档立卡样本村出列时间

2. 贫困人口比例下降情况

如今查询各村的建档立卡人口信息是非常便利的。但是，本项目调研时，很多村的建档立卡工作还不够完善，或者村干部对该系统不够熟悉，导致村级调查数据中，建档立卡脱贫数据缺失较多。为此，利用户样本数据推算村贫困人口的变化。首先，利用村级建档立卡数据，将村人口分为非贫困人口和建档立卡人口；其次，用贫困户样本的脱贫比例代表全村建档立卡户的脱贫比例，以此推算建档立卡户的脱贫人口数。由此，可将村内人口分为非贫困人口、脱贫人口和未脱贫人口，并计算出各自比例（见图44）。

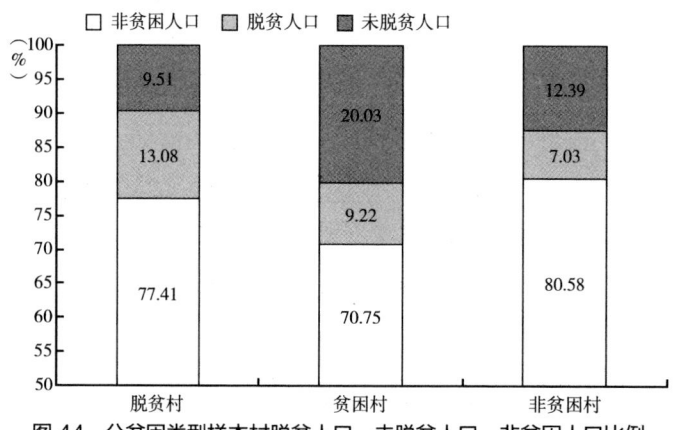

图44 分贫困类型样本村脱贫人口、未脱贫人口、非贫困人口比例

结果表明，脱贫村的贫困人口以最快的速度减少。首先，脱贫村建档立卡户脱贫比例最高，达到 57.92%；贫困村和非贫困村分别为 31.53% 和 36.20%。其次，尽管脱贫村的建档立卡人口比例介于贫困村和非贫困村之间，但是到 2016 年底，脱贫村的贫困人口比例已经降至最低，为 9.51%，比非贫困村低接近 3 个百分点。未脱贫村不仅初始贫困程度最高，到 2016 年底贫困程度仍然最高。按照脱贫的相关标准，脱贫村的未脱贫人口比例应低于 3%（西部）或 2%（东中部）。这里较大偏差的来源，既有抽样误差，也有部分样本界定不清的原因。如果调研是在 2016 年底完成，那么当年的脱贫程序还没有完成，当年脱贫人口在调研时就还没有标记为脱贫。有的子课题组，基于受访者自述，将一些已认定脱贫的建档立卡户标记为未脱贫户。还有个别样本村是脱贫村，但是其建档立卡户类型几乎都被记录为时间不详以及未脱贫。

（二）村庄发展的成效

村庄发展水平包括经济发展、居民生活水平、集体经济等方面。本报告重点分析基础设施、基本公共服务和经济发展三个方面。

1. 基础设施建设

村庄基础设施包括生产性基础设施和生活性基础设施。脱贫攻坚期，国家按照补短板和促发展的思路，强化贫困村的道路、水、电、网等基础设施建设，尤以道路交通和饮水工程为重。

道路建设方面。虽然我们无法获得道路总里程数据，但是收集到新修建道路指标。2015 年，样本村累计平均修建了 10.30 公里通村公路和 9.43 公里村内公路，2016 年修建长度远大于 2015 年。分样本村类型看，脱贫村的道路修建总量最大，合计达到 27.53 公里，贫困村为 18.96 公里，非贫困村最低，只有 9.17 公里。分道路类型看，新修通组路长度大于通村路，尤其是在脱贫村和非贫困村，但在贫困村仍是以通村路为主（见图 45）。通组路建设是在通村路建设完成情况下将基础设施向居民点的进一步延伸。早期脱贫村对通组路建设还没有要求，到了后期，贫困村基本都建成了一定长度的通组道路，少数村还实现了入户道路的硬化。

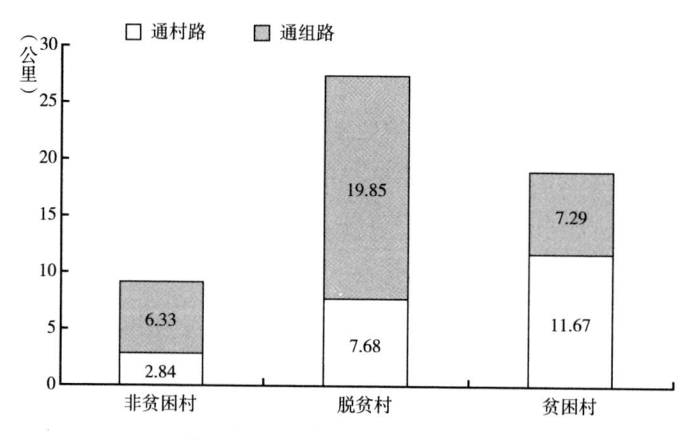

图 45　三类样本村的道路建设长度

饮水工程方面。2015年和2016年，样本村合计平均实施了118.31户自来水入户项目，使村均通自来水户数达到375户，占村居民户数的59.27%。三类样本村的自来水建设进度有所不同。贫困村主要集中在2015年，脱贫村和非贫困村则主要集中在2016年。由于2016年入户自来水建设力度加大，两年累计的入户自来水建设数量在三类村之间的差距已经大大缩小，平均到120户左右，仍以脱贫村为最高（见图46）。蓄水池（窖）建设已经不是贫困村解决饮水安全的主要手段，不仅建设数量少，到2016年反而有所减少。不过从各类样本户的安全饮水缺口看，当初的饮水安全建设还是相当不足的，处于"等米下锅"的短缺状态。

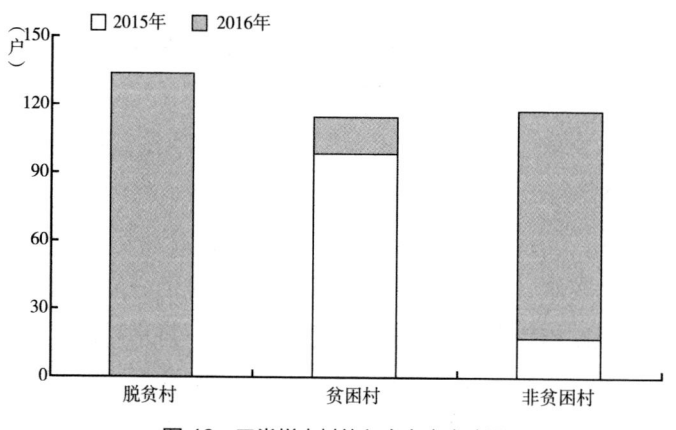

图 46　三类样本村的入户自来水建设

2018年《中共中央国务院关于打赢脱贫攻坚战三年行动的指导意见》以及2019年习近平总书记在解决"两不愁、三保障"突出问题座谈会上的讲话才将饮水安全作为"两不愁"的一项必要内容加以解决。

2. 基本公共服务

这里主要涉及三类基本公共服务：农村义务教育、基本医疗卫生以及垃圾处理。

义务教育方面。2016年，各类样本户家庭义务教育阶段子女的义务教育已经有较高保障水平，但是各种类型的适龄非在学情况都还不在少数，延期入学、失学辍学等现象仍然存在。这固然有包括家庭因素在内的多方面原因，但是一个不可忽视的现象是，贫困村或贫困户适龄儿童接受义务教育的保障主要不是依靠在村内建设学校，样本村小学普及程度是很低的。在87个样本村中，几乎50%的村没有小学。现存的村小学中，有30%为四年级及以下的教学点。没有小学的村，儿童要到邻村、乡镇上学，有一半距离5公里以上（见图47）。所幸的是，在样本村现存的小学中，有近3/4（73.81%）可以提供午餐，其中近80%提供免费或有补助的午餐。样本村拥有幼儿园的情况也不容乐观，87个村中只有36.79%的村有幼儿园，比小学覆盖程度还低。

基本医疗方面。相对于小学、幼儿园，样本村基本医疗卫生条件（卫生室）的覆盖程度明显好得多，87个样本村中只有3个贫困村没有卫生室，需与邻村共享卫生室。村均村医人数为1.89人，其中有7个村没有村医，如果属实，表明有4个村有卫生室但是没有医生。约一半的村开设有药店，有的有多个，村均0.88个。

垃圾处理方面。村内垃圾收集和处置、废水处置设施并不是村脱贫的必要条件，但是也已经有了一些建设。2016年，在样本村已经具有了一定数量的垃圾收集装置，各村平均拥有9.14个垃圾池、33.69个垃圾桶，垃圾集中处置比例平均达到49.97%。不同类型村庄在垃圾池、垃圾箱数量及集中处置比例上并没有明显的规律可循。垃圾池的数量贫困村最多，非贫困村最少；垃圾箱数量则正好相反，非贫困村最多而贫困村最少。垃圾集中处置比例，非贫困村最高，而脱贫村最低（见表27）。

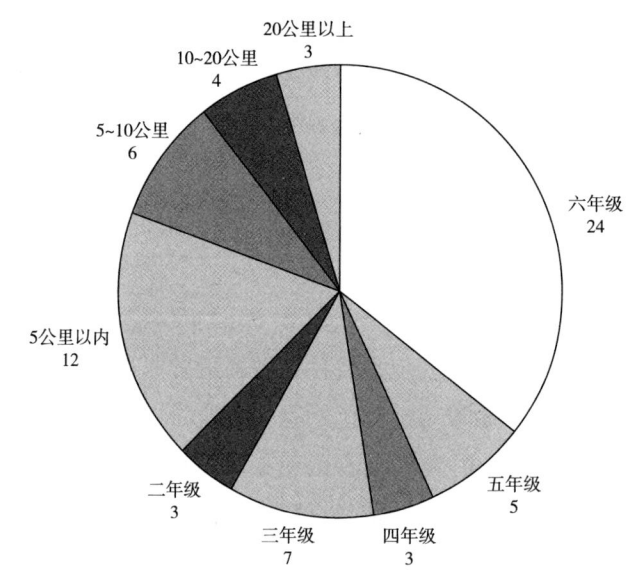

图 47　样本村义务教育学校分布情况

表 27　各类样本村垃圾池、垃圾箱数量及集中处置垃圾比例

单位：个、%

项目	脱贫村	贫困村	非贫困村
垃圾池数	7.96	10.37	4.43
垃圾箱数	43.88	25.10	57.14
集中处置垃圾比例	44.32	50.54	65.83

3. 经济发展

依据本报告附录一"百村村情"部分提供的关于村庄经济的详细描述，主要选取经营实体和集体企业指标来表征村庄经济发展水平。

经营实体。除农户以外的各类经营实体或多或少都具有企业特征，是农村先进生产力的代表。村问卷询问了 7 类经营实体的数量，这里主要分析前 5 类。结果显示，样本村的各类经营实体的平均数量都还非常少，还有相当大比例的样本村没有各类经营实体。从简单平均值看，样本村平均有 4.45 个专业大户、2.52 个合作社、1.41 个家庭农场，农业企业和加工制造企业分别为 1 个左右。为比较不同类型村之间的差异，可以考察样本村拥有各类经营实体的比例。首先，与平均数量一致，平均数量偏大的合作社和专业大户的拥有比例是最高的，另外三类实体的拥有率只有30%~40%；其次，三类样本村呈现出明显的分布规律，脱贫村拥有各类实体比例都在一定程度上高于平均值，而贫困村正好相反，非贫困村略高于平均值或大体持平。从拥有经营实体比例看，脱贫村在一定程度上好于非贫困村（见图48）。

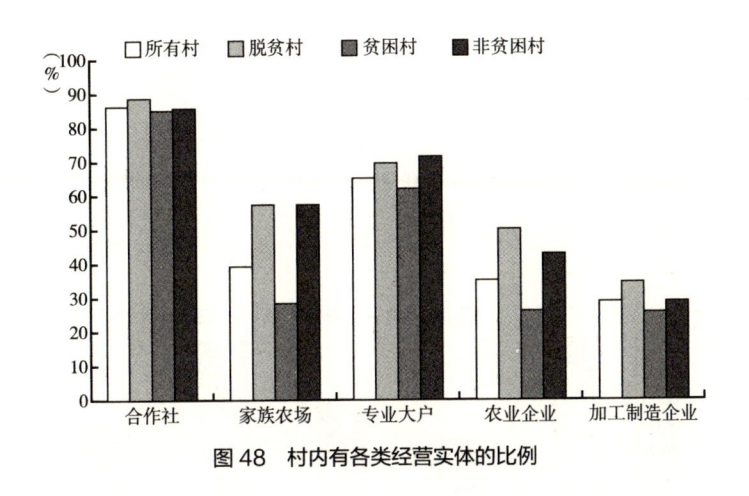

图48 村内有各类经营实体的比例

集体企业。集体企业是上述经营实体的一部分，只是经济属性不同。遵循以上分析路径可以发现，拥有集体企业的样本村极为有限，76个样本村中只有10个有集体企业，占13.16%，村均拥有0.24个集体企业，其中有1家的村5个，有2家的村3个。只有9.84%的村有集体企业收入，数量只有6个；只有5%有集体企业利润，数量只有3个。拥有集体企业的村所占比例在非贫困村、脱贫村、贫困村之间渐次降低，贫困村只有8.33%。由于有收入以及有利润的企业太少，计算平均值或分布几乎没有意义。

（三）居民生活水平

1. 收入水平和结构

由于建档立卡人口比例相对较小，建档立卡户和非建档立卡户收入的简单平均值会低估村庄的收入水平。为体现村庄居民的整体收入水平，以建档立卡人口和非建档立卡人口比例为权重，用建档立卡人口和非建档立卡人口的人均纯收入计算村庄居民整体的加权人均纯收入。结果表明，2016年所有样本村居民人均纯收入为10086.38元，比全国农村居民平均收入低18%左右，比贫困地区农民人均收入高19%左右，与样本村中的非贫困村居民收入水平接近。脱贫村人均纯收入最高，平均达到12309.79元，与当年全国农村居民人均纯收入几乎持平，对样本村的居民平均收入有拉高作用。贫困村居民人均纯收入平均为9053.28元，在三类村中是最低的，不过仍比贫困地区农民人均纯收入高7.11%（见图49）。因此，虽然从贫困发生率看样本村的贫困程度大于平均水平，但是2016年底样本村居民的收入水平已经较明显地高于贫困地区平均水平。

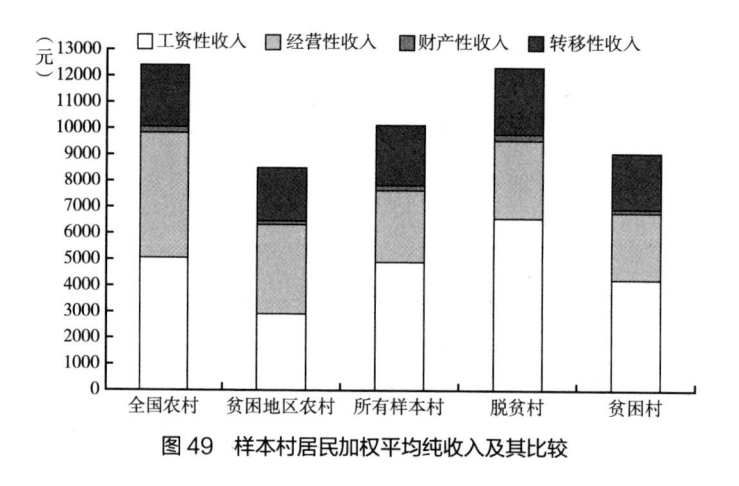

图49 样本村居民加权平均纯收入及其比较

分类样本村居民纯收入构成存在一定差异。脱贫村居民与全国农村居民的收入结构较为接近，工资性收入和经营性净收入所占比例在80%左右，转移性收入比例低于20%。所有样本村的居民收入结构则与贫困地区农村居民收入结构较为接近，工资性收入和经营性收入比例接近75%，转移性收入比例为23%~24%。贫困村居民收入的特殊性在于：在收入水平上除了转移性收入与其他类型村居民相差不多外，另外三类收入水平都低很多；在结构上其经营性净收入比例非常低而工资性收入比例非常高。两相抵消，贫困村居民整体收入仍是最低的，主要表现是经营性收入的不足。

2. 食物消费支出

受调查表中消费支出指标限制，这里我们主要考虑食物消费支出，这个指标的回答率算是高的（92.93%[①]）。中国现行贫困标准对应的恩格尔系数为60%，即食物消费金额在2010年物价水平下应达到1380元，由此才能保证基本营养需要。此后，根据测算，贫困线附近居民消费恩格尔系数低于60%，例如2014年为53.5%。[②] 为考察样本村居民食物消费需要满足情况，我们设定恩格尔系数为55%，由此倒推2016年的食物消费门槛为人均1623元。结果显示，采用加权平均值时，所有样本户人均食物消费支出为2460.81元，远远高于食物消费门槛。从村庄类型来看，脱贫村居民食物消费水平最高，达到2537.11元；贫困村和非贫困村都在2430元左右，脱贫村比后两者高107.11元。样本户食物支出高于本报告设定的食物消费门槛的比例，明显是非贫困户高于贫困户，脱贫村农户高于另两类村农户（见表28）。值得注意的是，即使是非贫困户的食物支出低于消费门槛，其比例也高于40%，不能将这看作食物消费不足的表现。很大一部分家庭自产自食的食物，如粮食、蔬菜、鸡和鸡蛋、猪肉等，其信息未纳入调查范围。

表28　样本村居民加权平均食物支出及其高于食物消费门槛比例

单位：元、%

项目	脱贫村	贫困村	非贫困村
加权平均人均食物支出	2537.11	2429.58	2439.71
非贫困户高于食物消费门槛比例	55.44	54.59	65.72
建档立卡户高于食物消费门槛比例	46.26	45.44	54.21

注：食物消费门槛为1623元，相当于当年的食物贫困线。

[①] 剔除回答值中人均食物消费支出低于100元的极端值，剩余样本比例为91.82%。
[②] 王萍萍、徐鑫、郝彦宏：《中国农村贫困标准问题研究》，《调研世界》2015年第8期。

3.耐用消费品

调查显示，样本村居民一些耐用消费品已经具备了一定的甚至较高的平均拥有数量。比较典型的是普通手机、智能手机和彩电，户均达到了1部（件）以上，普通手机达到户均2部。① 随后是洗衣机、电冰箱和摩托车，平均拥有量达到0.75~0.78件。空调、电脑、轿车的平均拥有量为0.3甚至0.2以下。这些耐用消费品人均拥有量，以脱贫村为高，贫困村与非贫困村接近，不同种类拥有水平具有一定的差异性（见图50）。

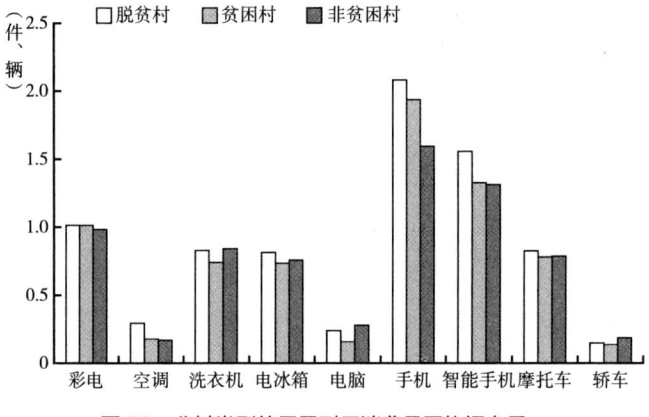

图50 分村类型的居民耐用消费品平均拥有量

从户均拥有率看，还没有哪类耐用消费品实现了100%覆盖。普及率最高的是彩电和手机，分别达到90.48%和87.56%；普及率为70%左右的是洗衣机和电冰箱；普及率为60%左右的是智能手机和摩托车；空调和电脑的普及率只有16%左右；小汽车的普及率为13%。在三类样本村中，基本上各类耐用消费品普及率从高到低排序为脱贫村、贫困村、非贫困村。可以说，精准扶贫让脱贫村超越了贫困村，贫困村也超越非贫困村（见图51）。

---

① 有的回答中也许包含着智能手机。

图51 分村类型的居民耐用消品拥有率

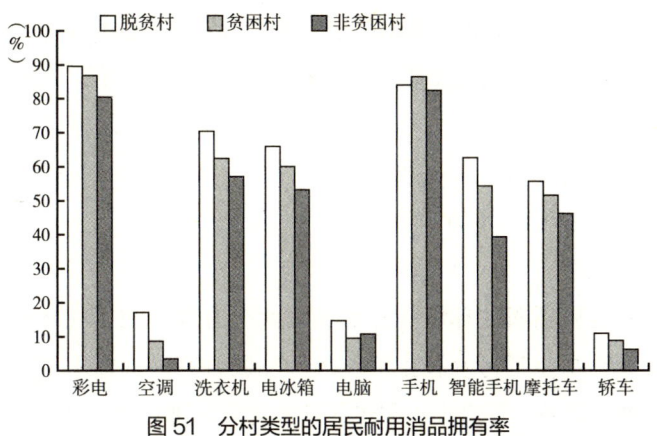

4. 住房

总的来说，几乎所有受访户都有房可住，只有极个别的样本户在调查时没有住房。93%以上的样本户拥有自己的住房，其中贫困户的住房自有率是最低的，只有89%。非贫困户和脱贫户的住房自有率都达到了95%。除了自有住房外，一种比较特殊的来源是借用或寄居，来源包括邻居、亲戚、兄弟、子女等，对于中国人来说基本上属于不稳定的居住方式。这种方式，非贫困户和脱贫户有2%左右，但是贫困户高达7%。在此基础上，从分村类型看，脱贫村和贫困村的住房自有率都达到了94%，但是非贫困村只有89%，相当于贫困户的住房自有率。在非贫困村，租房率、借用寄居比例都更高（见图52）。

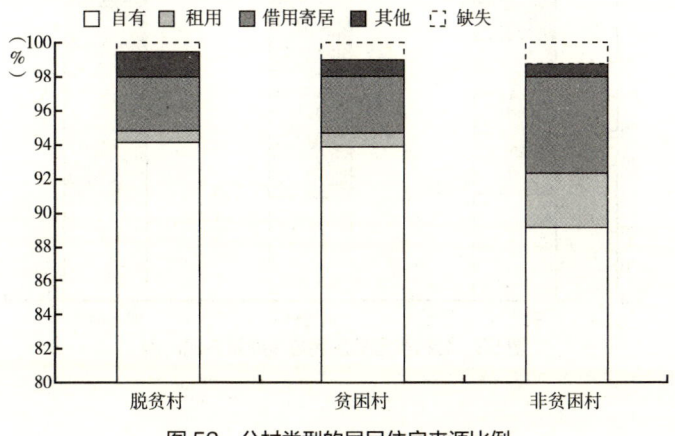

图52 分村类型的居民住房来源比例

样本户人均居住面积为 42.57 平方米。人均住房面积在不同类型样本户之间呈现较小的梯次性差距，贫困户为 39 平方米左右，脱贫户和非贫困户依次多 3 平方米左右。不同类型样本村的样本户之间的人均住房面积差距更大，贫困村仍然是 39 平方米左右，而非贫困村达到 48 平方米以上，脱贫村达到 51 平方米以上。

5. 环境卫生

环境卫生包括居住环境和外部环境两个方面。在居住环境中，最主要的影响因素是生活污水和生活垃圾。在调查期间，样本村农户的生活污水处理进展缓慢，管道排放和渗井排放比例分别只有 17.20% 和 6.12%，70% 以上为沟渠排放以及随意排放。生活垃圾处理取得了较快发展，70% 的农户实现了垃圾池等集中回收或至少定点堆放。随意丢弃的比例约为 21%。垃圾回收方式在不同类型样本户间的差异比较明显。从村贫困类型来看，如果大体上将垃圾池集中回收和定点堆放视为洁净处理，可以发现，脱贫村和非贫困村样本户的洁净处理比例较高，分别超过 76% 和 74%，而贫困村该比例最低，只有 67%（见图 53）。如果进一步分析垃圾池、垃圾箱等集中回收比例，则三类村差别不大，都是 30% 左右，非贫困村略低，为 28% 左右。

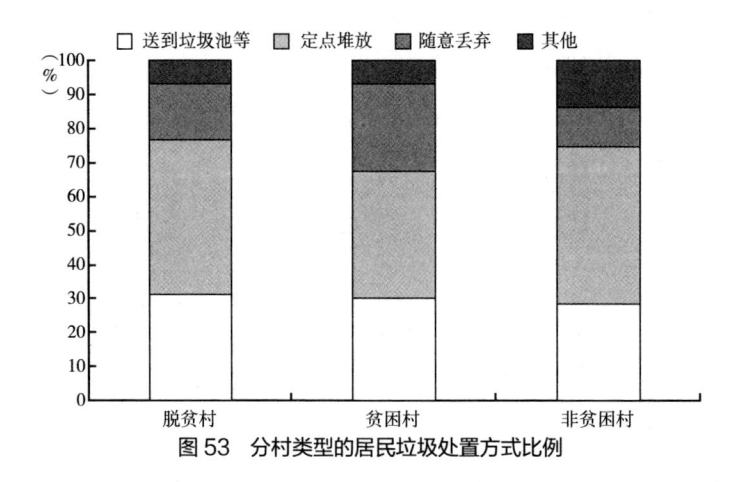

图 53 分村类型的居民垃圾处置方式比例

对于庭院周围环境污染的评估，问卷调查共针对 5 类污染源提问，包括水、空气、噪声、土壤以及垃圾。总的来看，受访者认为有前 4 类污染的比例都在 10% 以下，只有垃圾污染的比例高达 14.14%。这表明垃圾问题不仅在于户内，也存在于户外。从村贫困类型来看，脱贫村和贫困村样本户认为存在各种污染的比例都是最低的，而且贫困村样本户的评价还要更低一些。例如，有水污染的比例，贫困村和脱贫村分别为 7.98% 和 9.73%。非贫困村存在各类污染的比例都是最高的，为 15%~19%。对于程度最为严重的垃圾污染，贫困村比例为 11.73%，脱贫村和非贫困村都是 17% 左右（见图 54）。

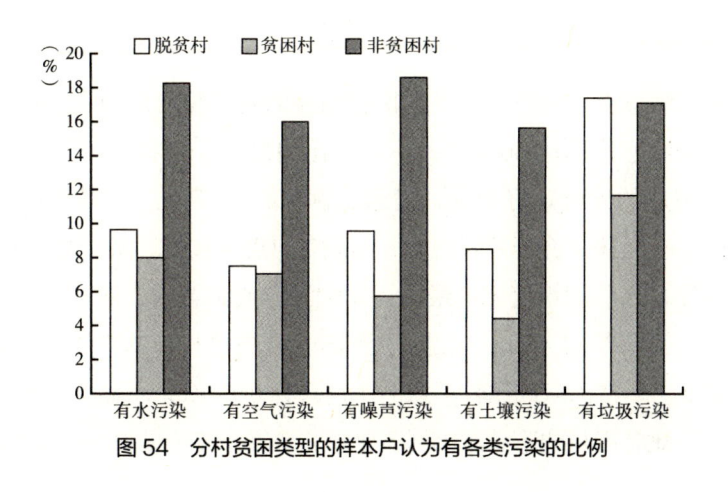

图54 分村贫困类型的样本户认为有各类污染的比例

6. 生活评价

总的来说，2016 年底，47.49% 的样本户对现在的生活状况表示满意，30.76% 的样本户认为一般，21.16% 的农户不满意。大部分受访者都对当前生活与 5 年前的变化表示肯定，该比例达到 74.90%，但是也有 15.60% 的人认为没什么变化，还有 8.55% 的人表示生活变差了。对于 5 年后生活状况的预期，63.73% 的受访者认为会变好，但是有 17.23% 的人认为不好说（见图 55）。总体上，这并不是一个很好的评价结果，可以大体上反映出样本村发展程度不足的现实。

图55 样本户积极生活评价比例

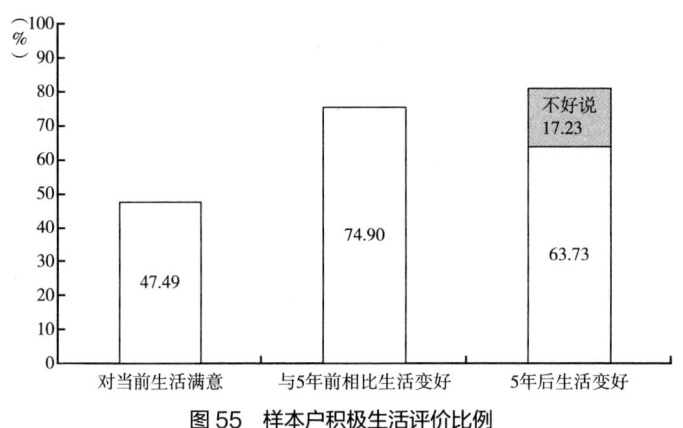

注：图中三个指标的选项都分为非常满意/好很多、满意/好一些、一般、不太满意/差一些、很不满意/差很多，只有对5年后生活预期，还有一个"不好说"选项。

生活满意度。分户类型看，比较明显的是，脱贫户的生活满意度评价最好，满意比例达56.43%；不满意比例最低，只有13.95%。而未脱贫的贫困户的评价正好相反，满意比例只有35.73%，不满意比例高达30.71%。非贫困户介于两者之间，与脱贫户更为接近。从村贫困类型看，脱贫村样本户的满意度评价最高，非常满意或满意的比例达到54.82%，不满意比例只有14.48%；但是，反过来，非贫困村样本户的生活满意度评价最低，非常满意或比较满意的比例只有36.28%，不满意的比例高达25.27%，比贫困村的不满意比例还要高2个百分点（见图56）。

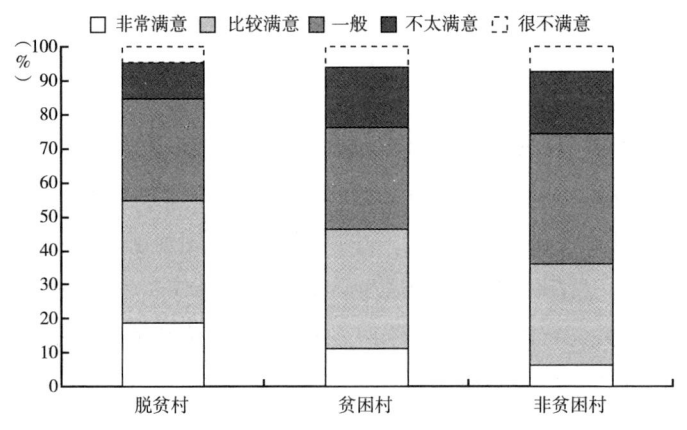

图56 分村贫困类型样本户的生活满意度评价

主报告：精准扶贫与贫困村的内生发展研究 | 101

当前生活与 5 年前变化。自己感知的生活变化可以看作获得感的一个表征。总的来说，大部分受访者认为现在的生活比以前变好了。其中，脱贫户中的 82.28% 认为比以前变好了，而且超过 40% 认为"好很多"，认为比以前变差的比例只有 4.71%。反过来，贫困户的评价就低很多，只有 68% 的人认为比以前变好了，认为差不多的比例接近 18%。非贫困户的评价介于脱贫户和非贫困户之间。从贫困村类型来看，村内样本户对当前生活与 5 年前变化评价从脱贫村、贫困村到非贫困村渐次下降的梯度分布，脱贫村评价最高，非贫困村评价最低。例如，非贫困村样本户认为与以前没变化的比例有 18.14%，而脱贫村和贫困村这个比例分别是 12.93% 和 16.29%（见图 57）。

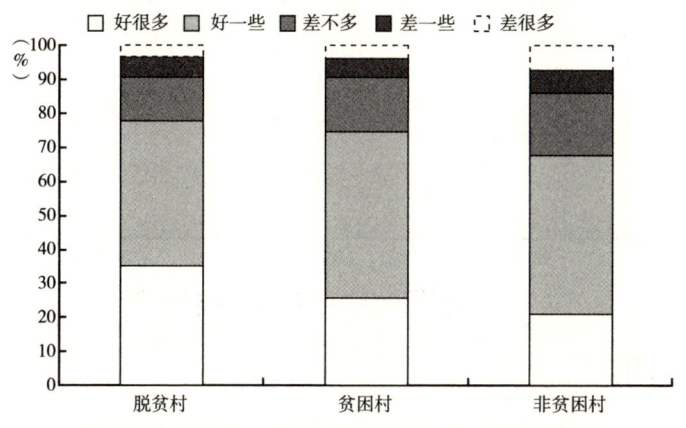

图 57　分村类型样本户对现在生活与五年前变化的评价

对于 5 年后的生活预期。总的来说，63.73% 的受访户给出了将会变好的积极评价。另外有 17.23% 的人表示不好说，5.03% 的人认为会变差。这两项保守或消极的评价合计超过 22%。因此，就这个特定时间以及对象群体而言，它们对未来的预期并不很看好！从贫困户类型看，依然是脱贫户对未来积极预期的比例最高，认为会变好的比例达到 70.25%，认为会变差或不好说的比例为 17.50%。样本户对未来评价的消极评价，多数来自那些未脱贫的贫困户，它们当中认为会变好的比例只有 58.27%，认为不好说的比例接近20%，认为会变差的比例也高达6.85%。从村贫困类型看，贫困村样本户对未来有信心的比例最高，认为未来会变好的比例为67.38%，而贫困村和非贫困村该比例都是62%左右。更具体地看，三类村样本户认为将来会变好一些的比例都是40%左右，差别主要在于认为未来会好很多的比例，脱贫村该比例比贫困村和非贫困村高出一大截。认为未来情况不好说的比例，三类村差不多，为15%~18%，反而是非贫困村略低一些（见图58）。

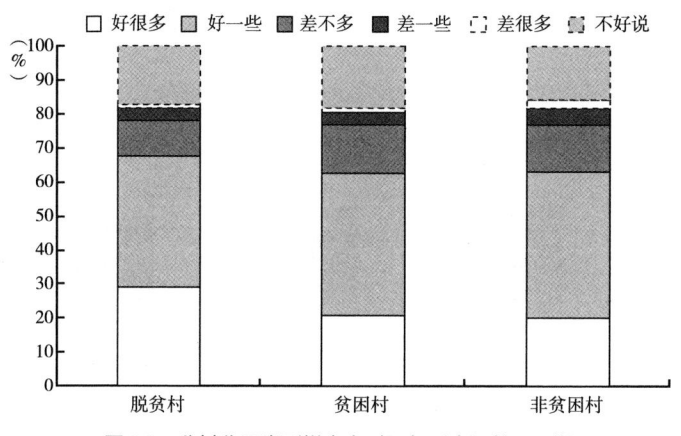

图58 分村贫困类型样本户对五年后生活状况预期

（四）脱贫村内生发展评价

根据本报告第一部分建立的概念框架，贫困村脱贫与发展的前景追求既是内生发展又是繁荣兴盛，内生发展是贯穿从脱贫到繁荣性发展的主线，短期促进脱贫，长期贡献于繁荣性发展。借鉴共享繁荣的理念，脱贫村在短期内还难以达到富裕村庄的发展水平，但是应当追求不低于社会平均水平的发展速度。这里尝试基于可得数据和资料，从内生发展的八个方面，对样本村的内生发展进行初步评价。本研究中的样本村分为脱贫村、贫困村和非贫困村，80个建档立卡村中有26个在2016年底已经脱贫。数据显示，贫困村的贫困程度深于脱贫村，脱贫进度慢于脱贫村，发展水平也落后于脱贫村；非贫困村贫困程度同样较深，但获得的支持较少，很多发展指标落后于脱贫村。这里以脱贫村为主评价样本村的内生发展情况。毕竟，脱贫具有强烈的象征意义，而且脱贫村的总体表现是最好的。在本报告的分析逻辑中，贫困村脱贫应当伴随有内生发展能力的形成和提升，这将有助于提高脱贫质量和增强脱贫可持续性，为未来的繁荣性发展奠定良好基础。

1. 基础设施建设

村庄发展所需基础设施建设是综合性的，作用是要奠定生产生活的基础，提高生产生活便利性。2015年和2016年，三类村都进行了不同规模的生产、生活性基础设施建设，其中脱贫村的平均道路建设规模是最大的。当时，也仅是实现通村路的硬化，基础设施建设还远未达到完善程度。同时，硬化道路还需要继续向村民组延伸，一些建成的基础设施还经常受到暴雨、泥石流等地质灾害的影响，饮水、电力、网络设施都还需要建设或改造，生产道路的修建以及农业基础设施建设还只是以小规模项目方式开展。脱贫村基础设施建设的需求依然很大。

2. 经济发展/产业振兴

在推动村庄产业振兴中，期盼家庭经济和民营经济充分发展，集体经济适当发展，资源、资产充分利用，具备适当的市场化条件。上述研究发现，包括脱贫村在内的各样本村，新培育的合作社和特色产业数量都还很少，有近一半的村没有特色产业。各类新型经营主体的覆盖率都还很低，更没有实现规模经营。样本村的集体企业数量更少，有收入和利润的屈指可数。有限的村集体经济收入来源中，集体企业收入只占很小比例，主要依靠资源发包费等其他收入。土地流转比例只有20%左右，大大低于全国平均水平。样本村农业生产多数是以大宗、传统农产品为主，市场价格对农民不够有利。当然，村庄调研报告中都记录了各村发展特色产业、培育新型经营主体、发展集体经济的努力，有很多的成功，也有很多的失败，更多的则是处于发展的早期，有美好预期但是难以预知结果。

3. 生活水平/生活富裕

生活水平可以用人均收入水平、消费水平、居住条件、耐用消费品、生活评价等表征。比较而言，脱贫村人均收入水平、人均食物支出、人均耐用消费品数量均明显高于非贫困村及贫困村。脱贫村人均纯收入与当年全国农村居民人均纯收入几乎持平。同样，脱贫村样本户对于生活满意度、现在生活与5年前变化、对于5年后的生活预期等主观评价都比另两类村样本户呈现出更高水平，显示出对扶贫成效的满意和信心。脱贫村农户生活满意度为54.82%，还是偏低的，但相对于本研究中的另两类样本村较高。与此可对照的是，2015年，发展水平较为普通的安徽省某县级区以及发展水平较好的浙江省某县，样本农户生活满意度达到满意程度的比例分别为61.90%和91.26%。①

4. 生态环境/生态宜居

一般来说，贫困地区的环境条件都不错。在受访者评价的环境污染方面，脱贫村的水、空气、噪声、土壤无污染比例都达到90%，略低于贫困村但是差距很小，较大幅度地高于非贫困村。所有样本户对垃圾污染的评价比例都是最低的，这显然是因为农村垃圾治理还不够。脱贫村农户垃圾送垃圾池比例为31%左右，定点堆放比例为45%左右，两项合计比例为76%左右。定点堆放是一种并不彻底的集中处置措施，而且有相当比例的农村垃圾没有得到处置。生态宜居还包含更多内容，比如村庄生活污水和村容村貌治理、地质灾害管理等。只有少数脱贫村按照美丽乡村建设思路进行了村庄整治，还有个别脱贫村存在较为严重的地质灾害风险。

5. 文化振兴

期待中的乡村文化振兴包括发展社区教育以及乡风文明，后者又包括精神文化生活、良好社会风气和传统等，内涵非常丰富。脱贫村平均拥有0.21个文化技术学校、1.08个图书室或文化站、1.46处体育健身场所、1.2个农民社团，与另两类村差别不大。场所的不足，难以支撑村庄开展文化活动、农民教育活动等。一个略显欣慰的指标是，脱贫村图书

---

① 资料来源：农村发展研究所农民福祉研究课题组：《农民主观福祉与客观福祉协调性研究》，中国社会科学院研究所创新项目研究报告（未刊稿），2015年12月。该研究按10分制对生活满意度请受访者自我打分，这里将7~8分折合为满意，9~10分折合为非常满意，然后计算比例。

室月均使用人数达到 102 人次。令人忧心的是，几乎一半的样本村已无小学。

6. 人才振兴

乡村人才振兴期待出现人才返乡和下乡、城乡人才良性流动以及有计划的人才培养。精准扶贫百村调研数据和资料显示，大规模和普遍性下派驻村扶贫干部是一种单向、政策性的人才流动，在贫困村脱贫和发展中发挥了重要作用。也有一些样本村发生了村内外出能人返乡创业、乡镇干部下沉担任村干部等现象。但是，普遍的人才返乡创业、系统性的本地人才储备和培养还难以见到明显成效。

7. 治理有效

由于驻村扶贫队伍的积极参与、推动，贫困村的治理成效得到有效扩展和提升。驻村扶贫队伍受上级的领导和监督，履职不力者会被追责甚至替换。驻村帮扶队伍以及扶贫任务和资源的存在，给了村干部巨大的外部推动力。驻村帮扶往往还帮助贫困村加强了基层党建。在村庄调研报告中，以驻村帮扶为主导、以"党建+"为特色的贫困治理亮点纷呈。能力不足或渎职的村干部可能被选下台或撤换，村干部能力整体上得到提升。不过，脱贫村正处于治理转型之中，驻村帮扶可能掩盖后继乏人的潜在威胁，也难以预测"后驻村"时代的村庄治理机制或格局。

8. 内生动力

村集体层面的内生动力可体现在治理效能、稳健的集体收入来源等方面。与上述关于集体经济、村庄治理的评价一致，脱贫村都拥有一定水平的集体收入，有能力提供一些公共服务。由于扶贫产业项目、就业项目、金融政策等方面的支撑，贫困劳动力得到技能培训，贫困家庭得到发展农业或就业的机会，更多人产生更好生活的希望。因此，现阶段脱贫村内生动力获得一定程度的提升是显然的。不过，这种提升是在有较大外部扶助力量条件下实现的。短期内如果大幅度削减扶贫投入，脱贫村恐怕还难以维系。因此，对于脱贫村不仅需要维持一段时期的巩固提升政策，更需要利用这个机会注重内生动力的进一步培养。

综上所述，虽然不排除有少数样本村具备了一定的内生发展能力或特征，但是脱贫村总体上都还处于刚脱贫状态，各方面条件都只处于内生发展的起步阶段，还看不到明显的内生发展特征。现有的脱贫成效主要是依靠外援性力量实现的，基础设施建设、产业发展、贫困及村庄治理、发展集体经济、社会保障、环境治理等方面的进展既是脱贫的必要条件，也奠定了下一步可持续脱贫和内生发展的基础。

"脱贫不脱政策"的制度设计为脱贫村巩固脱贫成果和积累内生发展能力提供了良好的机遇和制度保障。2016年脱贫村只有1年的脱贫攻坚期，但是有4年的巩固提升期；2017年脱贫村有3年的巩固提升期，以此类推。在巩固提升期，脱贫村维持不脱责任、不脱政策、不脱帮扶、不脱监管，继续实施各类基础设施建设，继续发展特色主导产业，完善既有的扶贫政策，尝试新的扶贫措施，开展精神扶贫活动。一些脱贫村压茬实施美丽村庄建设项目，开展脱贫后续扶持和巩固提升与乡村振兴有机衔接，这些都使得脱贫村沿着内生发展／繁荣性发展的道路前进。

七　百村脱贫经验与问题

（一）精准扶贫百村调研的主要发现

基于2016年的精准扶贫百村调研获得的样本村和样本户数据，辅以已经完成的部分村庄调研报告所反映的2017年后的发展变化，本研究的主要发现可以概括为以下五个方面。

1. 贫困村及贫困户面临比较劣势的初始条件

精准扶贫百村调研的样本村分布于祖国的东西南北，有山区和高原，有丘陵和平原。虽然各地区的区情、各村的村情大相径庭，但是它们的共同特征就是，样本村和村内的贫困户，都面临明显的劣势条件或发展的瓶颈。样本村大都地处偏远，农地资源有限，灌溉条件差，农业生产多以传统方式为主。贫困村新型经营主体等经济实体少，集体企业少，集体经济收入低。在基本公共服务方面，村卫生室有资质医师比例低，小学和幼儿园覆盖率只有50%左右，饮用水源不安全及饮水困难比例在20%以上，住房不安全比例在10%以上。建档立卡贫困户在这些样本村中的平均比例达到24%以上。建档立卡户劳动力年龄结构相对老化，子女上学负担重，养老压力大。全体样本人口受教育程度低，其中女性、贫困户、西部、少数民族村较为明显。贫困家庭多数依靠工资性收入，农业收入占比低，面临文化水平低和年龄老化困境。

2. 非建档立卡村处于明显劣势地位

87个有数据样本村中有7个非贫困村，也就是非建档立卡村。这些样本村的建档立卡人口比例低于贫困村，但比例也近18%，从单个村看并不比建档立卡村低，将其视为贫困村也未尝不可。非贫困村的居民人均收入水平略高于贫困村，但是相差并不多。在脱贫攻坚战中，由于缺少了"贫困村"这顶"帽子"，贫困发生率较高的非贫困村吃亏明显，所获得的扶贫资源、项目远远少于贫困村，特别是在道路、饮水工程、垃圾处理设施、村办公场所、卫生室、文化体育等基础设施方面表现尤为明显。2016年，建档立卡村中每个村项目投资增加了43.24%，而非贫困村则减少了25.16%。相对投资的差异直接体现在非贫困村居民对这些设施和服务的享受水平上以及更低的生活质量评价上。非贫困村样本户对生活评价满意的比例只有36.28%，比贫困村还要低12个百分点，更低于脱贫村。对5年后的生活预期，非贫困村样本户表达消极悲观的比例最高。因此，本调研揭示了那段时期，由于贫困村识别和瞄准贫困村的政策给本来贫困程度也不低的非贫困村造成了帮扶上的"悬崖效应"。

3. 精准扶贫经历了纠错、改进和加强的过程

精准扶贫百村调研发现，早期的贫困识别以及退出都还不够精准。本次调查的3300多个建档立卡户样本中，2016年底脱贫户和未脱贫户比例分别为38%和62%。脱贫户的人均可支配收到达到8600余元，这是一个很好的表现，但是其中人均收入低于贫困标准的比例也达到16.17%；另一方面，未脱贫户中收入未达到贫困标准的比例为30.92%，但是其人均纯收

入也达到了6500元，大大超过了脱贫的收入标准。在基本保障方面，义务教育、基本医疗保障容易实现，比较困难的是危房改造、饮水安全等，就连脱贫户也还存在一定的缺口。一些建档立卡户在程序上退出了，自己却不认可。尽管2015年和2016年已经开展了两年的动态调整，仍有不少错误要在2017年以后通过动态调整、回退、整改和巩固提升等方式加以纠正。与贫困识别和退出的精准性存在偏差一样，在这段时期，精准扶贫的推进以及对它的正确认识也处于早期阶段。贫困户致贫原因与帮扶措施的匹配程度总体上是非常粗略的，其原因也是多方面的。① 除了匹配性不够之外，到户帮扶措施对贫困户的覆盖程度也是比较低的。在调研期间，问卷数据中呈现概念误解、逻辑错误、数据不清等问题，都体现了那时的村庄治理者及调研者对精准扶贫的认识都比较含糊。不过，随着时间的推移，脱贫村和未脱贫村的扶贫力度都得到了加强，贫困村发展短板不断得到补齐，建档立卡户得到的帮扶措施更加丰富，与家庭致贫原因更加吻合，不稳定脱贫户也持续得到后续帮扶。

4. 精准扶贫和脱贫取得了可验证的效果

尽管到了2016年，精准识别、精准帮扶还处于探索、改善阶段，精准扶贫百村调研的数据已经能够揭示精准扶贫在两年间实现了很大的进展。村和户层面的帮扶措施发生了很大的调整，项目规模和投入资金双双增加。以建档立卡户为例，2016年，参加培训、产业扶持和带动就业措施的农户比例分别增加了141.18%、25.58%和85.88%。其效果体现在脱贫村的脱贫和发展成效、脱贫户的脱贫成果和所实现的生活水平及生活评价上。村庄调研报告中的大量数据证实了脱贫村的建设发展水平明显优于非贫困村，更是优于贫困村；脱贫户的收入水平和生活水平指标都高于未脱贫户，接近于非贫困户。脱贫户的3个生活评价指标，包括生活满意度、与5年前相比的生活变化、5年后的生活预期，都明显高于非贫困户及贫困户样本。因此，脱贫村和脱贫户在发展水平上的优势是没有疑义的。当前的脱贫成效中依然隐含着两个问题：一方面，如报告中

---

① 如缺劳动力、缺发展动力等。这些致贫原因在当时缺少应对措施，后来发展出资产收益扶贫、精神扶贫等手段加以应对。

所揭示的，早期的脱贫效果还没有达到完全脱贫的严格标准；另一方面，早期的脱贫成果还不能说都是来自扶贫的贡献，难以排除早期脱贫村和脱贫户自身贫困缺口较小的因素。①

5. 贫困村脱贫成为内生发展的起点

样本村在 2015 年和 2016 年实施了大量的公共建设项目、发展干预措施。道路、农田水利、饮水安全、电力、人居环境改善、村办公楼和文化活动室、特色产业、合作社等项目建设意味着贫困村基础设施、基本公共服务、发展条件、生活条件的改善。第一书记和扶贫工作队对贫困村工作的开展发挥了巨大作用，推动了贫困村的治理进程。这些都表明，精准扶贫措施作用于村和户两个层面，而且在这个时期还是以村层面的措施和投入更多一些。不仅如此，贫困村的经营性资产中出现了较多的光伏电站、厂房、车间、冷库等。它们都是典型的精准扶贫的产物，代表着较大规模发展集体经济和增加集体收入的开端。从这个意义上说，贫困村的精准帮扶措施和思路有助于与乡村振兴战略之间的衔接，贫困村脱贫后虽然还不具备明显的内生发展特征，但是可以说站在了内生发展的起点上。脱贫村和脱贫户均取得了明显好于其他两类村的发展成效，在此基础上的持续帮扶、巩固提升，有利于它们更好地向乡村振兴过渡，追求进一步发展。

（二）百村脱贫的经验总结

本调研中 80 个建档立卡样本村从 2015 年起陆续脱贫出列，到 2019 年底已有 77 个实现脱贫，与全国总体脱贫进程同步。这些样本村在持续开展精准扶贫过程中，积累或形成了大量宝贵的扶贫经验，对脱贫村巩固脱贫成效和进一步发展、接续实施乡村振兴战略都会发挥有价值的参考作用。

1. 创新与加强村级贫困治理

脱贫攻坚以来，对贫困村实现脱贫最有效的措施，就是贫困治理机

---

① 有一个假设是，早期贫困户中，有很多的家庭条件是不错的，它们可以"排队"等待脱贫；越往后，剩余贫困户脱贫难度越大。

制的创新、治理力量的加强。基层贫困治理创新体现在两个方面，一方面是在总体上创新了驻村帮扶体制，另一方面是在驻村帮扶框架下激励各村因地制宜，探索适合本地的扶贫形式。新的村级贫困治理以驻村帮扶为核心，由两大部分组成：一是全方位的贫困村帮扶体制，包括定点帮扶单位"包村"、乡镇干部联系贫困村、扶贫干部驻村、帮扶责任人"一对一"帮扶贫困户等；二是在村内组成由帮扶干部和村干部构成的村级精准扶贫或脱贫攻坚工作队伍。在运行良好的情况下，驻村帮扶干部与村"两委"干部有机结合在一起，既引进了外部智力资源，又扩大了扶贫工作队伍。通常情况下，驻村第一书记或扶贫工作队长主要承担抓党建、出思路、找资源、破解难题等职责，村支部书记主要承担做决定、抓落实责任，扶贫工作队员和其他村干部共同承担扶贫项目落实和贫困户帮扶等工作。党建引领是很多贫困村扶贫工作的显著特征，形成了各具特色的"党建+"模式，除了加强基层党组织建设以外，还开展大量的诸如"支部+企业+合作社+基地+贫困户"的党建扶贫行动，一些村还激发普通党员对贫困户的带动作用。有的村将以党建引领和驻村帮扶为核心的村级扶贫工作机制视为一个综合工作平台，有的村将其称为"合体"体制。这些都是贫困治理能力加强的体现，对贫困村脱贫发挥了强有力的领导和推动作用。

2. 持续、全方位增加扶贫投入

实现脱贫目标，需要大量的外界资源投入，一是直接的资金投入，二是通过资源投入形成发展能力或机会。过去扶贫资源投入是相当有限的，整村推进项目100万元或200万元的资金规模就已经很大了，但相对于脱贫需求，远远不足。脱贫攻坚中平均一个村的累计投入一般在1000万元以上是没有问题的。这是因为，道路、饮水、危房改造、易地搬迁、卫生室建设等补短板方面所需资金极大，产业基地建设、到户产业补助、到户到人的医疗保障、教育补助等政策也需要大量资金。扶贫投入的增加得益于大扶贫格局中投入来源的多元化以及投入方式的创新。脱贫攻坚中的扶贫投入来源仍然是专项扶贫、行业扶贫、社会扶贫这三大主渠道，各自都大大增加了。每个部门都要完成自己承担的任务而不再是"量力而行",必须想尽各种办法找资源、找路子。社会扶贫资源来自对口帮扶地区、定点帮扶单位、社会捐助等。同样地,对口帮扶地区和定点帮扶单位也承担着对应的政治责任而必须增加投入。同时,扶贫项目还拉动了社会投资以及优惠金融资金的投入。总之,对脱贫标准、脱贫时限以及各方责任的界定推动了扶贫投入的增加,共同实现脱贫目标。

3. 不断优化和改善精准识别

精准识别是精准扶贫的前提和基础,是"扶真贫"的保证。精准扶贫百村调研的数据显示,早期识别中的确存在着较大的偏差,建档立卡户中有较多的因识别不精准而被纳入的非贫困户,非建档立卡户中也有不少是被遗漏的贫困户。早期识别不准的原因有很多,除了方法和标准不明确、机制不完善、能力有缺失外,还普遍存在着基层重视不足现象。国家及时采取有效措施,通过"回头看"等核查方法,及时进行纠错,同时,鼓励基层试验和创新,突破原理和方法上的局限,最终实现对照"两不愁、三保障"统一标准的"应纳尽纳"。这种做法剔除了一部分错误纳入的非贫困户,虽然不一定能完全排除,但实现了贫困户不遗漏。[①] 很多村庄调研报告对所在村的精准识别、调整过程进行了详细的阐述。虽然全国性动态调整 2015 年就开始了,各地按照统一部署进行动态调整,但不少地方直到 2017 年才改掉动态调整中的僵化做法,尽可能做到了实事求是。与此同时,在动态调整中也发现了一些新问题。特别是 2018 年以来,收入略高于扶贫标准的非建档立卡户中的"边缘户"问题非常明显,一些地方也将其纳入监测和必要帮扶范围内。这个基层实践后来成为国务院扶贫办的正式做法,有利于进一步避免贫困户的遗漏。

4. 始终坚持正确的方向和思路

精准扶贫与脱贫攻坚是一个动态调整和逐渐完善的过程。精准扶贫开始于 2014 年,脱贫攻坚开始于 2016 年。在 2016 年底至 2017 年期间

---

① 极个别情况例外,包括有赡养人情况下的老年贫困、长期外出无法联系的贫困家庭等。

陆续开展的国情调研，见证了贫困户精准识别的调整过程，精准帮扶项目的实施、调整及其面临的困惑与挑战，以及贫困户对帮扶措施的认同程度、对脱贫结果的接受程度。这些都表明，精准扶贫在起步阶段有明显的缺陷和不足，但一些缺陷和不足逐渐得到了纠正，尤其是精准识别的准确性、精准退出的规范性和严格性，推动了资产收益扶贫、扶贫车间、公益性岗位、精神扶贫等新措施的形成，目标的瞄准性更强了。但依然有一些措施还一直处于摸索和"破题"之中，其中，最关键的就是产业扶贫，当年处于开局阶段，如今还没有实现自身的良性发展，产业扶持还要继续推进。现在看来，当时及时发现各种不足具有重要的意义，推动了政策或者方向的调整，建立了正确的纠错机制，使扶贫工作回归到正确的思路和方向上来。2015年底开展的动态调整和脱贫攻坚，2017年下半年开始的深度贫困地区脱贫攻坚，2018年以来在更大范围内开展的扶志行动，都是在新形势下采取的新举措，有利于确保脱贫攻坚始终遵循正确的思路、沿着正确的方向推进。

5. 坚持以发展减贫为主导方式

中国农村扶贫开发一直坚持开发式扶贫方针，其要义是在贫困地区开发资源和发展产业，为贫困户提供发展机会，促使它们在条件允许情况下参与经济活动，增加收入，实现脱贫。虽然在贫困地区和让贫困家庭发展产业时不时被批评为"屡战屡败"，扶贫效率缺失，但是精准扶贫中依然坚持了以发展减贫为主导的原则，哪怕有再大的困难也要迎难而上，实则"屡败屡战"。发展减贫在形式上包括：采取技能培训、交通费补贴、社保补贴等方式，鼓励劳动力外出务工就业；鼓励企业、合作社在当地发展生产，带动贫困户就业或发展生产；支持贫困户发展家庭经营；在农村地区设立扶贫车间、扶贫工厂、扶贫驿站等生产设施，带动不便外出的劳动力本地就业；开发扶贫公益性岗位，进一步带动就业等。上述多种形式发展减贫的实施主体是多元化的，包括村集体、乡镇政府、县级甚至地市有关政府部门等，这些在村庄调研报告中都有成功的案例，也有失败的案例。毫无疑问，贫困地区发展产业劣势明显、风险很大。但是缩小区域发展差距、实现区域均衡发展是中国的基本国策。发展减贫、劳动致富既是社会发展真正进步的体现，也是区域均衡发展的重要组成部分，所以应当予以坚持，在艰难中开辟成功的道路。

6. 提升以扶贫对象为中心的精准脱贫政策集成性

精准扶贫的基本原理是瞄准扶贫对象的致贫原因，采取针对性措施。例如，针对健康问题实施健康扶贫，针对教育问题实施教育扶贫，针对缺少收入来源问题采取产业扶贫政策等。这种思路在实施过程中往往没有得到充分体现，明显存在着项目导向问题，扶贫对象的参与必须服从项目或政策条件，存在较多政策与目标的背离，主要体现在三个方面：一是扶贫项目之间是割裂的，贫困村要去努力"争取"项目。"争取"来的项目往往是有限的和零碎的，无法满足整体性需要。二是贫困户自身条件或意愿与政策设计不匹配，无法适用或享受政策。例如，发展起来的特色产业，也许贫困户并不感兴趣，或者有风险顾虑。三是贫困户致贫原因往往是多重的和复合性的，单一的项目或政策无法满足脱贫需要。例如，缺技术农户往往还存在缺资金、缺市场等问题，这些问题在精准扶贫的前两年是普遍存在的。随着精准扶贫的推进，以贫困户和贫困村为中心，以全面"补短板"为目标，精准脱贫政策集成性得以不断提升。以 2018 年《中共中央国务院关于打赢脱贫攻坚战三年行动的指导意见》为标志，实行开发式扶贫和保障性扶贫相统筹原则，围绕脱贫目标，综合性实施产业、就业、资产收益分配、社会保障、基础设施建设等政策，使扶贫对象真正成为脱贫政策的中心，政策协调性、灵活性、互补性增强，脱贫有效性提升。

7. 坚持提高扶贫对象的自我发展能力

与开发式扶贫基本思想一样，中国的农村扶贫政策一直都是致力于提高贫困地区和贫困人口的自我发展能力。综合来看，改善基础设施和公共服务、实行优惠政策、整村推进、易地搬迁、对贫困人口实施技能培训和对贫困家庭儿童的教育及健康加强保障、实行扶贫小额信贷等政策都具有提高发展能力的作用。对于贫困村来说，交通、电力、网络等基础设施，优秀的治理队伍和治理机制，村级集体经济，具备一定规模的特色主导产业以及新型经营主体，都意味着村层面的自我发展能力；对于贫困户来说，教育培训、小额信贷、易地搬迁都意味着户层面的自我发展能力。增强自我发展能力的做法有利于实现发展减贫政策的预期，两者具有内在一致性，是一种有利于自主脱贫和可持续脱贫的减贫路径。

8. 注重激发内生动力

内生动力是一种精神状态，是"我要脱贫"的志向，是发展生产、劳动致富的积极性和主观意愿，是"宁愿苦干、不愿苦熬"的积极观念。缺乏内生动力的表现有安贫守旧、好吃懒做、思想保守、畏首畏尾、士气低落、"等靠要"政策依赖、不愿摘掉贫困帽子等。在致贫原因中就专门有一类是"发展动力不足"，有17.63%的样本户存在这个问题。内生动力不足现象客观存在，但不太容易界定，成为能力和机会之外额外的脱贫障碍。习近平总书记早在福建宁德工作时就提出，贫困地区要摆脱精神贫困，有"弱鸟先飞"的勇气。2012年以来，他不断强调扶贫先扶志、智志双扶。2018年之后，精神扶贫行动得到了加强。各地纷纷采取扶志教育、典型示范、移风易俗、改进帮扶和提高脱贫能力等方式，促使贫困人口转变观念和心态、提升能力、树立信心和愿望、消除依赖心理，自觉融入发展进程。村庄调研报告中有很多激发内生动力的典型案例，例如，有的大龄青年因为勤劳致富而娶上了媳妇，有的村通过扶贫超市带动贫困户改善人居环境，有的村通过成立合作社使缺乏市场竞争能力的贫困户也有机会进入了市场体系。总的来说，让贫困户融入经济发展进程、共享发展成果本身就是重要的培养信心和内生动力的途径。专项扶志行动进一步精准聚焦于部分缺乏内生动力的贫困人口，提高了自主脱贫、改善生活质量的主动性、积极性。

9. 实行脱贫后的巩固提升政策以确保稳定脱贫

定量化、可操作目标体系之下的脱贫，在村、户两个层面上的"数字脱贫"现象难以避免。中国设置了5年脱贫攻坚期，但是12.8万个贫困村和5575万贫困人口贫困程度不同，会逐年分批脱贫退出，那么，先期实现脱贫的村和人口，是否还要继续享受以及如何享受扶贫政策、脱贫之后的返贫现象如何解决等问题，各地在精准扶贫的前两年对此并没有一个清晰的认识，从而对2014年和2015年脱贫户不予享受扶贫政策。随着动态调整、贫困退出的相继开展，对这个问题的认识不断清晰，对所有建档立卡户实施"脱贫不脱政策"，一律持续享受精准扶贫政策，目的是不断巩固脱贫成果，确保稳定脱贫。贫困村脱贫出列后，未脱贫人口比例将降至2%以下，从县到村各级扶贫政策重点可以相应调整，在保持到户精准扶贫政策不变基础上，将更多资金投入基础设施、产业等非到户项目，补齐短板，进一步培育发展能力。2018年国家出台乡村振兴战略规划和政策后，各地陆续实施美丽乡村建设等试点项目，一些脱贫村被纳入试点，陆续开展包括乡村产业振兴、文化振兴、人才振兴、生态振兴和组织振兴"五大振兴"的乡村建设行动，推动村庄在脱贫基础上的繁荣性发展。

（三）村庄精准扶贫中的若干问题

精准扶贫百村调研于2016~2018年进行，这个周期对应着精准扶贫工作的后期和脱贫攻坚工作的前期，既能看到精准识别和精准帮扶中的种种缺陷，也能看到识别和帮扶措施的改进。许多调研组既能遇到倾诉者和抗议者，也能遇到表达感恩的知足者。早期的脱贫攻坚在很多村都面临着思路不清、资源不足等问题，把"跑项目"作为首要任务。这些问题随着脱贫攻坚的推进而逐步解决，从县到村的攻坚战越来越有章法。本部分在对既往发展过程分析的基础上，面向未来，探讨如何发挥精准扶贫现有做法和经验的作用，推动脱贫村的进一步发展。

1. 精准脱贫不足以培育足够的内生发展能力

从收入、基础设施、"三保障"等各方面看，相当大比例的建档立卡村和建档立卡户已经实现了稳定脱贫和进一步发展。但总体来看，脱贫村各方面的条件或状态都还只处于内生发展的起步阶段，还没有呈现明显的内生发展特征。除少数外，脱贫村与一般村庄或发展较好村庄相比还存在不小的差距，要真正形成内生发展能力，实现繁荣性发展还任重而道远。

2. 攻坚战不足以充分完成长期性扶贫任务

脱贫攻坚的期限是五年，利用这五年以攻坚战方式确实完成了贫困村的道路、饮水、电力、网络、医疗、危房改造、易地搬迁住房建设等任务，形成了一些必要的集体经济或集体资产，建立了到户到人的精准帮扶政策体系。但是并非所有的扶贫任务都能"限期"达到预定目标，诸如产业扶贫、易地搬迁等长期扶贫措施本身需要更长的"发育"过程。因此，攻坚期的结束并不意味着，也不能要求产业扶贫、易地搬迁任务的完成。为了这些长期性项目的健康发展，以及为了实现它们支撑持续脱贫的目的，还需要按照各自发展规律继续推进。

3. 现行驻村帮扶体制强大但是不可持续

对于贫困村脱贫，现行以驻村帮扶为核心的强大贫困村帮扶和村级治理做出了不可或缺的贡献。但是，现行驻村帮扶体制依靠强大的政治动员，依靠脱贫攻坚体制对派驻单位的约束性规定，以及驻村帮扶干部工作责任和个人情怀的双重动力。但驻村帮扶体制的不可持续性非常明显，突出体现在两个方面：一是脱贫攻坚期结束，现行庞大、绵密、复杂的定点帮扶、驻村帮扶、帮扶责任人等体制机制将难以维系，也不再有整体性维持的必要性，届时村级治理力量必然有一个明显的减弱；二是现行村级自治力量在驻村帮扶作用下得到了明显的改善和加强，但依然还没有达到能够良好自我运转、具备内生发展能力的程度，如何适应"后驻村时代"还有待于观察。

4. 内生发展面临农村社区教育不足的短板

贫困村和贫困户的自我发展能力是多方面的，其中最重要的一类是教育或人力资本。从家庭的生命周期阶段看，教育包括未成年人的基础教育及高等教育，以及成年人的继续教育，它们都对贫困户能力提升、实现持续脱贫具有重要的意义。精准扶贫百村调研发现，贫困村往往存在基础教育发展不足问题。很多村小学已经被撤并，学生到邻村、乡镇、县城等处上学，在一定程度上影响了村庄的生机和活力。农村教育不足还体现在成人继续教育的缺失，尽管技能培训和扶贫夜校等在一定程度上对此有所补充，但是覆盖面不足，难以实现预期效果。从改善的程度以及需要来看，无论对于持续脱贫还是对于内生发展，社区教育不足都是当前和未来面临的最大短板，因此，这是一项长久的发展任务。

5. 精准扶贫政策尚未解决延续或转换问题

自 2016 年起，精准扶贫政策在提高精准程度的同时，还形成了到 2020 年 "脱贫不脱政策" 的机制，保证了脱贫政策的稳定性，对脱贫户和脱贫村实现稳定脱贫具有重要的意义。当前，建档立卡户大概也都形成了精准扶贫政策只持续到 2020 年的心理预期，但政策的制定或调整不能只以民意或心理预期为依据，而要依据政策目标的必要性。到 2020 年实现全面脱贫目标后，精准扶贫政策究竟是取消、调整、延续或转换，目前还没有任何官方意见，处于 "待定" 状态。经过五年脱贫与发展，建档立卡户分化明显，一些已经跃升到更高的收入群组，一些条件还比较差。另外，非建档立卡户中也还有不少条件比较差的。因此，未来类似的扶持政策不可或缺，但是不必再一视同仁地适用于所有建档立卡户，需要寻求新的政策目标、适用条件以及对象识别方法。

6. 扶贫产业、扶贫贷款及扶贫资产均存在相关风险

在脱贫攻坚过程中形成了大量的扶贫产业、扶贫贷款以及扶贫资产。上面已有所阐述，扶贫产业成长不可一蹴而就。在贫困地区以人为推进的方式发展起来的扶贫产业，往往存在着竞争力弱、经营管理能力欠缺、产业基础设施薄弱、产业同质性高、标准化及加工增值程度低等不足，面临的产业风险较大。这类产业风险及相应的失败长期存在且未见明显缓解。此外，脱贫攻坚中形成的大量扶贫贷款和扶贫资产，前者存在逾期和呆账风险，后者存在贬值、流失等风险。这些风险问题与产业长期健康发展相伴生，在攻坚期后需要进行专门的应对和处理。

八　展望与政策建议

打赢脱贫攻坚战意味着贫困地区、贫困村、贫困户全面实现脱贫，是全面建成小康社会的底线目标和重要标志。在新冠肺炎疫情严重影响之下，打赢脱贫攻坚战的成果弥足珍贵。正如十九届四中全会所指出的，2020年后中国将总体上进入解决相对贫困时期，而解决相对贫困进程又与到2050年"两阶段"社会主义现代化新征程紧密联系在一起。在这个大背景下展望未来，脱贫地区、脱贫村需要持续培育内生发展能力，减缓相对贫困，实现更快的发展，促进全社会的共享繁荣。考虑到未来还将有少量易致贫特殊人群，以及疫情影响、国际环境等不确定性，报告提出设置"过渡期"、实施综合性兜底保障、压茬实施乡村振兴战略、开展重点建设、转向相对贫困治理等政策建议。

（一）减缓相对贫困和促进共享繁荣的村庄发展展望

1. 脱贫地区实施"三步走"战略，实现繁荣性发展

发展经济学以从摆脱贫困到走向富裕为愿景，回答了为什么要从追求经济增长转向追求经济发展，并以21世纪初从"华盛顿共识"向"后华盛顿共识"转换在减贫范式变化中的体现作为例证。[1]21世纪20年代，中国的贫困村和贫困地区在经济发展和直接减贫行动——脱贫攻坚战的作用下，已经实现了脱贫目标，下一步该走向何方？在持续的经济发展和富裕这个一般性回答的基础上，本报告构建的内生发展框架有助于对回答进行某种延伸。国家的发展路径是从贫困走向富裕，并且富裕的内涵是共同富裕或繁荣性发展（prosperity）而不仅是财富增长（wealth），贫困地区加快发展并缩小与发达地区的差距是区域协调发展的应有之义。本

---

[1] 〔日〕速水佑次郎、神门善久：《发展经济学——从贫困到富裕》，李周译，社会科学文献出版社，2009。

报告的研究表明，贫困地区应当遵循"三步走"路径，以追求繁荣性发展前景。

第一步是通过扶贫开发和精准扶贫实现稳定脱贫。由于剩余贫困地区致贫原因复杂，贫困程度深，在短时间内完全消除贫困只能大量依靠外部援助补齐"短板"，同时在一定程度上培育贫困地区的基本内生发展能力。从2000年到2020年，中国实施西部大开发20年，连续实施两轮农村扶贫开发"十年纲要"，并在最后五年开展脱贫攻坚战，攻下最后的贫困堡垒，实现全面建成小康社会目标。第二步是在稳定脱贫基础上重点培育内生发展能力。以2021年至2035年为期限，推进包容和均衡的经济增长，加强以人力资本为核心的能力投资，建立更广泛的社会保障体系，促进相对贫困地区和相对贫困人口的发展。脱贫地区虽不会再有大规模扶贫资源投入，但是仍需采取有利于增强内生发展能力的措施，包括产业能力建设、村庄治理能力现代化、发展社区教育等。第三步是进一步追求共享的繁荣性发展。以2036年至2050年为期限，在已经形成一定内生发展能力基础上，继续依靠"三支柱"战略，实现相对贫困地区和相对贫困人口以更快速度发展，缩小与发达地区和富裕人口之间的差距，同时具备更明显的繁荣性发展特征。

2. 脱贫地区需逐步转向以解决相对贫困为主

已脱贫地区总体上已经消除了现行标准下的绝对贫困，未来还会有一些脆弱性、冲击性贫困发生，还会存在老年人、大病患者家庭易致贫人群。[①] 但是未来陷于绝对贫困的人口规模应会非常有限，完全可以通过兜底保障方式，使他们获得不低于"两不愁、三保障"的生活条件。中国现行贫困标准是一个绝对贫困标准，相对于欠发达国家并不算低，而相对于东南亚、拉美等发展中地区也不算高，相对于中国经济发展水平来说也是偏低的。考虑到国家贫困标准与经济发展水平正相关是一个普遍规律，中国未来提高贫困标准也势在必行。[②] 根据十九届四中全会上做

[①] 蔡昉、刘伟、洪银兴、顾海良、陈宗胜：《学习党的十九届四中全会〈决定〉笔谈》，《经济学动态》2020年第1期。

[②] Martin Ravallion and Shaohua Chen, "Weakly Relative Poverty," *The Review of Economics and Statistics*, 2014, 93 (4): 1251–1261.

出的《中共中央关于坚持和完善中国特色社会主义制度 推进国家治理体系和治理能力现代化若干重大问题的决定》，中国下一阶段反贫困重点将转向解决相对贫困问题，这就是已脱贫地区下一步反贫困使命。尽管对相对贫困的理解和测量不尽相同，但取得了较多的共识，即相对贫困应当具有某种绝对贫困的内核。[①] 从而，未来解决相对贫困将面对一系列新的贫困测量、反贫困体制和政策构建问题。但是无论如何，解决相对贫困也应以培育内生发展能力为重点。

3. 促进城乡关系动态平衡

实现贫困村脱贫、易地搬迁新型社区建设，实施乡村振兴战略，目的都是为了促进农村地区的发展与繁荣。在这个过程中，农村户籍人口在城乡之间的双向流动仍在持续。一方面，城镇常住人口仍比户籍人口多2.27亿人；另一方面，农村外出劳动力回流虽然规模不大，但是现象非常明显。因此，在促进贫困村脱贫发展问题上存在着关于城乡关系的思考：在城镇化大趋势、大背景下，贫困村未来是否有希望、是否值得继续增加投入，贫困村建设是否会干扰城镇化进程？最近山东省的拆村并居被媒体推到风口浪尖，就是短期内没有处理好城镇化与乡村振兴关系的典型体现。事实上，无论是城镇化还是返乡，都是基于住户自主选择的动态变化过程，任何单方向发展都有偏离的可能，因此，必须在推动乡村发展的同时，促进城乡关系动态均衡发展，为愿意城镇化定居的人和愿意返乡创业及生活的人都提供良好的制度和政策环境。

4. 促进底层人口收入更快增长以及共享繁荣

2020年5月"两会"期间，李克强总理提出了"6亿人月均收入1000元"问题，事后得到国家统计局数据验证。[②] 这个现象，既是不均衡发展的外在表现，也是相对贫困的一部分，[③] 更是实现共享繁荣必须解

[①] Amartya Sen, "Poor, Relatively Speaking," *Oxford Economic Papers, (New Series)*, 1983, 35 (2): 153-169.
[②] 《国家统计局新闻发言人付凌晖就2020年5月份国民经济运行情况回答媒体关注的问题》，国家统计局网站，http://www.stats.gov.cn/tjsj/sjjd/202006/t20200615_1760268.html。
[③] 林毅夫：《决定中国能否成为高收入国家的5年，有为政府该怎么做？》，北京大学国家发展研究院网站，http://nsd.pku.edu.cn/sylm/xw/504164.htm。

决的问题。共享繁荣关注的是社会收入分配底层 40% 人口的收入差距和收入增长问题，当然也应包括生活水平或生活质量。[①] 李克强总理所说的"月收入也就 1000 元"的 6 亿人，是收入组均值概念，指占总人口 43.57% 的底层人口的平均收入，这几乎就是共享繁荣关注的社会群体，所以 1000 元可以视为一个标志性共享繁荣收入指标。因为 1000 元是 6 亿人的平均收入，所以其中有相当一部分人收入水平是高于 1000 元的，另一方面收入水平低于 1000 元的人口比例肯定低于 40%。2019 年，建档立卡人口年人均纯收入已达到 9808 元，相当于共享繁荣收入均值的 85.40%。但是建档立卡人口只占农村人口的 10% 左右，因此还有相当数量与其收入水平接近的农村人口值得关注，目标是持续提高底层群体的平均收入水平，实质性分享社会发展成果。

（二）促进相对贫困地区内生发展的战略和政策建议

立足于贫困地区"三步走"发展愿景，2020 年后脱贫地区将转变为相对贫困地区，进入以培育内生发展能力为主的新阶段。建议在推动全面脱贫与实施乡村振兴战略有机衔接的基础上，完善区域协调发展战略，建立有利于能力培养的区域支持政策；探索制定解决相对贫困的战略和政策，试验多元贫困标准；在"十四五"期间，巩固脱贫成果，建立综合性兜底保障机制，逐步推进贫困治理常态化。

1. 推动全面脱贫与实施乡村振兴战略的衔接

在脱贫攻坚后期以及巩固提升阶段，各地对条件较差的非贫困村也实施了一些扶持措施，以缩小与脱贫村发展之间的差距；在村内将一些扶持政策向非建档立卡户延伸，缩小了建档立卡户与非建档立卡户的福利差距。少数村庄，包括贫困村和非贫困村，已经压茬开展了美丽乡村示范村建设等行动。由此看来，脱贫攻坚可以看作乡村振兴的前奏和雏形。通过脱贫攻坚，贫困地区乡村的基础设施建设、基本公共服务、产

---

① World Bank, "Poverty and Shared Prosperity 2016: Taking on Inequality," Washington, DC: World Bank Group, https://www.worldbank.org/en/publication/poverty-and-shared-prosperity-2016, 2016.

业发展、村级集体经济都具备了一定的基础。但是，脱贫地区建设还不够完备，产业还处于发育的早期，不能半途而废，而是要趁热打铁，久久为功，在全面脱贫基础上压茬开展推动乡村振兴的相关行动。在向实施乡村振兴战略转型的过程中，与靶向性瞄准的精准扶贫政策相比，需要调整的主要领域包括：政策对象从建档立卡户扩大为全体农村居民，但是应根据其经济条件做差异化对待，将精准扶贫政策更多地转化为有条件普惠性政策；基础设施建设和基本公共服务覆盖于乡村全域，更多地向生产性基础设施转移；借鉴贫困村治理经验，持续推进乡村治理能力现代化。

2. 完善促进相对贫困地区发展的支持政策

促进贫困地区发展是中国区域协调发展政策的重要组成部分。近年来，为了实现贫困地区整体脱贫投入了大量资金资源，对照脱贫标准补齐发展"短板"，具有"输血"和"造血"双重特征。贫困地区整体脱贫后，发展基础仍然不够牢固，内生发展能力有所养成但是仍然有限。建议将贫困地区扶贫开发政策转化为相对贫困地区发展支持政策，重点支持各项发展能力培养和产业基础建设。其中，重要支持的内容包括：乡村治理能力培养，包括优秀本土人才培养以及吸引优秀人才返乡，创新和优化乡村治理机制，因需派驻驻村帮扶队伍；农业农村人才培养，发展农村社区教育，构建终身学习的体制机制和社会环境，提升农村人力资本水平，支持相对贫困家庭参加社区教育；生产性基础设施建设，包括高标准农田整治、生产性道路、水利设施以及动力电供应、农产品市场体系、农村电商网络及设施建设等；农村资源和资产清产核资、产权确认、合作社建设、新型经营主体营商环境（经营环境）等"软件"建设。

3. 建立"三支柱"减缓相对贫困战略和政策

世界银行致力于消除绝对贫困的"三支柱"战略在1990年以来的20多年里，经过多次提炼已臻于完善。在2016年的一篇世界银行报告里，减贫"三支柱"被界定为经济增长、人力资本投资以及社会保障。[①]

[①] Gill, I. S., A. Revenga, and C. Zeballos, "Grow, Invest, Insure: A Game Plan to End Extreme Poverty by 2030," World Bank Policy Research Working Paper, WPS7892, 2016.

《欧洲2020》关于减少相对贫困人口的方案，与"三支柱"战略的吻合度很高。① 中国发展与减贫模式的主要经验也颇具"三支柱"特色。2020年以后，一个明确的"三支柱"减贫战略必不可少。建议结合国际通行的倡议、实践以及中国国情，对已有减缓相对贫困战略进行"中国化"调适和改造。未来中国减贫"三支柱"可由包容性增长、基本公共服务均等化、社会保护组成。在包容性增长方面，十九届四中全会公报提出了大量的对应措施。社会保险属于基本公共服务和社会保护的共同领域，劳动就业服务属于包容性增长、基本公共服务以及社会保护三者的共同领域。国际通行的社会保护概念与中国的社会保障接近，不仅包括社会保险和社会救助，还包括劳动市场干预和支持等内容。

"三支柱"战略提供了一个普惠性的包容性发展框架，它要求保持经济发展机会的就业友好特征，并将发展机会更多地导向相对贫困地区和相对贫困人口，提高人力资本投资机会以及社会保护政策对相对贫困人口的覆盖程度。"十四五"时期是减缓相对贫困的起步阶段，其对象首先包含已脱贫人口中脆弱性脱贫人口以及面临市场、环境等冲击的易致贫人口，其次是将要被识别出来的相对贫困人口。要充分总结建档立卡工作机制和精准识别的经验和缺陷，在农村基层建立常态化的相对贫困识别标准、工作机制和体系。与此同时，将脱贫攻坚中针对建档立卡户"自动识别"的精准扶贫政策调整为针对相对贫困户的"申请审核"适用机制，使相对贫困政策更好地与家庭条件及其发展能力和意愿相匹配。其中重要的一点是，建议在农村地区为易致贫、返贫特殊人群建立以低保为基础的综合性兜底保障机制，以新的潜在致贫家庭为对象，因需采取低保、临时救助、资产收益分配、临时公益性岗位等措施助其渡过难关，实现不低于"两不愁、三保障"的基本生活水平。

4. 设置脱贫"过渡期"，巩固脱贫成果

脱贫攻坚期结束后，为了进一步巩固脱贫成果，提高脱贫质量，避

---

① "Europe 2020: A strategy for Smart, Sustainable and Inclusive Growth," European Commission, https://ec.europa.eu/eu2020/pdf/COMPLET%20EN%20BARROSO%20%20%20007%20-%20Europe%202020%20-%20EN%20version.pdf.

免脆弱性脱贫转化为大规模返贫，避免产业扶贫、易地扶贫搬迁等长期性措施半途而废，现行脱贫攻坚制度和政策体系还不能戛然而止，建议设置三到五年的"过渡期"。在过渡期内，基本维持现行驻村帮扶体制、精准扶贫政策措施以及建档立卡识别和信息管理，但是不再要求"全覆盖"和"一刀切"。根据脱贫村的治理需要派驻帮扶队伍，根据贫困户的实际条件而不是建档立卡身份实施帮扶政策。过渡期非常重要的任务是继续推进实施扶贫产业项目、易地扶贫搬迁社区管理和后续帮扶、各类扶贫资产的清产核资和后续管理。这些措施一方面要对脱贫攻坚期政策和做法有延续性，另一方面要因地制宜，向更具有普惠性、市场化导向的乡村振兴政策转型。

5. 推动贫困治理常态化以及乡村治理能力现代化建设

脱贫攻坚期结束后，中国贫困形势将会发生转变，现行标准下绝对贫困已经基本消除，相对贫困将成为贫困的主要形态，且会同时分布于城镇和农村。随着贫困形势变化，大扶贫、攻坚战等超常规农村贫困治理体制将不再适用，也不再必要，但是贫困治理经验可以转化吸收到乡村治理能力现代化建设中去。具体建议包括两个方面。一方面是推动自上而下的贫困治理常态化，但是要加强基层贫困治理力量和能力。农村专项扶贫开发体制应逐步调整为以发展支持和社会福利为核心的国家社会保护工作的一部分。建议国家适时制定反贫困法律或条例，规定国家、政府部门、社会力量以及相对贫困人口的权利与义务、资格条件，使相关扶持措施有法可依。要优化和加强社会扶贫，将扶贫协作和定点扶贫整合为发展协作机制，采取购买服务、志愿者服务等方式加强社会组织的参与。在村级层面，要增强对新贫困发生后的发现、核实和措施响应能力。另一方面是持续推进乡村治理能力现代化建设。要优化实施"三治融合"的治理模式，充分发挥社会力量作用以及村民参与。根据村庄治理能力状况，实施因需派驻的驻村帮扶，更多发挥志愿服务力量在村庄治理中的作用。

专题报告
百村脱贫的多维视角

专题一　村庄扶贫减贫：成效、挑战与建议

村庄是扶贫攻坚的最前线。从村庄层面掌握精准扶贫、精准脱贫，对于更好地贯彻落实党中央、国务院的有关部署有着重要作用。因此，课题组利用中国社科院国情调研"精准扶贫精准脱贫百村调研"特大项目在2016~2018年调查的87个典型村庄的数据，[①] 以及农户（包括贫困户和非贫困户）抽样调查数据，结合全国脱贫攻坚的宏观背景，梳理扶贫减贫工作的现状与进展，分析相关工作面临的问题与挑战，进而提出有针对性的建议，最终形成本报告。

一　村庄扶贫减贫的总体成效

在精准扶贫、精准脱贫战略下，从全国来看，村庄扶贫工作取得了大量成绩。通过百村实地调查，在数据分析基础上，从农民收入、贫困人口数量、贫困户和贫困人口占比、因不同原因致贫人口占比等方面分析村庄的减贫成绩，展示发展生产、转移就业、易地搬迁、生态补偿、社保兜底"五个一批"脱贫方式的作用，总结贫困户"两不愁、三保障"目标的实现状况、农村基础设施建设状况、农村产业发展情况、农村组织发育状况、村庄集体经济改善情况。在百村调查数据分析基础上，试图展现全国村庄脱贫攻坚的进展状况。

[①] 本课题共调研100个村，但其中13个村有的未提供，有的村问卷丢失，有的村问卷数据不符合要求。需要说明，因与主报告对村问卷中的异常值处理方式不同，此分报告的个别指标数据可能与主报告有所不同。

（一）村庄减贫效果明显，农民收入上升，贫困人口迅速减少

近年来，村庄减贫工作取得了较大成效，主要体现在以下四个方面。

一是近 1/5 的村庄实现了脱贫，农民人均纯收入水平提升明显。在本次调查的 87 个贫困村中，截至 2016 年调查时，已经有 14 个村庄实现了脱贫摘帽，占贫困村总数的 17.50%。共有 78 个样本村提供了村农民人均纯收入指标，这些样本村的农民年人均纯收入达 6265.91 元，24.36% 的村庄农民人均纯收入达到了 8000 元及以上，部分贫困村的农民人均纯收入达到了 12000 元。这说明党和政府推进的"精准扶贫、精准脱贫"方略起到了明显的效果，大量扶贫资源投入对部分贫困村脱贫摘帽和农民收入增加起到了重要推动作用。调查村庄对建档立卡贫困户进行了定期动态调整。对建档立卡贫困户实行动态调整，是确保扶持对象精准的重要保证。根据村庄调查情况，如图 1 所示，从村庄总体上看，2015 年和 2016 年调出人口占比为 3.24% 和 5.61%，调入贫困人口占比分别为 3.62% 和 0.55%。而从贫困村看，2015 年和 2016 年调出人口占比为 3.02% 和 6.40%，调入贫困人口占比分别为 3.28% 和 0.54%。这说明调查村庄按照精准扶贫的政策要求对建档立卡贫困户进行了动态调整工作。

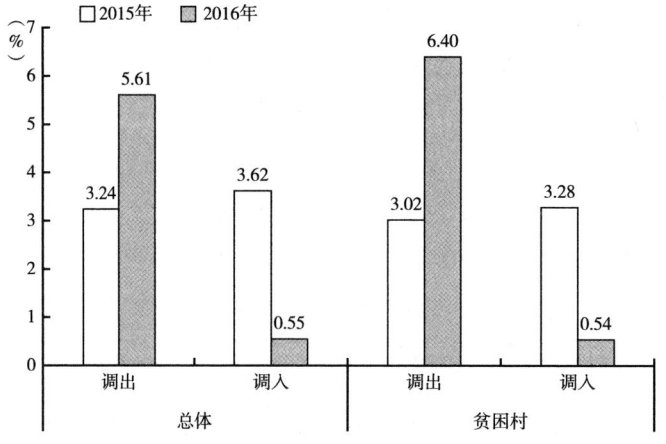

图 1 调查村庄建档立卡贫困户定期动态调整状况

二是贫困户和贫困人口的比例持续降低。贫困户和贫困人口比例是反映村庄贫困状况的重要指标。根据村庄调查问卷分析，从样本总体看，贫困户占比从2014年的32.35%下降到2015年的28.61%，2016年下降为24.38%。贫困人口占比从2014年的27.68%，下降到2015的25.03%，并继续减少到2016年的19.94%。而单从贫困村看，贫困户占比从2014年的34.43%减少到2015年的31.34%和2016年的25.52%，贫困人口占比从2014年的28.58%下降到2015年的27.01%和2016年的20.50%。这些数据反映出，一方面村庄的贫困程度在逐步减轻，另一方面，无论从贫困户占比还是从贫困人数占比，无论从样本总体看还是从贫困村看，2016年下降的贫困比例比2015年多，说明村庄并未因2015年取得了一定的减贫成绩而放松扶贫工作（见图2）。

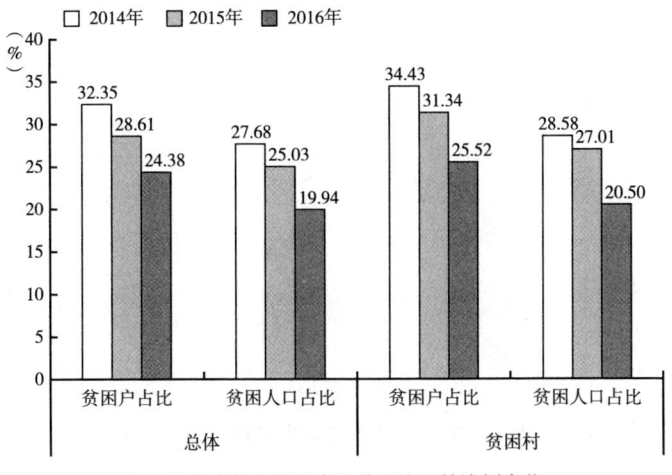

图2 调查村庄贫困户和贫困人口的比例变化

三是因病、因学、因缺劳动力而致贫的人口占比明显下降。精准扶贫的重要内涵之一是因症施策、靶向治疗。要实现精准扶贫，需要抓住主要的致贫原因。[①] 因病致贫、因学致贫和因缺劳动力致贫是农户贫困的重要成因。针对这些致贫原因，政府实施了一系列有针对性的扶贫政

---

① 汪三贵、郭子豪：《论中国的精准扶贫》，《贵州社会科学》2015年第5期。

策和举措。例如，针对因病致贫，不同地方实行了下乡医疗、医疗救助、提高贫困人口报销比例等举措。[①] 针对因学致贫，政府通过健全义务教育、普通高中、中职高职教育、高等教育等方面的教育扶贫资助政策体系，[②] 联系社会各渠道进行教育帮扶，希望阻断贫困代际传递。针对因缺劳动力致贫，各地探索了社会保障兜底、[③] 资产收益扶贫、[④] 结对帮扶等方式。这些有针对性的扶贫举措取得了明显的效果。根据村庄调查分析，所有村庄中因病致贫的人口占比从2014年的7.70%下降到2015年的7.07%，到2016年进一步下降到5.23%；因学致贫的人口占比从2014年的4.90%，分别下降到2015年的4.72%和2016年的3.14%；因缺劳动力致贫的人口占比从2014年的6.50%，分别下降到2015年的5.42%和2016年的3.49%（见图3）。

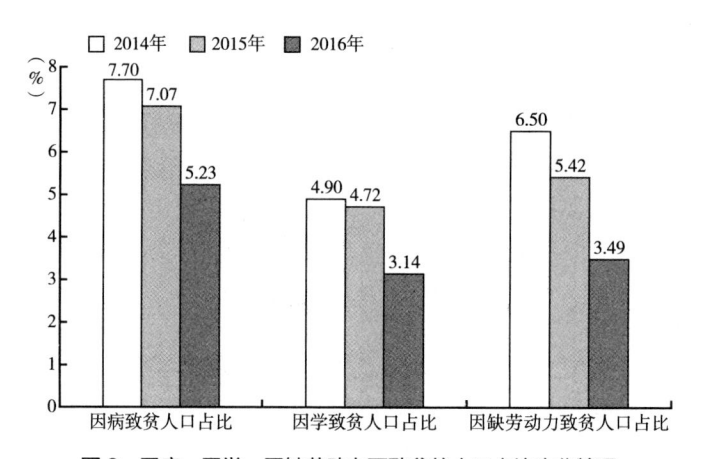

图3 因病、因学、因缺劳动力而致贫的人口占比变化情况

四是"五个一批"脱贫方式发挥了重要作用。村庄贫困户占比和贫困人口占比下降的背后是脱贫人数的增加。从已脱贫村庄看，2014年、2015年和2016年脱贫人口占村庄总人口比重分别为6.31%、11.94%

---

① 黄薇：《保险政策与中国式减贫：经验、困局与路径优化》，《管理世界》2019年第1期。
② 吴霓、王学男：《教育扶贫政策体系的政策研究》，《清华大学教育研究》2017第3期。
③ 朱薇：《社会保障兜底扶贫的作用机理》，《人民论坛》2019年第7期。
④ 汪三贵、梁晓敏：《我国资产收益扶贫的实践与机制创新》，《农业经济问题》2017年第9期。

和 11.97%。取得这些脱贫成绩，是不同扶贫举措发挥合力的结果。习总书记在 2015 年中央扶贫开发工作会议上提出，要按照贫困地区和贫困人口的具体情况，实施"五个一批"措施，即发展生产脱贫一批、易地搬迁脱贫一批、生态补偿脱贫一批、发展教育脱贫一批、社会保障兜底一批。这些举措也被写入《中共中央国务院关于打赢脱贫攻坚战的决定》。在"五个一批"工程的推动下，村庄减贫工作取得了较大进展，具体表现如下。

在发展生产脱贫方面，各地的主要举措为发展贫困地区特色产业，因地制宜发展种养业和传统手工业，推动形成"一村一品"，培育贫困地区农民合作社和龙头企业，发挥其对贫困人口的带动作用。通过发展生产的方式，调查村庄 2014 年、2015 年和 2016 年脱贫的人口占比分别为 6.34%、4.21% 和 5.71%。而从贫困村看，这三年通过发展生产实现脱贫的人口占比分别为 7.45%、3.25% 和 5.71%。

在转移就业脱贫方面，各地的主要举措是增加劳务输出培训投入，提供公益劳动、家政服务、物流配送等岗位，探索扶贫车间等形式，促进有劳动力的贫困家庭就业工作。通过这项举措，全部调查村中在 2014 年、2015 年和 2016 年分别有 0.91%、2.15% 和 2.40% 的人口实现了脱贫。而从贫困村看，2014 年、2015 年和 2016 年通过转移就业实现脱贫的人口占比分别为 1.07%、2.14% 和 2.88%。

在易地搬迁脱贫方面，政策主要针对的是居住在生存条件恶劣、生态环境脆弱、自然灾害频发等地区的农村贫困人口，通过因地制宜选择搬迁安置方式，并且完善搬迁后续的就业扶持政策，以保证搬迁的贫困人口实现稳定脱贫。在调查村庄总体上看，2014 年、2015 年和 2016 年通过易地搬迁脱贫的人口占比分别为 0.84%、0.08% 和 1.88%。从贫困村看，2014 年、2015 年和 2016 年通过搬迁实现脱贫的人口占比分别为 1.34%、0.11% 和 2.13%。贫困村中通过搬迁脱贫的人口占比更高，说明易地搬迁扶贫对更为贫困的村庄发挥作用更大。

在生态补偿脱贫方面，主要通过国家实施的退耕还林还草、天然林保护、防护林建设、退牧还草等生态工程，利用生态补偿和生态保护工程资金使当地有劳动能力的部分贫困人口转为护林员等生态保护人员，提高贫困人口参与度和受益水平。在本次调查中，2014年、2015年和2016年所有村庄通过生态补偿实现脱贫的人口占比分别为3.25%、4.12%和3.52%。仅从贫困村看，2014年、2015年和2016年通过生态补偿脱贫的人口占比分别为4.12%、4.93%和3.86%。

在社保兜底脱贫方面，主要通过完善农村最低生活保障制度和社会救助制度，对无法依靠产业扶持和缺少劳动力的家庭实行保障兜底。通过加强核查工作，将所有符合条件的贫困家庭纳入低保范围。另外，通过完善农村基本养老保险制度，增加农村贫困地区老年人的转移收入。调查发现，通过社保兜底方式，所有调查村庄2014年、2015年和2016年分别有0.29%、1.64%和2.29%的人口实现了脱贫。从贫困村看，2014年、2015年和2016年通过社保兜底实现脱贫的人口占比分别为0.02%、1.79%和2.91%（见图4）。

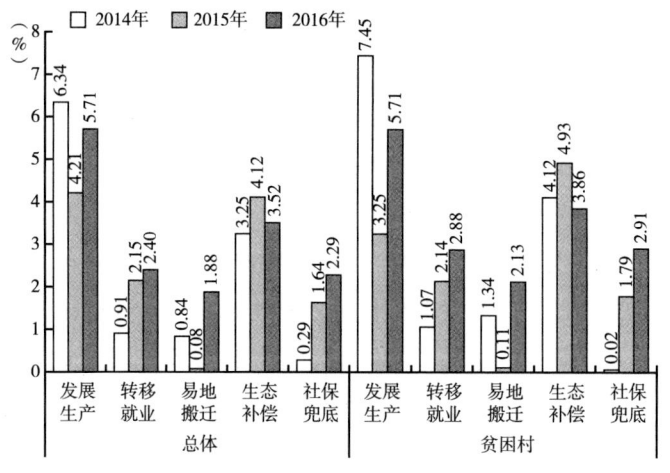

图4 调查村庄五种方式脱贫人口占村庄总人口比例

综合以上五种方式中脱贫人口占村庄总人口比例的比较，可以发现，通过发展生产脱贫对村庄减贫的作用最大、效果最好。说明在未来的村庄减贫工作中，还需要进一步加大在发展生产脱贫相关举措上的投入，以发挥其较大的减贫作用。转移就业脱贫和易地搬迁脱贫发挥的作用仅次于发展生产脱贫。而生态补偿脱贫和社保兜底脱贫更多的是针对特定贫困地区或者特定贫困人群，也是脱贫政策不可缺少的组成部分。

（二）贫困户"两不愁、三保障"基本实现

"两不愁、三保障"是我国新时期农村扶贫开发的总体目标，"两不愁"，即不愁吃、不愁穿，"三保障"，即保障基本医疗、义务教育、住房安全。[①] 在住房安全中，做好建档立卡贫困户等重点对象农村危房改造是重点工作。除危房改造外，我国农村人居环境总体水平仍然较低，尤其在农村贫困地区存在短板，与全面建成小康社会的目标要求还有较大差距。李克强总理的批示指出，改善农村人居环境，是全面建成小康社会的基本要求，要动员各方力量因地制宜扎实推进农村人居环境治理各项重点任务，加快补齐突出短板，改善村容村貌，不断提升农村人居环境水平。

危房改造和人居环境改善方面有较大投入。从总体上看，2015年村庄平均投入69.99万元进行了危房改造，平均解决17.59户的危房问题。到了2016年，村庄平均投入危房改造的资金达到78.04万元，解决25.45户的危房问题。在人居环境改善方面，村庄2015年和2016年分别投入资金434.30万元和172.00万元。从贫困村来看，在危房改造方面，村庄2015年和2016年分别投入69.97万元和86.04万元。在人居环境改善方面，2015年贫困村平均投入190.10万元，涉及43.30户；2016年村庄平均投入的资金达到196.20万元，涉及62.18户。截至2016年，调查村内平均有9.14个垃圾池，有33.69个垃圾桶，集中处理垃圾所占比例达到了49.97%。环境卫生状况的改善为美丽乡村建设奠定了良好的基础。

医疗服务方面，保障基本医疗是"两不愁、三保障"的重要内容之一，在防止农村人口因病致贫、因病返贫方面发挥着重要作用。加强村卫生室等基层医疗卫生机构的建设，提高贫困地区群众卫生保健意识，

---

① 汪三贵：《中国扶贫绩效与精准扶贫》，《政治经济学评论》2020年第1期。

对医疗扶贫、健康扶贫有重要作用，同时这也是扶贫规划的重要组成部分。调查发现，村庄基本实现了每村有卫生室和专任医生，同时也加大了卫生培训的投入。截至 2016 年，村庄平均有 1.16 个卫生室、1.89 个医生。在卫生培训投入和培训效果方面，村庄平均在 2015 年和 2016 年投入 7.17 万元和 1.09 万元，合计培训规模达到 120.77 人次。这些建设和投入为农村基本医疗服务的提供奠定了良好的基础。

教育培训方面，保障义务教育是"两不愁、三保障"的重要组成部分，也是阻断贫困代际传递的重要手段之一。教育更多针对儿童群体，而对提升成年的劳动技能水平和就业能力则需要培训的投入。《"十三五"脱贫攻坚规划》指出，要以提高贫困人口基本文化素质和贫困家庭劳动力技能为抓手，瞄准教育最薄弱领域，加快完善贫困地区学前教育公共服务体系，全面改善义务教育薄弱学校基本办学条件。同时引导企业扶贫与职业教育相结合，鼓励面向建档立卡贫困家庭开展多种形式的职业教育。调查发现，村庄的学前教育和义务教育发展良好，技术培训受益群体广泛。截至 2016 年，村庄平均有 0.53 个幼儿园或托儿所，其中贫困村中平均有 0.55 个幼儿园或托儿所，高于平均水平。在小学和初中阶段，基本消除了失学辍学现象。村庄在 2015 年和 2016 年在村文化活动室方面平均分别投资 16.50 万元和 71.20 万元，村平均建设 0.51 个和 0.54个。在培训方面，2016 年村庄平均举办农业技术培训讲座次数 9.71 次，村民参加农业技术培训 179.73 人次，另外还平均有 93.83 人次参加了职业技术培训。

（三）农村水、电、路、网等基础设施大幅改善

一是村内道路状况明显改善。交通运输是贫困地区脱贫攻坚的基础条件，习近平总书记指出，"交通基础设施建设具有很强的先导作用，特别是在一些贫困地区，改一条溜索、修一段公路就能给群众打开一扇脱贫致富的大门"。为此，习总书记要求，"要通过创新体制、完善政策，进一步把农村公路建好、管好、护好、运营好，逐步消除制约农村发展的交通瓶颈，为广大农民致富奔小康提供更好的保障"。农村公路的改善既能降低农村

产业发展的交易成本，也能加强村庄和外界的联系，更好促进劳动力转移就业。在本次调查中，重点关注了通村公路建设和村内公路建设两个方面。

村庄在通村公路和村内公路建设中投入了大量资金，群众受益明显。在通村公路方面，贫困村 2015 年村庄平均新建通村沥青（水泥）路 2.77 公里，村平均投资为 147.00 万元；2016 年平均新建通村水泥路 8.90 公里，村平均投资 214.68 万元，村平均受益的户数为 73.6 户。在村内公路方面，贫困村 2015 年和 2016 年平均新建村内公路 2.62 公里和 4.67 公里，村平均投资分别为 118.68 万元和 129.05 万元，村平均受益户数分别为 181.69 户和 332.80 户（见表 1）。

表 1　贫困村公路建设状况

年份	贫困村新建通村水泥路（公里）	贫困村新建水泥路投资（万元）	贫困村新建村内水泥路（公里）	贫困村新建村内水泥路投资（万元）
2015	2.77	147.00	2.62	118.68
2016	8.90	214.68	4.67	129.05

二是村内宽带和通信设施逐渐完善。"互联网+"扶贫日益成为贫困村脱贫攻坚的重要形式之一。《中共中央国务院关于打赢脱贫攻坚战的决定》指出，要加快推进宽带网络覆盖贫困村，开展互联网为农便民服务，提升贫困地区农村互联网金融服务水平，扩大信息进村入户覆盖面。根据文件要求，宽带进村入户、提升手机信号和移动互联网的覆盖范围，是实施"互联网+"扶贫的重要前提条件。调查发现，村庄宽带入户和手机信号覆盖情况有较大改善，有线或卫星电视入户率较高。从村庄总体上看，2015 年和 2016 年村庄平均宽带入户分别为 20.84 户和 42.29 户，两年中村平均投资分别为 8.37 万元和 13.91 万元。在贫困村中，2015 年和 2016 年村平均投资分别为 8.10 万元和 11.59 万元，平均宽带入户分别为 20.13 户和 37.95 户（见表 2）。在手机信号覆盖范围方面，贫困村由 2015 年的 76.00% 上升到 2016 年的 80.41%。96.51% 的家庭中使用电话或者手机，46.81% 的农户家庭使用了智能手机。在电视入户方面，贫困村中使用有线电视或卫星电视户数占比达到了 67.30%。有电视机的户数占比为 93.68%。

表2　村庄宽带和通信设施建设状况

年份	总体		贫困村	
	村庄平均宽带入户数量（户）	村庄平均宽带入户投资（万元）	村庄平均宽带入户数量（户）	村庄平均宽带入户投资（万元）
2015	20.84	8.37	20.13	8.10
2016	42.29	13.91	37.95	11.59

三是村民饮水安全得到根本解决。饮水安全是"不愁吃"的重要条件之一，全面解决贫困人口饮水安全问题是一项重要的扶贫目标。同时，农村饮水安全也是一项重大民生工程，是全面建设小康社会的重要内容，直接关系农民群众的切身利益。在大力实施脱贫攻坚后，调查发现，村庄在自来水入户和新建蓄水池（窖）方面投入较多资金，大量农户从中受益。从总体看，2015年和2016年在新建自来水入户方面村平均投资分别为60.67万元和47.98万元，村平均受益户数分别为74.16户和44.16户。总体上，2016年村庄实现集中供应自来水比例达到65.87%。在贫困村中，2015年和2016年村平均投资分别为72.42万元和58.34万元，高于平均水平，村平均受益户数分别为97.36户和16.61户（见表3）。在一些不适宜进行自来水入户的贫困地区，新建蓄水池（窖）是重要的方式。调查村庄在2015年和2016在新建蓄水池（窖）方面村平均投资分别为41.46万和40.19万元，村平均受益户数分别为66.80户和93.23户。

表3　村庄自来水入户状况

年份	总体		贫困村	
	自来水入户投资（万元）	村庄受益户数（户）	自来水入户投资（万元）	村庄受益户数（户）
2015	60.67	74.16	72.42	97.36
2016	47.98	44.16	58.34	16.61

四是农村电力设施显著改善。《"十三五"脱贫攻坚规划》指出，要以贫困地区为重点，加快实施新一轮农村电网改造升级工程，实施配电网建设改造行动计划。调查发现，村庄投入大量资金进行农村电网改造，

群众受益明显，无电户数量下降。在2015年，调查村庄在新增农村电网改造方面村平均投资为134.13万元，平均改造3.21处，受益户数为200.50户。2016年，新增农村电网改造方面投资进一步增加，村平均投资达到155.11万元，村平均受益户数达163.39户。在解决无电户方面，调查村庄2015年和2016年分别投资了17.08万元和11.00万元，村平均解决7.11个和1.13个无电户问题。

（四）现代农业、加工制造业及商业服务业获得发展

产业扶贫既是促进贫困人口较快增收达标的有效途径，也是巩固长期脱贫成果的根本举措。习近平总书记指出："发展产业是实现脱贫的根本之策。要因地制宜，把培育产业作为推动脱贫攻坚的根本出路。"① 总体来看，样本村庄仍然以农业为主，但是，随着扶贫事业的推进，加工制造业、商业服务业也获得了较快发展。

在农业产业方面，农民合作社、家庭农场、专业大户和农业企业等新型农业经营主体大量涌现，小农户发展规模化、集约化现代农业的积极性明显提高。截至2016年底，87个样本村拥有217家农民合作社、104家家庭农场、356个专业大户和76家农业企业。很多村都在国家产业扶贫政策的支持下，大力发展养殖业。以全村养猪、羊、牛、驴等单一种类的规模大于1000只（头），鸡、鸭单一种类的规模大于5000只，鱼多于10000尾为标准，在87个样本村中，有36个（占比41.38%）可以称为规模养殖村。另外，农业产业结构也有所调整。除种植粮食作物外，不少村还种植了较大规模的果蔬、小杂粮、烟叶、苜蓿等经济作物。

在加工制造业方面，不少村庄的加工制造业有较大发展，除农副产品加工、木材加工、家具制造外，一些村庄还发展了酒、饮料和精制茶制造业、纺织业、食品制造业等。具体来看，在87个样本村中，有23个（占比26.44%）村有加工制造企业。1/4的村庄都有加工制造企业，其中14个村有不止一个加工制造企业，表明在扶贫开发及相关措施的帮

---

① 资料来源：人民网，http://opinion.people.com.cn/n1/2016/1115/c1003-28860261.html。

扶下，乡村的工业正在迅速发展。从行业上看，由于各地的资源禀赋和产业基础不同，各村的工业发展领域有明显不同。23个有加工制造企业的样本村中，有9个村有农副食品加工业，4个村有家具制造业，3个村有酒、饮料和精制茶制造业，2个村有纺织业，2个村有木材加工和木、竹、藤、棕、草制品业。自20世纪末乡镇企业逐渐消失转制后，农村的加工制造业一度十分稀少，在样本村出现这么多的加工制造业，表明扶贫开发有效推动了农村的再工业化。

在商业服务业方面，扶贫开发带来了资源要素向乡村回流，为村庄生活服务发展注入了活力，餐饮企业和批发零售、超市、小卖部的数量较多。总的来看，在87个样本村中，有171个餐饮企业或餐饮服务点，平均每个村接近2个；有批发零售、超市、小卖部576个，平均每个村超过6个。由于87个村共有人口185077人，上述结果表明，平均每1082人就有一个餐饮企业或餐饮服务点提供服务，平均每321人就有一个批发零售、超市、小卖部提供服务。商业服务业密度高，农民获得相关服务的可及性强，样本村的经济比较有活力。

（五）党组织带动下各类农村组织日趋多样化、多元化

组织和发动群众一直是我们党的优良传统。毛泽东说："战争的伟力之最深厚的根源，存在于民众之中。"1943年11月，毛泽东在陕甘宁边区劳动英雄大会上又提出"组织起来"的号召，要求把尽可能多的群众力量动员起来，组织起来。习近平总书记强调："要把农村基层党组织建设成为落实党的政策、带领农民致富、密切联系群众、维护农村稳定的坚强领导核心。"[①] 把群众组织起来，更好地发挥农村各类组织的作用，是脱贫攻坚战取得全面胜利的重要支撑。从"百村调查"的情况看，近年来农民的组织化程度明显提高，在扶贫脱贫中发挥了重要作用。

首先，农村基层党组织在村庄治理中发挥核心作用。87个样本村共有人口185077人，其中党员4532人，占总人口的2.45%，平均每个村

---

① 资料来源：《习近平对深化农村改革有何最新部署》，新华网，http://www.xinhuanet.com/politics/2016-04/29/c_128945969.htm。

约有党员 50 名，而且 85.37% 的村都有党员代表会议。有不少村庄超过 1/3 的党员是党员代表，其中有 7 个党员数量较少的村庄，全体党员都是党员代表，也就是说，村里所有党员都参加党员代表大会。在 87 个样本村中，村党支部支委会共有 359 人，占党员总数的 7.92%；属于村"两委"的党员合计有 324 人，占党员总数的 7.15%；党小组数量 314 个，平均每个村有约 3.61 个。除直接领导外，党组织还通过在村"两委"交叉任职、加入村务监督委员会、村民民主理财小组等方式，在村庄治理中发挥积极作用。比如，约有 75.61% 的样本村"两委"交叉任职，交叉任职的党员数合计达 168 人，占样本村村"两委"人数（615 人）的 27.32%，平均每个村接近 2 人交叉任职。另外，分别有 96.34%、70.89% 的村有村务监督委员会和民主理财小组，党组织和党员在其中的组织和领导作用不可或缺。

其次，农民合作社蓬勃发展。在 87 个样本村中，共有 217 家农民合作社，其中 74 个村都有农民合作社，52 个村有不止一个农民合作社。从注册年份上看，最早的一个农民合作社成立于 2008 年，此后农民合作社数量逐年增加。有 33.64% 的农民合作社是 2015 年、2016 年注册成立。从经营范围上看，农民合作社以种植、养殖为主，其中还有一些专门从事农资销售、农机服务，个别农民合作社还按照"一二三产融合"的思路，将经营领域拓展到生态旅游、农产品初加工、餐饮食宿等方面。从带动农户数量上看，加入农民合作社的农户数，已经从合作社成立时的 5896 户，增加到 2016 年底的 8028 户，平均每家农民合作社有农户 37.0 户。农民合作社已经成为重要的农民合作经济组织。从销售额上看，217 家农民合作社中有 147 家在 2016 年未开展实质性经营活动。开展经营活动的 70 家农民合作社，2016 年实现总销售额达 11645.2 万元，平均每家农民合作社年销售额为 166.36 万元。不过，可能是由于成立较晚、盈利较少等原因，2016 年 217 家农民合作社中，只有 38 家农民合作社向成员发放了分红，共计 1411.43 万元，平均每个农民合作社分红 37.14 万元，平均加入合作社的每户分红 1758.13 元。

最后，其他村民组织如一些老年协会、秧歌队等文化娱乐组织快速发展。在样本村庄中，有45.07%的村有老年协会、秧歌队等。其中，不少村的文化娱乐组织不止一个。个别村民较多的村，文化娱乐组织多达10多个。比如有6207个村民的云南省宾川县大营镇萂村村，文化娱乐组织多达12个。另外，值得注意的是，30.67%的样本村有教堂、寺庙等宗教活动场所，约有13.48%的群众有基督教、天主教等宗教信仰。

（六）村集体经济持续虚化、弱化的趋势得到扭转

习近平总书记在《摆脱贫困》一书中明确指出，发展集体经济是实现共同富裕的重要保证，是振兴贫困地区农业发展的必由之路，是促进农村商品经济发展的推动力。在2014年9月召开的中央全面深化改革领导小组第五次会议上，习近平总书记又强调："要探索集体所有制有效实现形式，发展壮大集体经济。"[①] 党的十九大报告也要求"壮大集体经济"。随着国家对发展壮大集体经济的重视，农村集体经济虚化、弱化的现象有所扭转。根据农业部的数据，2016年，在统计的55.9万个村中，集体没有经营收益或者经营收益在5万元以上的村占总数的比例为25.1%，比2015年增加了1.4个百分点。

在87个样本村中，有10个村有集体企业，其中5个村的集体企业还不止一家，共18家集体企业。从集体企业的村庄分布来看，8个贫困村有13家集体企业，其中12个集体企业所在的7个村为省定贫困村；其余15个集体企业的平均资产价值为729.98万元。在10个有集体企业的村中，有4个村有负债，其中有3个村的负债少于资产。另外，在没有集体企业资产村中，有一个村有20万元的净负债。这些村集体企业吸纳1682人就业，平均每个村集体企业为168.2人提供工作。其中，1238人为本村人，平均每个村集体企业吸纳123.8个本村人就业。

就从事行业看，按照从多到少，集体企业主要从事农林牧渔业（11个）、交通运输和仓储业（2个），也有个别村庄的集体企业从事建筑业、住宿和餐饮业等。在10个村中，有6个村在2016年集体企业实现了经

---

① 资料来源：人民网，http://cpc.people.com.cn/n/2014/0930/c64094-25763751.html。

营收入，经营收入最多的为 200 万元，经营收入最少的为 2 万元，6 个村平均经营收入为 60.5 万元。在这 6 个村中，有 3 个村集体企业 2016 年实现了盈利，经营利润分别为 6 万元、17 万元和 19.5 万元。

此外，一些村还通过出租土地获得了一部分集体收入，为集体经济发展提供了支撑。具体来看，有 10 个样本村集体对外出租了耕地，平均每个村对外出租耕地面积为 1534.4 亩；有 11 个村对外出租山林地，平均每个村对外出租山林地 876.5 亩。考虑到所有样本村平均每亩土地年租金为 506.3 元、平均每亩林地年租金为 436.5 元，仅土地出租一项，一些村每年就可以获得几十万元的集体收入。

二 村庄脱贫攻坚面临的问题

虽然村庄的农民收入有了较大增长，贫困人口数量、贫困户和贫困人口占比下降，"五个一批"脱贫方式减贫效果明显，贫困人口"两不愁、三保障"基本实现，村庄基础设施逐步完善，但脱贫攻坚涉及的工作较为复杂，在后续工作中仍存在一定问题和挑战。这些问题表现在少数贫困户脱贫难度、扶贫效果满意度、脱贫攻坚与乡村振兴衔接、政策的"悬崖效应"、农村劳动力务工、农村组织带贫效果等方面。

（一）少数村庄的贫困户脱贫有难度，农民群众对扶贫效果的满意度有待提高

随着扶贫开发工作的逐步深入，扶贫工作中的一些问题不断凸显，扶贫效应呈现递减的特征。一方面，少数贫困村脱贫攻坚面临不小挑战。虽然村庄的贫困户数和人数占比有了很大程度下降，但因不同村庄的地理环境、发展基础、贫困人口的状况有较大的差异，导致村庄的脱贫发展呈现不平衡特征。部分村庄脱贫攻坚取得了较大的成绩，已经退出了贫困村行列，建档立卡贫困户占比仅为 1.01%。但是，也仍有部分村庄的贫困人口占比较大，贫困程度较深，脱贫形势比较严峻。例如，仍有近三成的村庄建档立卡贫困户占比在 40% 及以上，10% 左右的村

庄中建档立卡贫困户占比在60%及以上，贫困程度最深的村庄，建档立卡贫困户占比达到82.75%。另一方面，农民对扶贫开发的满意度有待进一步提升。在2016年底其家庭不是建档立卡户的3057个受访者中，合计有1693人（占比55.38%）认为本村的扶贫效果"很好"或"比较好"，而认为本村扶贫效果"一般""不太好""很不好""说不清"的分别有580人（占比18.97%）、220人（占比7.20%）、102人（3.34%）和463人（15.15%）。不仅很多非建档立卡户对本村的扶贫效果不甚满意，一些建档立卡户对本村扶贫效果的满意度也不高。在2016年底其家庭是建档立卡户的3139个受访者中，有1787人（占比56.93%）认为到目前为止本村的扶贫效果"很好"或"比较好"，认为本村扶贫效果"一般""不太好""很不好""说不清"的分别有719人（占比22.91%）、230人（占比7.33%）、103人（3.28%）和301人（9.59%）。也就是说，约有10.61%来自建档立卡户的受访者对本村的扶贫效果不满意。

（二）村庄基础设施建设有待进一步加强，贫困村脱贫攻坚与美丽乡村建设、乡村振兴衔接存在短板

虽然村庄的基础设施状况已经有了很大的改善，但由于贫困地区尤其是深度贫困地区大多位于偏远山区，居住较为分散，所需要的道路、通信、饮水等基础设施投资巨大，因此在贫困地区基础设施"补短板"方面，村庄的基础设施建设仍有待进一步加强。调查发现，从总体看，村庄通村公路的平均长度为10.02公里，其中还未硬化的长度为4.30公里。村内通组道路的平均长度为15.73公里，还未硬化的为8.15公里。从贫困村看，通村公路和村内公路还没有实现硬化的比例更大。截至2016年，贫困村中平均通村公路的长度为8.56公里，其中还未硬化的为4.00公里。村内道路平均长度为16.48公里，但还未硬化的长度为9.67公里。此外，43.37%的村庄内没有路灯。在网络建设方面，根据农户问卷调查，发现仅有16.32%的贫困户和26.97%的非贫困户接入了互联网宽带。根据村庄调查，25.59%的村委会没有联网的电脑。

在饮水方面，所调查村庄平均有10.75%的农户还存在饮水困难，而在贫困村中，饮水困难户数占比则为10.16%。村庄基础设施建设仍存在短板，致使村庄的脱贫攻坚工作与美丽乡村建设以及乡村振兴战略实施的衔接不畅。

（三）非贫困村与贫困村、非贫困户与贫困户享受的扶贫政策差异明显

除了贫困人口相对聚居的贫困村，也有一定数量的贫困人口居住在非贫困村中，呈现了"插花式"分布的特征。本次调查中涉及的非贫困村中，村平均建档立卡贫困户占比达到了20.69%，村平均贫困人口占比为19.97%。因为在扶贫政策实施初期，非贫困村因为贫困人口占比较少未被纳入贫困村，导致在扶贫资源获得上大大少于贫困村。此外，即使在贫困村中，处在贫困临界附近的农户，如果没有被确定为贫困户，它们享受到的扶贫政策扶持会大大少于贫困户，甚至得不到任何政策扶持。这就导致了这些临近贫困农户的不满情绪。例如，非贫困户中有32.51%认为本村的贫困户选择不合理或者说不清，而贫困户中这一比例仅为12%。非贫困村与贫困村、非贫困户与贫困户在扶贫政策方面的差异出现了"悬崖效应"，这也容易引发不平衡发展的问题，可能成为脱贫攻坚与后续进行乡村振兴的挑战。

（四）农民和贫困户的务工机会不足，农村劳动力闲置严重

无论是没有技能的普通全劳动力，还是有技能的劳动力，当前都存在务工时间短、就业不充分的问题。从农户数据来看，在3670个普通全劳动力中，有1301个劳动力2016年的务工时间在6个月以上，占比35.45%，全年工作时间不足6个月、3个月的普通全劳动力比例分别只有15.53%、11.88%，另有35.91%的普通全劳动力在2016年没能实现务工。在177个技能劳动力中，只有不足一半（48.59%）的技能劳动力2016年全年务工时间在6个月以上，务工时间不足6个月、不足3个月的技能劳动力比例分别为19.21%、10.73%，另有近1/5的技能劳动力在2016年没能就业。对于丧失部分劳动能力的劳动力来讲，务工时间更短。

在892个丧失部分劳动能力的农民中，2016年务工时间在6个月以上的比例只有13.23%。

务工时间太短、就业不充分在贫困户中表现得更为突出。来自建档立卡贫困户的1788个普通全劳动力中，仅有546个（30.54%）2016年务工时间在6个月以上，有281个（占比15.72%）务工时间不到6个月，二者都明显低于非贫困户。不过，在贫困户中，2016年务工时间不到3个月的普通全劳动力有221个（占比12.36%），明显高于非贫困户。而且对于建档立卡贫困户中有技术的劳动力来讲，也有相似情况。总之，整体来看，虽然实施了精准扶贫，农民尤其是贫困户农民的务工时间较短，农村劳动力资源闲置情况严重。不过，贫困户中的普通劳动力和技能劳动力务工时间在3个月以下的比例比非贫困户更高。这意味着精准扶贫、精准脱贫措施在为贫困户提供短期务工机会方面有着更为明显的作用。

（五）党员数量少、农民合作社对贫困户的带动弱

调研发现，无论是非贫困村，还是贫困村，大部分样本村的党员和群众的比例偏低。从比例上看，最多的一个村党员占比达到11.27%，275个村民中有31个党员。但是多达88.10%村庄的党员占村庄总人口数的比例不到5%，也就是说，绝大部分村庄中20个村民中没有一个党员。党员比例最少的一个村，2332人，只有20个党员，1个党员要带动100多个群众。党员较少的原因主要有两方面：一方面是乡镇给村里的党员指标太少，很多村庄一年不能发展一个党员；另一方面，是个别村干部担心发展新党员会对自己的权力造成损害，甚至形成竞争关系。而且，绝大部分党员的年龄都在50岁以上，甚至不少是超过70岁的高龄党员。人数太少、年龄偏大，导致基层党组织想在扶贫攻坚中发挥战斗堡垒作用"心有余而力不足"。

作为重要的新型农业经营主体，农民合作社在扶贫中被寄予厚望。很多地方甚至明确要求"发挥农民合作社在扶贫中的作用"，努力实现"一村一社（扶贫合作社）"。但是，从调研情况来看，农户加入农民合作社的比例不高。在 6273 个农户总样本中，只有 3016 个（占比 48.08%）受访者知道本村或邻近有农民合作社，其中加入农民合作社的只有 1060 户（占比 17.00%）。从贫困户来看，3344 个来自贫困户的受访者，有 661 户（占比 19.77%）加入了农民合作社，比总样本农户加入农民合作社的比例高 2.77 个百分点。再加上 2016 年只有 39 家农民合作社实现了分红，其在脱贫攻坚中的作用仍然非常有限。

三 提升村庄脱贫攻坚效果的路径

面对村庄脱贫攻坚中的问题和挑战，针对全国不同地区不同类型的村庄，需要在"分类指导、因村制宜"的思想下，根据不同村庄面临的不同问题，有针对性地提出解决办法，探索可行的改善路径。例如，针对脱贫难度较大村庄，需要加大扶持力度，强化扶贫效果；针对基础设施不完善的村庄，应进一步完善基础设施，同时考虑将脱贫攻坚与乡村振兴衔接的问题；针对扶贫工作满意度较低村庄，需要兼顾扶贫重点群体和边缘群体，提升扶贫工作满意度；针对缺少就业机会的村庄，需要提供更多务工机会，加强产业发展，注重产业的带贫机制建设；针对脱贫稳定性不高村庄，要探索建立贫困户增收减贫长效机制，进一步激发内生发展动力；针对农村党组织薄弱的村庄，需要广泛发动党员和群众参与。

（一）针对脱贫难度大村庄，要通过不同方式加大脱贫攻坚力度

针对脱贫难度较大村庄的不同特征，因地制宜加大扶贫支持力度。结合脱贫难度大的村庄多处于增收渠道少、生态环境脆弱、生存条件恶劣、自然灾害频发地区的特点，重点在特色产业发展、生态扶贫、易地搬迁、兜底保障等方面发力。首先，特色产业发展方面，可重点发展对小农户带动作用大、可使贫困户直接参与受益的特色经济作物、特色手工业、扶贫旅游。借助现代信息技术加强贫困户与城市消费者的直接联

系，借鉴"巢状市场"模式，① 推动贫困户产品直销城镇，加强贫困地区与城镇消费者互动。发挥新型农业经营主体的经营优势，探索建立新型农业经营主体与贫困户的利益联结机制，② 带动贫困户从产业发展中受益。推广贫困地区科技特派员制度，③ 解决贫困地区特色产业发展中面临的技术问题，借助高校、科研院所结对帮扶机会，助推贫困地区特色产业稳定发展。其次，在生态扶贫方面，加大对位于生态保护区、脱贫难度大村庄的生态补偿，增加退耕还林还草补贴。深化贫困地区集体林权改革，④ 鼓励农户将林地经营权入股林业合作社，增加入股分红收入。再次，在易地搬迁方面，保障脱贫难度大、需要搬迁村庄的易地搬迁用地指标。通过控制建房面积等方式，降低农户自筹经费部分比例，不因搬迁增加贫困农户的经济负担。同时加强易地搬迁的产业发展、就业、社保等配套工作，使搬迁农户能够"搬得出、稳得住、能脱贫"。最后，在兜底保障扶贫方面，对没有劳动能力、缺少生活来源的特困农户，通过纳入农村最低生活保障、同时利用现代信息技术扩大社会帮扶的多元保障方式，使特困农户有较为稳定的生活来源。

（二）针对基础设施不完善村庄，要进一步提升基础设施，将村庄脱贫与乡村振兴有效衔接

应从交通、饮水安全、电力、网络和人居环境整治方面进一步完善贫困村的基础设施。在交通方面，进一步推动通村公路和村内公路的硬化工作，同时应建立农村公路管理维护机制。对具备条件的地区开通客车到村，扩大农村客运覆盖范围，加强村民与外界的联系。在饮水安全方面，应因地制宜地建设供水建设工程，保证水质，加强水源保护。对有条件的地区，尽量能够提高集中供水或通自来水的比例。在电力方

---

① 叶敬忠、贺聪志：《基于小农户生产的扶贫实践与理论探索——以"巢状市场小农扶贫试验"为例》，《中国社会科学》2019年第2期。
② 刘建生、陈鑫、曹佳慧：《产业精准扶贫作用机制研究》，《中国人口·资源与环境》2017年第6期。
③ 翁伯琦、黄颖、王义祥等：《以科技兴农推动精准扶贫战略实施的对策思考——以福建省建宁县为例》，《中国人口·资源与环境》2015年第S2期。
④ 黄祖辉、姜霞：《以"两山"重要思想引领丘陵山区减贫与发展》，《农业经济问题》2017年第8期。

面，进一步解决贫困家庭中的无电户问题。对发展生态旅游扶贫产业的贫困村庄，通过进一步农网改造升级，保障发展生态旅游中的用电增大需求。在网络方面，进一步增加贫困地区的网络覆盖，同时通过政策倾斜方式，使更多贫困家庭能够有能力接入网络，使其能够利用网络获取更多信息、探索利用网络寻找脱贫机会。通过政府引导，鼓励电商企业或电商团体到贫困地区指导电商与当地特色产业结合发展，使贫困地区特色产业增加销售渠道，拓宽对本地特色产业的宣传途径。利用各地、各行业创新的"互联网＋扶贫"的形式，[1]探索利用网络进行远程教育、远程医疗，借助外界优质的教育和医疗资源，提升贫困地区的教育、医疗水平。在人居环境整治方面，根据各地实际情况开展不同形式的环境整治工作，重点关注生活垃圾清理、生活污水治理等可能影响健康卫生的工作。通过贫困地区基础设施"补短板"工作，保障村庄脱贫与美丽乡村建设、乡村振兴进行有效衔接。

（三）针对扶贫满意度较低村庄，要兼顾扶贫重点群体与边缘群体，提升群众满意度

在脱贫攻坚政策向深度贫困地区倾斜的同时，也应关照"插花式"分布的贫困人口，让分散分布的未脱贫人口也能享受到更大力度的扶贫投入。此外，除关注建档立卡贫困户，也要关注脱贫但易返贫的群体、没有被认定为贫困户但处于贫困边缘的群体，探索推动"精准防贫"工作。[2]应重视建档立卡贫困户的动态调整工作，将脱贫户及时调出，将返贫或陷入贫困的农户及时调入，减少因获得扶贫待遇差距大而引发扶贫工作满意度低的情况。对提升群众扶贫工作的满意度，可从扶贫工作和贫困户自身两方面同时调整。在扶贫工作中，应严格坚持现行的扶贫标准，以"两不愁、三保障"为扶贫目标，不吊高贫困群体的"胃口"，

---

[1] 梁俊山、方严英：《我国互联网精准扶贫的现状、困境及出路——以龙驹镇农村淘宝为例》，《电子政务》2019年第1期。
[2] 李淑霞、曹耀锋：《从源头筑起防贫"拦水坝"——魏县为低收入人群创设精准防贫保险》，《共产党员（河北）》2018年第20期。

不提过高的扶贫目标，防止"福利陷阱"的出现。要避免扶贫中的形式主义，简化精准扶贫中的表格填写、繁文缛节，将扶贫工作做到实处，提升群众满意度。在贫困户自身方面，应将"扶贫"和"扶志"结合起来，破除"等靠要"思想，激发其内在发展动力，引导其承担责任，避免将赡养老年人等推给扶贫工作的做法。

（四）针对就业机会少的村庄，要为更多农户提供务工机会，强化产业扶贫项目和贫困户的利益联结

为了给农户尤其是贫困户提供更多就业机会，让产业扶贫项目真正实现脱贫增收的目的，需要完善现有的产业扶贫模式和政府扶持政策。

一方面是科学选择、合理发展产业扶贫项目。选择产业扶贫项目，应当从各地的生产要素和资源条件出发，选择产品质量高、销售有渠道、发展有效益、辐射带动能力强、适宜农户尤其是贫困户参与的种养、劳务或产业项目。对于新项目、新技术的引进，必须坚持试验、示范、推广"三步走"的原则，坚决杜绝不经试验示范、一哄而上的产业扶持模式。扶持产业发展，应积极引进和培育龙头企业，带动产业融合发展。在龙头企业的引进过程中，必须严格引进条件、提高企业未来发展的预判标准，确保引进的龙头企业和产业扶贫项目在推进农业农村发展和贫困户脱贫增收中真正发挥引领和带动作用。

另一方面是强化产业扶贫项目与小农户尤其是贫困户的利益联结。如何让处于弱势的小农户尤其是贫困户合理分享产业增值收益，是产业扶贫项目能否真正发挥扶贫作用的关键。凡获得国家财政补贴资金的农业主体，应当带动普通农户尤其是贫困户脱贫增收。目前，在产业扶贫中，各地积极探索"保底收益 + 二次分红"，农户以土地、贷款等要素入股企业，企业与农户建立合作发展关系等模式，通过建立具有强制约束力的合同关系，实现产业扶贫项目与小农户、贫困户的双赢。下一步，要加强对产业扶贫项目的引导，鼓励农户以农产品销售订单、土地或资金入股等方式，与上下游经营主体建立有效的利益联结机制，实现生产、加工、销售、品牌培育等环节的有机整合。

（五）针对脱贫稳定性不高村庄，要探索建立贫困户增收减贫长效机制，进一步激发内生发展动力

建立增收减贫长效机制，除了强化产业扶贫项目和贫困户的利益联结机制外，还需要充分发挥农村创业带头人、返乡创业人员、农村技术人员等带动作用。在脱贫攻坚过程中以及稳定扶贫效果工作中，需要将农村致富带头人、返乡创业人员、农村技术人员等作为农村人才队伍的重要组成部分，根据村庄的特点和产业扶贫项目的发展状况，持续提升这些人员的人力资本，进而发挥带动作用，使贫困户能够抗击产业风险，较为稳定地增加收入。针对部分内生动力发展不足的群众，需要通过改变扶贫工作方式，探索"以奖代补""劳动奖励"等方式，激发贫困户劳动积极性。此外，还需注意扶贫与扶智、扶志相结合，通过教育培训、树立典型等转变贫困户工作态度。

（六）针对农村组织薄弱的村庄，要发动党员和群众形成全社会参与扶贫的局面

首先，广泛发动普通党员和人民群众，让农民真正了解并参与扶贫工作。习近平总书记指出，"群众路线是我们党的生命线和根本工作路线"。相信群众、依靠群众是扶贫工作的出发点和落脚点。要动员普通党员，广泛发动群众，让普通党员和村民参与贫困户的认定、扶贫资金的使用。

其次，互换第三方与基层干部在扶贫中的角色，改变基层扶贫机制。目前政府主要把贫困户认定等基础扶贫工作交给村干部，然后再利用第三方对扶贫效果进行评估。但是，无论是主观上还是客观上，村干部都很难全心全意地贯彻落实中央的扶贫政策，第三方评估实际上也是事后的监督，难以从源头上保障扶贫效果。要把扶贫脱贫工作做细、做实、做好，在农村基层尤其是在村庄，需要一个没有利益关系的第三方来具体开展这项工作。可以让第三方作为扶贫工作的实施主体，负责贫困户的认定、扶贫资金的使用及投向；让基层政府、村干部和村民共同对第三方的扶贫工作及效果进行考评、验收。专业的人做专业的事，有利于

扶贫政策的贯彻落实。

最后，尝试将个体扶持转变成整体扶持，形成社区扶贫发展合力。如果只向贫困户提供扶贫资金，不注重社区的整体发展，社区经济社会就没有活力，扶贫发展就没有内生动力。建议将贫困社区作为一个整体单元进行扶持，而不是简单地将扶贫资金分至家家户户。扶持资金应当扶持真正想干事、能干事、会干事的能人带着贫困户发展产业，而不是家家给钱、户户扶持，也不是只扶持贫困户发展产业而不扶持一般农户发展产业，凡是在这个区域发展的，能够创造就业机会的，就应当给予扶持。通过这种"涓流"效应，激发农民内生动力和社区发展活力，形成全社会都支持扶贫脱贫的合力。

专题二 村庄贫困治理与乡村治理

2014年开启的精准扶贫,其目标是到2020年解决人均年收入2300元以下的7000多万农村贫困人口的"两不愁、三保障"问题,让全国人民同步进入全面小康社会。为此,党中央高度重视,先后出台了二十多个文件,召开了三次全国扶贫工作会议,投入大量人力物力,制定了最严格的责任制;国家领导人年年深入深度贫困地区,推动精准扶贫按时向着中央提出的目标接近。为此,一些农村贫困问题比较严重的省区市纷纷提出比中央提出的2020年目标更高的目标,即提前2年或3年解决农村贫困问题。2020年实现全面"精准脱贫"的预期马上就要达成。精准扶贫和脱贫过程的实质就是一个复杂的治理过程。本章基于全国对贫困村的问卷调查以及相应的深度案例访谈,从村落层面来讨论贫困治理与乡村治理的关系,以更好地认识外部干预对乡村社会的影响机制及其后果,探寻新时代乡村治理新路径和新机制,为确保精准脱贫的可持续性、农村相对贫困问题的有效应对以及乡村振兴战略实施提供更多的经验和理论借鉴。

一 何谓治理和脱贫攻坚下的乡村治理

这几年有关治理的讨论很多,这里不详细展开。"治理"(Governance)这个概念来自国外,治理理论兴起于20世纪80年代,当时主要针对传统的公共管理存在效益低、政府主导而社会参与弱的问题,特别是针对福利国家的福利依赖和福利困境，新公共管理和服务理论兴起，借用古希腊的"治理"（掌舵）概念，赋予新的含义。治理相对于以前的管理，其主要特点就是多元平等参与，这里的主体是多元和平等，除了政府之外，社会、企业、家庭等都是社会治理的主体。多元社会福利理论特别强调社会参与福利生产和供给的重要性。在这个理论看来，除了政府、市场、社区外，社会组织则是重要福利的生产和供给主体。2013年前，我国更多地提国家管理、社会管理、市场管理、企业管理，但是2013年后中央转而采用治理概念，并提出国家治理体系和能力现代化战略，其中把治理分为国家治理、政府治理、市场治理、社会治理等。"治理"与"管理"虽然只有一字之差，其含义有着一些明显的不同。从官方的表述中实际上差别不大，以前提社会管理格局是"党委领导、政府负责、社会协同、公众参与"，而现在提的社会治理格局只是增加了"法治保障"，虽然法治保障很重要，但是其他四方面还是跟社会管理没有什么差别。当然学术界更多地认为，这一字之差，体现出思路的重大转变，即从原来的自上而下转变为多元平等参与。事实上，治理理论并不否认"自上而下"的重要性，它也强调多元平等参与和自下而上对现代治理的重要性。

那么，贫困治理究竟是怎样的一种治理呢？从社会福利理论来看，解决贫困问题，是社会福利政策的核心内容，也就是说，社会福利是因贫困问题而生的。从英国济贫法到德国俾斯麦的社会保险政策、美国罗斯福新政、英国贝弗里奇报告等，其社会福利政策都是围绕着贫困问题而设计和出台的，到后来社会福利才扩展到教育、医疗、健康、住房等领域（当然在这些领域也有贫困问题或表现）。"全球的福利国家不只在促进经济保护，更提供健康和教育服务。福利安全网确保贫困者的福祉达到基本水准，经济协助更降低了不景气时可能遭遇的难题，社会保险的出现更是史上第一次，其经由社会协助来克服老年与贫穷的传统连结。"[1] 显然，解决贫困问题，是福利国家的主要任务，那么治理贫困应属于社会福利治理问题。这里涉及谁是解决贫困的主体、如何解决贫困

---

[1] Neil Gilbert、Paul Terrell：《社会福利政策》，黄志忠、曾蕙瑜译，台湾双叶书廊有限公司，2015。

问题，从福利国家到社会福利，实际上是社会福利治理主体发生转变的过程：在福利国家时代，福利基本上是由国家来提供的，也就是说，国家是治理贫困的主体，但是在实践上，仅仅靠国家，不但不能有效解决贫困问题，而且国家自身也陷入了财政困境，变得不可持续，出现福利国家陷阱。在这种情况下，欧美发达国家从福利国家转向社会福利，即福利的提供和生产主体不只是国家一方，还需要社会组织、社区、家庭、企业等其他主体参与其中，以减轻福利国家的负担。因此，在社会福利时代，治理贫困的主体是多元的，这是一种多元治理贫困的模式。

也许有人认为这只是欧美发达国家治理贫困的运行逻辑而已，对中国是否有用并不确定。由于社会结构、政治运行机制和文化价值方面中国与欧美发达国家有很大的差别，因此不可能按欧美发达国家的治理逻辑来治理贫困，实际上欧美国家内部也有一定的差别。这里有两点需要关注：一是中国治理贫困不仅仅将其作为一种社会福利生产和提供的问题，而且把经济发展（产业发展和致富）作为重要内容，不论是之前的扶贫开发，还是现在的精准扶贫，产业发展一直在贫困治理中处于一个很重要的位置，甚至曾有一段时间，把扶贫等同于产业发展。产业发展治理与社会福利治理的逻辑有明显的差异，前者强调效率，后者更强调公平，当然两个逻辑可以在实践中有一定的相互补充和支持关系，但不是必然如此。产业发展虽然为贫困人口提供就业机会，但是并不是所有贫困人口都有就业能力，而且贫困人口的创业能力就更差，难以主导产业发展。二是中国乡村治理框架不同于欧美发达国家。在欧美发达国家，乡村基本上处于自治状况，尽管有相应的政府服务机构设置；而在中国，乡村含乡镇与村，在乡镇层面有政府设置，而在村庄层面，村"两委"机构虽然是自治的，但在实际运行中却被当作政府机构来管理，就是通常所说的行政化。2010年修订的《中华人民共和国村民组织法》总则第二条规定："村民委员会是村民自我管理、自我教育、自我服务的基层群众性自治组织，实行民主选举、民主决策、民主管理、民主监督。村民委员会办理本村的公共事务和公益事业，调解民间纠纷，协助维护社会治安，向人民政府反映村民的意见、要求并提出建议。村民委员会向村民会议、村民代表会议负责并报告工作。"第五条则规定:"乡、民族乡、镇的人民政府对村民委员会的工作给予指导、支持和帮助,但是不得干预依法属于村民自治范围内的事项。村民委员会协助乡、民族乡、镇的人民政府开展工作。"这两条从法律上框定了政府与村委会的关系,但是,"指导、支持和帮助"的含义不具体、不明确,在实践中,指导变成指挥,支持变成了支使(命令),帮助变成督促,村庄自治空间在变小。当然,中国有近60万个行政村、300多万个自然村,每个村有不同的规模、社会结构、文化传统、经济条件,这就决定了每个村在具体的治理方式、效果上也会有自己的特色,于是就出现了所谓不同模式的村庄治理,比如有的村是"能人治理",书记或主任一个权威一个核心,有的村则采用议事会、监事会或所谓乡贤等机制提升民主治理水平等。但是,在精准扶贫和脱贫面前,这样的不同究竟在多大程度上依然发挥作用呢? 更重要的是,凡是贫困乡村,不仅缺乏经济资源,而且还缺少治理人力资源,大量青壮年人口外出务工经商,留在乡村的都是留守人员,人力资源也不足以支撑起自治的贫困治理需求。

在这样的乡村治理格局中,贫困治理究竟采用怎样的路径和机制呢? 怎样看待正在进行的农村精准脱贫治理呢? 这种治理是怎样受原来治理结构和惯习的影响,反过来又是如何影响后者的? 这些问题对当前乡村脱贫带来怎样的影响? 如何改进村庄贫困治理问题? 这些问题自然涉及自上而下与自下而上两个维度上的治理问题。自上而下的治理维度指从中央到地方、从上级政府到下级政府是怎样将治理理念、政策、资源传输到村庄及贫困对象,而自下而上的治理维度是指从贫困对象、村民、村庄等的诉求、想法怎样表达以及怎样参与治理过程。现有三种治理理论可以为探讨当前我国精准脱贫治理提供参考:第一种是精英主义治理。认为精英具有强大的能力与权力乃至主流价值,可以影响和改造非精英,其决策模式是权力采取向上流动方式,愈往上权力愈大,而决策则是向下流动,愈往下必须承受的决策愈多。[1] 这实际上属于自上而下的治理方

---

[1] Dye,Thomas R., and Harmon Zeigler, *The Irony of Democracy*, *Monterrey*, CA: Brooks/Cole,1981.

式。第二种是多元主义治理。即政治权力是多元、分散的，分布在不同的行动者、不同的政策领域和不同的行动点上，没有单一团体能左右一个议题的决策和运行。[1] 这属于横向平等维度，也可以视作自下而上维度的参与治理。第三种是制度主义治理。强调政府机构的法制与正式组织在治理中按法定的定位、作业程序等运作，不重视行为与环境之间的互动关系。[2] 制度主义治理理论更强调规则的重要性，为治理搭建常规的渠道，其中包含自上而下和自下而上两个维度的治理规程。如果把这些治理观点转换成当前我国的治理话语，分别可以归为动员性治理、民主自治性治理和政府常规性治理。所谓动员性治理，就是指打破常规治理程序而进行的治理；民主自治性治理，就是指多方自主参与的治理；而政府常规性治理就是通常所说的科层制治理。那么农村精准脱贫治理究竟属于哪类治理？因为这三类是理想型的分类（当然可以进行更多的分类），而现实的贫困治理更为复杂，不可能完全归于某一类，但是存在着其中一类占主导的问题。这就是本章基于精准扶贫百村调研资料所要探讨的问题。

二 理想与现实的落差

如果村庄能自我解决公共事务问题（包括贫困问题），那是最理想的治理形态。当初《村民组织法》也是按照这样的理想要求设置的，即通过让村庄实现自我决策、自我教育、自我管理、自我监督来处理和解决村庄内部事务，而政府和党委只是起着指导、帮助和督促的作用。这样的治理机制如果能有效发挥，那么，村庄内部的贫困问题也许会获得较好的解决，如果有外力可借助，那村庄也就会更好地解决贫困问题。但是，这样的治理要求仅仅停留在理想状态，现实却相当复杂，村庄并不是闭环体系，受内、外部以及历史、文化等各种复杂因素的影响。

---

[1] Dahl, Robert, *Who Governs? Democracy and Power in an American City*, New Haven, CT: Yale University Press, 1961.

[2] Raymond, Walter John, *Dictionary of Politics*, NY: Brunswick Publishing Co., 1992.

首先，有关村庄的自治规定和法律并没有满足自治理想状态的条件，村庄并没有获得真正的自治，且出现了越来越严重的"行政化"问题。村"两委"的绝大部分工作都是围绕着政府的要求、指示和任务进行的，在一定程度上，现在两委不为政府做事，就难以获得经济支持，所以村"两委"越来越没有时间从事自治了，甚至对自治失去了兴趣。调查表明，凡是实施精准扶贫的村庄，村干部的主要工作精力放在填表、落实项目上，而缺少与村民进行沟通、协商等。这也反过来证明仅仅靠村庄自治难以在现有的精准脱贫中发挥有效的作用。

其次，凡是欠发达的村庄，大部分青壮年村民外出务工经商，村里留下来的都是老人或者儿童，这样的人口结构难以有效地支撑其自治能力和实践。有的贫困村连青壮年劳动力都找不到，找个落实项目的人都不容易。如我们调查的某村，全村484户家庭中外出务工的家庭共有264户，占填表户数的54.5%；外出务工人员有574人，占填表人数的28.4%（见表1）。也就是说，整个村约有半数家庭都有家人在外务工，且有约30%的村人（且是青壮年劳力）常年在外。村里许多农地因为无劳力耕作而抛荒，从而减少了家庭的粮食产量，增加了生活成本。

最后，由于家庭主力（特别是男性家长）的缺位，村庄里人际交往特别是各种仪式往来逐渐减弱，社会资本减少，农村家庭的"原子化"或"个体化"程度加深，在一定程度上削弱了村庄治理所需要的社会基础。

表1 某村外出务工情况统计

单位：户、人

项目	户数	外出务工户数	组人数	外出打工人数
猫寨组	30	22	158	61
岜兴一组	40	15	145	15
院堡组	39	14	159	28
岜兴二组	41	18	191	31
中寨组	78	28	343	65
牛场组	44	15	160	29
松堂组	37	16	102	34
田弯组	46	24	185	48

续表

项目	户数	外出务工户数	组人数	外出打工人数
底落寨组	36	33	178	67
打丙组	35	26	174	60
观音岩组	40	36	136	94
冗牙组	18	17	88	42
合计	484	264	2019	574
占比（%）	100	54.5	100	28.4

注：总计 523 户，2418 人，其中填表户数为 484 户，涉及人数 2019 人；本表据 2016 年 1 月 9~11 日在该村调研期间的家户统计表资料整理而来。

在这样的体制和社会经济结构中，理想的村庄治理是难以实现的。与此同时，精准扶贫和脱贫对村庄的治理能力提出了更高的要求，但现有的村庄治理能力并不是一下子就能获得改善的，乡村治理体制为外部深度干预村庄治理提供了更大的可能性和空间。在推行精准扶贫和脱贫之初，决策者们已经意识到，仅仅靠村庄自身的治理能力不足以落实精准扶贫和脱贫的任务和措施，于是提出"精准派人"的要求。在配合精准扶贫和脱贫上，村庄确实需要外部给予相应的人力资源支持，但在实践过程中，却碰到这样一系列问题：外部什么样的人才符合精准派人要求？外部能不能派出这样的人？这样的人在村庄贫困治理中担当什么样的角色和职能？他们与村干部和村民形成什么样的角色关系才合乎精准扶贫和脱贫要求？等等。这些问题并不仅仅是理论上的问题，更重要的是实践问题或者说操作性问题。这些问题解决不好，直接影响到乡村贫困治理效果。或者可以说，这些问题已经成为乡村贫困治理所要面对和解决的问题，它本身就是治理问题。

按照中央和各地政府的政策要求，凡是有扶贫和脱贫任务的单位或机构（主要是政府机构、事业单位和国有企业），都有派人到村参与第一线扶贫脱贫工作的任务。在一些重点的精准扶贫和脱贫地区，不少县直机关基本上没有多少工作人员在值守，大多都派到扶贫和脱贫第一线——村庄。凡是负有脱贫任务的所有村庄，都有派驻人员，他们大概分为这样几类。

一类是驻村第一书记，一般是帮扶单位或机构派出的，其首要职责是落实和解决精准扶贫任务，与此同时，各地赋予其许多职责或要求，有的地方规定了第一书记的详细职责，如某地政府规定驻村第一书记应具有这样八项职责：①服从脱贫攻坚工作队领导，认真履行建强基层组织、推动精准扶贫、办好为民实事和提升治理水平四项基本职责。②着力做好"七个一"重点工作，即建强一个班子、上好一堂党课、走访一遍农户、记好一本民情日记、写好一篇调研报告、办好一批民生实事、协调落实一批帮扶项目。③培养村后备干部，落实"三会一课"制度，严肃组织生活，建好管好用好村级活动场所，发挥服务功能。④协调指导村"两委"厘清发展思路，加快调整产业结构，发展特色经济，增加农民收入。⑤开展贫困户识别和建档立卡工作，按照"因户施策"原则，协助村"两委"制定和实施脱贫计划。⑥带领村级组织开展为民服务全程代理、民事村办等工作，关心关爱贫困户、五保户、残疾人、空巢老人和留守儿童。⑦推动村级组织规范化建设，落实"四议两公开"，指导完善村规民约，提高村干部依法办事能力，促进农村和谐稳定。⑧指导村党支部抓好农民教育工作，不断提高群众思想道德素质和脱贫致富能力。这八项规定是相当全面的，也就是说，要求驻村第一书记是全能的，不仅要抓党建，而且要搞经济发展，还要为村民提供各种公共服务，等等。所有这些对驻村第一书记的能力要求实际上超越了许多下派干部的实际能力。

另一类是驻村联户扶贫工作队，他们的工作职责有六项：①协助组织开展贫困户核查认定、建档立卡等工作。②协调派出单位落实干部结对帮扶贫困户工作。③协助制定并实施帮扶村发展规划和贫困户脱贫计划。④协调落实并指导实施各类扶贫开发项目。⑤检查督促协调惠及贫困户各项政策落实工作。⑥协助抓好"两委"班子建设，落实"三农"工作各项政策。相对于驻村第一书记，驻村联户扶贫工作队的工作职责更具体一些，也相对少一些，他们主要帮助落实各项扶贫脱贫政策和项目，帮助帮扶村制定和实施发展规划和项目。

以上两类人员基本上都是选派单位派出的，其中扶贫工作队一般由派出单位的负责人领导。另外有驻村干部、包村领导，他们是当地乡镇党委和政府派出的，每个乡镇领导都要负责几个村的工作，就是包村领导，与此同时，乡镇还要派干部进村开展工作，即驻村干部，或叫下沉干部。那么，这多派出来的干部在一个村庄究竟发挥怎样的作用呢？是否能达成派人的"精准"目标呢？

这么多干部进入村庄，并不是一点作用也没有，据我们的调查和观察，他们大概在这些方面发挥了一些作用：一是带来一些项目，特别是驻村第一书记和扶贫工作队，利用自己单位的优势或者相关的权力关系，为村庄拿到一两个项目，既有基础设施建设项目，也有经济发展项目、民生项目等，因此可以说项目类型很不相同。当然，如果派出单位自身没有资源，也没有权力，也许连个项目都难以给予。二是帮助村干部处理精准扶贫中的各种台账以及接待上级各种考察、考核、监督、审查等，相对于村干部来说，这些派出干部或驻村干部的相关能力还是更强一些。三是帮助识别建档立卡户。还有其他一些作用，比如村庄文化和教育发展、村庄生态改善等。四是在帮助村干部提升组织能力、改进思想观念等方面也发挥了一定的作用。

具体地说，每个派出和驻村干部的作用还是有明显差别的，其中有少数确实发挥了相当大的作用，取得了非常显著的扶贫工作效果，深受村民的肯定和喜欢，但是大多数干部不知道自己在村里究竟能做些什么，同时也没有很强的动力主动去做什么，就等着安排工作。这背后的原因很多，概括起来说，有这么几条。

第一，中央要求精准派人，但派人单位不一定精准派人。一方面它们也许不知道村庄需要什么样的人，另一方面也许本单位就没有符合村庄精准扶贫工作所需要的人才，其中的一个原因就是单位都不愿意把能干的人优先派出去，每个单位都有许多繁重的工作需要完成，本身就缺人手，在这种情况下，它们只能把对单位工作来说并不重要的人派出去，以应对上级要求精准派人的任务。虽然有关派驻干部有一些硬性的任务要求，比如负责帮扶村庄要完成精准脱贫，但是这也是相当原则性的要求，而且对"精准派人"也没有可操作性的指标。在调查中，我们发现，有的单位甚至把司机派到村里当驻村第一书记，这个司机连电脑都不会使用，更谈不上帮着村里做台账，村支部书记抱怨说给他派来一个累赘，每天还要安排他的起居餐饮。有一位驻村书记告诉我们说，跟他一起派到一个乡的其他第一书记都是单位里靠边的人员，他们领导就让这些人来完成派出任务，其作用就可想而知了。

第二，被派出的干部并不是志愿的，而是强制性的，他们很难在驻村过程中发挥主动性。不少驻村干部不是住在村里，而是住在乡镇政府，白天到村里，晚上回到乡镇政府提供的住处休息。虽然实行了上班打卡或签到制度，但是，实际上还有一些驻村干部没有按考勤要求去做，会有很多方法去应付考勤。有村干部反映说，有的驻村第一书记平时不见人影，但是上级有人来考察，他就马上现身，而且给来考察的人介绍情况，头头是道，考察者一撤，也就见不到驻村第一书记的身影。一年或两年的驻村任务一完成，他们就回到原单位，至于对所驻的村究竟起到什么作用，没有真正的考核和评估。

第三，驻村干部与村干部的关系也影响到前者发挥作用。除了乡镇干部外，从其他上级部门派来的各类干部与村干部有一个相互适应和融合的过程，如果不重视村干部的作用，自以为可以取代和教育村干部的话，这样就难以获得村干部支持，从而也无法有效履行自己的职责。有一位驻村第一书记说，几乎所有村干部都是"人精""老油条"，如果不搞好与他们的关系就难以获得他们的支持，甚至他们会给派来的干部"穿小鞋"，吃不了兜着走。所以，他进村的第一天，要做的第一件事就是与村干部沟通说，他只是来当村干部的助手，而不是来为他们做主的，凡是村里的财务一概不顾问。第二件是自己掏钱请村干部吃饭喝酒，吃了一两顿饭后，村干部就觉得他好，信任就能得以建立，于是后面几乎他想做什么事，就会得到村干部支持，比如村干部会帮助他考勤，村干部会把最省力的活交给他干，等等。虽然这样的关系不符合精准派人的政策要求，但对于外来的干部来说是最聪明的策略。村干部对外来派驻的干部抱有非常明显的矛盾心态：一方面他们期待这些干部会给他们带来好处，比如资金、技术甚至观念；另一方面又觉得这些干部的光临会削弱他们的权力,甚至会影响他们的利益。如果外来干部把自己凌驾于村干部之上,甚至取代他们,那么开展工作就会变得复杂,甚至会很困难。当然,积极的合作是一方面确保村干部的权力和利益不受损失,另一方面又积极帮助村干部把村庄发展和精准扶贫脱贫工作做好。这样的合作是理想型的,在现实中难以体现,因为正如上文所指出的,村庄发展和扶贫脱贫并不是那么容易的事,对外来干部来说,他们能使力的地方并不多,何况不少外来干部并没有这样的主动性和积极性。

从这里我们可以看到,两种理想与现实都有不少差距:一种理想的治理模式是通过村民自治来解决村庄自身的问题,包括贫困问题,实际上村庄自治的空间并不大,同时村庄自治能力在弱化,特别是大量青壮年外出务工经商,村里只剩下老人和孩子,最多的是老人,村庄的许多公共事务都难以开展,更谈不上帮助贫困人口脱贫,事实上许多老人属于贫困人口。为了有效落实扶贫脱贫政策,中央决定各级政府实施精准派人帮助村庄完成扶贫脱贫任务,从理想的角度看,精准派人确实能帮助村庄,但是事实上正如上面所分析的,精准派人非常难做到,一方面派出单位不知道什么样的人属于精准,而且即使知道,也不一定愿意精准派人;另一方面派去的人在村庄不一定获得村干部的支持,而且他们不一定尽心主动去做事,等等。由此可见,村庄贫困治理实践与政策设计的理想有着显著的差异。

三 行动与需求的张力

不论是乡村治理还是贫困治理,了解和满足村民的需求都是其重要的目标和任务。精准扶贫和脱贫的有关文件都规定了要把满足贫困人群的需求作为重要任务之一。当然,这并不是说,贫困人群的所有需求都得给予满足,但至少要解决和满足他们的一些基本需求。扶贫脱贫本质上是自上而下的一种行动,其特点是按照上级要求去开展,因此其成功标志要以满足这种要求来衡量,尽管有可能是上级的要求建立在对贫困人群需求了解的基础上,但是并不一定完全与贫困人群的需求相一致,甚至存在一些张力和矛盾。这是当前扶贫脱贫工作在村庄治理层面存在的普遍现象。

我们在村里调查发现，贫困对象虽然有一些共性，但是彼此之间还是有不少差别，有的是因病致贫，有的是因劳力短缺而贫困，有的是因年迈而陷入贫困，还有的可能因为缺乏教育而不能致富，有的是因为人口多而贫困，等等，不一而足。"1995年联合国哥本哈根宣言指出，'贫穷（poverty）以各种面貌呈现，包括：缺乏收入与生产资源以确保维持生活、饥饿与营养不良、不健康、限制或缺乏接近教育与其他基本服务的机会、高的发病率与死亡率、无家可归与不适当的住宅、不安全的环境，以及社会歧视与排除'。"[1] 由此可见，贫困是一个多面向、多维度的社会问题，贫困者也就有着各自需要优先满足和解决的不同需求。中央政府也意识到贫困对象之间的这些差异，要求在实施扶贫脱贫中要因户施策、精准施策。因户施策和精准施策，本身就是治理要求，真正做到这些，可以化解上级要求与贫困对象需求的张力，实现有效嵌合。要做到这一点，必须在以下几个治理环节下功夫，做好工作。

首先，通过深入调查和了解，识别贫困户的需求和想法。识别本身就是一大难题。有的地方一年内识别了六七次，结果并不理想。原因在于：仅仅用量化标准难以做到精准识别，而且，为了争当贫困户，有的村民会想办法来对付识别；更重要的是，许多识别者也没有尽心去识别。为了更好地识别，有的地方发明了一些顺口溜：一看粮，二看房，三看有没有读书郎，四看家里有没有人进病房。还有的地方发展出五看、六看乃至八看。这种"看"看起来很有道理，实际上也会发生"作弊"问题。我们在某村调查，发现一家建档立卡户家里实际上没有人，后经多方核对，那家的人实际上早已外迁到其他地方。也许这是个例，但是说明识别过程中会存在各种不可预料的问题。至于对需求的识别，那就更复杂。有的时候跟政策也有关系，有一些政策似乎不需要深入的调研和识别，比如某省要求一个不到50户而建档立卡户占50%的自然村，就

---

[1] 林万亿：《社会福利》，五南图书出版公司，2010。

得整村搬迁。这样的规定就不需要任何调研，凡是符合这两个"50"一律搬迁，不需要商量，也不需要征求意见，更不需要识别。实际上，并不是所有村民（包括贫困户）一定想搬迁。G省的某自然村正好符合两个"50"的规定，但是我们进入该村调研的时候，碰到的村民几乎都反对远距离搬迁到县城和州所在地，连陪同的村干部和乡干部都认为，该村没有必要易地搬迁。据了解，我们发现，该村前几年被纳入生态搬迁，就在附近5公里靠近中心村的地方选了搬迁地址，已经有部分村民在那里新建了房子，那里靠溪水，用水比老的地方方便多，同时还可以兼顾承包地和山林。该村除了个别缺劳力的户外，家家户户种上了李子树，已经有三年多时间，第四或第五年就可以采摘了，那里的李子品质好，每斤收购价达到5元，一亩地一年收入就有2万元，一般户栽种了20亩地，所以以后每年的收入相当不错，马上就要脱贫。但是，如果搬迁到县城或州所在地，就难以照顾到地里的庄稼水果，因为那个村是该县最偏僻的村，离县城有上百公里，离州所在地就更远。可是上级政府要求该村在当年年底搬迁。按上级政府的要求，所有的村民都得搬迁，连那些在就近的新址上新建了房子的人也得搬。这边的生态搬迁经费还没有完全落实，又要开启新的搬迁，于是有村民抱怨说这边刚刚借钱盖新房子，那边搬迁又得花钱，不仅没有让人脱贫，反而债务更重，有可能会恶化贫困。显然，这个村的村民需求并没有被捕捉到，或者说没有被关注。这并不是一个特例。在另外一个地方，上级政府要求整乡搬迁。这个乡的人口为9000多人，位于喀斯特山区，过去十多年国家投入数亿元经费，大大改善了基础设施和公共服务，不少村民通过外出务工经商，花几十万元修好了新房，许多村民并不想搬迁，更不想搬迁后拆除刚修建的房子。有少数村民以为既能留住自己的新房又能在搬迁地获得一个套房，就同意搬迁，他们反映说，如果要拆除老家新房的话，他们马上就返回村子里，不要易地搬迁。有的地方为了凑足易地搬迁人数，也把一些不符合条件的非建档立卡户纳入搬迁，后来被上级督察组发现，于是就出现了这些搬迁户的村里房子已经被拆除、如果退出易地搬迁回到农村没有房子居住的问题。反过来，我们在一些易地搬迁点，看到那些已经搬迁出来的村民并不如他们原来被告知的那样好，找不到像样的工作，孩子上学也并不方便，大量中青年依然还得外出打工，年纪大的在家看孩子、房子，没有什么农地供他们从事农业生产活动。有一些老人待不下去了，重新返回原来的老房子。

究竟谁想搬迁、谁不想搬迁？搬迁对象不能自己做主，他们的需求并没有得到尊重。同样，在这里，村庄治理也不能发挥有效的作用，实际上村干部和驻村干部等都不能表达他们的意见，只有执行上级的要求，甚至连乡镇干部、县级干部都做不了主。所以从这个意义上说，扶贫脱贫的需求是由较高层级的领导或者党政部门所决定的，这个决定基于它们对贫困的理解以及情况的了解和相关的追求做出来。

其次，如何说服建档立卡户按照上级党政要求（规定）去做贫困对象的思想工作。在现有的政策规定中，建档立卡户基本上是没法自我脱贫的，必须要通过外部力量来帮助脱贫，其前提预设是他们或者没有能力，或者观念保守，或者没有资源，等等。首先得给他们确定一个目标，就是在短期内脱贫；而脱贫的标准是上级规定好的，也要让贫困对象知道，他们之所以贫困，是因为他们达不到脱贫标准；然后就得为贫困对象设计几条脱贫的途径，即所谓的"五个一批"。但是，并不是所有贫困户都乐意按照有关规定去做。这就给贫困治理提供了空间。有的地方政府设计了所谓"共商、共识、共建、共享、共担"等所谓"五共"工作方法，特别是用于做纳入易地搬迁的贫困户的工作上。但是，实际上共商中的"共"是难以做到的，更多的是扶贫工作人员上门对贫困户做思想工作，说服他们按照扶贫要求去做，特别是动员他们易地搬迁，以至有的村干部竟然79次上门做所谓的"共商"工作，要求对象同意搬迁的共识。实际上这并不是共商，而是强商，贫困对象的意愿是得不到尊重的。最近网上流传着一张照片，就是一个贫困户在自己家门口写的一句话："各位领导：本人已脱贫，请不要再来打扰了。"这位他自称已经脱贫但是按政策规定还没有脱贫的贫困户为什么在自己家门口张贴这样的话，是因为他不想易地搬迁，但是又不胜扶贫干部上门不断做思想工作的"骚扰"。这就提出这样的问题：贫困户有没有自己的选择权？他们的想法和需要应不应该得到尊重？但是，实际上在村庄做扶贫工作的干部（包括村干部）也有难以言说的苦衷和无奈：他们如果不能如期让建档立卡户脱贫或者易地搬迁，将面临问责的风险，因此他们只好冒着惹贫困户厌烦的风险，不断上门做工作，事实上他们也不一定认可非要搬迁的做法。也许上级政府并不这么认为，觉得易地搬迁是脱贫的好方式，而不能做好贫困户的工作，是扶贫干部的工作方式不对，或者工作能力不强等。这样就形成了扶贫治理中一个难以解决的矛盾：上级要求与贫困户要求的矛盾。

最后一种情况不是易地搬迁，而是产业扶贫。产业扶贫如何做得精准，是乡村治理和扶贫治理的另一个难题。贫困户相对而言缺资金、缺技术，甚至缺劳动力。许多地方专门为贫困户设立优惠贷款（特惠贷，每户5万元），但是后来发现贫困户对这种贷款并不感兴趣，他们担心借来的钱没处花，没有项目可做，反而成为新的负担。但是相对来说，非贫困户很需要这样的贷款，而按规定，他们没有享受的资格和权利。各个地方都在进行一些探索：第一种探索是，村里出面组织合作社，让贫困户以特惠贷入股，参与的非贫困户也享受相应的贷款，但是问题是合作社能做什么？如何确保合作社盈利？村干部并没有信心。同时，村民对此也没有信心，担心合作社经营亏损，也没有积极性参与。所以，这种做法很难推行起来。第二种探索是，引进企业培养某种产业（如养牛、养羊等），然后让贫困户把特惠贷资格转让出来，企业每年给贫困户分红（政府还规定了最低分红金额），或者企业免费给贫困户赠送母牛或母羊，凡是生下来的崽子，送回一部分给企业，其余留下来给贫困户养，养大了卖给企业等方式。但是，贫困户对此也有很多顾虑：一是特惠贷以他们的名义贷出来，给企业使用，他们担心企业经营亏损了，结果还是要他们负担还款；二是担心企业盈利不够，难以每年给他们分红；三是自己参与也担心技术、市场销售等问题。所以，这也引不起他们的兴趣，有的村庄偷偷地以贫困户名义把特惠贷贷出来给了企业，而贫困户不知情，以后会埋下很大的隐患。第三种探索是，有的地方针对非贫困户需要特惠贷的现象，规定凡是非贫困户获得特惠贷的前提是要带一户贫困户一起搞产业发展，虽然确实有非贫困户这么做，但是非贫困户并不是不加选择的，而是根据对贫困户的判断以及既往的关系程度做出决定的，所以，这种做法也并不普遍。第四种探索是帮助贫困户选定一种产业，让他们自己来做，前提是贫困户家里有劳动力，他们有意愿去搞经营，但是事实上他们对人家帮助选择的产业并不是很有把握和信心，特别是现在的扶贫干部根本没有精力长期帮扶贫困户做产业，而且他们也不一定在行。所以，凡是家里有劳动力的贫困户，他们更愿意自己外出打工，而不是在家里做产业。资金精准、产业精准、项目精准都是政府的要求，但是在行动上面临许多复杂问题，构成对乡村贫困治理的重大挑战。

在扶贫脱贫中最让乡村治理不堪重负的是监督、核查、反馈等环节。国家对精准扶贫脱贫工作非常重视，投入巨大，当然要求很高，除了投入，还派大量干部进村入户帮助扶贫，给各级政府施予重大的责任，规定县乡镇一把手不脱贫不能走，更不能升迁。为确保精准扶贫不出问题，各级政府对基层精准扶贫进行方式多样的监督、考核、复查、信息搜集等，结果是村干部、驻村干部乃至乡镇干部花大量时间和精力去应付这些事情：填各种各样的表格，迎接各种各样的督查、检查和调查，在很大的程度上削弱了村干部、驻村干部从事真正的扶贫、脱贫工作。在调查中，有村书记或主任对我们说，他们不想继续做下去了，收入低，不够电话费和摩托车的油费，而且每天忙一些毫无意义的填报事情，有时候干脆编数据、编故事、编项目等，家里老婆孩子也不高兴，忙来忙去，不赚钱还贴钱，各种压力还很大，动不动要遭问责等。

总而言之，乡村治理本来就趋于"行政化"，但精准扶贫和脱贫带来的贫困治理，使乡村治理更为行政化：上面向村庄派出大量干部驻村，甚至担任第一书记，权力大于村书记，进一步强化了对村庄的行政管理，其目的是把上级下达的精准扶贫脱贫的需求和要求落实下去。但是，事实上在识别精准、资源配置、用人精准、项目精准、效益精准等方面，确实面临着很多治理问题和挑战，比如贫困户对扶贫的需求不一定与精准需求契合和匹配，政策规定不一定符合贫困户的需求和能力，许多治理问题不是出在村庄层面，而在上面的规定上，村干部和驻村干部不一定能满足贫困户的需求，等等。因此，在村庄治理和贫困治理中，需求与行动的张力带有一定的普遍性。

四　善治与脱贫的可持续性

农村精准扶贫和脱贫基本上是一种自上而下的政策实施过程，到了村庄层面，是最后一个环节，村庄治理就是解决精准扶贫和脱贫"最后一公里"问题。从中央到各级政府都非常重视村庄治理对解决贫困问题的重要性，因此，在政策和行动上都瞄向村庄治理。以前在扶贫开发中曾使用"整村推进"方法，现在则是派人入村、产业进村、考核在村等。从目前来看，从中央政府到省级政府，在资金投入、政策制定以及扶贫脱贫决心方面都可以说是没有问题的，关键点还是怎么落实，尤其是在村庄层面的落实。

从2013年到2017年底，五年内全国累计脱贫6800多万人口，每年平均脱贫人口在上千万以上，扶贫脱贫效果相当明显。在这个过程中，村庄治理似乎是很有效的，如果没有有效的村庄治理，不可能产生这样显著的效果。那么这样的效果是怎样取得呢？首先，2016年和2017年完成了589万人的易地搬迁，2018年计划完成280万人口的易地搬迁。到2020年总共要完成1000万人口的易地搬迁任务。① 易地扶贫搬迁人数占精准扶贫人数9800万贫困人口的近10%。其次，其他四个"一批"（产业发展、发展教育、生态补偿、社会保障兜底）要解决8800万的贫困人口，其中最重要的是产业发展在解决贫困问题中担当主要角色。正如上文所指出的，不论是易地搬迁还是发展产业扶贫，在村庄层面都存在着理想与现实、行动与需求的矛盾或张力。目前的情况是，村庄治理在精准扶贫脱贫中是有效的，但是并不如设计者认为的那样理想和合理。比如说，大部分被定为易地搬迁的贫困户确实是被动员起来搬迁了，但

---

① 《中国的易地扶贫搬迁政策》，https://www.tuliu.com/read-77655.html。

是搬出来以后并不能说已经脱贫了，面临着如何解决稳定下来后富裕起来的问题。这依然是今后一个艰巨的治理问题。至于村庄在产业治理上，也是不尽如人意。

改善村庄治理，对精准扶贫和脱贫至关重要。目前的做法是，派帮扶干部进去，开展一对一帮扶，效果虽然有，但是并不如想象的那么好。这里存在的可能风险是：第一，不论是驻村干部还是包村干部，存在取代村干部角色的可能风险。第二，贫困对象有可能把脱贫赖在帮扶者身上，强化"等靠要"问题。第三，由于行政强力推进，给民间组织参与脱贫的空间和平台太小。虽然都提倡社会扶贫，但是它是指横向的政府帮扶，而不是真正的社会群体和组织参与扶贫。归结起来，当前精准扶贫在可持续性上存在两个根本问题，一是能力建设问题，二是动力问题。

能力是多方面和综合性、系统性的，既涉及乡镇层面、村庄层面乃至村民组层面，又涉及个人层面、家庭层面、组织层面等。从内涵上看，能力不仅仅限于技术能力，还包括经营能力、市场开发能力、危机应对能力、信息获得能力、组织协调能力、合作能力、自我学习能力、创新开放能力乃至表达参与能力，等等。另外，基础设施和公共服务也应算作村庄、乡镇能力之一。能力提升对精准扶贫和脱贫的可持续性有着核心性意义：如果脱贫对象获得能力提升，那么就不会陷入新的贫困；贫困村如果获得能力提升，其脱贫也会可持续；对贫困乡镇来说也是如此。目前的精准扶贫和脱贫实践中，真正有助于能力提升的是基础设施建设、公共服务改善、社会保障完善以及一些有针对性的项目技能培训等。但是总体上看，能力建设在整个精准扶贫实践中的重要性并不大，许多地方的扶贫都只是关注于给予一些项目，或者强调易地搬迁等，而忽视了把能力提升作为扶贫脱贫的基础和核心。乡村治理实际上也是一种能力，是一种协作、合作和组织能力，这种能力与其他能力建设有着紧密的关联。虽然目前不可能改变现有的扶贫脱贫方式和路径，但通过对现行的扶贫脱贫实践的调查研究，我们发现，今后的扶贫和发展应把能力建设作为核心工作来抓，设计系统的能力建设方案和实施路径，真正从根本上确保贫困对象、贫困村庄的自我发展可持续性。

对于村民和村庄来说，现有的许多能力培训，并不能激发它们参与的积极性和动力，它们更多的是被动应付。所以，在解决能力问题的过程中，首先要解决的是动力问题。现有的能力培训之所以不能激发民众的热情，是因为村民看不出这样的培训能真正提升他们的能力，更看不出培训能真正帮助它们去应对贫困、发展致富等。正如有村民所言，他们想要的培训没有，给他们的都是不想要的培训，而且培训时间短、见效不明显，还有培训者或者没有相应的培训能力，或者没有好好地进行培训，等等。改善社会治理，是解决村民和村庄参与培训的积极性和动力问题的根本途径。首先是要村民和村庄自己表达需要培训什么能力，即使是政府和其他社会主体设计的培训，也要建立在对村民和村庄的调查基础上，同时要与村民进行有效的沟通，让他们意识到所培训的东西对他们是有好处的，是他们所急需的。只有认识到培训的能力是有价值的、是实用的，他们才会有积极性。其次，培训的路径是从容易到复杂、从操作到理论、从少数到多数的过程，也就是说，把那些容易、简单的技能、知识等先传授给他们，而且不要过于强调理论，要强调操作性、应用性，而且先对少数精英进行培训，然后再由精英来对其他村民进行培训，不要"一窝蜂"地对所有村民进行培训，因为他们中的学习能力是不同的。再次，政府与社会组织、企业要在推进村民和村庄能力建设上构建相互补充、相互合作的机制，避免政府单打独斗或行政唱独角戏的局面。政府自然需要加强对村民和村庄能力建设的考虑和投入，但是，这并不意味着政府要直接去做，可以委托专业性社会组织乃至企业去运行，相对于政府自己操作，更有效果，更容易获得村民和村庄支持。同时，政府也要出台相应的政策措施，激发专业性社会组织和企业主动参与乡村能力建设，特别是对于企业的参与，要从税收上给予及时的支持（特别是免除相关税收等）。

总而言之，不管是能力建设还是动力激发，最根本的（或者说优先的）是推进乡村善治。善治是社会治理的最高境界或者目标，不仅要求参与主体的多元性和平等性，而且要求治理过程的透明性、公正性、回应性等。目前乡村治理显然没有达到善治境界，更多的还是社会管理，攻坚脱贫下的乡村治理还是采取自上而下的精英主义动员模式，是靠大量的下派人员以及强力的督查考核为手段实施的，它忽视了村庄原有的社会治理资源以及村庄外部社会资源和市场主体的自主参与。因此，如何从社会管理迈向社会治理，应该是精准扶贫和脱贫需要考虑和解决的，那么从治理迈向善治，更是今后要努力的。当前乡村治理中，社会组织、家庭、村民的参与还不够，企业也不知道如何参与，因此，良好的政府、社会、市场关系是确保乡村治理可持续的根本保证。

专题三　精准扶贫村农户收入与消费状况分析

打赢脱贫攻坚战是全面建成小康社会背景下，党中央、国务院向全世界做出的庄严承诺。党的十八大以来，中央"把扶贫开发工作纳入'四个全面'战略布局，作为实现第一个百年奋斗目标的重点工作，摆在更加突出的位置"。2015年，《中共中央　国务院关于打赢脱贫攻坚战的决定》出台，要求"到2020年，稳定实现农村贫困人口不愁吃、不愁穿，义务教育、基本医疗和住房安全有保障。实现贫困地区农民人均可支配收入增长幅度高于全国平均水平，基本公共服务主要领域指标接近全国平均水平。确保我国现行标准下农村贫困人口实现脱贫，贫困县全部摘帽，解决区域性整体贫困"。各地在验收农村贫困人口脱贫退出的标准时，基本上都是按照"一超过、两不愁、三保障"标准执行，[①]其中贫困家庭当年人均纯收入稳定超过国家现行扶贫标准是最基本的贫困退出标准。

中国城乡、区域和农村内部的发展差距仍很大，贫困地区发展不平衡不充分问题明显。从全国来看，2013~2019年的七年间，农村居民人均可支配收入与城镇居民人均可支配收入之比分别为1∶2.81、1∶2.75、1∶2.73、1∶2.72、1∶2.71、1∶2.69、1∶2.64，[②]呈现逐年下降的态势，但比值

---

① "一超过"指贫困家庭当年人均纯收入稳定超过国家现行扶贫标准（2300元，2010年不变价）；"两不愁"指"不愁吃、不愁穿"；"三保障"指"基本医疗保障、义务教育保障、住房安全保障"。
② 根据《中国统计年鉴（2019）》《中华人民共和国2019年国民经济和社会发展统计公报》相关数据计算。

本身仍然很大。在农村内部，贫困地区与非贫困地区的居民家庭人均收入差距有所缩小，但仍不可小觑。2013~2016年，全国贫困地区[①]农村居民人均可支配收入分别为当年全国农村居民人均可支配收入的64.47%、65.33%、67.00%、68.36%，[②]均呈现逐年上升的态势，贫困地区农村居民收入水平落后面貌总体有了改善，但发展不平衡的问题仍明显，2016年扶贫开发重点县、连片特困地区、全国贫困地区农村人均可支配收入均不及全国平均水平的七成。同时，贫困群体与非贫困群体的经济状况和经济机会呈现较大差别，在获取收入的机会和消费支出的能力方面也有很大不同。提高贫困地区、贫困群体获取经济收入的机会和消费支出的能力，是我国精准扶贫的重要内容，也是今后一段时期乡村振兴的重要目的。

本文主要基于中国社会科学院国情调研特大项目"精准扶贫精准脱贫百村调研"农户问卷的相关数据，综合分析中国贫困村农村居民收入和消费的现状、特征及存在的主要问题，并分析不同地区之间贫困村居民收入和消费差异、贫困户和非贫困户之间收入和消费的结构性差别，为贫困村精准扶贫战略的实施和今后贫困地区乡村振兴提供一些实践依据。需要注意的是，本文所说贫困家庭，是指2017年调查时属于建档立卡的贫困户，不包括已经脱贫的建档立卡户；非贫困家庭指非建档立卡户和已经脱贫的建档立卡户。

一 精准扶贫村居民家庭收入水平与特征

"精准扶贫精准脱贫百村调研"项目对全国范围内兼具代表性和典型性的100个贫困村开展村庄国情调研，其问卷数据具有全国贫困村的代表性。先对本文中出现的相关变量做一个简单的说明。在进行农村经济和社会分析时，一般用农村居民人均收入和农村居民人均消费来反映农村居民家庭的收入和消费水平。在问卷调查中，我们向受访者询问了

[①] 贫困地区包括14个集中连片特殊困难地区和592个国家扶贫开发工作重点县。参见国家统计局住户调查办公室《中国农村贫困监测报告（2016）》，中国统计出版社，2016。
[②] 根据《中国统计年鉴（2019）》《中国贫困监测报告（2018）》相关数据计算。

2016年的家庭收入,并对调查数据做了清理。[①] 本文将根据调查数据,对百村农户的收入水平、结构和特征进行分析。

家庭纯收入为家庭成员的工资性收入、经营性净收入、财产性收入、转移性收入以及其他收入之和。其中,家庭工资性收入包括有工作成员的每月应发工资、其他劳动报酬和各种实物福利,如工资、奖金、加班费、津贴、单位食宿补贴折合的资金等。经营性净收入包括农业经营净收入和非农业经营净收入。其中,农业经营净收入是指被调查家庭通过从事农、林、牧、渔业生产经营活动所获取的相关收入扣除所发生的生产经营费用以及税费后的盈余,而非农业经营净收入是指被调查者家庭通过从事非农业生产经营活动所获取的相关收入扣除所发生的生产经营费用以及税费后的盈余。财产性收入是指农民家庭通过出租或转让动产或不动产所获取的收入,包括出让土地使用权所获得的租金、房屋租金、存款利息、专利收入等。转移性收入则指国家、单位、社会团体对农民家庭的各项转移支付和农民家庭间的收入转移,主要包括政府和非政府转移性收入,由赡养性收入、低保金收入、养老金和离退休金收入、报销医疗费、礼金收入以及补贴性收入六大部分构成。其中,政府转移性收入是指低保金收入、养老金和离退休金收入、报销医疗费以及补贴性收入之和,非政府转移性是指赡养性收入和礼金收入之和。相应地,家庭人均纯收入的计算方法为人均工资性收入、人均经营性净收入、人均财产性收入和人均转移性收入以及人均其他收入之和。

(一)按不同地区分组的贫困村收入水平和结构

就全国而言,调查数据表明,2016年贫困村农村居民家庭人均纯收入为9806.81元。东部、中部、西部和东北部贫困村居民家庭人均纯收入分别为10539.93元、10435.93元、9431.99元和8691.08元。东北部

[①] 本研究计算农村家庭纯收入时,经过了如下几步数据处理:首先,对各细项收入经过一些技术处理,如剔除了一些单项收入情况为极端值的情形,然后通过将受访户填写的分项收入之和加总得到一个汇总的总收入,并且与受访户自报的总收入进行对比,取其大者作为最终进行研究分析的总收入。一般来说,由于受访户有低估或低报收入的倾向,汇总的总收入高于受访户自报的总收入;而如果汇总总收入低于受访户自报总收入,则将其差额计入"其他收入"中。

贫困村居民家庭人均纯收入最低，比全国的人均水平低1000多元。在各地区内部，一般而言，贫困村非贫困家庭的家庭人均纯收入要高于贫困家庭（见表1）。

表1　2016年分地区贫困村居民家庭人均纯收入水平和结构

项目	家庭人均纯收入（元）均值	中位数	人均工资性收入（%）	人均经营性收入 人均农业经营收入（%）	人均非农业经营收入（%）	人均财产性收入（%）	人均转移性收入 人均政府转移性收入（%）	人均非政府转移性收入（%）	人均其他收入（%）	样本量
总体	9806.81	6723.67	42.64	12.26	11.71	1.74	21.06	5.09	5.49	6256
贫困家庭	11165.23	7975.00	31.12	10.70	5.85	2.36	39.11	6.01	4.84	2042
非贫困家庭	11957.42	8533.33	46.16	12.75	13.47	1.69	15.57	4.82	5.55	4205
东部	10539.93	6865.13	36.35	7.95	22.40	1.71	21.76	5.28	4.54	784
贫困家庭	7424.58	4581.33	22.80	9.27	8.85	0.69	45.30	9.38	3.70	252
非贫困家庭	12059.04	8429.75	40.27	7.56	26.30	2.03	14.94	4.12	4.79	526
中部	10435.93	7441.54	46.51	8.86	10.05	2.16	19.94	5.22	7.26	1714
贫困家庭	7073.83	5260.00	35.35	10.11	5.92	1.57	35.49	6.24	5.31	546
非贫困家庭	12007.59	8712.50	49.58	8.52	11.19	2.32	15.66	4.93	7.80	1168
西部	9431.99	6482.89	42.62	14.98	10.62	1.38	20.59	5.13	4.69	3428
贫困家庭	7037.19	4897.50	34.07	11.99	5.59	2.00	36.48	4.96	4.92	1088
非贫困家庭	10552.98	7500.00	45.28	15.92	12.17	1.19	15.67	5.18	4.59	2337
东北部	8691.08	6000.00	36.91	15.26	3.59	5.49	31.34	3.36	4.06	330
贫困家庭	6080.27	4621.00	6.50	5.58	1.81	11.76	62.89	6.91	4.55	156
非贫困家庭	11031.80	8259.25	51.93	20.04	4.47	2.39	15.75	1.60	3.82	174

全国贫困村居民家庭人均收入以人均工资性收入和人均政府转移性收入占主导地位（分别为42.64%和21.06%）。对照贫困和非贫困家庭，这两者的比重明显不同。贫困家庭人均政府转移性收入比重要远远高于非贫困家庭的相应比重（分别为39.11%和15.57%）。贫困和非贫困家庭的人均经营性收入也有不同，在贫困家庭中，人均农业经营收入（10.70%）要

高于人均非农业经营收入（5.85%），而在非贫困家庭中，人均非农业经营收入（13.47%）则要高于人均农业经营收入（12.75%）。分地区看，一般而言，人均工资性收入和人均政府转移性收入是最重要的两个部分，而且非贫困家庭的人均工资性收入要高于贫困家庭，其中在东北部这一差距最为明显。在贫困家庭的人均政府转移性收入上，比例最高的是东北部和东部，比重分别达到了62.89%和45.30%。在人均经营性收入方面，在东部和中部的贫困家庭中，人均农业经营收入的比重（分别为9.27%和10.11%）要大于人均非农业经营收入（分别为8.85%和5.92%），而在非贫困家庭类型中，人均非农业经营收入的比重（分别为26.30%和11.19%）要大于人均农业经营收入（分别为7.56%和8.52%）。

同期，全国农村居民家庭人均工资性收入、人均转移净收入分别占人均可支配收入的40.62%、18.83%。[1] 相比较而言，贫困村人均工资性收入占比高出全国农村居民2个多百分点，转移性收入占比高出全国农村居民7个多百分点。显然，近年来贫困村农民收入增长的动力源泉，既有经济发展所带来的就业机会增长，也有政策性因素所导致的农村转移支付增加。[2] 实施精准扶贫政策以来，中央及各级政府对包括贫困村在内的贫困地区给予了前所未有的巨大支持，包括加大对贫困地区、贫困人口的转移支付，因此，相对于全国农村，政府转移性收入在贫困村农民家庭特别是贫困村贫困农民家庭收入中占有更重要地位，为贫困村农民提供了重要保障。

（二）按收入五等份分组的贫困村收入水平和结构

按人均收入五等份分组分析贫困村居民家庭人均收入构成，可以更好地看出贫困村居民家庭收入差异的社会性结构特征。从表2可以发现，贫困村居民内部存在着较大的收入差距，最高20%收入组人均纯收入水平相当于

---

[1] 由于我们的问卷中贫困村居民家庭收入统计的口径（人均纯收入）与国家统计局2016年的农村居民家庭收入统计的口径（人均可支配收入）不一致，但呈现的收入结构差异不会太大。
[2] 国家发展和改革委员会就业和收入分配司、北京师范大学中国收入分配研究院编著《中国居民收入分配年度报告（2018）》，社会科学文献出版社，2019。

最低20%收入组的14.83倍。最高20%人群和最低20%人群的非农业经营净收入与工资性收入之比分别高达56.94∶1与40.14∶1。

表2 2016年按人均收入五等份分组的贫困村居民家庭人均收入构成

项目	最低20% 金额（元）	最低20% 占比（%）	次低20% 金额（元）	次低20% 占比（%）	中间20% 金额（元）	中间20% 占比（%）	次高20% 金额（元）	次高20% 占比（%）	最高20% 金额（元）	最高20% 占比（%）
人均纯收入	1716.24	100.00	4213.71	100.00	6803.26	100.00	10863.28	100.00	25444.10	100.00
工资性收入	288.85	16.83	1179.44	27.99	2541.11	37.35	5309.22	48.87	11593.62	45.57
农业经营净收入	358.62	20.90	772.49	18.33	1031.70	15.16	1272.02	11.71	2577.30	10.13
非农业经营净收入	67.18	3.91	299.91	7.12	608.69	8.95	942.78	8.68	3825.03	15.03
财产性收入	32.72	1.91	103.24	2.45	158.61	2.33	146.83	1.35	463.72	1.82
政府转移性收入	725.42	42.27	1449.76	34.41	1805.66	26.54	2088.97	19.23	4257.66	16.73
非政府转移性收入	103.95	6.06	204.53	4.85	336.48	4.95	578.24	5.32	1274.36	5.01
其他收入	139.49	8.13	204.34	4.85	406.36	4.72	525.21	4.83	1452.40	5.71

从收入构成看，工资性收入、农业经营净收入、政府转移性收入是贫困村居民的三大主要收入来源，但不同收入水平居民的三大主要收入来源的比重差异较大。最低20%收入组的农村居民的工资性收入和政府转移性收入共占59.10%，其中，工资性收入占16.83%，农业经营净收入占20.90%，政府转移性收入占42.27%；中间20%收入组的农村居民工资性收入占37.35%，农业经营净收入占15.16%，非农业经营净收入占8.95%；最高20%收入组的农村居民工资性收入占45.57%，农业经营净收入占10.13%，非农业经营净收入占15.03%。显然，高收入组以工资性收入与经营净收入为主，低收入组以政府转移性收入与农业经营收入为主，非农经营净收入与工资性收入是造成贫困村居民收入差距的重要因素。

（三）按家庭规模分组的贫困村居民收入水平和结构

调查数据显示，家庭规模越小，人均收入水平越高（见表3）。5人及以上户的家庭人均工资性收入在五类分组中所占比例最高，4人户的家庭人均非农业经营性收入在五类分组中所占比例最高，1人户的政府转移性收入在五类分组中所占比例最高。从收入构成看，1人户农村居民的工资性收入占27.52%，政府转移性收入占36.39%；3人户农村居民的工资性收入和经营净收入共占71.28%，其中，工资性收入占47.04%，经营净收入占24.24%；5人及以上户农村居民的工资性收入和经营净收入共占76.11%，其中，工资性收入占53.33%，经营净收入占22.78%。显然，家庭规模大的家庭，工资性收入对家庭收入的贡献更大；家庭规模小的家庭，政府转移性收入对家庭收入的贡献更大。

表3　2016年按家庭规模分组的贫困村居民家庭人均收入构成

项目	1人户 金额（元）	占比（%）	2人户 金额（元）	占比（%）	3人户 金额（元）	占比（%）
人均纯收入	12660.65	100.00	11591.37	100.00	10488.38	100.00
工资性收入	3484.48	27.52	4089.11	35.28	4934.06	47.04
农业经营净收入	1257.19	9.93	1480.39	12.77	1350.19	12.87
非农业经营净收入	1138.79	8.99	1431.53	12.35	1192.06	11.37
财产性收入	457.73	3.62	205.52	1.77	176.76	1.69
政府转移性收入	4607.76	36.39	3073.83	26.52	1835.12	17.50
非政府转移性收入	1217.75	9.62	797.26	6.88	361.41	3.45
其他收入	680.57	3.93	513.73	4.43	638.78	6.09

项目	4人户 金额（元）	占比（%）	5人及以上户 金额（元）	占比（%）
人均纯收入	8978.37	100.00	7125.35	100.00
工资性收入	4309.47	48.00	3799.63	53.33
农业经营净收入	1045.17	11.64	918.16	12.89
非农业经营净收入	1312.22	14.62	704.51	9.89
财产性收入	93.81	1.04	129.92	1.82

续表

项目	4人户		5人及以上户	
	金额（元）	占比（%）	金额（元）	占比（%）
政府转移性收入	1254.94	13.98	999.77	14.03
非政府转移性收入	316.35	3.52	208.54	2.93
其他收入	646.41	7.20	364.80	5.12

（四）按户主文化程度分组的贫困村收入水平和结构

总的来说，户主文化程度越高，居民家庭人均收入水平越高，例如，户主文化程度为大专及以上的农村居民家庭人均收入是户主文化程度为文盲的农村居民家庭人均收入的2.75倍（见表4）。

表4　2016年按户主文化程度分组的贫困村居民家庭人均收入构成

项目	文盲		小学		初中	
	金额（元）	占比（%）	金额（元）	占比（%）	金额（元）	占比（%）
人均纯收入	7798.88	100.00	9145.72	100.00	10706.87	100.00
工资性收入	2563.61	32.87	3809.99	41.66	4997.84	46.68
农业经营净收入	1065.63	13.66	1210.15	13.23	1227.56	11.47
非农业经营净收入	538.66	6.91	1069.79	11.70	1478.05	13.80
财产性收入	158.12	2.03	187.18	2.05	154.39	1.44
政府转移性收入	2512.42	32.22	1972.12	21.56	1765.10	16.49
非政府转移性收入	599.26	7.68	469.40	5.13	459.61	4.29
其他收入	459.23	4.63	427.09	4.67	624.31	5.83

项目	高中		中专（职高技校）		大专及以上	
	金额（元）	占比（%）	金额（元）	占比（%）	金额（元）	占比（%）
人均纯收入	12355.34	100.00	15798.73	100.00	21420.10	100.00
工资性收入	5393.91	43.66	6612.38	41.85	14311.00	66.81
农业经营净收入	1180.19	9.55	-163.63	-1.04	1532.30	7.15
非农业经营净收入	1171.93	9.49	2991.92	18.94	2044.36	9.54
财产性收入	375.66	3.04	43.33	0.27	179.24	0.84
政府转移性收入	2305.82	18.66	4974.49	31.49	2993.90	13.98
非政府转移性收入	681.79	5.52	371.67	2.35	196.61	0.92
其他收入	1246.04	10.09	968.56	6.13	162.69	0.76

从收入构成看，户主文化程度为文盲的农村居民家庭人均收入主要来源为工资性收入与转移性收入，其工资性收入占32.87%，转移性收入占39.9%，特别是政府转移性收入高达32.22%；而户主文化程度为大专及以上的农村居民家庭人均收入主要来源为工资性收入与经营性收入，其工资性收入占66.81%，经营性收入占16.69%。显然，户主文化程度较高组以工资性收入与非农业经营净收入为主，文化程度较低组以政府转移性收入与农业经营收入为主，工资性收入与非农经营净收入是影响贫困村居民收入差距的重要因素。这表明，人力资本仍然是影响农村居民收入的重要因素。人力资本包括劳动者的知识技能、文化技术水平与健康状况等。其中，教育是人力资本积累的最重要途径。农户户主受教育程度越高，参与非农就业和开展非农经营的机会就越多，工资性收入与非农经营净收入也就更高一些。

二 贫困村居民家庭的生活消费支出水平和结构解析

百村问卷调查向受访者询问了受访农户2016年的消费支出状况，我们对消费总支出数据进行了必要的清理，本文将根据清理过的数据对百村农户的消费支出水平、结构和特征进行分析。

家庭生活消费总支出是指农民家庭用于满足家庭日常生活消费需要的全部支出，包括食品、衣着、居住、家庭设备及用品、交通通信、文教娱乐、医疗保健等产生的各种支出，具体支出项目包括食品支出、报销后医疗总支出、教育总支出、养老保险费、合作医疗保险费、礼金支出以及其他支出。

（一）按地区分组的贫困村农民生活消费支出水平和结构

调查数据表明，全国贫困村居民家庭人均生活消费总支出的均值为5988.11元（见表5），相当于同年全国农村居民人均消费支出的59.11%，[1]

---

[1] 根据我们的问卷数据与《中国统计年鉴（2017）》相应数据计算得出。

相当于全国贫困地区农村居民人均消费支出的81.68%。[1] 其中，贫困村中的贫困户和非贫困户家庭人均生活消费总支出的均值分别为5610.99元和6173.25元，分别相当于同年全国农村居民人均消费支出的55.39%与60.94%，相当于同年全国贫困地区农村居民人均消费支出的76.54%与84.21%。[2] 显然，相对全国平均水平及全国贫困地区平均水平，贫困村居民家庭的消费水平是较低的。分地区看，东北部贫困村居民家庭人均生活消费总支出最高为7490.99元；中部和西部的最低，分别为5762.56元和5691.11元。总体来说，无论是全国层面，还是东部、中部、西部和东北部地区，贫困村非贫困家庭的人均生活消费总支出都要高于贫困家庭。

表5 2016年分地区贫困村居民家庭人均生活消费总支出水平和结构

项目	家庭人均生活消费总支出（元）均值	家庭人均生活消费总支出（元）中位数	人均食品支出比重（%）	人均报销后医疗支出比重（%）	人均教育支出比重（%）
总体	5988.11	4000.00	35.59	24.41	17.27
贫困家庭	5610.99	3605.00	31.26	37.20	13.66
非贫困家庭	6173.25	4250.00	37.47	18.79	18.87
东部	7147.25	5000.00	40.37	28.81	12.32
贫困家庭	6628.15	4000.00	34.42	46.09	7.82
非贫困家庭	7399.64	5300.00	42.77	21.57	14.22
中部	5762.56	4000.00	37.02	25.04	16.37
贫困家庭	5684.83	3891.67	32.49	37.33	14.21
非贫困家庭	5798.89	4045.00	39.10	19.41	17.37
西部	5691.11	3750.00	34.45	21.55	19.48
贫困家庭	5090.85	3325.00	31.75	29.14	16.94
非贫困家庭	5975.93	3992.00	35.52	18.54	20.49
东北部	7490.99	5000.00	28.00	34.56	14.62
贫困家庭	7337.10	4240.00	20.93	62.87	4.84
非贫困家庭	7628.96	5015.00	34.10	10.14	23.04

---

[1] 根据我们的问卷数据与《中国农村贫困监测报告（2017）》相应数据计算得出。参见国家统计局住户调查办公室《中国农村贫困监测报告（2017）》，中国统计出版社，2017。
[2] 根据我们的问卷数据与《中国统计年鉴（2017）》《中国农村贫困监测报告（2017）》相应数据计算得出。

续表

项目	人均养老保险费比重（%）	人均合作医疗保险费比重（%）	人均礼金支出比重（%）	人均其他支出比重（%）	样本量
总体	1.46	2.18	13.91	5.18	6256
贫困家庭	1.02	2.04	10.31	4.51	2042
非贫困家庭	1.65	2.23	15.51	5.48	4205
东部	1.45	1.92	11.23	3.90	784
贫困家庭	0.87	1.74	8.38	0.67	252
非贫困家庭	1.71	1.97	12.50	5.25	526
中部	1.33	2.21	13.00	5.02	1714
贫困家庭	0.88	1.88	9.44	3.78	546
非贫困家庭	1.53	2.36	14.63	5.60	1168
西部	1.31	2.23	15.31	5.67	3428
贫困家庭	1.16	2.40	12.24	6.38	1088
非贫困家庭	1.37	2.16	16.52	5.40	2337
东北部	3.15	2.24	12.55	4.88	330
贫困家庭	0.95	1.18	6.15	3.07	156
非贫困家庭	5.05	3.14	18.07	6.44	174

在贫困村人均生活消费总支出中，人均食品支出、人均报销后医疗总支出、人均教育支出是最重要的三大组成部分。有趣的是非贫困户的家庭人均食品消费支出比重（即所谓的恩格尔系数）高于贫困家庭的人均食品支出比重，这可能意味着贫困地区现阶段提高饮食生活质量还是一个重要需要，随着生活水平的提高，饮食质量也在改善。同样值得注意的是，贫困家庭人均报销后医疗总支出要高于非贫困家庭的相应支出，这表明贫困家庭在医疗支出上要负担更多的压力。非贫困家庭人均教育支出则高于贫困家庭的相应支出，表明非贫困家庭的人力资本积累水平高于贫困家庭。

另外，从表5还可以看到，东北部贫困村居民家庭人均收入是最低的，而人均生活消费是最高的，其中人均报销后医疗总支出的占比是最高的，特别是贫困家庭的人均报销后医疗总支出的占比高达62.87%，因病致贫的可能性很大，值得当地政府关注。

(二)按收入五等份分组的贫困村居民生活消费支出水平和结构

从调查数据看,收入越高的组,其人均生活消费支出水平也越高(见表6)。从消费结构看,不同收入组的贫困村居民在食品支出、报销后医疗总支出所占比例均较高。最低20%收入组的家庭人均报销后医疗总支出比例最高,中间20%收入组的家庭人均教育支出比例最高,次低20%收入组的家庭人均食品支出比例最高,最高20%收入组农村居民的礼金支出比例最高。

表6 2016年按人均收入五等份分组的贫困村居民家庭人均生活消费总支出水平和结构

项目	最低20% 金额(元)	最低20% 占比(%)	次低20% 金额(元)	次低20% 占比(%)	中间20% 金额(元)	中间20% 占比(%)	次高20% 金额(元)	次高20% 占比(%)	最高20% 金额(元)	最高20% 占比(%)
人均生活消费支出	3586.30	100.00	4132.57	100.00	5066.18	100.00	6445.36	100.00	10712.35	100.00
食品支出	1151.33	32.10	1548.25	37.46	1801.51	35.56	2278.11	35.34	3876.86	36.19
报销后医疗总支出	1026.27	28.62	993.61	24.04	1207.98	23.84	1593.64	24.73	2488.44	23.23
教育总支出	605.20	16.88	676.24	16.36	977.70	19.30	1097.59	17.03	1814.25	16.94
养老保险费	51.26	1.43	64.32	1.56	55.63	1.10	94.15	1.46	171.41	1.60
合作医疗保险费	126.32	3.52	118.67	2.87	115.81	2.29	131.41	2.04	159.24	1.49
礼金支出	436.86	12.18	543.54	13.15	682.72	13.48	896.47	13.91	1605.49	14.99
其他支出	189.06	5.27	187.93	4.55	224.83	4.44	353.99	5.49	596.65	5.57

(三)按家庭规模分组的贫困村居民生活消费支出水平和结构

从调查数据看,农村家庭规模越大,其人均收入水平越低,人均生活消费支出水平也越低(见表7、表3)。从消费结构看,不同家庭规模组的贫困村居民在食品支出、报销后医疗支出所占比例均较高。1人户的食品支出与报销后医疗支出比例均为5类家庭规模组中最高的;除此之外,家庭规模较大的,人均教育支出、养老保险费、合作医疗保险费与礼金支出比例也较高。

表7　2016年按家庭规模分组的贫困村居民家庭人均生活消费总支出水平和结构

项目	1人户 金额（元）	占比（%）	2人户 金额（元）	占比（%）	3人户 金额（元）	占比（%）	4人户 金额（元）	占比（%）	5人户及以上 金额（元）	占比（%）
人均生活消费支出	7811.70	100.00	7524.70	100.00	6154.12	100.00	5327.36	100.00	4221.74	100.00
食品支出	3091.54	39.58	2533.71	33.67	2120.80	34.46	1831.33	34.38	1638.31	38.81
报销后医疗总支出	2565.92	32.85	2149.72	28.57	1335.43	21.70	1073.10	20.14	808.26	19.15
教育总支出	563.86	7.22	1119.10	14.87	1201.59	19.52	1245.57	23.38	811.59	19.22
养老保险费	93.31	1.19	109.06	1.45	99.08	1.61	77.34	1.45	62.51	1.48
合作医疗保险费	104.77	1.34	146.83	1.95	143.28	2.33	122.68	2.30	119.17	2.82
礼金支出	983.94	12.60	1079.31	14.34	946.98	15.39	707.75	13.29	545.59	12.92
其他支出	408.36	5.23	386.97	5.14	306.96	4.99	269.59	5.06	236.29	5.60

（四）按户主文化程度分组的贫困村居民生活消费支出水平和结构

一个非常合乎逻辑的现象是，户主文化程度越高的农村家庭，其人均收入水平越高，人均生活消费支出水平也越高（见表8、表4）。从消费结构看，所有文化程度组的贫困村居民在食品支出、报销后医疗总支出所占比例均较高。户主文化程度为文盲的居民家庭的报销后医疗总支出比例为所有家庭组中最高，户主文化程度为大专及以上的居民家庭的教育支出与养老保险支出比例均为所有家庭组中最高，户主文化程度为中专、大专及以上的居民家庭的礼金支出比例为所有家庭组中最高。

表8　2016年按户主文化程度分组的贫困村居民家庭人均生活消费总支出水平和结构

项目	文盲 金额（元）	占比（%）	小学 金额（元）	占比（%）	初中 金额（元）	占比（%）
人均生活消费支出	5378.60	100.00	5416.60	100.00	6524.02	100.00
食品支出	1918.64	35.67	2045.70	37.77	2164.13	33.17
报销后医疗总支出	1676.75	31.17	1335.83	24.66	1497.00	22.95
教育总支出	693.97	12.90	878.49	16.22	1331.51	20.41
养老保险费	59.13	1.10	68.32	1.26	96.45	1.48

续表

项目	文盲		小学		初中	
	金额（元）	占比（%）	金额（元）	占比（%）	金额（元）	占比（%）
合作医疗保险费	109.37	2.03	125.56	2.32	145.56	2.23
礼金支出	654.36	12.17	736.22	13.59	934.27	14.32
其他支出	266.37	4.95	226.48	4.18	355.11	5.44

项目	高中		中专（职高技校）		大专及以上	
	金额（元）	占比（%）	金额（元）	占比（%）	金额（元）	占比（%）
人均生活消费支出	7668.63	100.00	8843.62	100.00	12414.89	100.00
食品支出	2733.29	35.64	3452.64	39.04	3733.84	30.07
报销后医疗总支出	1651.50	21.54	1083.85	12.26	1310.08	10.55
教育总支出	1258.32	16.41	1664.92	18.83	3029.86	24.41
养老保险费	136.88	1.78	101.82	1.15	804.43	6.48
合作医疗保险费	145.19	1.89	107.64	1.22	121.31	0.98
礼金支出	1134.45	14.79	1718.72	19.43	2248.67	18.11
其他支出	608.99	7.94	714.03	8.07	1167.06	9.40

三 精准扶贫村居民家庭收入和生活消费的主要问题和挑战

精准扶贫村居民尤其是贫困居民在收入和生活消费方面存在的问题，首先是收入和消费支出的不平等现象较为突出；同时，在收入来源结构和生活消费支出结构方面，也呈现一些不可忽视的问题，特别是对低收入居民家庭来说，问题更加突出。在这一部分，我们将进一步考察和分析贫困村居民家庭收入和生活消费支出的不平等状况，然后再讨论收入来源、消费支出结构等方面存在的突出问题和挑战。

（一）贫困村居民家庭人均纯收入差距高于同期全国平均水平

首先按贫困村家庭人均纯收入的五等份分布来考察收入不平等的问题。从表9可以看到，在"最低20%"一组中，人均纯收入均值为1716.24元，其中，贫困户与非贫困户的家庭人均纯收入分别1726.85元和1710.74元，差别并不大——这可能还意味着，在所谓脱贫户和非建档立卡贫困户中，还有部分农户从收入视角看处于贫困状态，脱贫攻坚工作需要更加精准。分地区看，"最低20%"组中，东北部地区贫困村被调查户的人均纯收入水平最高，为1869.40元，西部贫困村家庭人均纯收入水平最低，为1686.00元。在"最高20%"组中，东北部贫困村家庭人均纯收入最高，达到26604.35元，西部地区最低，为24817.60元。最高收入组的家庭人均纯收入与最低收入组的家庭人均纯收入之比总体为14.83∶1。分地区看，东部地区贫困村的该比值最高，为15.37∶1；东北部贫困村的该比值最低，为14.23∶1。这表明，在东部地区贫困村，家庭人均纯收入变异幅度最大，不平等最严重。而且，还要注意的一点是，非贫困户中的这一比值高于贫困户中的相应比值，亦即非贫困家庭人均纯收入不平等程度高于贫困家庭人均纯收入不平等程度。

表9 2016年分地区贫困村居民家庭人均纯收入分层情况

项目	最低20%（元）	次低20%（元）	中间20%（元）	偏高20%（元）	最高20%（元）	最高与最低之比	样本量
总体	1716.24	4213.71	6803.26	10863.28	25444.10	14.83∶1	6256
贫困家庭	1726.85	4184.48	6742.69	10727.54	24619.77	14.26∶1	2042
非贫困家庭	1710.74	4234.37	6831.53	10905.17	25612.92	14.97∶1	4205
东部	1726.59	4116.69	6857.82	11258.81	26542.81	15.37∶1	778
贫困家庭	1890.61	4047.96	7084.50	10626.83	25770.13	13.63∶1	252
非贫困家庭	1609.86	4183.80	6740.32	11394.80	26752.12	16.62∶1	526
中部	1754.17	4247.62	6853.57	10762.70	25926.87	14.78∶1	1714
贫困家庭	1695.48	4187.44	6808.70	10821.54	24166.03	14.25∶1	546
非贫困家庭	1812.05	4289.60	6877.90	10742.95	26199.91	14.46∶1	1168
西部	1686.00	4246.62	6785.55	10832.99	24817.60	14.72∶1	3428
贫困家庭	1682.98	4255.55	6674.50	10682.22	24662.87	14.65∶1	1088
非贫困家庭	1692.51	4241.34	6833.71	10880.03	24851.48	14.68∶1	2337
东北部	1869.40	3996.64	6618.43	10856.83	26604.35	14.23∶1	330
贫困家庭	1974.69	4043.46	6443.19	10741.23	22438.43	11.36∶1	156
非贫困家庭	1707.42	3920.16	6783.66	10922.16	27505.09	16.11∶1	174

为了更加综合地考察各地区贫困村家庭人均纯收入的不平等状况,我们基于调查数据计算了基尼系数和泰尔T指数三个汇总指标(见表10)。结果表明,总体的基尼系数为0.48,超过了国际界定的警戒线标准,高于同期全国城乡居民收入分布基尼系数(0.465),表明贫困村居民家庭人均纯收入的分布更加不平等。分地区来看,东部的贫困村基尼系数最高,达到0.49。从泰尔T指数来看,最高的依然是东部(为0.44),其次是东北部(0.42),最低则是中部地区(0.40)。从贫困和非贫困家庭的比较来看,在东部和中部贫困村中贫困和非贫困家庭的收入不平等基本相同;在东北部,非贫困家庭内部的收入不平等都要高于贫困家庭,在西部则相反。

表10　2016年分地区贫困村居民家庭人均纯收入不平等汇总指标

项目	基尼系数	泰尔T指数 (GE(a), a = 1)	样本量
总体	0.48	0.41	6256
贫困家庭	0.47	0.41	2042
非贫困家庭	0.46	0.38	4205
东部	0.49	0.44	784
贫困家庭	0.48	0.44	252
非贫困家庭	0.47	0.42	526
中部	0.47	0.40	1714
贫困家庭	0.45	0.36	546
非贫困家庭	0.45	0.37	1168
西部	0.48	0.41	3428
贫困家庭	0.49	0.44	1088
非贫困家庭	0.46	0.37	2337
东北部	0.47	0.42	330
贫困家庭	0.40	0.28	156
非贫困家庭	0.47	0.43	174

结合前文表1~表4的数据，不难看到，不同地区、不同收入阶层、不同家庭规模、户主不同教育程度，贫困和非贫困家庭之间都存在较大差距，表明各地区的贫困程度不一，不同阶层、不同家庭规模、不同教育程度的家庭的贫困程度也不一样，面临的减贫压力程度不同。人均可支配收入的四个组成部分也体现出了地区差异、家庭阶层差异、家庭规模差异和家庭教育程度差异。不同地区之间、贫困与非贫困家庭之间，家庭收入的不平等程度也存在较大差别。更重要的是，我们还要看到，各种维度不平等程度都有继续拉大的趋势。另外，一般而言，在家庭收入方面，非贫困家庭内部的收入不平等要高于贫困家庭。而且，从五等份分组分析结果来看，贫困村的非贫困家庭人均纯收入水平与贫困家庭人均纯收入水平几乎相当，这表明，从收入角度来看，贫困村的贫困户认定可能存在不够精准的问题。

表11　2016年分地区贫困村居民家庭人均生活消费总支出分层情况

项目	最低20%（元）	次低20%（元）	中间20%（元）	偏高20%（元）	最高20%（元）	最高与最低之比	样本量
总体	980.10	2544.00	4113.03	6471.63	15894.82	16.22∶1	6256
贫困家庭	973.06	2516.43	4083.79	6433.14	16652.04	17.11∶1	2042
非贫困家庭	984.25	2557.01	4126.75	6486.44	15603.54	15.85∶1	4205
东部	1010.47	2537.61	4033.81	6399.36	17553.24	17.37∶1	784
贫困家庭	984.29	2490.45	3928.77	6391.74	19277.40	19.59∶1	252
非贫困家庭	1018.25	2568.32	4080.21	6394.80	17020.85	16.72∶1	526
中部	905.20	2549.13	4103.24	6450.59	15307.43	16.91∶1	1714
贫困家庭	940.13	2489.12	4172.74	6381.08	16700.69	17.76∶1	546
非贫困家庭	880.66	2571.42	4073.92	6480.63	14717.06	16.71∶1	1168
西部	1027.25	2538.79	4132.69	6467.07	15617.34	15.20∶1	3428
贫困家庭	1003.38	2521.85	4109.07	6416.08	15871.69	15.82∶1	1088
非贫困家庭	1042.53	2546.41	4144.31	6487.85	15530.98	14.90∶1	2337

续表

项目	最低20%（元）	次低20%（元）	中间20%（元）	偏高20%（元）	最高20%（元）	最高与最低之比	样本量
东北部	760.64	2625.90	4173.57	6831.02	16892.39	22.21∶1	330
贫困家庭	843.71	2631.36	3914.41	6856.40	16605.91	19.68∶1	156
非贫困家庭	562.56	2618.82	4319.06	6816.93	17206.15	30.59∶1	174

（二）贫困村居民家庭人均生活消费支出差距显著

表11是按五等份分组分析各地区贫困村家庭人均生活消费总支出不平等的结果。总体而言，在"最低20%"组中，全国贫困村家庭人均生活消费总支出的均值为980.10元，东部和西部地区的人均消费水平较高（分别为1010.47元和1027.25元），东北部的人均消费水平较低（760.64元）。在"最高20%"组中，全国贫困村的家庭人均生活消费总支出均值达到15894.82元。其中，东部的人均消费水平最高，达到17553.24元；中部的人均消费水平最低，为15307.43元。最高支出组的人均生活消费支出与最低支出组的人均生活消费支出之比是反映生活消费支出差距的重要指标。总体来看，最高组的家庭人均生活消费支出是最低组的16.22倍，大于收入分布中的相应倍数，表明生活消费支出的总体不平等水平更高。其中，贫困家庭中的这一倍数比非贫困家庭中的相应比值更大，这表明在生活消费支出方面，贫困村的贫困户生活消费支出不平等大于非贫困户的生活消费支出不平等。分地区看，东北部地区贫困村人均消费支出差异较大，最高支出组的人均生活消费支出是最低组的相应支出的22.21倍（其中非贫困户的倍差也是最大，达到30.59多）；东北部地区贫困村中贫困户内部的这一倍差最大，达到19.68倍；西部地区贫困村的人均生活消费支出差异相对较小。

观察各地贫困村家庭人均生活消费总支出的基尼系数和泰尔T指数（见表12），可以看出，全国的贫困村家庭人均生活消费总支出的基尼系数达到0.49，高于同期贫困村家庭人均纯收入基尼系数。分地区看，中部和西部的贫困村家庭人均生活消费支出基尼系数相对较高，分别达到了0.49和0.50。泰尔T指数反映了同样的趋势。另外，总的来说，除了在西部地区，贫困村的贫困家庭内部消费支出不平等程度都高于非贫困家庭的消费支出不平等程度。

表12　2016年分地区贫困村居民家庭人均生活消费总支出不平等汇总指标

项目	基尼系数	泰尔T指数 (GE(a), a = 1)	样本量
总体	0.49	0.47	6256
贫困家庭	0.52	0.53	2042
非贫困家庭	0.48	0.44	4205
东部	0.46	0.44	784
贫困家庭	0.51	0.55	252
非贫困家庭	0.44	0.39	526
中部	0.49	0.47	1714
贫困家庭	0.53	0.58	546
非贫困家庭	0.47	0.41	1168
西部	0.50	0.47	3428
贫困家庭	0.50	0.47	1088
非贫困家庭	0.49	0.47	2337
东北部	0.48	0.46	330
贫困家庭	0.52	0.56	156
非贫困家庭	0.43	0.38	174

通过对表5~表8的数据，可以看到，在家庭生活消费水平和结构方面，不同地区、不同阶层、不同家庭规模、户主不同教育程度、贫困和非贫困家庭之间，都存在较大差距。一般而言，相比于西部、东北部等经济欠发达地区，东部等发达地区有着更高的生活消费水平和消费能力；相比于收入较低、家庭规模较小、户主文化程度较低的家庭，收入水平较高、家庭规模较大、户主文化程度较高的家庭有着较高的生活消费水平和消费能力。而且，相对于非贫困家庭而言，贫困家庭在报销后医疗总支出方面要承担更多的压力，而在食品和教育支出方面却相对投入不

足。当然，不同地区之间、贫困与非贫困家庭之间，家庭生活消费的不平等程度分别存在较大差别。另外，贫困村的贫困家庭内部的消费不平等程度高于非贫困家庭内部的消费支出不平等程度，并且存在较大的地区差异。还要注意到，贫困村居民家庭生活消费支出的不平等程度也呈现拉大的趋势。

（三）贫困村居民收入增长的内生源泉不足

前面的分析表明，对贫困村居民来说，工资性收入、家庭经营性收入和政府转移性收入是三个主要收入来源。从国家关于精准脱贫战略的安排来说，政府转移性收入主要应该是兜底保障政策实施的结果，换句话说，该项收入来源应该主要起着兜底保障的作用，其增长具有外生性，且其长效性是有限度的。这表明，贫困村居民收入的内生源泉不足。

从总体上说，百村调查表明，包括贫困户和非贫困户在内，被调查户家庭人均获得政府转移性收入占人均纯收入的比重达到21.06%，其中，贫困户家庭人均纯收入的政府转移性收入比重为39.11%，非贫困户的该项比重为15.57%。可见，对贫困户来说，政府转移性收入具有高度重要性。在贫困户中，工资性收入和经营性收入所占比重低于政府转移性收入所占比重。调查数据分析结果表明，贫困家庭人均工资性收入和经营性收入所占比重分别为31.12%和16.56%，非贫困家庭的这两项比重则分别为46.16%和26.22%。

需要注意的是，对于不同地区和不同收入水平的贫困居民来说，三大收入来源的比重存在显著的差异。从地区方面来看，东北地区贫困村贫困户的政府转移性收入比重为最高，达到62.89%；东部地区次之，为45.30%；西部地区和中部地区分别为36.48%和35.49%。东北地区农村贫困居民收入中的政府转移性收入比重高，一方面表明该地区政府转移支付力度大，但另一方面也说明，这个地区的贫困居民获得其他来源收入的机会较少，例如，东北地区贫困居民的人均工资性收入所占比重仅为6.5%，而非贫困居民的工资性收入所占比重则高达51.93%。东部地区地方政府财力比较充足，因此转移支付力度也很大。对于中部地区和西部地区来说，政府转移性收入比重相对低一些，可能主要原因是这些地区的地方政府财力比较薄弱。但无论如何，贫困居民获得的政府转移性收入所占比重都是较高的。

从不同收入水平贫困居民的收入来源结构看，三大来源收入所占比重的差异同样显著。图1呈现了按收入五等份分组的贫困村居民（含贫困户和非贫困户）三大来源收入比重分布趋势。与中间及以上收入组相比，最低和次低收入组的工资性收入比重明显偏低，尤其对最低收入组来说，农业经营净收入比重最高，仅次于他们的政府转移性收入所占比重，但非农业经营净收入比重则明显偏低，这也使得他们的经营性净收入（含农业经营净收入和非农业经营净收入）比重总体较低。

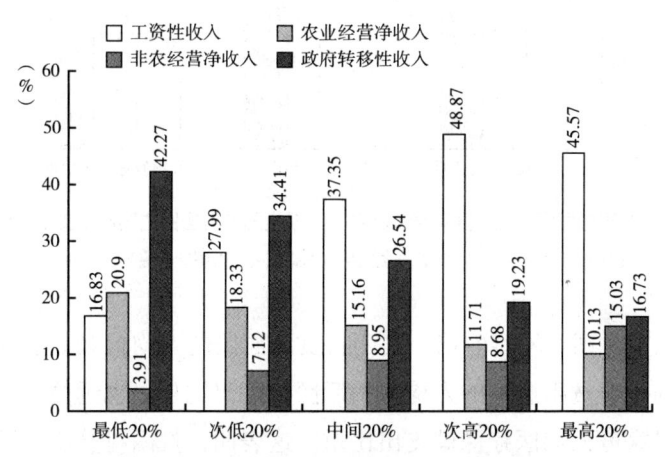

图1　按五等份收入分组的贫困村居民三大来源收入比重

（四）贫困村居民消费结构不尽合理

从总体情况看，贫困村居民的饮食支出水平普遍不高，其占居民家庭人均生活消费支出的比重为32.24%，而且有意思的是，贫困户的人均饮食支出比重为31.26%，而非贫困户的人均饮食支出比重为37.47%。这表明，在现阶段，在总体摆脱贫困甚至超出温饱的生活水平条件下，提高饮食生活质量可能是贫困村居民的共同诉求，结果表现为非贫困户居民的生活消费恩格尔系数还高于贫困户的相应系数。但是我们更应当注意到的是,贫困村居民的生活消费支出存在结构性的不合理性。在图2中,全国农村居民的医疗支出部分包括保健支出,人均教育支出部分含文化娱乐支出,因此,如果扣除保健支出和文化娱乐支出,可以想见,全国农村居民人均医疗支出比重和教育支出比重均将低于图中数据水平。

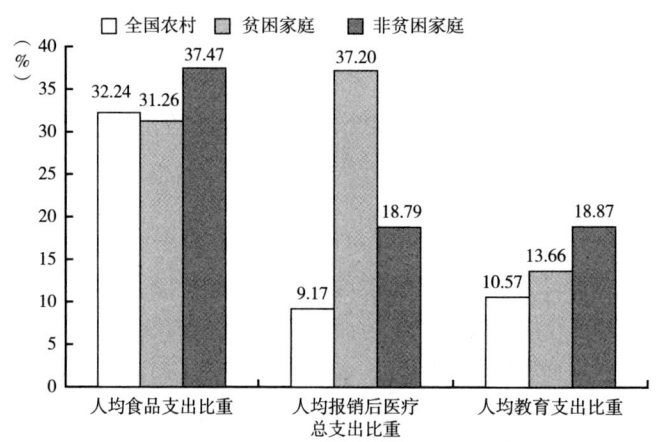

图2 贫困村居民人均主要消费支出及与同期全国农村居民主要消费支出的比较

资料来源:贫困村数据来自百村调查,全国农村数据来自《中国统计年鉴》(2017)

因此,从图2不难看出,贫困村贫困居民的人均报销后医疗支出比重显著高于非贫困居民的人均报销后医疗支出比重,也远高于同期全国农村居民家庭人均医疗保健支出比重。这表明,贫困村贫困居民的医疗负担远比贫困村非贫困居民重,更是远比同期全国农村居民人均医疗保健负担重得多。另外,虽然贫困村贫困居民的人均教育负担低于非贫困居民的教育负担,但也比全国同期农村居民教育负担重(尤其考虑到相比较的是全国农村居民人均教育文化娱乐支出比重)。

贫困村居民尤其是贫困居民的生活消费支出结构不合理的问题,也存在比较明显的地区差异。从图3看,东北地区贫困村贫困居民的医疗负担最重,东部地区次之,中部地区排第三,西部地区排第四,这种情况比较让人费解，可能与不同地区贫困村居民的医疗行为模式有关。但无论如何，贫困村贫困居民的医疗负担较重是不争的事实。而从教育负担来看，西部地区贫困居民的教育负担最高，中部地区次之，而且负担水平远远高于东部地区和东北地区。

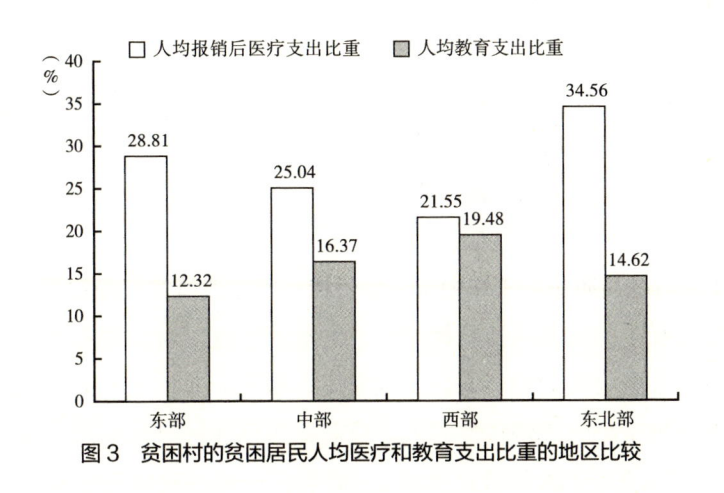

图3 贫困村的贫困居民人均医疗和教育支出比重的地区比较

四 不断提高农村贫困居民的收入水平，改善生活消费支出结构

2020年3月6日，习近平总书记出席决战决胜脱贫攻坚座谈会并发表重要讲话。他指出："到2020年现行标准下的农村贫困人口全部脱贫，是党中央向全国人民做出的郑重承诺，必须如期实现。"党的十八大以来，在全党全国全社会共同努力下，我国脱贫攻坚取得决定性成就。脱贫攻坚目标任务接近完成，2019年底贫困人口还剩551万人，贫困发生率降至0.6%，区域性整体贫困基本得到解决。贫困群众收入水平大幅提高，"两不愁、三保障"问题总体得到解决，贫困地区基本生产生活条件显著改善，贫困地区经济社会发展明显加快，基本公共服务日益完善，贫困治理能力明显提升。习近平总书记还强调，要继续聚焦深度贫困地

区，瞄准突出问题和薄弱环节狠抓政策落实，攻坚克难完成任务。[①]

但我们也要清醒地认识到，我国还有52个未摘帽贫困县和1113个贫困村，还有551万贫困人口需要脱贫。即使对于近年来实现摘帽的贫困县、贫困村及脱贫的贫困人口，部分脱贫群众的内生发展动力仍然不足，巩固脱贫成果难度很大。2020年是脱贫攻坚战的最后一年，是收官之年，却又遭遇新冠肺炎疫情影响，国际国内各种风险和不确定性因素凸显，农民特别是贫困地区农民增收压力更加显著，巩固脱贫成果任务、完成剩余脱贫攻坚任务以及预防新增贫困的工作就显得更加艰巨。有鉴于此，必须重视以下几个方面的问题。

（一）部分扶贫政策和工作力度仍需保持一定的连续性和稳定性

如上所述，根据问卷计算结果，对贫困家庭而言，政府转移性收入成为他们家庭收入的重要来源，或者说，相比于非贫困家庭，贫困家庭更多地依赖于政府的转移性收入。目前，贫困地区出台的部分脱贫攻坚政策性文件的有效时间节点都是2020年，一些扶贫政策即将到期，贫困地区应该对现有扶贫政策进行全面梳理，留出政策缓冲期和接口，有些政策需要进一步加强，有些应该继续保留，有些应该调整，以确保不因政策变动影响脱贫成效。正如习近平总书记指出的："要保持脱贫攻坚政策稳定，对退出的贫困县、贫困村、贫困人口，要保持现有帮扶政策总体稳定，扶上马送一程。"[②] 例如，对于教育扶贫政策、社会保障政策（包括低保和健康扶贫相关的医保政策）等关乎破解贫困代际传递和保障最贫困群体基本生存保障的政策，应该进一步加强；对于产业扶贫、劳动力技能培训等方面的政策，贫困地区应尽快出台与脱贫攻坚政策大体保持连续的相应政策如"乡村振兴"的具体实施方案、细则等，让"脱贫攻坚"与"乡村振兴"有效衔接。

[①] 新华社：《习近平出席决战决胜脱贫攻坚座谈会并发表重要讲话》，中华人民共和国中央人民政府网，http://www.gov.cn/xinwen/2020-03/06/content_5488151.htm，2020年3月6日。

[②] 新华社：《习近平出席决战决胜脱贫攻坚座谈会并发表重要讲话》，中华人民共和国中央人民政府网，http://www.gov.cn/xinwen/2020-03/06/content_5488151.htm，2020年3月6日。

（二）加快推进居民收入分配制度改革

上述调查数据分析结果表明，不同地区、不同群体、贫困和非贫困家庭之间在家庭收入和生活消费支出方面都存在着比较显著的不平等问题，并且总体高于全国平均水平，而且不平等程度仍然有拉大的趋势。由此而言，需要加快推进居民收入分配制度改革，确保贫困地区及贫困农村居民增收，以缩小贫困地区与其他地区、贫困人口与其他人群的收入和消费差距，在消除"绝对贫困"的基础上，减缓"相对贫困"。尤其要重视解决两个问题：一是在总体消除绝对贫困的过程中，要更多地关注贫困人群中收入水平和生活消费水平更低的深度贫困人口稳固脱贫和可持续生计问题；二是要高度重视脱贫攻坚工作存在的不够精准的问题，要认真厘清"非贫困户"中的实际困难户，在精准脱贫收官之年最大限度地减少遗漏。

改革开放以来，中国收入分配制度改革不断推进，与我国基本国情和发展阶段相适应的收入分配制度基本构建完成。党的十九大报告指出，"中国特色社会主义进入新时代，我国社会主要矛盾已经转化为人民日益增长的美好生活需要和不平衡不充分的发展之间的矛盾"。其中尤其要突出解决的问题是"不平衡不充分的发展"问题，继续深化收入分配制度改革，优化收入分配结构，是题中应有之义，它有利于调动各方面积极性，促进经济发展方式转变，实现发展成果由人民共享，为脱贫攻坚和乡村振兴奠定扎实基础。坚持初次分配和再分配调节并重，继续完善劳动、资本、技术、管理等要素按贡献参与分配的初次分配机制，加快健全以税收、社会保障、转移支付为主要手段的再分配调节机制，以增加城乡居民收入、缩小收入分配差距、规范收入分配秩序为重点，努力实现居民收入增长和经济发展同步，逐步形成合理有序的收入分配格局。

（三）加大力度促进包括贫困村在内的贫困地区农村居民增收

按照"两不愁、三保障"的脱贫标准，贫困地区农村居民增收尤其是脱贫户增收，是贫困地区稳固脱贫的关键。根据调查数据分析结果,从贫困村农民家庭的收入结构来看,贫困村居民增收仍面临着较大压力。贫困村居民家庭人均收入中人均工资性收入和人均政府转移性收入占主导地位,其中贫困家庭的人均政府转移性收入比重要远远高于非贫困家庭。从不同群体视角看,户主文化程度较高组、高收入组均以工资性收入与非农业经营净收入为主,户主文化程度较低组、低收入组以政府转移性收入与农业经营收入为主,非农业经营净收入与工资性收入是造成贫困村居民收入差距的重要因素,低收入群体、贫困居民的收入来源中,对农业经营净收入和政府转移性收入有很强的依赖。针对这些问题,需要做好以下几个方面的工作。

(1)制定有利于农村劳动力向城镇转移的政策、措施,加快推进农村劳动力特别是贫困地区农村劳动力的转移,增加农村居民特别是贫困地区贫困农村居民的非农业经营性净收入和工资性收入。近年来,我国很多城市尤其是中小城市已降低落户门槛甚至完全放开。现在的关键是加大政策落实力度,同时消除其他所有限制农民进城的体制机制障碍,进一步改善农村转移劳动力在教育、医疗、社会保障等公共服务方面的可及性,促进农村转移劳动力融入城镇生活。这不仅有助于增加农民收入,减少农村贫困,也有利于我国城镇化的加速。在目前的新冠肺炎疫情影响下,应切实贯彻落实习近平总书记的最新要求,即"要优先支持贫困劳动力务工就业,在企业复工复产、重大项目开工、物流体系建设等方面优先组织和使用贫困劳动力,鼓励企业更多招用贫困地区特别是建档立卡贫困家庭人员,通过东西部扶贫协作'点对点'帮助贫困劳动力尽快有序返岗"。[1]

(2)加快脱贫攻坚与乡村振兴战略实施的衔接,提高包括贫困村在内的贫困地区的内源性发展能力,增加贫困地区农村居民收入。在2020年努力完成脱贫攻坚任务的同时,加快乡村振兴战略的实施。党的十九大报告指出:"要坚持农业农村优先发展,按照产业兴旺、生态宜居、乡

---

[1] 《习近平出席决战决胜脱贫攻坚座谈会并发表重要讲话》,中华人民共和国中央人民政府网,http://www.gov.cn/xinwen/2020-03/06/content_5488151.htm,2020年3月6日。

风文明、治理有效、生活富裕的总要求，建立健全城乡融合发展体制机制和政策体系，加快推进农业农村现代化。"为此，要加快贫困地区农村产业发展，建立现代农村产业体系，提高贫困地区的经济发展水平，增加贫困地区农村居民从事非农业经营性活动的机会。要营造良好的市场环境，鼓励龙头企业、农民合作社、种养大户等新型经营主体与贫困户建立长期稳定的关系，带动贫困户发展生产，提高其自我发展能力，增加经营性净收入，特别是非农业经营性净收入。

（3）进一步完善农村社会保障制度。虽然目前我国脱贫攻坚目标任务接近完成，区域性整体贫困基本得到解决，但截至2019年底贫困人口还剩551万人。而且，在大多数地区，总有一部分人或因自身禀赋不足等原因陷于长期性贫困，需要持久的社会救助；还有一些人受经济结构变迁、周期波动、自然灾害危害等的影响陷入暂时性贫困，需要临时性救助。因此，政府应进一步完善农村社会保障制度，特别是重视社会救助制度的减贫作用。对于丧失劳动能力的特殊困难群体，以最低生活保障政策稳定其基本生活来源，应保尽保，切实解决特殊困难群体的基本生活问题。

（4）改善贫困地区农村不合理的家庭生活消费支出结构，提高贫困家庭的消费能力和消费质量。进一步加强贫困地区农村的基础设施建设和公共服务水平的提升，推进城乡基本公共服务标准统一、制度并轨，实现从形式上的普惠向实质上的公平转变。特别是改善贫困地区的医疗条件，深化改革农村医疗体制，提高贫困家庭医疗报销的力度，防止因病致贫、因病返贫；深化改革教育体制改革，增加对贫困子女教育的投资力度，防止因学致贫。改变贫困地区和贫困家庭的教育观念，进一步提高贫困家庭对子女教育重要性的认识。

专题四　就业扶贫与社会保障扶贫

一　引言

在脱贫攻坚过程中，就业扶贫和社会保障扶贫是精准扶贫的重要方面。就业是贫困劳动力实现脱贫的重要途径。世界银行《2013年世界发展报告——就业》指出，发展中国家贫困发生率的下降是多种因素导致的结果，但创造就业是主要的推动力。实施就业扶贫，让有劳动能力的贫困人口通过就业帮扶实现稳定增收，并且积极地融入社会、提升自我，增强获得感，从而从根本上摆脱贫困，是打赢脱贫攻坚战的一项重大举措。党中央、国务院对此高度重视，习近平总书记多次对就业扶贫做出重要论述，强调一人就业、全家脱贫，增加就业是最有效、最直接的脱贫方式。

社会保障作为国民收入再分配的重要工具和一项由政府主要担责的反贫困制度安排，在体系建设不断完善的同时，其减贫功能经历了从单一社会救助的救济式扶贫到以社会救助、社会保险和社会福利相结合的保护式扶贫的转变。2014年精准扶贫实施以来，"两不愁三保障"的扶贫目标和"五个一批"的脱贫措施与社会保障制度密切相关。中国城乡社会保障基本框架已搭建起来，实现了全覆盖、保基本的主要目标，不仅在保障和改善民生中发挥了基础性作用，也在缩小收入差距、保护人力资本、降低社会风险和保障基本需求等方面发挥着重要的反贫困作用。

为贯彻落实《中共中央国务院关于打赢脱贫攻坚战三年行动的指导

意见》，进一步发挥人力资源社会保障部门职能作用，细化任务措施，压实工作责任，强化工作落实，2018年8月人社部印发了《打赢人力资源社会保障扶贫攻坚战三年行动方案》，通过就业扶贫、技能扶贫、社会保险扶贫、人事人才扶贫等计划，到2020年，通过扩大建档立卡贫困劳动力就业规模、提高就业质量，促进100万贫困劳动力实现就业，带动300万建档立卡贫困人口脱贫。全国各省、自治区、直辖市人社部门积极响应人社部扶贫攻坚战三年行动方案，根据本省情况相继制定了各省2018~2020年打赢人力资源社会保障脱贫攻坚战三年行动实施方案，如甘肃、云南、重庆、海南、安徽、江西、河南等。据统计，截至2019年6月底，全国累计帮扶贫困劳动力就业1081万人。[1]

二 就业与社会保障扶贫的政策进展

（一）就业扶贫

2016~2019年，国家相继制定了多项指导意见和多项行动，助力就业扶贫的开展。2016年12月人力资源社会保障部与财政部、国务院扶贫办发布了《关于切实做好就业扶贫工作的指导意见》，该意见指出要围绕实现精准对接、促进稳定就业的目标，通过开发岗位、劳务协作、技能培训、就业服务、权益维护等措施，帮助一批未就业贫困劳动力转移就业，帮助一批已就业贫困劳动力稳定就业，帮助一批贫困家庭未升学初、高中毕业生就读技工院校毕业后实现技能就业，带动促进1000万贫困人口脱贫。

2017年4月人力资源社会保障部办公厅与国务院扶贫办综合司为贯彻《"十三五"脱贫攻坚规划》，进一步做好就业扶贫工作，根据《关于切实做好就业扶贫工作的指导意见》有关要求，颁布了《关于进一步做好就业扶贫工作有关事项的通知》，指出要遴选一批全国就业扶贫基地，充分发挥就业扶贫基地的示范效应，引领带动更多企业吸纳农村贫困劳

---

[1] 《创新载体把就业最困难群体托住——全国就业扶贫工作综述》，http://www.mohrss.gov.cn/SYrlzyhshbzb/dongtaixinwen/buneiyaowen/201908/t20190813_329450.html。

动力就业；发布就业扶贫基地的用工岗位信息，为各地开展有组织劳务输出、农村贫困劳动力自主求职提供帮助；深入推进扶贫劳务协作，采取切实有效举措，提升协作水平，促进农村贫困劳动力转移就业和稳定就业；大力支持贫困劳动力就地就近就业，支持贫困县创造就业机会，多渠道开发县内就业岗位，促进贫困劳动力就地就近就业。

2018年3月人力资源社会保障部与国务院扶贫办颁布了《关于做好2018年就业扶贫工作的通知》，强调以促进有劳动能力的贫困人口都能实现就业为目标，以完善落实就业扶贫政策措施为抓手，以深度贫困地区为重点，进一步加大力度、精准施策，努力扩大贫困人口就业规模，提高就业稳定性，确保零就业贫困户至少一人实现就业。7月，为推动劳务输出输入工作，促进贫困劳动力就业意愿、就业技能与就业岗位精准对接，提升就业扶贫中劳务组织化程度，人力资源社会保障部办公厅颁布了《关于深入推进扶贫劳务协作提升劳务组织化程度的通知》。9月，为推进深度贫困地区贫困劳动力职业技能培训工作，实现以培训促就业、以就业助脱贫，人力资源社会保障部与国务院扶贫办决定自2018年9月至2020年底，在全国组织开展深度贫困地区技能扶贫行动，并颁布了《关于开展深度贫困地区技能扶贫行动的通知》，努力实现每个有培训需求的贫困劳动力都有机会接受职业技能培训，每个有就读技工院校意愿的建档立卡贫困家庭应往届初高中毕业未能继续升学的学生都有机会接受技工教育，提升职业技能培训，促进转移就业脱贫效果。

2019年3月人力资源社会保障部决定进一步开展人力资源服务机构助力脱贫攻坚行动，加强贫困地区人力资源市场建设，发挥人力资源服务机构在助力脱贫攻坚、提高劳务组织化程度中的重要作用，颁布了《关于进一步开展人力资源服务机构助力脱贫攻坚行动的通知》，旨在充分发挥人力资源服务机构的职能优势，更加聚焦贫困地区特别是"三区三州"等深度贫困地区人力资源市场建设，更加聚焦东西部协作等人力资源流动开发重大课题，努力扩大劳务输出规模，着力提升劳务协作的组织化程度和就业质量。5月，在易地扶贫搬迁工程建设已取得决定性进展、搬迁群众就业压力逐步凸显的情况下，为做好后续扶持的相关工作，人力资源社会保障部与国家发展改革委、财政部、国务院扶贫办颁布了《关于做好易地扶贫搬迁就业帮扶工作的通知》，以多种渠道拓宽就业门路，大规模开展职业技能培训，实施属地就业服务管理，加强组织实施，全力做好搬迁群众的就业帮扶工作，努力促进有劳动能力和就业意愿的搬迁贫困劳动力就业创业，确保其家庭至少一人实现就业。

从省市自治区层面来看，各省、自治区、直辖市人力资源与社会保障部门在就业扶贫方面基于中央政策意见的指导，相继制定了适合本地区特点的帮扶措施，除与中央政策相承接的地方性政策意见以外，具有特色性、亮点性的相关政策及方案主要有以下三方面。

其一，年度就业扶贫行动计划或方案。2016年四川省人社厅制定了《四川省精准就业扶贫实施方案（2016~2020年）》；2018年甘肃省人社厅制定了《甘肃省脱贫攻坚就业扶贫三年行动计划（2018~2020年）》；2018年新疆人社厅制定了《南疆四地州深度贫困地区就业扶贫培训促进计划（2018~2020年）》等。

其二，制度性就业扶贫帮扶方案或意见。在公益岗位扶贫方面，2017年陕西省人社厅制定了《公益专岗安置贫困劳动力就业实施方案》，规范了公益岗位安置任务；2017年广西人社厅印发了《开发乡村公益性岗位助力脱贫攻坚指导意见》，指导各地做好乡村公益性岗位开发工作；2018年海南省人社厅制定了《关于开发就业扶贫公益专岗的指导意见》，旨在积极组织开发就业扶贫公益专岗，确保所有具备劳动能力的建档立卡零就业贫困家庭至少有一人实现就业。在扶贫车间扶贫方面，2018年贵州省人社厅颁布了《关于建设就业扶贫车间促进建档立卡贫困劳动力就业的通知》，旨在通过加强就业扶贫车间等载体建设，吸纳建档立卡贫困劳动力就地就近就业实现脱贫；2018年湖南省人社厅颁布了《关于加快就业扶贫车间建设促进农村贫困劳动力就业的意见》。

其三，东西部协作扶贫方案或意见，此部分政策方案多集中于东部地区。北京市人社局在《2018年北京市扶贫协作和支援合作工作要点》《2018年扶贫协作和对口支援工作任务清单》《北京市扶贫协作和对口支援考核办法（试行）》的基础上制定了《关于进一步做好2018年扶贫协作和支援合作工作的实施意见》，推动人社厅扶贫协作和支援合作工作的有效开展；2018年天津市人社局制定了《天津市人力社保东西部扶贫协作和对口支援三年行动实施方案》，旨在深化对口支援的力度、深度、广度，促进受援地区人力社保事业科学发展，带动促进贫困人口脱贫，有效助推东西部扶贫协作和对口支援地区如期打赢脱贫攻坚战；同年，浙江省人社厅颁布了《进一步推进东西部扶贫劳务协作的通知》，旨在进一步强化东西部扶贫劳务协作，加大政策支持力度，提高对口帮扶精准性，促进中西部地区建档立卡贫困劳动力的稳定就业。

总体而言，就业扶贫的做法主要有以下三个方面。第一，建立健全精准帮扶的就业扶贫政策体系。人社部门会同国务院扶贫办、财政部等相关部门，出台了一系列的指导意见，与扶贫部门共同建立了就业扶贫工作机制，开发建设农村贫困劳动力就业信息平台，自下而上收集和分享贫困劳动力就业信息，支持各地开展精准识别和精准服务，从制度上提供保障。第二，大力开发就业岗位。一方面推动区域间的劳务协作，对于发达地区和不发达地区，促进单位和贫困劳动力对接，帮助更多贫困劳动力找到就业岗位。另一方面，通过开发建设一批扶贫车间、微工厂，配合产业扶贫、项目扶贫的项目推进岗位开发，特别是帮助不方便长期外出务工的贫困劳动力能够在家门口实现就地就近就业。第三，提供技能培训等就业服务。对建档立卡的贫困劳动力在技能提升方面给予更多机会。凡是建档立卡的贫困劳动力，只要有培训的意愿，都尽可能提供就近的免费培训机会。同时，对建档立卡贫困户的"两后生"给予免费就读技工院校、接受技工培训教育的机会，通过技能帮扶，让他们找到更好的岗位，增加收入。

（二）社会保障扶贫

2017年8月人力资源社会保障部与财政部、国务院扶贫办颁布了《关于切实做好社会保险扶贫工作的意见》，明确了社会保险扶贫目标任务，完善了社会保险扶贫政策，强化了社会保险扶贫保障措施。至2018年底，全国31个省（区、市）和新疆生产建设兵团都出台了社会保险扶贫政策文件，同时不同险种积极发挥职能作用，进一步完善政策，为贫困人口提供更好的安全保障网。

社会保险扶贫的目标任务是，充分发挥现行社会保险政策作用，完善并落实社会保险扶贫政策，提升社会保险经办服务水平，支持帮助建档立卡贫困人口、低保对象、特困人员等困难群体及其他社会成员参加社会保险，基本实现法定人员全覆盖，逐步提高社会保险待遇水平，助力参保贫困人员精准脱贫，同时避免其他参保人员因年老、疾病、工伤、失业等原因陷入贫困，为打赢脱贫攻坚战贡献力量。

社会保险扶贫的做法主要有三个方面。第一，在"入口处"降低门槛。尽可能减轻贫困人口的社保缴费负担。对建档立卡贫困人口、低保对象、特困人员等困难群体参加城乡居民基本医疗保险和养老保险时，代缴保费或给予缴费补贴，帮助他们跨过缴费门槛，纳入社会保险制度覆盖范围。第二，在"出口处"提高待遇。地方财政在中央基础养老金的标准上给予进一步补贴，提高了基础养老金待遇水平。并对贫困人口的医疗保障给予特别帮扶，通过基本医保、大病医保、补充医保和医疗救助的政策衔接，多措并举来减少贫困人口的医疗负担。第三，在过程中优化服务。通过加强贫困地区基层经办平台建设，创新管理服务手段，提高管理精度，打造方便快捷的"一站式"服务。通过失业保险援企稳岗，帮助有可能离开岗位、失去岗位的劳动者保留岗位。

2018年出台的《中共中央国务院关于打赢脱贫攻坚战三年行动的指导意见》(以下简称《指导意见》)明确提出了"强化综合保障性扶贫"的最新要求。为了做好综合保障性扶贫工作，《指导意见》还进一步提出了一系列举措，包括完善农村低保制度、加强推进养老保障、保障义务教育、深入实施健康扶贫工程、保障住房安全、加大贫困残疾人帮扶力度等。

综合保障性扶贫并不是对剩余贫困人口简单化地"一兜了之"，而是重点针对那些完全丧失劳动能力或部分丧失劳动能力且无法依靠产业就业帮扶脱贫的贫困人口建立多元化保障，通过综合施策来确保贫困地区特殊贫困人群实现兜底保障，同时也需要在发展生产、增加创业就业机会、金融支持等方面对贫困人口进行持续性、多维度的综合性帮扶,确保各类贫困群体实现稳定增收、增强风险防御能力和可持续的高质量脱贫。

三 就业与社会保障扶贫的实践进展

(一)劳动就业和社会保障的调查状况

1. 劳动就业方面

(1)技能劳动力占比较低

百村调研户问卷调查人口数共23572人,其中16~60岁劳动年龄人口的样本数量共14566个,有劳动能力的为12343人,占调查样本量的84.74%;没有劳动能力的人数为2223人,占比15.26%。有劳动能力的样本中,普通全劳动力占比85.6%,技能劳动力占5.2%,部分丧失劳动力占9.2%,如图1所示。

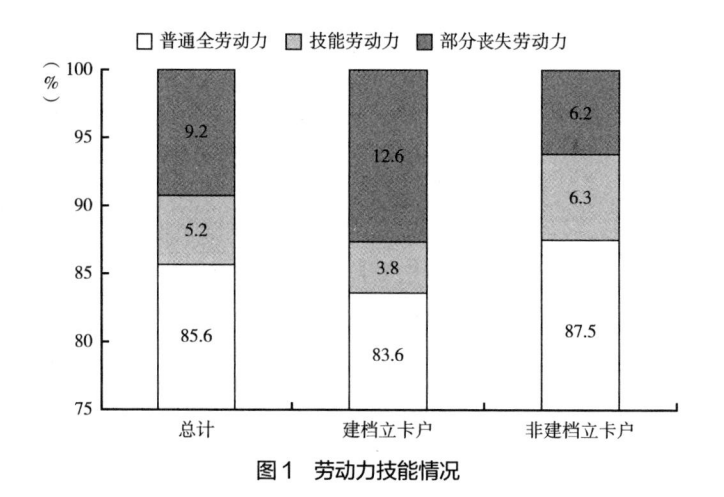

图1 劳动力技能情况

样本劳动力中建档立卡劳动力人数为5750人,占比46.59%,非建档立卡劳动力人数6527人,占比52.88%。相比于建档立卡户和非建档立卡户的劳动力,建档立卡户中技能劳动力占比较低,仅为3.8%;部分丧失劳动力占比较高,为12.6%。非建档立卡户这两个比例分别为6.3%

和 6.2%。从劳动力情况可以看出，农村劳动力中普通全劳动力占据绝对比例，技能劳动力占比较低。

从劳动力学历的数据来看，如图 2 所示，农村劳动力中有 37.6% 的人口上过初中，占比最高，有小学和初中学历的劳动力占比共 73.3%。文盲占比 11.8%，高中学历占比 7.1%，中专（职高技校）占比 3.3%，大专及以上仅为 4.5%。建档立卡户劳动力学历占比最高的为小学学历，占比 39.9%，拥有小学或初中学历的劳动力占比为 74.2%，拥有中专及以上学历的劳动力占比为 5.2%。非建档立卡户劳动力学历占比最高的为初中学历，占比 40.6%，拥有高中及以上学历的占比均高于建档立卡劳动力，尤其在大专及以上学历的劳动力人数超过建档立卡劳动力占比 3.2 个百分点。从文盲程度来看，建档立卡劳动力文盲人数占比要高于非建档立卡劳动力。由劳动力的学历数据可以看出，建档立卡劳动力的学历水平和文化程度整体低于非建档立卡户。

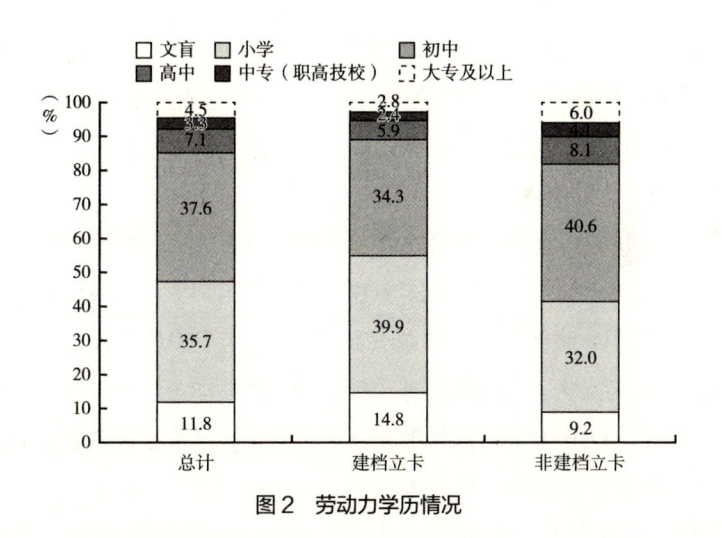

图 2 劳动力学历情况

（2）劳动力呈现老龄化

从劳动年龄人口比重来看，劳动年龄人口占调查样本总量的比重为 62.2%。在 16~60 岁的劳动力年龄人口中，16~26 岁劳动力人口占比 17.4%，27~36 岁占比 25.2%，47~56 岁占比 26.9%，57~60 岁占比 6.08%，其中，47~56岁大龄劳动力占比最高，呈现劳动力老龄化的特点，如图3所示。

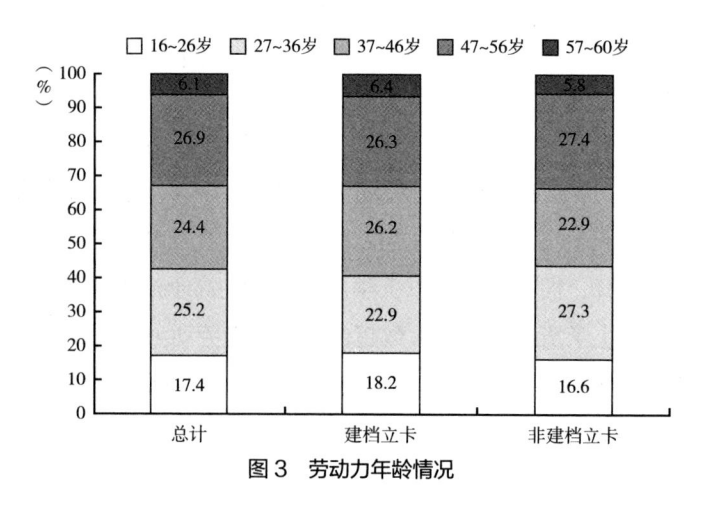

图3 劳动力年龄情况

从建档立卡户和非建档立卡户劳动力的年龄分布情况来看，47~56岁大龄劳动力占比均最高。建档立卡户中，37~46岁的劳动力占比（26.2%）高于非建档立卡户（22.9%），而27~36岁的劳动力占比（22.9%）低于非建档立卡户（27.3%）。

由于劳动力中大龄人口比重较高，从健康状况来看，如图4所示，超过15%的劳动力患有慢性病或大病。其中，建档立卡户劳动力身体状况是健康的78.0%，低于非建档立卡户的85.7%。建档立卡户中患有长期慢性病、大病以及残疾的劳动力占比均超过非建档立卡户的劳动力。从整体上来看，非建档立卡户劳动力的身体健康情况要好于建档立卡劳动力的健康情况。

（3）劳动力从事第一产业为主

通过对样本劳动力就业行业的调查显示，从总体上来看，从事第一产业的劳动力人数最多占比52.1%，其次为第二产业占比28.7%，最后为第三产业占比19.3%，详见表1。具体来看，建档立卡劳动力从事第一产业以及第二产业的比例明显超过非建档立卡劳动力近10个百分点，非建档立卡劳动力从事第三产业的劳动力数量明显超过建档立卡劳动力近10

图4 劳动力健康情况

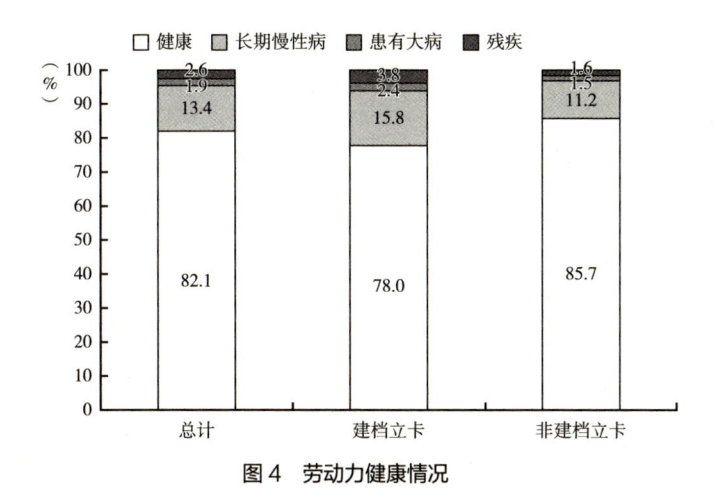

个百分点。其原因主要在于：其一，随着精准扶贫的开展，因地制宜发展了很多种养殖产业，建档立卡劳动力从事农、林、牧、渔的比例更高；其二，建档立卡劳动力的文化水平整体上低于非建档立卡劳动力，因此从事对于技术、能力要求更高的第三产业人数相对较少。

表1 劳动力行业分布

单位：%

产业	行业	总体	建档立卡	非建档立卡
第一产业	农、林、牧、渔业	52.1	55.6	49.1
第二产业		28.7	30.6	27.1
	制造业	8.7	9.7	7.8
	建筑业	17.7	19.1	16.6
第三产业		19.3	13.9	23.8
	批发和零售业	3.1	1.7	4.2
	住宿和餐饮业	4.5	3.9	5.0
	交通运输、仓储和邮政业	2.8	1.6	3.8
	居民服务、修理和其他服务业	4.3	4.2	4.4
总计		100	100	100

从劳动力的工作类型上来看，劳动力为受雇的占比54.3%，为经营的占45.7%。其中，建档立卡劳动力中受雇的比例为57.3%，经营的比例为

42.7%；非建档立卡劳动力中，受雇的比例为51.7%，经营的为48.3%。与非建档立卡劳动力相比，建档立卡劳动力受雇的比例更高（见图5）。

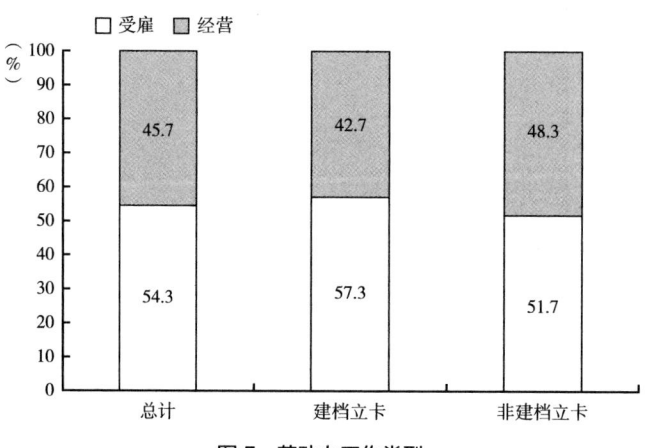

图5　劳动力工作类型

（4）务工劳动力以县外为主

图6描述了务工劳动力的就业地分布情况，总体来看，本地乡镇内务工占29.9%，乡外县内务工占14.1%，县外省内务工占22.6%，省外务工占33.4%。也就是说，超过一半（56%）的务工劳动力选择县外务工。从建档立卡户的劳动力和非建档立卡户劳动力的对比来看，务工选择地的差异并不大，30%左右在乡内务工，超过一半选择县外务工。

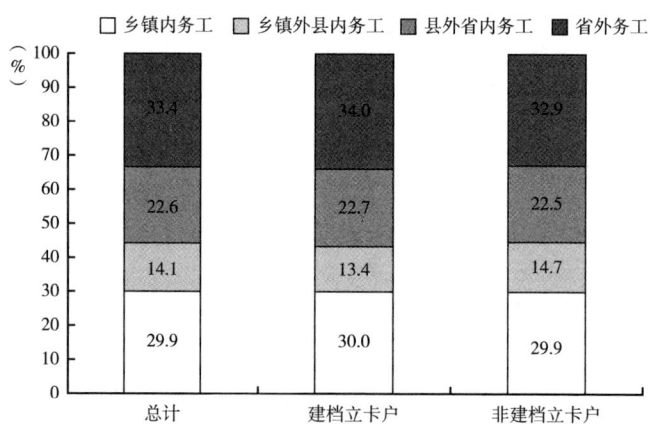

图6　务工劳动力就业地分布

从调查样本劳动力的务工时间来看，如图 7 所示，建档立卡劳动力与非建档立卡劳动力的务工时长中，6~12 个月的占比最多，分别为 64.3% 和 68.4%。建档立卡劳动力务工时间在 6 个月以内的占比高于非建档立卡户劳动力。

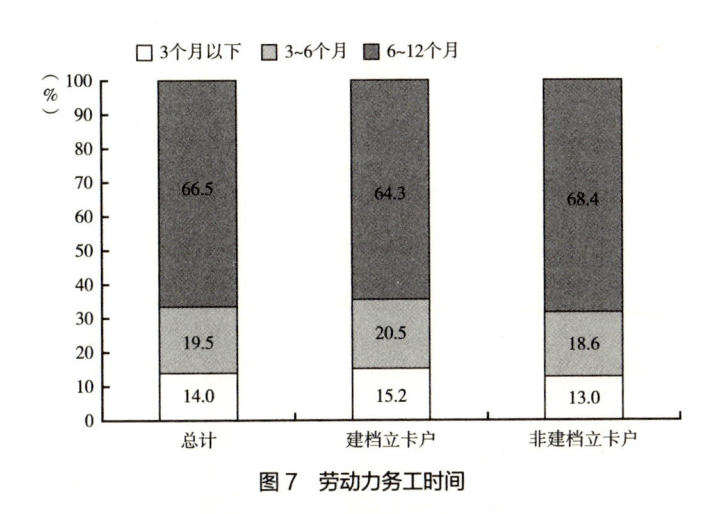

图 7　劳动力务工时间

此外，问卷详细调查了本地常住人口的劳动时间，劳动力在省外打工的务工时间最长，其中建档立卡劳动力为 236.68 天，约 7.9 个月；非建档立卡劳动力为 242.37 天，约 8 个月。从建档立卡户与非建档立卡户劳动力务工时间的对比来看，非建档立卡劳动力在本地自营非农业、本地打零工、本乡镇内固定工资性就业、县内本乡镇外打工或自营、省内县外打工或自营以及省外打工或自营的务工时间均多于建档立卡户，建档立卡户劳动力在本地自营农业的平均时间要比非建档立卡劳动力多近 20 天。由此可见，与非建档立卡劳动力相比，建档立卡劳动力从事农业生产时间的比例较大、时间较长。

（5）劳动收入差距大

从整体上来看，调查劳动力总体的平均年劳动收入为 16619 元，建档立卡户劳动力全年平均劳动收入为 11928 元，非建档立卡户劳动力全年平均劳动收入为 20729 元，约为建档立卡劳动力的 1.7 倍。从具体分类上来看，建档立卡劳动力平均收入最高的分类为工资性收入，为

14318元；其次为非农业经营收入，9615元；最后为农业经营性收入，5051元。非建档立卡劳动力平均收入最高的分类为非农业经营收入（24251元），其次为工资性收入（20742元），最后为农业经营性收入（8690元）。从以上统计数据可以看出，非建档立卡劳动力的收入要明显高于建档立卡劳动力的收入，农业经营性收入在总体收入中的比例较小，建档立卡与非建档立卡劳动力在农业经营性收入上的差距不大，在非农业经营性收入与工资性收入两方面的差距较大（见图8）。

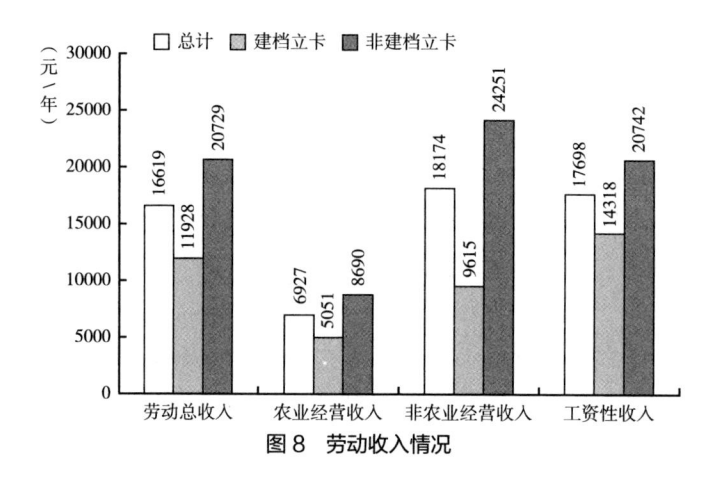

图8 劳动收入情况

2. 社会保障方面

（1）基本医疗有保障

对劳动力的医疗保障情况调查显示，97.6%拥有医疗保障，其中，建档立卡户劳动力中仅有2.6%没有医疗保障，非建档立卡户劳动力中仅有2.3%没有医疗保障。医疗保障的形式主要是城乡居民医疗保险（包括新型农村合作医疗和城镇居民医疗保险），建档立卡户参加新型农村医疗保险的比重高于非建档立卡户（见图9）。

（2）养老保障待提高

对劳动力养老保障情况的调查显示，有75.2%的劳动力拥有养老保障，建档立卡户中有26.0%的劳动力没有任何养老保障，非建档立卡户的

图9 医疗保障情况

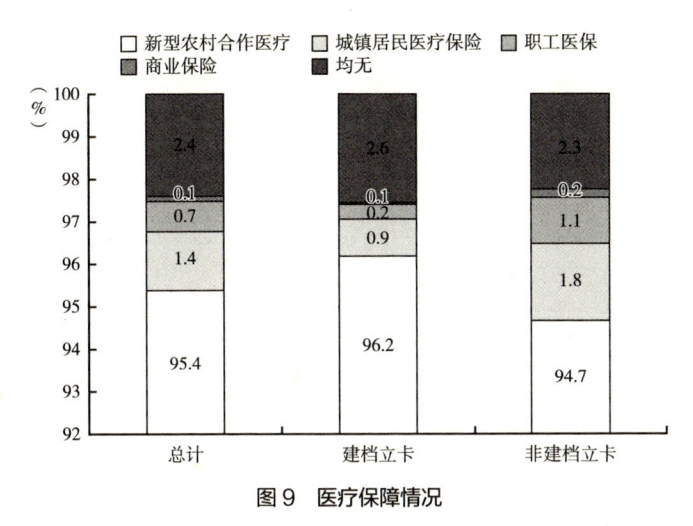

比例为23.9%，总体上来看，非建档立卡劳动力在养老保障方面的情况略好于建档立卡劳动力。具体来看，建档立卡和非建档立卡劳动力中养老保险形式为城乡居民基本养老保险的比例分别为72.5%和71.6%，在城乡居民基本养老保险、城镇职工基本养老保险、商业养老保险、退休金四种养老保险形式中占绝对比例（见图10）。

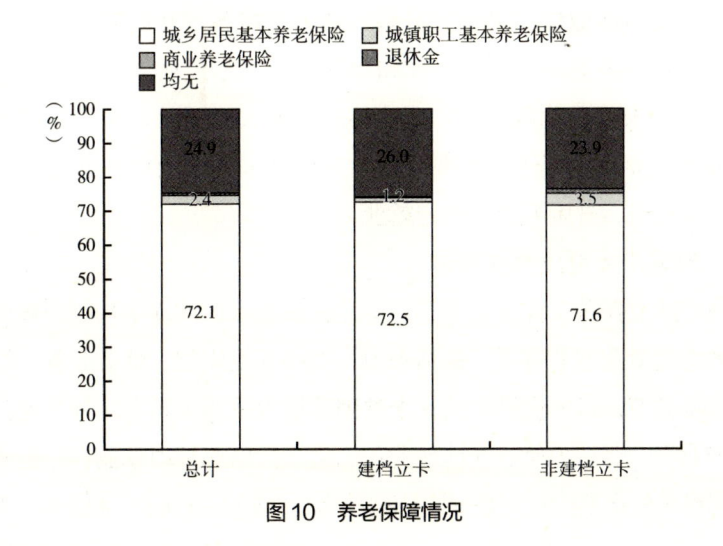

图10 养老保障情况

(3) 其他社会保险覆盖率低

其他社会保险方面，建档立卡劳动力中有工伤保险占 9.87%，有失业保险的占 1.52%，有生育保险的占比 0.85%，有公积金的占比 0.73%；在非建档立卡劳动力中，工伤保险、失业保险、生育保险和公积金的参与率分别为 11.34%、4.40%、3.69% 和 3.19%，均高于建档立卡户的参与情况（见表 2）。

表 2 其他社会保险情况

项目	建档立卡（%）	非建档立卡（%）
工伤保险	9.87	11.34
失业保险	1.52	4.40
生育保险	0.85	3.69
公积金	0.73	3.19

（二）就业扶贫的实践成效

1. 建立就业扶贫工作机制

随着就业扶贫政策体系的逐步完善，就业扶贫的精准性要求日益突出，包括识别精准、帮扶精准和服务精准。人社部门与扶贫部门共同建立了就业扶贫工作机制，定期共享贫困劳动力实名制信息，开发建设农村贫困劳动力就业信息平台并分解下达，支持各地开展精准识别、精准服务。通过精准对接、劳务协作和政策扶持，不仅要促进有就业意愿和就业能力的未就业贫困人口和非建档立卡的农村低保对象、贫困残疾人转移就业，而且要促进已实现就业的建档立卡贫困人口和非建档立卡的农村低保对象、贫困残疾人稳定就业。

2. 形成四大就业帮扶渠道

随着就业扶贫工作全面展开，就业扶贫重点领域逐步从劳务输出为主转向多渠道就业创业并重。概括来说，围绕开发岗位、就业服务、提升技能等重点环节，目前促进建档立卡贫困劳动力就业主要有四种渠道：一是发展产业吸纳劳动力就近就地就业；二是支持创业带动就业；三是通过劳务协作组织外出就业；四是开发公益性岗位托底安置就业。此外，"雨露计划"等职业教育和技能培训为这四种渠道有效发挥作用提供支撑。

各地在实践中不断创新就业扶贫措施。在促进就地就近就业方面，创新设立扶贫车间、就业驿站、社区工厂、卫星工厂等就业创业新载体；在引导外出就业方面，探索省内劳务协作、重大项目与贫困县结对子等劳务协作新渠道；在托底安置方面，开发助残员、护理员、护林员等各类就业扶贫公益性岗位；在就业服务方面，探索开展远程招聘、定向共享岗位信息等多种服务手段。同时，遴选了一批就业扶贫基地，动员各类用人主体积极参与就业扶贫；征集并推广一批劳务品牌，以品牌促对接，带动有组织劳务输出。

3. 政策支持覆盖三类主体

2016年以来，政府相继出台了一系列与就业扶贫相关的政策文件，形成了一套专门针对贫困劳动力就业的精准帮扶政策，对发展扶贫车间吸纳、支持返乡创业带动、开展有组织劳务输出、开发公益性岗位安置都有专门的支持政策措施。政策体系覆盖就业扶贫工作涉及三类主体，包括各类用人单位、各类服务主体和就业创业的贫困劳动力。一是通过政策支持，鼓励企业等各类市场主体更多地吸纳贫困劳动力就业。二是通过提供各项保障，鼓励贫困劳动力参与就业创业或者培训活动。三是通过补助等形式，鼓励中间服务机构优先向贫困劳动力提供就业服务。

（三）社会保障的减贫成效

社会保障作为国民收入再分配的重要工具和一项由政府主要担责的反贫困制度安排，在体系建设不断完善的同时，其减贫功能经历了从单一社会救助的救济式扶贫到以社会救助、社会保险和社会福利相结合的保护式扶贫的转变。2014年精准扶贫实施以来，"两不愁、三保障"的扶贫目标和"五个一批"的脱贫措施与社会保障制度密切相关，社会保障已成为中国精准扶贫体系的重要支柱。如最低生活保障等社会救助通过保障基本生存产生最直接的减贫作用，医疗保险、养老保险等社会保险通过降低致贫风险发挥预防和消除贫困的作用，社会福利通过提升福利水平和增强发展能力产生缓解贫困作用。

四 就业与社会保障扶贫面临的问题

（一）就业扶贫方面

1. 贫困地区产业发展和扶贫载体发展对就业脱贫的支撑能力有限

贫困地区的经济发展普遍滞后，产业基础十分薄弱，受限于自然条件、地理位置等因素，富民产业的选择和培育较为艰难。就业扶贫载体发展对就业脱贫的支撑能力有限，难以带动贫困劳动力就近就地就业的充分实现。扶贫车间、卫星工厂等扶贫载体的建设和发展中存在一些制约因素，比如生产方式落后、产品单一、附加值不高，或者生产经营不稳定。龙头企业、专业合作社等经营主体规模小、组织化程度低、利益联结松散，辐射带动群众增收就业脱贫的作用有限。

2. 贫困劳动力在产业升级结构调整大环境下的就业创业能力低下

贫困劳动力大都受教育水平低、缺乏劳动技能，有的伴有残疾或者身体不健康。人力资本的匮乏使这些贫困人口接受和消化新事物、新技术的能力弱。尽管各地针对贫困劳动力组织了不少培训，但是培训效果总体上仍不理想，培训内容与劳动力以及企业用工双向脱节，参与者多数被动参与，无法真正掌握技能。随着就业结构的调整，农村低技能劳动力转移就业的空间将变得更狭窄，针对这部分人群的就业扶贫任务还非常艰巨。

3. 扶贫车间和公益岗位等措施的常态化机制尚未建立，就业可持续性面临考验

在扶贫车间工作的劳动力大多年龄偏大、文化技能水平偏低、需要照料家庭，公益岗位由政府部门根据当地经济社会发展需要创造出来，提供给难以通过市场化方式实现就业的贫困劳动力。这些措施只是解决了部分贫困劳动力的短期就业目标，其长期的管理和岗位开发仍存在一些问题。以公益岗位为例，公益性岗位的开发和设置由各地区自行组织和管理，一些地区开发数量较多，存在对于公益岗位托底就业的依赖；岗位设置具有时效性，主要着眼于完成2020年的脱贫目标，之后的岗位计划与人员安排还都是未知数；公益岗位的资金部分来自相关行业部门的管护经费，部

分来自地方扶贫资金或其他资金，资金来源没有制度化。不解决好公益岗位合理设置和扶贫车间长期发展的问题，依赖于公益岗位托底就业或者扶贫车间临时就业群体的就业可持续性和脱贫稳定性将面临考验。

4. 劳务组织化程度低，就业服务不到位，不利于保障就业的稳定性

尽管各地都自上而下建立了转移就业和就业扶贫的体制机制，但是调查发现，农村剩余劳动力大多是通过亲戚朋友介绍或者跟随外出就业，通过劳务中介组织或公共服务介绍就业比例很低。这与贫困地区劳务产业市场发育不成熟、就业服务体系不完善不无关系，贫困地区的就业服务机构在引导贫困劳动力转移就业中发挥的作用不够。人力、物力、财力的缺乏导致就业服务机构获取信息来源渠道有限、运作手段相对落后、服务范围小。由于缺乏监管，一些劳务中介组织存在着损害劳动者利益的现象，信誉度差。一些贫困劳动力外出后，无法适应当地的工作和生活环境，或者在劳动报酬和社会保险方面遇到侵权时，就业服务机构不能及时提供心理疏导、政策咨询或临时援助等服务。也有部分外出人员担心家里的留守儿童和老人等照看问题，不能安心在外就业。贫困地区劳动力就业服务的不完善，不利于保障转移就业的稳定性。

（二）社会保障减贫方面

1. 分割的制度安排阻碍反贫困效果的充分发挥

由于缺乏对整个社会保障体系的统筹安排和科学设计，社会救助、社会保险与社会福利三大基本制度的发展阶段不一致，社会救助和社会保险的发展较为迅速，且社会救助制度的兜底保障和减贫作用日益显著，而社会福利体系的发展仍然滞后，减贫作用微乎其微。各项制度自成一体，独立运行，且制度整合存在巨大阻力，造成社会保障"兜底"能力不强。尽管社会保障基本实现了全覆盖的目标，但由于城乡分割和统筹层次低，一些保障项目不能及时适应人口流动和城镇化加速发展的需要，"福利缺位"的现象依然存在，如仍然欠缺对农民工、失地农民、失独老人、留守人员等群体应有的保护。

2. 保障资金的不足和保障水平的低下将直接制约其减贫能力的加强

在社会保障支出中，地方政府承担了大部分的财政责任。受制于地方

财政能力的约束，为了实现全覆盖的基本目标，大部分地区的社会保障水平都不高，尤其是在中西部地区，而这些地区恰恰是脱贫攻坚的主战场。各级政府的社会保障财政责任不明确，是导致社会保障财政投入不规范的重要原因。近年来，中央政府不断加大转移支付，但是在经济发展进入新常态的背景下，社会保障实践面临着福利刚性增长与财力增速减缓的矛盾。

3. 与其他反贫困政策的衔接不足抑制政策减贫合力的形成

当前中国整个反贫困体系内容较多，涉及产业发展、金融扶持、生态保护、易地搬迁、教育就业、社会救助等多个领域，需要多个部门分工协作、共同完成。但由于不同部门之间管理体制的差异，社会保障政策与其他反贫困政策在实施过程中仍然缺乏有效的衔接，多领域、多主体之间反贫困协作治理能力的薄弱抑制了政策减贫合力的形成。如农村低保与扶贫开发两项制度的衔接中，由于制度设计和运行机制的不同，两项制度在反贫困过程中的工作对象和具体措施各有侧重，各地的衔接程度主要取决于地方的贫困状况、财政能力、脱贫攻坚的整体规划等，没有形成应有的政策合力。

4. 地方经办管理能力的薄弱限制减贫效率的提升

社会保障减贫效率的高低在很大程度上取决于基层经办管理能力。但是在落后地区，基层工作人员数量不足、专业素质不高、硬件设施条件差、工作经费有限，直接导致社会保障政策难以有效落实。此外，贫困地区基层人员的工作积极性不高，对社会保障的参与和精准扶贫工作的宣传推广仍然不够，限制了社会保障减贫效率的提升。

五 强化就业与社会保障减贫的对策建议

（一）完善就业扶贫的建议

1. 促进产业扶贫与就业扶贫的协同，拓宽本地产业吸纳就业的空间

通过深化农业供给侧结构性改革，立足贫困地区资源禀赋、产业基础和市场需求，加强金融、科技、人才等支撑体系建设，构建富民产业体系，积极开发旅游扶贫和电商扶贫，加快推进农村第一、第二、第三产业融合发展。持续培育壮大贫困地区种养大户、农民合作社、龙头企业等新型经营主体，以带贫作用作为扶持依据，发挥新型经营主体的带动作用。完善扶贫车间、卫星工厂等扶贫载体建设和发展，充分挖掘市场前景好、适合贫困地区发展、符合贫困人员技能特点并且可分散转移加工的项目，实现产业链布局优化，并充分利用信息化优势，搭建网上对接平台，实现扶贫载体与产业项目的高效对接。

2. 提高就业培训效果，建立就业激励机制，增强就业能力

就业扶贫要与教育扶贫、技能扶贫等加强政策之间的系统性与衔接性，建立就业扶贫的激励和约束机制，激发贫困人口就业的主动性，并且更加关注贫困劳动力技能水平的提升以及服务业领域就业的适应性。提高技能培训的精准度，深入了解贫困家庭劳动力就业意愿、培训需求以及企业的用工需求，开展多层次、多形式的培训，包括实用技术培训、岗位技能提升培训、订单培训、定岗培训等，避免出现培训岗位与需求脱节的情况，培训内容也要及时适应产业结构转型对较高技能劳动力需求的变化，防止出现贫困户有意愿、企业有岗位但贫困户难以胜任岗位职责的尴尬现象。技能培训要与扶智、扶志相结合，在技能培训过程中要加强就业意识、就业权益和保障方面的培训内容。在少数民族地区要持续开展普通话培训，提高少数民族贫困人口的语言适应和交往能力，提升贫困群众的文化素养和贫困地区的文明程度。规范管理各类培训机构，切实保障各项就业培训政策的贯彻落实，确保培训资金的到位和各项培训补贴的发放，避免培训效果因组织不到位而大打折扣。

3. 建立就业扶贫的长效化机制，确保就业可持续性

建立扶贫车间等载体吸纳就业和公益性岗位托底就业等就业扶贫措施的长效化机制，发挥其安置就业的稳定作用及其他溢出效应。针对扶贫车间等扶贫载体，可结合乡村振兴战略，布局产业发展和载体建设，发挥市场作用，吸纳部分劳动力实现中长期稳定就业。合理开发和设置一批有长期需求的岗位，如保洁保绿、养老服务、留守儿童照料等，以提供相对稳定的就业机会。加强公益岗位就业人员的培训和管理，制定考勤办法和奖惩规则，加强公益岗位就业的规范性。合理制定公益岗位的工资标准，并保障公益岗位资金来源的长期制度化。公益岗位扶贫具有类似"以工代赈"的性质，其工资标准应参考公共工程项目的劳动报酬标准，既不能过低而影响公益岗位就业的扶贫对象实现脱贫，也不能过高而扰乱正常的劳动力市场秩序。

4. 加强劳务协作，通过做好就业服务保障就业稳定性

加强扶贫劳务协作，打造就业服务"一条龙"，在促进转移就业的同时要注重提高贫困人口的就业质量及其就业稳定性。通过搭建就业信息交流平台加强劳务信息化协作，及时发布贫困劳动力信息和招聘岗位信息，在劳务输出地和输入地做好供需对接，提高匹配效率。将就业服务下沉到基层，使交通、通信不发达的地区也能及时掌握就业扶贫岗位信息，为贫困劳动力提供免费的政策咨询、岗位信息、职业指导和职业介绍等服务，提高就业政策的可及性。深化劳务协作和就业服务的内容，打造并推广劳务品牌，从实现就业向稳定就业、高质量就业转变。在劳务输出地，不仅转移就业要有组织保障，还要建立对劳务输出家庭的服务保障机制，通过邻里帮扶或者政府购买服务等方式，协调解决外出人员家庭中留守老人、留守儿童的照料以及家庭其他应急困难，尽可能免除外出就业人员的后顾之忧。在劳务输入地，也要做好贫困劳动力转移就业的跟踪服务，及时提供政策咨询、应急维权、临时援助等服务，切实维护贫困劳动力在劳动报酬、社会保险等方面的合法权益，避免因为劳动纠纷打消其就业的积极性。

（二）增强社会保障减贫作用的建议

1. 通过进一步优化制度安排增强社会保障反贫困的整体效应

以全面脱贫攻坚为契机，加强社会保障体系的统筹安排和科学设计，着力改变目前多种制度各自为战的状态，全面建成多层次的社会保障体系，建立健全社会保障反贫困机制。通过加强社会救助的瞄准有效性，进一步发挥其最为基础的兜底保障和减贫功能；通过扩大社会保险的覆盖面和待遇水平，增强其预防和消除贫困的作用；通过社会福利事业的发展和完善，提升社会福利的可及性和减贫空间；通过提高统筹层次和加强多部门协调，促进社会救助、社会保险和社会福利政策的融合，适应人口流动和城镇化建设的需要，从而充分发挥社会保障制度的整体反贫困效果。

2. 通过完善多级财政分担机制、提高保障水平来增强减贫能力

厘清政府与市场、中央政府与地方政府以及地方各级政府的社会保障责任，完善多级财政分担机制，增强社会保障制度的财政支持能力，提高保障水平，是增强社会保障减贫能力的重要举措。通过深化税制改革提高地方政府的财政创收能力；中央政府要适当提高财政责任的分担比例，优化财政补贴结构，特别是加大中央财政对农村社会救助、农村养老和医疗的补贴标准和比例。提高社会保障项目资金，特别是社会保险基金的保值增值能力，并且动员更多社会力量与市场资源参与社会保障体系建设，不断壮大社会保障的物质基础。

3. 通过加强社会保障与其他反贫困政策的有效衔接促进减贫合力的形成

在精准扶贫的思路下，以贫困对象的致贫原因和脱贫需求为导向，打通政策"梗阻"，构建多领域、多主体之间的反贫困协作治理体系，形成各方力量各司其职、各展其长、责任共担的机制，发挥政策的减贫合力，确保社会保障兜底脱贫的可持续性。如在易地扶贫搬迁实施过程中，注重各项社会保障的转移续接，避免因保障不足而导致新的贫困。在深度贫困地区，在加大社会保障脱贫力度的同时，加强基础设施建设以及教育扶贫和健康扶贫的协作力度，通过提升贫困者的自我发展能力来摆脱贫困，并且切断贫困的代际传递。

4. 通过提高基层经办管理人员的业务能力来提升减贫效率

针对人员不足的问题，建议增加民生事务领域的工作人员编制，并提升基层工作人员的待遇水平。加强对乡镇干部和基层工作人员的知识、政策和工作技能培训，包括家计调查、动态管理、资金监督、政策解读等方面，提高其工作能力和专业素质。保障必要的工作经费，避免因为经费不足导致工作无法开展的情况。通过提高基层经办管理人员的业务能力，来提高社会救助的瞄准有效性和社会保险的覆盖情况，进而提升社会保障的减贫效率。

专题五 贫困村教育现状、教育扶贫成效及建议

一 教育扶贫意义及历程

教育扶贫是"造血式"的"智力扶贫",是最有效的脱贫方式之一,也是阻断贫困代际传递的根本途径,体现了社会公平正义。我国教育扶贫由来已久,从2013年实施精准扶贫战略以来,进入了教育精准扶贫阶段。教育精准扶贫实践充分贯彻落实教育扶贫政策,全面提高贫困人口的教育权益和脱贫技能。

(一)教育扶贫的内涵与意义

早期人们对贫困的认识仅局限在收入和物质生活范畴,伴随着人类社会发展,人们逐渐认识到贫困不仅表现在收入和物质方面的缺乏,还表现在行为能力的缺乏。教育的缺失就是行为能力剥夺的贫困表现之一,是比收入贫困更深层的贫困。[①] 针对教育贫困开展的教育扶贫,是指针对贫困人口进行教育投入和教育资助服务,使贫困人口掌握脱贫致富的知识和技能,通过提高当地人口的科学文化素质来促进当地的经济和文化发展,并最终摆脱贫困的一种扶贫方式。

教育扶贫是最有效推动地区经济增长、提高个人收益的扶贫方式。教育扶贫通过教育、培训等投资方式提高贫困人口的素质和能力,从而

---

① 阿马蒂亚·森:《以自由看待发展》,任赜等译,中国人民大学出版社,2002。

提高贫困人口的人力资本。人力资本具有很高的回报率，是经济增长的主要动力。教育扶贫带来的贫困人口人力资本增加，体现在社会收益方面为提高国民创造财富的能力、提升地区整体的经济发展水平，体现在个人收益方面为增加个人收入，减少家庭贫困。世界银行研究表明，随着劳动者平均受教育年限从6年，提高到6~9年，再到9~12年，相应个人的平均收入指数从100，增加到130和208；而贫困发生率则从16%下降到7%和2.5%。[1] 我国贫困地区教育投入与农民收入变化的实证研究也表明，相比其他扶贫方式，教育投入的收入弹性系数是最高的，[2] 这充分肯定了教育扶贫的有效性。

教育扶贫是阻断贫困代际传递的根本途径。首先，教育扶贫可以阻断贫困文化的代际传递。贫困文化是贫困阶层所具有的一种独特生活方式，它可以通过儿童社会化得以传递，是贫困长期存在的主要根源。[3] 教育扶贫通过改变贫困人口的价值观及其生活方式，激发其内生发展动力，进而摆脱贫困。其次，教育扶贫可以阻断贫困的恶性循环。阿马蒂亚·森将贫困视为一种能力欠缺与剥夺，从各维度的剥夺情况来看，贫困家庭成员受教育剥夺的程度最深。[4] 教育扶贫通过提供全面优质的教育与培训，提高贫困人口的文化素质与技能水平，提升其"造血"能力，实现个体自由发展，阻断贫困代际传递。

教育扶贫体现教育公平和社会公平。由于历史、文化、自然环境等方面的影响，贫困地区和贫困人口的教育长期以来都处于较为落后的水平，国家的教育投入也相对不足。实施教育扶贫，就是要通过教育资源向贫困地区倾斜，弥补过去对贫困地区在教育投入方面的历史欠账，缩小贫困地区与国家的整体教育差距，实现区域间、城乡间的教育公平。

---

[1] 世界银行：《从贫困地区到贫困人群：中国扶贫议程的演进——中国贫困和不平等问题评估》，2000。
[2] 彭妮娅：《教育扶贫成效如何？——基于全国省级面板数据的实证研究》，《清华大学教育研究》2019年第4期。
[3] 袁利平、张欣鑫：《教育扶贫何以可能——多学科视角下的教育扶贫及其实现》，《教育与经济》2018年第5期。
[4] 陈志钢、毕洁颖、吴国宝、何晓军、王子妹一：《中国扶贫现状与演进以及2020年后的扶贫愿景和战略重点》，《中国农村经济》2019年第1期。

此外，通过教育扶贫，帮助贫困人口实现个人发展，促进社会底层人群的阶层流动，消除社会中的不平等，从而体现社会的公平正义。

（二）教育扶贫的历程

教育扶贫在我国由来已久，在国家整个扶贫开发体系中的重要地位日益凸显。从新中国成立至今，教育扶贫基本可以分为三个阶段：第一个阶段是1978年改革开放前30年；第二个阶段是改革开放到2013年精准扶贫战略提出；第三个阶段是精准扶贫阶段以来的教育精准扶贫。

第一阶段，新中国刚成立的30年，面对基础教育发展极端落后和成人文盲率高的困境，教育扶贫的主要内容是解决学龄儿童入学和成人扫盲问题。1949年，我国小学入学率仅有20%左右，80%以上的成年人口是文盲，农村地区文盲人口比例更高。在农村地区，国家采用政府和集体共同分担教育经费的方式，基本形成了生产大队办小学、公社办中学、"区委会"办高中的农村教育格局，农村教育事业取得显著成效。到1978年，小学学龄儿童入学率从20%增加到94%，初中毛入学率从3.1%增加到66.4%。[1] 针对工农兵文盲率高的基本国情，通过开办工农速成中学、半工半读学校、业余学校、夜校等方式，在全国范围内兴起扫盲识字运动，文盲半文盲比例迅速下降，1982年第三次人口普查显示15岁以上人口中文盲半文盲的比例为34.5%。[2] 这一阶段，我国农村办学机构数量、中小学入学率、文盲下降比例都实现质的突破，为农村贫困地区人口通过教育实现脱贫奠定了扎实的基础。

第二阶段，改革开放后，随着国家大规模有计划的扶贫行动的正式启动，教育扶贫的专项政策陆续出台，教育扶贫的理念与行动机制日益完善。1984年，中共中央、国务院下发《关于帮助贫困地区尽快改变面貌的通知》，该文件首次提出"教育扶贫"的概念，文件指出将重视贫困地区教育、"增加智力投资"作为解决贫困的重要路径；1994年《国家八七扶贫攻坚计划》明确将改变贫困地区落后的教育状况作为攻

---

[1] 教育部：《2018年全国教育事业发展统计公报》，2018。
[2] 齐艺莹、董辉：《1990年中国文盲半文盲人口状况分析》，《人口学刊》1993年第5期。

坚目标之一，教育扶贫获得了制度保障。这一阶段，教育扶贫的具体行动主要包括农村贫困地区基础教育普及、教育资助和社会捐助、农民扫盲和成人教育、农民科学技术培训。1995年第一期"国家贫困地区义务教育工程"启动，到2000年底中央和地方共投入126亿元，成为投入最大、规模最大的义务教育扶贫工程；[1]1989年中国第一项救助贫困地区失学儿童专项资金"希望工程"成立，到1996年，动员社会力量与地方共同投资建设希望小学2574所。[2]济困助学走向正规化和制度化，针对贫困地区学生的奖学金、贷学金、勤工助学、特困生补助、义务教育等政策，以及社会捐助等政策不断完善，1997~2000年国家设立贫困地区义务教育助学金1.3亿元，资助学生占比增加。2000年我国全面实现九年义务教育，2007年各地农村义务教育阶段学生全部免除学杂费，免费教科书覆盖范围不断扩大。成人扫盲方面，国务院颁布《扫除文盲工作条例》，把扫盲教育纳入依法治教的轨道，到2012年15岁及以上人口中文盲率下降到5%以下。[3]此外，国家大力开展科技推广应用行动，如"星火计划""丰收计划""燎原计划"等，提升农民的科技应用能力；开展职业教育扶贫行动，如实施"雨露计划"帮助贫困地区劳动力参加技能培训并实现就业脱贫。

第三阶段，2013年精准扶贫战略实施以来，教育扶贫作为整个精准扶贫战略体系中的基础组成部分，政策体系日趋完善，扶贫行动紧密开展。2013年教育部等七部门联合出台《关于实施教育扶贫工程的意见》，教育扶贫上升到国家战略的高度，教育扶贫工程全面展开。2014年，"发展教育脱贫一批"成为精准扶贫战略所包含的"五个一批"之一，明确了教育扶贫在精准扶贫体系中的基础地位。此后，一系列的教育扶贫专项政策、规划等密集出台，教育扶贫进入了精准扶贫阶段。教育扶贫专项政策构建起从学前教育发展、义务教育普及、职业教育协作、特殊教育提升、民族教育开展、教师队伍支持、薄弱学校建设等全方位的政策

---

[1] 司树杰等主编《中国教育扶贫报告（2016）》，社会科学文献出版社，2016。
[2] 付民主编《中国政府消除贫困行为》，湖北科学技术出版社，1996。
[3] 国家统计局：《中国统计年鉴（2013）》，中国统计出版社，2013。

支持体系。①教育扶贫顶层设计更加清晰,政策配套更加完善,实现了对全学段、全类型和全地区教育的覆盖,政策内容也更加强调"分类指导,精准施策",教育扶贫行动获得重大进展。②

(三)精准扶贫以来的教育扶贫实践

精准扶贫以来,教育扶贫作为精准脱贫攻坚战略的重要举措之一,针对贫困地区分阶段、分层次、分对象的精准政策更加完善,相应指标也更加精准细化。教育精准扶贫实践充分贯彻落实教育扶贫政策,发挥教育在减贫中的目标与手段双重属性作用。教育扶贫实践主要有以下几个方面。

第一,扩大教育资助范围,实现困难家庭学生资助全覆盖。教育扶贫构建了从学前教育到高等教育的家庭经济困难学生"全覆盖"的资助体系,力争让贫困生"一个都不少"。建档立卡的贫困生可享受各类教育资助金、学费、书费、营养改善计划资金、寄宿生生活补助、国家助学金、国家助学贷款等补贴或政策优惠。2012~2018年,我国学生资助金额累计10906.6亿元,累计资助学生(幼儿)6.19亿人次。③

第二,控辍保学,提高各个教育阶段的入学率。近年来,通过免除学费、现金转移、提供学校营养餐、加大基础设施投入等多项举措,2018年我国学前教育毛入园率已经达到81.7%,义务教育巩固率达到94.2%,高中阶段教育毛入学率达到88.8%。④高等教育方面,每年定向招生专项计划面向集中连片特困地区招生1万名左右的普通高校学生;高等医疗教育资源也向农村倾斜,开展农村订单定向医学生培养计划。

第三,加大基础设施建设,全面改善贫困地区义务教育阶段薄弱学

---

① 姚松、曹远航:《70年来中国教育扶贫政策的历史变迁与未来展望——基于历史制度主义的分析视角》,《教育与经济》2019年第4期。
② 付昌奎、邬志辉:《教育扶贫政策执行何以偏差——基于政策执行系统模型的考量》,《教育与经济》2018年第3期。
③ 付卫东、曾新:《十八大以来我国教育扶贫实施的成效、问题及展望——基于中西部6省18个扶贫开发重点县(区)的调查》,《华中师范大学学报》(人文社会科学版)2019年第5期。
④ 中国教育在线:《2018年基础教育发展报告》,2018。

校基本办学条件。通过实施农村初中校舍改造、农村寄宿制学校建设、教学点数字教育资源全覆盖等一系列重大工程项目，全面改善14个集中连片特困地区中592个国家扶贫开发重点县（区）的义务教育学校基础设施。2014~2017年，中央财政累计投入专项资金1336亿元，带动地方投入2500多亿元，"改薄工程"作为义务教育学校建设史上财政投入最大的单项工程，显著改善了贫困地区义务教育学校的软硬件。①

第四，改善乡村教师生存和发展状况。我国目前有1500多万名教师，其中330多万名为乡村教师。为了提高乡村教师的福利待遇，鼓励教师到乡村执教，国家出台了乡村教师支持计划、对连片特困地区的乡村教师给予生活补助等政策。2013年开展农村校长助力工程，2014年启动实施中小学校长国家级培训计划，提升边远地区农村校长专业能力和管理水平。

第五，重视职业教育，以就业为导向，开展职教扶贫。通过政策倾斜、财政补贴、东西部职业院校合作扶贫等，提升贫困家庭劳动力的职业技能和择业能力。2014年以来，职业教育进入大发展阶段，全国有1.23万所职业院校，在校生达到2682万人；② 到2016年，中职毕业生初次就业率连续9年超过95%，高职毕业生半年后就业率连续3年超过90%，实现了职教扶贫目标。③

第六，开展贫困成年人教育培训，通过继续教育、职能技术培训等，提升农村贫困劳动力的文化素质和劳动技能。成人教育扶贫政策主要包括"雨露计划"、"阳光工程"技能培训、农业劳动力转移培训、"两后生"职业技能培训和农民夜校等。各地区积极开展农业技术、经营管理等方面的培训，以及农业劳动力转移实用技术培训，为农民脱贫致富提供智力帮助。

第七，加快学校信息基础设施建设，推广优质数字教育资源应用，通过信息化手段促进贫困地区优质教育资源共享。一些贫困县与发达地

---

① 教育部、财政部：《今年底完成贫困县全面改薄任务》，2017。
② 檀学文：《中国教育扶贫：进展、经验与政策再建构》，《社会发展研究》2018年第3期。
③ 教育部：《中职毕业生初次就业率连续9年超95%》，2016。

区学校开展远程实时交互教学，彻底解决了农村教学点"开不齐、开不好"课的现实难题。

二 贫困村庄的教育现状

本报告利用中国社会科学院 2016~2018 年在全国近百个村庄开展的"精准扶贫精准脱贫百村调研"，围绕"教育扶贫"问题，系统分析全国贫困村庄的教育现状、教育扶贫开展情况及取得的成效、面临的难点，并提出相应的政策建议。根据教育扶贫的对象特征及扶贫内容，可以分为两大类：第一类是针对在校学生开展的教育扶贫，旨在保障贫困家庭在读学生的入学率和教育质量；第二类是针对成年劳动力开展的技能培训或职业教育，旨在提高成年劳动力的劳动技能和劳动收入。第二类有专门的"技能扶贫"专题报告介绍，所以本报告将以在校学生的教育扶贫为主。

调查受访户家庭人口中共有 21.9% 的家庭人口正在接受学校教育，即受访家庭中近 1/5 的人口都是在校学生，其中 17% 的学生就读学前阶段，41.2% 的就读小学，19.4% 的就读初中，9.4% 的就读高中，4.2% 的就读中职/高职，8.8% 的就读大专及以上。以下将按照不同教育学段分析学生的受教育情况，以及学校、教师、教育经费几方面的总体情况。

（一）义务教育阶段，入学率仍略低于全国平均水平

义务教育阶段是指小学和初中两个教育阶段，"百村调研"发现，贫困村庄处于该阶段的学龄儿童入学率仍然略低于全国平均水平。"百村调研"中共有义务教育阶段学龄儿童 2512 人，[①] 全部学生就学状态可以分为四种类型（见表 1）。第一种是正常就读中小学，占比为 91.8%；第二种是延迟上学，仍在读幼儿园或学前班的，占比为 4.2%；第三种是提前上学，即现在已经就读中等职业学校或已经完成初中学业毕业

---

① 义务教育阶段学龄儿童是指在调查当月，年满 6 周岁到 15 周岁，并且考虑到每年 9 月份开学，结合儿童出生月份统计出的学龄儿童。有 8 名儿童教育信息缺失，未统计在内。

离校的，占比为2.2%；第四种是未上学或已经失学辍学，占比为1.8%。贫困村义务教育阶段学龄儿童正常入学和提前入学的总比例为94%，入学率低于全国平均水平。[①] 导致贫困村义务教育阶段学龄儿童入学率低的两个主要原因是学生延迟上学（4.2%）或失学辍学（1.8%）。

表1 贫困村义务教育阶段学龄儿童受教育情况

项目	人数（人）	占比（%）				
		全部家庭	建档立卡贫困户	非建档立卡	男生	女生
中小学	2307	91.8	92.1	91.6	92.4	91.1
幼儿园或学前班	104	4.2	2.9	5.4	3.8	4.5
中等职业学校或已初中毕业离校	56	2.2	2.5	2	1.8	2.6
未上学或已失学辍学	45	1.8	2.5	1	2	1.7
整体	2512	100	100	100	100	100

资料来源：中国社会科学院"百村调研"。本报告所有资料来源均为此。

失学辍学的儿童中，建档立卡贫困户家庭子女占比大于非建档立卡家庭，但家庭经济原因并非失学辍学的最大原因，而因厌学弃学的占比最高。建档立卡家庭未上学或失学辍学的占比是2.5%，而非建档立卡家庭子女该占比为1%；男生的失学辍学率（2%）略高于女生（1.7%）。45名失学辍学的学生中有36名填写了具体失学辍学原因，其中约1/3的是因为厌学导致，近1/5是由于上学费用高，近1/20是由于家庭缺少劳动力，两者相加由于家庭经济条件而失学辍学的占比合计为1/4，可见家庭经济原因并非失学辍学的最大原因。有33名未上学或失学辍学的学生填写了去向，其中63.6%待在家里，12.1%外出务工，还有15.2%的在家务农。这些义务教育阶段的学龄儿童，提前离开学校之后，都未能接受专业的技能培训提升人力资本水平，未来就业、收入以及贫困的代际传递问题都非常值得担忧。

---

① 教育部公布的《2017年全国教育事业发展统计公报》显示，2017年，全国小学儿童净入学率为99.91%，初中阶段的毛入学率为103.5%。

（二）学前教育阶段，建档立卡贫困户家庭子女入学率低，女孩入学率更低

学前教育阶段，建档立卡家庭中的女孩入学率是所有群体中最低的。"百村调研"中共有793名3~6岁处于学前教育阶段的学龄儿童，① 去掉88名已经就读小学的学生，剩下的705名学前教育阶段的学龄儿童中81.9%的正在接受学前教育（见表2），已经超过了全国2017年的毛入园率水平。② 分家庭类型来看，建档立卡贫困户子女中该年龄段接受学前教育的比例为75.4%，明显低于非建档立卡户11.8个百分点。分性别来看，所有学前教育阶段学龄的男生，接受学前教育的占比为82.5%，多于女生1.3个百分点。如果结合家庭类型和性别综合来看，非建档立卡户家庭男生和女生接受学前教育的占比基本一致，分别为87.1%和87.3%，男生占比还略低于女生；但是建档立卡贫困户家庭中，男生相比女生接受学前教育的占比高出近5个百分点，男生为77.3%，而女生为72.7%，明显低于整体水平。可以看到，贫困村庄学前儿童入学率的性别差异主要存在于建档立卡户家庭中，建档立卡贫困户家庭的女童依然是接受学前教育的弱势群体。

表2 贫困村不同家庭类型不同性别学前教育学龄儿童接受学前教育情况

项目	男生（%）	女生（%）	全体（%）
全部家庭	82.5	81.2	81.9
建档立卡户	77.3	72.7	75.4
非建档立卡户	87.1	87.3	87.2

（三）高中教育阶段，建档立卡贫困户家庭子女未上学或失学比例高，主动弃学占比最高

高中教育阶段，贫困村学生的入学率低于全国平均水平，建档立卡

---

① 学前教育阶段学龄儿童是指在调查当月，年满3周岁到6周岁，并且考虑到每年9月份开学，结合儿童出生月份统计出的学前教育阶段学龄儿童。
② 教育部公布的《2017年全国教育事业发展统计公报》显示，2017年全国学前教育毛入园率为79.6%。

贫困户家庭子女未上学或失学比例高，就读中职的比例高。"百村调研"中共有高中教育阶段学龄学生691人，[①] 全部就学状态可以分为四种：第一种为在读普通高中，共占59.6%；第二种为在读中等职业学校，占比为17.2%；第三种为高中毕业离校，占比为13.9%；第四种为未上学或中途失学，占比为9.3%。就读普通高中和中等职业学校的占比合计为76.8%，低于全国2017年高中教育毛入学率10个百分比以上。[②] 分家庭类型来看，建档立卡贫困户家庭就读普通高中的占比为57.9%，低于非建档立卡家庭4.1个百分点；就读中等职业院校的占比为19.5%，高于非建档立卡家庭5.5个百分点；未上学或中途失学占比为10.4%，高于非建档立卡家庭2.9个百分点。分性别来看，女生中就读高中的占比为62.1%，高于男生该占比4.5个百分点；男生未上学或中途失学的占比为10.7%，高于女生2.9个百分点。高中阶段，就入学率来看，贫困村庄的男生相比女生存在明显劣势（见表3）。

表3 贫困村高中教育阶段学生接受教育情况

项目	人数（人）	占比（%）全部家庭	建档立卡贫困户	非建档立卡	男生	女生
普通高中	412	59.6	57.9	62	57.6	62.1
中等职业学校	119	17.2	19.5	14	17.7	16.4
高中毕业离校	96	13.9	12.2	16.4	14	13.6
未上学或中途失学	64	9.3	10.4	7.5	10.7	7.8
整体	691	100	100	100	100	100

和义务教育阶段类似，高中教育阶段未上学或中途失学的最大原因仍然是厌学，并且他们当中接受培训的占比很低。高中教育阶段中，首先是一半的学生由于自身厌学而中途弃学，其次30%是由于家庭经济困难（包括上学费用高26.4%和家庭缺少劳动力3.8%），最后是学生健康

---

① 高中教育阶段学龄学生是指在调查当月，年满15周岁到18周岁，并且考虑到每年9月份开学，结合学生出生月份统计出的该阶段学龄学生。有22名学生教育信息缺失，未统计在内。
② 教育部公布的《2017年全国教育事业发展统计公报》显示，2017年全国高中教育毛入学率为88.3%。

问题占到13.2%。未上学或失学的学生中41.5%的待在家里,41.5%的外出务工,务农的占9.4%,仅有1.9%的正在参加培训。

(四)高等教育阶段,入学率显著低于全国水平,建档立卡贫困户家庭的男生入学率最低

高等教育阶段,贫困村学生的入学率显著低于全国平均水平,并且男生的入学率更低。高等教育阶段分为本专科和研究生阶段,仅以本专科阶段的入学率为例,"百村调研"中共有该年龄阶段1365人,[①]而就读大专及以上的仅占到22.1%(见表4),仅为全国2017年高等教育毛入学率的一半水平。[②] 如果考虑到研究生阶段的入学率,那与全国整体水平差距将更大。分家庭类型来看,建档立卡贫困户家庭子女该学龄阶段就读本专科的占比为20.5%,低于非建档立卡户家庭3.3个百分点。分性别来看,男生仅有17.4%的就读本专科学校,低于女生近10个百分点。综合家庭类型和性别来看,建档立卡贫困户的男生是所有群体中就读本专科比例最低的,仅有15.6%,不仅低于本类型家庭女生10个百分点,也低于非建档立卡户家庭男生4个百分点。高等教育入学率的性别差异和学前教育完全相反,建档立卡户家庭的男生成为入学率最低的群体,这和高中阶段男生入学率低、中途失学率高有密切关系。

表4 贫困村本专科学龄阶段学生接受高等教育情况

项目	男生(%)	女生(%)	全体(%)
全部家庭	17.4	27.1	22.1
建档立卡户	15.6	25.6	20.5
非建档立卡户	19.4	28.8	23.8

---

① 本专科教育阶段学龄学生是指在调查当月,年满18周岁到22周岁,并且考虑到每年9月份开学,结合学生出生月份统计出的该阶段学龄学生。
② 教育部公布的《2017年全国教育事业发展统计公报》显示,2017年全国高等教育毛入学率为45.7%。

（五）学校量少且质不足，师资队伍整体素质不高，与全国水平有较大差距

贫困村庄由于交通条件不便、经济发展落后、"撤点并校"政策大规模实施等原因，现有的学校数量不仅少，办学质量也不高，师资队伍优质资源配置不足、整体素质不高等问题比较突出。就学校数量来看，"百村调研"中58.4%的村庄没有幼儿园，有公办幼儿园的村庄仅占1/5；几乎一半的村庄没有小学，现存的村小学中有31%为四年级及以下的教学点。就学校质量来看，村小学中近1/4的没有联网电脑，超过1/10的没有单独校舍。教师队伍中，还有8.5%的教师是民办老师，本科学历的老师仅占到近1/3，专科学历的老师占到一半左右，两者合计84.2%，不仅低于全国整体水平11.1个百分比，也低于全国农村水平9.6个百分比[①]。

（六）学费负担重，因学致贫占比高

"因贫失学"已经不是学生失学辍学的最主要问题，但是因学费负担重而导致的家庭经济困难，或"因学致贫"现象却不容忽视。"百村调研"的受访建档立卡贫困户中，选择最主要的致贫原因为"上学"的比例占到了9.6%，排列在所有原因中的第五位。在其他致贫原因中，选择"上学"的占比也达到了14.3%。可见"因学致贫"现象比较严重。2017年，贫困村学前教育、义务教育、高中教育阶段一个学生每年的平均教育费用[②]分别为2771元、1985元和5841元（见表5）。2017年国家贫困线标准为3000元/人，按照此标准，学前教育、义务教育和高中教育的一个学生每年教育费用就分别相当于贫困线标准的92.4%、66.2%和194.7%，大大超出了贫困地区家庭的支付能力范畴。并且学前教育阶段1/3的学生就读于民办幼儿园，其教育费用比公办幼儿园高出900元/（年·人）。高等教育阶段的教育费用则更高，基本上一个大学生的教育费用每年都要上万元。分家庭类型来看，学前教育阶段建档立卡贫困户家庭的学前

---

① 教育部公布的《中国教育概况——2017年全国教育事业发展情况》显示，2017年全国小学专科及以上学历教师比例为95.3%，农村为93.8%。http://www.moe.gov.cn/jyb_sjzl/s5990/201810/t20181018_352057.html。

② 教育费用包括直接费用（学费、书本费、住校费、在校伙食费）和间接费用（交通费、校外住宿伙食费、陪读者费用等），以及赞助费、借读费等额外费用（仅2.5%的学生有此费用）。

儿童教育费用还高于非建档立卡户家庭子女，这是由于他们居住更加偏远，学前教育产生的交通、陪读费用更多。因此，相对贫困村庄家庭的经济收入，学生的教育费用相对高昂，直接加剧了"因学致贫"。

表5 贫困村各教育阶段学生平均教育费用

项目	建档立卡户 [元/(年·人)]	非建档立卡户 [元/(年·人)]	全部家庭 [元/(年·人)]
学前	2864	2721	2771
公办幼儿园	2484	2457	2466
民办幼儿园	3532	3269	3367
义务教育	1950	2022	1985
高中	5732	5959	5841

注：为了避免极值影响，学生教育费用不包括最高和最低5%区间的统计值。

三 贫困村庄教育扶贫的措施及效果

根据国家和地方的教育扶贫规划，同时结合"百村调研"各地各村的教育扶贫实践，以下将主要围绕教育资助、"控辍保学"、基础设施建设、乡村教师队伍建设以及职业教育扶贫五方面介绍贫困村教育扶贫的措施及效果。可以看到，教育精准扶贫实施以来，建档立卡贫困户家庭子女享受到了全方位、全阶段的教育资助，获得了更多的教育机会，贫困地区的学校基础设施建设明显增强，师资队伍发展进步，职业教育有效开展。

（一）全面实施国家教育资助政策，并适时提高资助范畴和标准

教育资助政策包括为在校学生提供的与上学相关的费用减免、补助和直接资助政策。各地严格执行国家规定的基本教育资助政策，全面覆盖建档立卡贫困家庭学生资助体系保障措施。针对建档立卡家庭学生，各个教育学段的学生都享受到了教育资助政策。学前教育阶段，按照

"地方先行、中央补助"的原则确定各地学前教育资助政策，对接受普惠性学前教育的家庭经济困难学生进行资助。义务教育阶段，在免除学杂费、教科书费的基础上，为建档立卡贫困家庭寄宿生提供补助金，补助标准为小学生每生每年1000元，初中生每生每年1250元；非寄宿生从2019年秋季学期开始纳入补助范围，补助标准按照寄宿生生活补助标准的50%核定；并为国家试点地区农村义务教育阶段学生提供营养膳食补助，补助标准为每生每年800元。"百村调研"村庄现有村小中，有近3/4（73.81%）可以提供午餐，其中近80%提供免费或有补助的午餐。高中阶段，建档立卡贫困家庭普通高中生和一、二年级的中职学生免除学杂费，并提供国家助学金，平均资助标准为每生每年2000元。高等教育阶段，通过发放国家助学贷款、助学金、奖学金等实现学费、生活费、住宿费补助全覆盖，如为建档立卡贫困家庭学生按照年生均本科生4000元、硕士生6000元、博士生13000元的标准发放国家助学金；提供免担保、免抵押信用贷款，本科生、研究生每年最高不超过8000元、12000元。

各地在落实国家资助政策的基础上，还结合自身教育基本情况和财政条件，进一步拓展教育资助范畴，加大资助力度，确保学生不因家庭经济困难而失学辍学。广西、西藏等地对建档立卡贫困家庭子女实施从学前至高中（含中职）教育阶段15年免费教育政策。学前教育阶段，针对建档立卡贫困家庭学龄儿童，较多省区市实施了免除保教费或者免费学前教育政策，学前教育资助标准最高达到年生均2000元（如福建省）。一些地区提高了高中阶段建档立卡贫困户家庭学生的助学金标准，比如湖北省、福建省将高中生的助学金标准提高至年生均3000元，广西则提高到3500元。高等教育阶段，一些地区对建档立卡贫困户家庭学生扩大资助范畴并提高资助标准，如甘肃省对就读省内高职（专科）院校学生按照每学年4500元的标准免除（补助）学费和500元的标准免除（补助）书本费，陕西省对高职在校生除享受国家教育资助政策外，每人再一次性给予3000元扶贫助学补助，山东省按照最高每年8000元标准免除高等教育学费。中西部省区市对建档立卡家庭入读大学新生发放

500~1000元入学资助，解决入校报到的交通费和入学后短期生活费。除了国家和地方政府对建档立卡贫困户家庭学生的教育资助外，一些慈善机构、企业、学校、村委会等也都积极参与，进一步加强学生资助的社会力度。比如何畈村所在的河南省光山县2017年由河南省慈善总会、光山县慈善总会等共同发起慈善活动，捐资89万元，对158名建档立卡贫困户高中生、大一新生进行资助。广东省丰顺县的西厢村村委会大力争取各级单位的资金支持，为该村建档立卡贫困户中子女在校就读学生33人发放每人每年6000元的生活补助，极大地减少了贫困家庭的教育支出。

"百村调研"数据显示，因学致贫的贫困户中有58.7%获得了公共服务和社会事业（教育、低保、医疗）等政策帮扶，并且超过60%的贫困户认为帮扶效果比较好或非常好。以江西省万安县的寨下村为例，全村共有建档立卡贫困户127户431人，2016年享受教育扶贫政策的有53人，共发放资金8.3万元，其中学前教育5人、小学20人、初中10人、高中15人、高职3人；2017年享受教育扶贫政策的有48人，共发放资金8.6万元，其中学前教育2人、小学18人、初中12人、高中10人、高职6人。寨下村无论是义务教育阶段还是大中专高等教育阶段的学生，都没有出现因为教育费用高而辍学失学的。

（二）加强贫困生"控辍保学"，降低显性和隐性辍学率

学生教育资助政策的全面实施取得了非常显著的效果，基本上达到了教育扶贫提出的基本承诺，做到了保障每个适龄学生不因经济困难而失学，但值得关注的是，在如今的贫困农村地区，还有极少量的显性辍学和大量的隐性辍学现象存在。学生的隐性辍学率是指学生因为厌学而不参与正常的教育教学活动，虽然身体处于学校和课堂中，但心思游离于课堂之外。初中阶段的男生隐性辍学率更高，这也是高中和高等教育阶段，男孩全面落后的重要原因。这不仅和贫困地区留守儿童较多、家庭教育缺失有关，同时也和贫困地区教育质量不高有关。"百村调研"结果显示，3~18岁的孩子中，超过1/3（33.7%）的没有和父母同时生活在一起，超过1/5（21.4%）的没有和父母任何一方生活在一起。45.8%的学生家长认为学校条件一般或比较差，14.8%的学生家长对孩子的学习成绩不满意。

"百村调研"发现，针对贫困地区学生厌学、弃学等问题，各地实施了一系列措施，也开展了一些活动，从而加强贫困生的"控辍保学"。比如灯塔村所在的陕西省安康市白河县从2017年秋季开展"教师结对帮扶贫困学生"专项行动，以建档立卡等贫困家庭学生为重点，在学校完成正常教育教学任务的基础上，师生间开展经常性帮扶活动，激发贫困学生成才志向、帮扶贫困学生学习生活、关怀贫困学生心智情感，从根本上消除贫困学生的厌学弃学情绪，降低辍学率。江西省万安县的寨下村村委会签订了"控辍保学责任状"，村主任为"控辍保学"的第一责任人，把责任具体落实到人，实行"家访制度""异动学生跟踪制度"等，随时随地和可能失学辍学的学生沟通联系，及早发现并避免学生失学辍学；另外，每学期镇政府组织人员对各村"控辍保学"工作进行督导评估，评估结果与该村的责任人评先评优挂钩，将学生义务教育及教育扶贫工作落实到位。一些地方还特别针对留守儿童开展了关爱帮扶活动，比如华阳村所在的重庆市石柱县积极实施"农村留守儿童帮贫助困专项行动计划"，不定期开展农村留守儿童义卖募捐公益活动，为贫困留守儿童提供生活、学习资助，开展寒暑假贫困农村留守儿童大家访、大慰问活动，组织任课教师、"红樱桃妈妈"等深入贫困儿童的家庭开展学业辅导和心理疏导，解决贫困留守儿童生活和学习困难。甘肃省临洮县老庄村连续开展了三年的"文化扶贫夏令营"，将大学生志愿者请进山村，与山村中小学生共同生活、学习，激发山里孩子的学习热情和动力。

（三）加强学校基础设施建设，重组教育资源，提高教育质量

通过加强学校原有基础设施建设，或重组区域内教育资源，从根本上改善贫困农村地区的基础教育办学条件，增加基础教育资源供给，从而提高贫困家庭子女接受基础教育的机会和质量。仅2015~2017年，"百村调研"发现有超过一半（56.9%）的村庄开展过村内学校的公共建设，合计投入2710.5万元，学校的硬件设施得到了极大改善。

教育资源重组即包括学校的撤并，也包括学校的新建。比如地处湖南省湘西土家族苗族自治州凤凰县高寒山区的追高来村，其一、二年级的教学点于2017年9月被撤并，只保留了学前教育。撤并学校后学生所在的新学校教学规模扩大，学校的硬件设施配备和师资力量也更加完备合理，学生获得了更加优质的教育资源。同时，为了解决集中办学后产生的额外教育费用（住宿费、交通费、伙食费等）给农村家庭带来的经济负担，2017年秋季起凤凰县进一步提高了对各年龄段学生的补贴标准，确保农村家庭的学生在享受同等优质教育资源的同时，不因教育费用上涨而产生"因学致贫"问题。受访的追高来村学生家长表示对于追高来村教学点的撤并问题，村民的态度经历了一个由拒绝、担忧到赞同、支持的转变。学校的新建主要体现在移民搬迁村，比如地处"苦瘠甲天下"之称的宁夏西海固连片贫困区同心县的三山井村，是一个生态移民村，在进行生态移民之前，村里孩子上学要翻过几个山头，不仅时间成本大，学校地处偏僻，教学质量也不高，因此适龄儿童辍学率比较高。在移民搬迁后，村里建成民办公助幼儿园1所，建筑面积达1530平方米；小学1所，建筑面积2430平方米，教学硬件水平明显提升。此外，考虑到移民村面积大、家长接送幼儿不方便，当地政府还为村里的幼儿园配备了校车。易地扶贫搬迁后三山井村的教育可得性和质量明显增强，家长对教育的重视增强，满意度也提升，几乎没有再出现失学辍学的学生。再如，宁夏回族自治区永宁县境内最大的生态移民村原隆村，移民搬迁后新建幼儿园1所，园内有三层标准化教学楼1座，在园幼儿269名，幼儿入学率达98%以上；新建回民小学1所，校内配有舞蹈室、音乐室、美术室、电脑室、图书室、科学实验室等教室，在校学生737人，入学率98%以上。

（四）重点开展乡村教师队伍建设，提升教师素质能力

加强贫困地区教师队伍建设是教育扶贫的重要组成部分。国家资源逐步向农村地区倾斜，乡村教师的薪资待遇有了大幅改善，教师队伍稳定性增强。2017年乡村教师生活补助首次实现了集中连片特困地区县的

全覆盖。有针对农村教师的调查显示,县、乡、村中学一级教师每月实发工资分别为 3248 元、4097 元、4155 元,乡村教师每月实际收入水平已高于县城教师。[①]"百村调研"中广西壮族自治区凌云县石漠化山区的初化村小学教师工资 10 年前仅为 500 元 / 月,比外出务工的人员工资还低,而到 2017 年调查时该小学校长的工资能达到 1 万元 / 月,普通老师也能达到 7000~8000 元 / 月,扣除五险一金,可支配收入大约为 5000元 / 月,不仅高于外出务工人员,也高于当地县城老师,乡村教师的职业吸引力大大增强。83.5%的乡村教师愿意继续留任乡村学校任教,乡村教师队伍稳定性明显加强。

乡村教师队伍结构进一步优化,教师素质能力明显提升。近年来,通过"特岗教师计划"等教师补充计划吸引了一大批本科学历甚至研究生学历的教师到农村任教,不仅提高了农村教师的整体素质能力,而且新进补充教师年龄一般在 30 岁以下,极大地改善了农村中小学教师年龄偏大的状况,增强了乡村教师队伍的生机和活力。比如宁夏回族自治区永宁县原隆村新建小学教师共 43 人,其中青年教师占 90% 以上,学校教师队伍结构明显年轻化。

通过开展教师培训、交流、评价、奖励等活动,增强教师激励,提高教师专业化发展水平。长期以来,国家持续性地针对少数民族地区、贫困地区开展教师培训行动、师资支援行动,精准扶贫以来,教师的培训、交流、支援等行动更加密集,教师发展更加专业化。"百村调研"中,新疆维吾尔自治区准噶尔盆地东缘的边陲牧场北塔山牧场学校每年都要组织教师去北京、上海、广州、天津、重庆等城市的优质中小学培训,同时每年也有内地教师到校援助,对口交流,提升师资水平;宁夏回族自治区永宁县原隆村幼儿园的 35 名教师中,累计 25 人次都参加过学前教师培训;广东省丰顺县西厢村的帮扶单位每年下拨 1 万元,资助西厢村小学开展"奖学奖教"活动,奖励优秀教师推动西厢村的教育建设。

---

① 邬志辉、秦玉友主编《中国农村教育发展报告 2019》,北京师范大学出版社,2019。

（五）大力开展职业教育扶贫行动

除了教育资助、基础教育外，职业教育也是教育扶贫的重要内容。职业教育扶贫更加注重技能培养，尤其针对贫困地区初中、高中毕业未升学的"两后生"的职业教育或技能培训，希望通过教育提升他们的技能和素质，为进入劳动力市场储备更优化的人力资本。职业教育扶贫行动主要包括四个方面：一是职业学校针对贫困地区的招生；二是"雨露计划"；三是职业教育帮扶农村劳动力转移计划；四是职业教育帮扶农民工学历与能力提升计划。后两部分将主要体现在"技能扶贫"专题报告中，本专题报告将以学生类的职业教育为主，聚焦前两个方面。

精准扶贫阶段以来，国家出台了一系列政策，加大对贫困地区职业教育的扶持，比如《现代职业教育体系建设规划（2014~2020年）》明确提出，加快贫困地区职业教育发展，完善职业教育资助政策体系，完善东中西部对口支援机制等。东西部中等职业学校开展联合招生、合作办学，规模保持在年均30万人左右。新疆、西藏每年都有近3000名初中毕业生到内地免费就读中职班，生均经费补助标准提高到每生每年15000元；四川省藏区也有"9+3"免费教育，每年组织1万名"两后生"到内地优质职业学校接受三年中等职业教育，同时办好藏区中职学校，使藏区内中职年招生规模发展到4000人。"9+3"计划实施以来，四川藏区初中毕业生升学率由70%提高到90%左右，藏区青年受教育年限大幅度增加，整体素质得到提升。[①]"百村调研"中的腊月山村就处于四川藏区的丹巴县，该村受访的16~18岁的学生共15名，其中5名就读于免费中等职业学校，"9+3"计划得到了村民的普遍认可。

"雨露计划"是教育扶贫的一个专项计划，旨在引导家庭困难的本科、高职高专、中职中专学生接受学历教育，提高自我发展能力，阻断贫困的代际传递。2015年，"雨露计划"扶持对象逐步扩展到建档立卡贫困户家庭子女，普通高校本科学生每人可一次性获得5000元补助；接受职业教育的学生每人每学期可获得助学补助1500元。"百村调研"中共

---

① 《八万学子圆梦职校　助力民族地区腾飞》，《光明日报》2020年1月4日。

有 55 个村庄的 1822 人接受过"雨露计划"资助,平均每村 33 人;其中 19 个村有"两后生"参加了"雨露计划"资助,共 171 人,平均每村近 10 人。比如"百村调研"的重庆市石柱县华阳村,2015 年共有 4 名"两后生"接受涪陵信息技术学校、黔江职业技术学校和涪陵电脑学校的汽修和数控专业教育,在提升学历教育的同时也增强了未来就业脱贫的技能保障。

四　教育扶贫面临的难点

精准扶贫以来,贫困村庄的教育扶贫取得了显著的成效,但是也仍然面临着一些难点,比如学前教育的入学问题、义务教育中的隐性辍学问题、非义务教育阶段的教育支出问题、教育扶贫带来的新的不公平问题等,这些都需要引起更多的关注。

(一)学前教育是贫困农村地区教育发展的"短板"

由于历史欠账多、发展基础弱,学前教育仍是各阶段教育中的薄弱环节;受制于自然、经济、地理条件等原因,贫困农村地区学前教育更是教育发展的"短板"。从"百村调研"来看,建档立卡贫困户家庭子女(尤其是女孩)学前三年入园率明显低于非建档立卡家庭,也低于全国平均水平;有 1/3 的学前入学儿童就读于收费更高的民办幼儿园,即使入学公办幼儿园,教育费用支出也远超义务教育阶段。我国学前教育公共财政性投入整体处于不足的状态,2017 我国学前财政性教育经费仅占教育财政经费的 7.65%,低于学前三年毛入园率在 80% 以上国家的平均水平(9.67%)。[①]

(二)义务教育阶段的隐性辍学问题不容忽视

目前我国农村义务教育发展属于外延式发展,基本解决了办学条件

---

① 龚欣、李贞义:《贫困地区农村学前教育的发展困境与突围策略——基于 41 所农村幼儿园的实证研究》,《行政管理改革》2019 年第 6 期。

和显性辍学问题，但无法解决农村学生，尤其是初中生隐性辍学问题。[①] 从"百村调研"的结果来看，学生因厌学而弃学的占比已经成为最终显性辍学率的头号原因，高于家庭经济原因，尤其是男生厌学弃学的比例更高，而东北师范大学农村教育研究所对农村初中生辍学的调查显示，学生厌学的主要原因是教育质量低下。[②] 虽然各地也采取了很多积极措施来"控辍保学"，包括加强师生沟通联系、增加对农村留守儿童关爱、强化控辍保学组织责任等，但学校教育质量无法大幅提高仍然会最大限度地影响到农村学生的隐性辍学。

（三）非义务教育阶段的"因学致贫"仍然严峻

非义务教育阶段教育费用相对贫困户家庭的人均收入占比仍然很高，甚至超出了支付能力，"因学致贫"问题仍然十分严峻。"百村调研"中就读幼儿园、高中、大学的生均年教育费用基本相当于3000元贫困标准线的1倍、2倍、3倍以上。虽然很多地方针对建档立卡家庭子女实行12年、15年免学费教育，但是非义务教育阶段能够覆盖全部或大部分教育费用的地区还是少数。尤其是扣除学费等直接教育支出外，包括集中办学后带来的租房陪读、交通等间接教育支出增大，目前的教育扶贫政策都无法覆盖这些支出。因学导致家庭经济负担加重，从而影响到适龄子女接受正常的教育。从建档立卡贫困家庭子女较低的学前、高中、高等教育入学率就可以看到，经济因素仍然是影响非义务教育阶段入学率的重要因素之一。

（四）教育扶贫带来的新的教育不公平问题

精准扶贫的最大特征就是将扶贫单元定位到家庭，识别出贫困家庭，精准教育扶贫的政策享受对象一般都是建档立卡贫困户家庭子女或特殊困难家庭子女，而其他家庭子女虽然经济条件略好甚至无显著差异，但也无法获得教育资助，这带来了新的教育不公平现象。本调研的样本村都是事

---

① 朱新卓、刘焕然：《农村初中生隐性辍学的文化分析》，《教育科学》2015年第4期。
② 邬志辉：《农村义务教育质量至关重要》，《教育研究》2008年第3期。

实上的贫困村，非建档立卡家庭的经济收入虽然高于建档立卡家庭，但是两类家庭差距并不是十分巨大，而且两类家庭经济收入相比国家平均水平都很低，都应该获得相应的政策扶持。比如山西省吕梁地区兴县的沙壕村非建档立卡家庭 2016 年人均纯收入为 5890 元，建档立卡家庭贫困户为 4469 元，都远远低于全国农村居民人均可支配收入 12363 元。如果两类家庭同时有一个高中生和一个大学生上学，贫困户一年仅教育补助一项就达 6000 元以上，而非建档立卡家庭几乎分文未补。以公平的名义支持脱贫的教育扶贫政策，在贫困村却产生了新的最大的不公平。

五 教育扶贫的有关政策建议

通过对教育扶贫问题的分析可以看到，解决学生上学资金是教育扶贫的起点；通过提高教育质量来提高学生的学习兴趣和学习成绩，降低厌学失学的学生数量，是教育扶贫的过程；通过全面高质量的教育，提升贫困人口的人力资本，提高贫困人口的经济社会收益，实现能力脱贫和收入脱贫，是教育扶贫的终点。针对目前教育扶贫出现的一些难点，本文提出了一些对应的政策建议，包括继续加强学前教育公共投资，努力提升义务教育质量，加大非义务教育阶段扶持力度，增加普惠性教育资助和政策倾斜以提升教育扶贫的公平性。

（一）加强学前教育公共投资，提高贫困家庭子女学前教育入园率

学前教育是教育体系和终身学习的开端，对于儿童后期的学习、成长都具有不可替代的作用；学前教育在促进社会公平中的基础性与补偿性作用也十分显著。《国家中长期教育改革与发展规划纲要（2010~2020 年）》明确提出，要重点发展农村学前教育，支持贫困地区发展学前教育；2018 年《中共中央国务院关于实施乡村振兴战略的意见》也强调发展农村学前教育。我国农村学前教育虽然经过几轮"学前教育三年行动计划"取得了显著进步，但仍然是教育发展的"短板"，未来国家应将新增教育经费向学前教育倾斜，加大公共财政性投入，支

持社会力量办园，健全学前教育资助制度，切实保障贫困家庭学前儿童基本的教育需求。

（二）提升义务教育阶段教育质量，减少农村学生的隐性辍学率

义务教育阶段学生隐性辍学的原因很多，提高教育质量是避免隐性辍学的根本策略。教育质量低下表现在很多方面，比如学校管理死板、寄宿生活单调、课程资源匮乏、教师教学质量不高等，这些都在一定程度上导致了农村学生学习困难、成绩不良、丧失学习兴趣并最终辍学。只有通过提高质量才能吸引农村学生喜欢课堂、融入课堂，让他们能够"上好学、促成长"，从而减少隐性辍学率，防患于未然，真正做到"控辍保学"。并且只有义务教育质量的提高，才能为加快发展高中教育提供稳定基础。此外，教育扶贫还要突破学校教育范围，应更多关注家庭教育和社会教育，对于贫困户家庭，通过定期开家长会、进行家访，带学生到校外参观、访问、参加志愿活动，请校外人士到校交流、合作等，全面促进农村学生成长。

（三）加大非义务教育阶段教育扶贫力度，提高贫困家庭子女入学率

义务教育阶段重在提质量，而非义务教育阶段目前来看仍然是重在提数量。贫困家庭，一方面学前教育阶段女孩的入学率最低，另一方面高中教育阶段男孩的入学率最低，这和家庭经济困难都有直接的关系。现有的教育扶贫政策对于非义务教育阶段虽然也有覆盖，但是范围和力度都有待继续突破，也应加入性别视角，尤其需要根据教育实际出台更加具有创新性、精准性的教育扶贫政策，增强对不同教育阶段更加弱势群体的帮扶措施和关注力度，从而提高贫困家庭全部子女的入学率，彻底阻断贫困代际传递。

（四）增加普惠性教育资助和政策倾斜，避免新的教育不公平

教育扶贫的实质含义是以教育为切入口，实现贫困地区和贫困人口的教育分配公平，实现对社会公平正义的价值追求。因此，在实现教育

精准扶贫的同时，也要兼顾其他边缘贫困家庭子女，避免产生因教育扶贫带来新的教育不公平。针对普遍经济收入偏低的贫困地区家庭子女，应构建多渠道、多主体的教育资助来源，增加普惠性的地区教育资助和政策倾斜，在优先保障贫困户的基础上，让其他边缘贫困家庭子女也拥有更多教育经费减免、优质教育资源获得的机会，实现更大范围、更多人群的教育公平。

专题六　健康乡村建设现状、问题及对策

一　引言

健康是人类享受美好生活的必要基础和重要保障。党的十九大做出实施乡村振兴战略的重要部署，2018年中央一号文件围绕该战略提出详尽的实施意见，其中在提高农村民生保障方面，强调要推进健康乡村建设。农民只有拥有健康的体魄，才能共享中国特色社会主义建设的胜利果实；而乡村唯有呈现崭新健康的状态，我们所建设的事业才能被称为全面小康社会。

健康既与个体的身体素质、心理状态、健康行为有关，[1]又受医疗卫生服务与保障能力以及外部环境的影响。[2]这些因素能够影响农民的健康状态，进而影响乡村整体的健康发展。关注这些因素，着力兴利去

---

[1] Janssen I., Richard L. Berg, Barbara Marlenga, and William Pickett. "Sleep in Farm Adolescents," *The Journal of Rural Health*, 2018, 35(4): 436-441；李晚莲、周思雨、于勇：《医疗健康保障、卫生资源配置与农村劳动力就医选择——基于2016CLDS数据分析》，《湖南社会科学》2019年第1期；王晓宇、原新、成前：《中国农村人居环境问题、收入与农民健康》，《生态经济》2018年第6期。

[2] Wagstaff, Adam, Magnus Lindelow, Shiyong Wang, and Shuo Zhang, *Reforming China's Rural Health System*, Washington D C.: The World Bank, 2009；陈浩、陈雪春：《城镇化背景下失地农民健康风险及其影响因素——基于福建漳州484个农户调查数据》，《农林经济管理学报》2015年第3期；刘芳：《农村居民"健康堕距"问题的社会学成因与治理对策》，《东岳论丛》2019年第11期；李静、谭清香：《农民健康状况及其影响因素——基于三省调查数据的经验分析》，《中国农村经济》2013年第12期；李立清、龚君：《农村贫困人口健康问题研究》，《湖南社会科学》2020年第2期；杨园争：《"健康中国2030"与农村医卫供给侧的现状、困境与出路——以H省三县（市）为例》，《农村经济》2018年第8期；于法稳：《基于健康视角的乡村振兴战略相关问题研究》，《重庆社会科学》2018年第4期。

弊，理应成为健康乡村建设的题中应有之义。由此，所谓健康乡村建设，即通过提高农村医疗卫生服务供给能力、健全医疗保障体系、促进农村居民身体和心理健康以及改善农村人居环境，实现乡村全面健康发展。健康乡村建设的实质是从健康角度实现乡村振兴战略关于提高民生保障的目标，为中国特色社会主义建设筑牢健康基础。事实上，随着经济发展，中国民生保障水平不断提高，但与城镇相比，广大农村地区在医疗卫生服务、医疗保障、健康环境建设等方面仍存在不少短板，给农民健康带来了不利影响，这一点在贫困地区体现得尤为突出。根据中国社会科学院百村调研，因病致贫与因残致贫分别位居贫困诱因第一位和第四位。可见，推进健康乡村建设、强化农村公共卫生服务，对改善民生、实现乡村全面振兴都具有重要意义。由此引出的两个问题是：第一，现阶段我国农村医疗卫生服务、医疗保障、人居环境以及农村居民健康状况如何？第二，我国健康乡村建设现阶段面临哪些短板以及如何改进？对上述问题的探讨，有助于把握当前我国健康乡村建设所面临的客观条件与制约因素，从而便于我们有效施策，切实改善民生。

二 健康乡村建设的现状

本报告分别从农村医疗卫生服务供给情况、农村医疗保障情况、健康环境建设情况以及农民健康情况四个方面对我国健康乡村建设的现状进行分析。

（一）农村医疗卫生服务供给情况

1. 村卫生室设置情况

村卫生室是农村三级医疗卫生服务网络的基础。根据此次调研，一个行政村设有1个卫生室的情况最为普遍，占80.46%；设有2个卫生室的占12.64%；设置最多达到3个，占有效样本的3.45%。还有3个村没有卫生室，所占比例为3.45%（见表1）。总体而言，目前农村居民医疗资源的可及性普遍提高，且得益于脱贫攻坚的顺利实施，农村"有病难医"的情况整体上有所改善。从设立时间来看，多数行政村的卫生室于2010年以后建成，尤以2015年和2016年居多。

表1 拥有不同数量卫生室的样本村分布情况

项目	0个卫生室	1个卫生室	2个卫生室	3个卫生室
样本村（个）	3	70	11	3
比重（%）	3.45	80.46	12.64	3.45

资料来源：精准扶贫百村调研汇总数据。以下如无特别说明，均为此数据，不再一一标注。

2. 医生设置情况

乡村医生直接关系农村居民获得医疗服务的便利性和基本医疗保障水平。根据此次调研，一个行政村有1位医生的情况最为普遍，占调查样本的46.7%；一个行政村有2位和3位医生的情况，相关样本所占比重分别为21.1%和12.2%；有4位和5位医生的行政村占比相对较小，分别为3.3%和4.4%。受访行政村医生人数最多达到6人，这类行政村占有效样本的比重为2.3%。此外，调研中，80.7%的乡村医生有行医资格证，而所有医生100%具有行医资格的行政村约占66%。

3. 药店设置情况

农村药店（包括药铺）因其分布灵活、购买便利的特点，可以为广大农村居民提供日常药品服务，从而成为村卫生室、乡镇卫生院、县医疗机构以外的基层医疗服务供给力量。根据此次调研，行政村药店设置一般为1~3个，大部分村没有专门药店，另有2个村分别有5个和9个药店。村里有1个药店的行政村占29.89%，有2个和3个药店的行政村分别占9.20%和5.75%。没有药店的村占45.98%（见表2）。

表2 拥有不同数量药店（铺）样本村分布情况

项目	0个药店（铺）	1个药店（铺）	2个药店（铺）	3个药店（铺）	5个药店（铺）	9个药店（铺）	缺失
样本村（个）	40	26	8	5	1	1	6
比重（%）	45.98	29.89	9.20	5.75	1.15	1.15	6.90

4. 孕产妇和 5 岁以下儿童死亡率及接生人员设置情况

孕产妇死亡率以及 5 岁以下儿童死亡率是衡量农村居民健康的常用指标。此次调研并未统计行政村调查年度孕产妇和活产儿数，所以无法计算孕产妇死亡率以及 5 岁以下儿童死亡率。但单从人数上来看，调查年度孕产妇 0 死亡的行政村达到 100%，5 岁以下儿童 0 死亡的行政村占有效样本的比重为 83.3%。此外，与上述两项指标紧密相关的医疗指标是乡村接生人员设置情况。根据此次调研，68.97% 的行政村并无专门从事接生工作的人员。有 1 位接生人员的行政村占有效样本的比重为 13.79%，有 2 位接生人员的行政村占 5.75%，此外还有 1.1% 的受访村庄设有 4 位接生人员（见表 3）。在各行政村的接生人员中，具有从业资格证的占 93.3%。

表 3 拥有不同数量接生人员样本村分布情况

项目	0 人接生人员	1 人接生人员	2 人接生人员	3 人接生人员	4 人接生人员	缺失
样本村（个）	60	12	5	0	1	9
比重（%）	68.97	13.79	5.75	0.00	1.15	10.34

5. 每千人医疗服务指标

各行政村在人口总数上存在差别，相同的医疗条件对于人口大村和人口小村而言所代表的医疗服务是不一样的，即上述各项指标并不能够完全反映基层医疗服务供给的真实水平。为此，我们计算了行政村每千人医疗服务指标。从结果来看，此次调研，行政村每千人拥有的卫生室个数平均为 1.1 个，每千人拥有的医生人数平均为 1.4 位，每千人拥有的药店（铺）个数平均为 0.8 个。其中，贫困村每千人拥有的卫生室个数平均为 0.6 个，每千人拥有的药店平均为 0.7 个，每千人拥有的医生人数平均为 0.9 位（见表 4）。单从每千人拥有的医生人数这项指标来看，同期城市每千人拥有医生人数为 3.9 位，全国平均水平为 2.3 位，[1] 即目前农村医疗服务与实现城乡均等化目标仍有一定距离。

---

[1] 根据国家统计局官方网站公布数据计算所得。

表4　贫困村与非贫困村每千人医疗服务指标平均值

单位：人、个

项目	医生人数	卫生室个数	药店（铺）个数
全样本	1.4	1.1	0.8
其中：贫困村	0.9	0.6	0.7
非贫困村	1.3	1.0	0.6

注：非贫困村中包括已脱贫村。

（二）农村医疗保障情况

根据调查，因病致贫仍排在中国农村贫困诱因的首位，无法承担相应的医疗费用成为阻碍农民健康的关键因素，因此，健全以基本医疗保障为主体、多种形式健康保险为补充的医疗保障体系成为健康乡村建设的重要一环。在此次受访的农民中，有城镇居民医疗保险的占1.9%、有城镇职工医疗保险的占0.6%，购买商业健康保险的占2.3%，参加新型农村合作医疗的占95.2%（见表5）。可见，新农合是当前我国农村居民最主要的医疗保障选择。从医疗保障多元化角度来看，只有一项医疗保障的农民所占比重为96.97%，有两项保障措施的占3.0%，医疗保障最多达到三项，仅占有效样本的0.03%。

表5　样本人口参加农村医疗保障情况

项目	新型农村合作医疗	城镇居民医疗保险	城镇职工医疗保险	商业健康保险
样本（人）	6014	119	41	143
比重（%）	95.2	1.9	0.6	2.3

（三）健康环境建设情况

人与环境共生共存，彼此和谐方能持续，环境对居民健康的影响不容小觑，因此构建健康的人居环境就成为健康乡村必不可少的内容。

1. 饮用水方面

多项研究表明，饮水安全是当前影响中国农村民居（尤其是贫困地区居民）健康的重要因素。从此次调研情况来看，45.5%的农民饮用经过净化处理的自来水，30.4%的农民饮用受保护的井（泉）水，17.9%的农民以不受保护的井（泉）水作为主要水源，6.2%的农民饮用其他非安全水源（见表6）。在供水方式上，管道入户供水占有效样本的比重为73.8%，管道供水至公共取水点的占3.8%，没有饮水管道设施的占22.4%。

表6 样本主要饮用水源

项目	自来水	受保护的井（泉）水	不受保护的井（泉）水	江河湖泊水	收集的雨水	其他
样本（人）	2842	1896	1119	50	190	146
比重（%）	45.5	30.4	17.9	0.8	3.0	2.4

2. 居住方面

从住房安全角度来看，81.7%的受访农民认为自己的住房状况一般或良好，6.8%属于政府认定的危房，11.5%虽无政府认定但处于危房边缘。从房屋的建筑材料来看，35.4%为砖瓦砖木，30.9%为砖混，16.1%为钢混，10.8%为土坯房或竹草房，6.8%为其他材料。入户道路方面，泥土路、砂石路以及水泥（柏油）路所占比重分别为30.6%、15.3%和54.1%。此外，厕所方面，家中有卫生厕所的农民占有效样本的比重为28.5%。

3. 炊用能源方面

75.8%的农民以柴草或煤炭作为主要炊用能源，9.2%的农民使用罐装液化气，1.4%的农民使用管道供气，而以电或沼气为主要炊用能源的农民所占比重分别为13.4%和0.2%。

4. 生活垃圾处理方面

生活垃圾丢村内垃圾池的农民占30.5%，在村内定点堆放的占39.8%，随意丢弃的占21.7%，其他方式占8.0%（见图1）。总体上，农村居民生活垃圾的处理方式正趋于规范，而这主要得益于农村人居环境硬件设施的改善。

5. 生活污水处理方面

通过管道处理生活污水的农民占17.5%，排到家里渗井的占6.5%，排到院外沟渠和随意排放的分别占39.5%和36.5%（见图2）。可以看出，

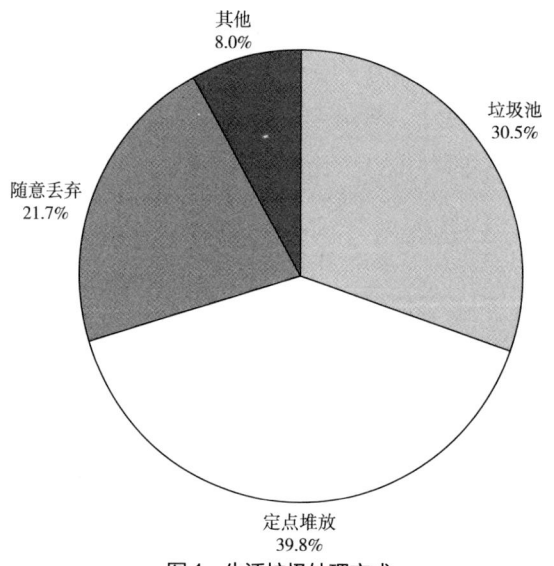

图1 生活垃圾处理方式

目前农村居民生活污水处理仍以对环境不利的方式为主,这将对整个村庄的人居环境以及农民的健康产生负面影响,也是健康乡村建设今后需要着重发力的一个方面。

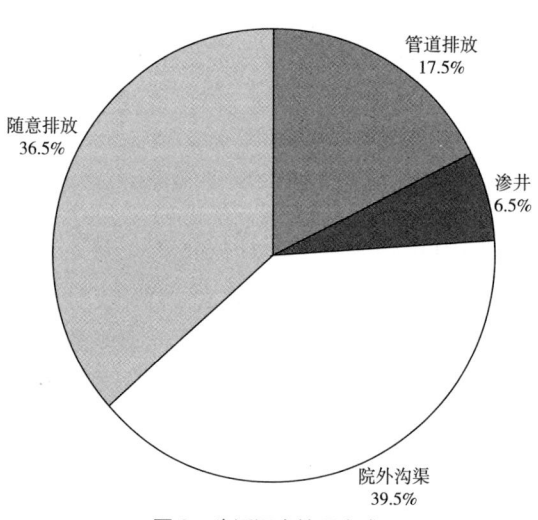

图2 生活污水处理方式

从上述五个方面来看，当前我国农村人居环境各方面尚未达到有利环境与居民健康的理想状态。

（四）农民健康情况

所谓健康，既包括身体层面的健康，也包括心理层面的健康，且二者之间会相互影响。为更全面把握当前我国农村居民的健康情况，本部分将分别从客观健康状态和主观健康评价两个方面展开分析。其中，客观健康状态借由一系列日常生活行为指标，旨在考察农民实际的健康情况。主观健康评价则包括自我健康评价和心理健康两个方面，前者由受访农民综合自己当前的健康状况做出判断，后者由农民感到抑郁或焦虑的频次来表征，二者均属于农民主观感知到的健康状态。

1. 客观健康状态

58.1%的受访农民表示自己完全可以应付日常活动（如工作、学习、做家务等），没有任何问题；31.7%的农民在日常活动时有轻微问题；6.3%的农民表示自己的健康状况在应付日常活动时存在严重问题。此外，还有3.9%的农民是不能进行任何日常活动的。从贫困村农民的情况来看，日常活动不存在问题的农民所占比重为55.1%，有4.6%的农民完全无法进行日常活动，而有轻微问题和严重问题的农民所占比重分别为33.5%和6.8%（见表7）。基于日常活动的情形，当前农村居民的健康状态总体上比较理想。

表7 日常活动是否存在问题

项目	否	轻微	严重	不能进行任何活动
全样本（人）	2236	1218	244	150
比重（%）	58.1	31.7	6.3	3.9
其中：贫困村样本（人）	1016	618	125	84
比重（%）	55.1	33.5	6.8	4.6

此次调研中，65.6%的农民在劳动与自理方面不存在问题；15.3%的农民部分丧失了劳动能力；17.0%的农民虽然丧失了劳动能力但有自

理能力，足以自行应付日常生活；而有 2.1% 的受访农民身体状况堪忧（见表 8），不仅无法从事劳动，而且完全没有自理能力。贫困村方面，农民劳动与自理能力的情况与样本整体情况差异不大。

表 8 劳动与自理能力

项目	有劳动能力	部分丧失劳动能力	无劳动能力但有自理能力	无自理能力
全样本（人）	4080	954	1058	133
比重（%）	65.6	15.3	17.0	2.1
其中：贫困村样本（人）	1894	454	464	62
比重（%）	65.9	15.8	16.1	2.2

每个人日常生活中或多或少会出现身体不适的情形。从日常身体疼痛或不适的情况来看，14.6% 的受访农民表示完全没有不适状况；59.4% 的农民表示有一点；认为自己身体不适或疼痛情况比较严重或非常严重的农民占有效样本的比重分别为 20.5% 和 5.5%（见表 9）。贫困村方面与样本总体情况差异不大，只是身体不适或疼痛属于轻微和比较严重的农民所占比重略高。

表 9 日常身体不适情况

项目	没有	轻微	比较严重	非常严重
全样本（人）	562	2289	789	211
比重（%）	14.6	59.4	20.5	5.5
其中：贫困村样本（人）	252	1123	380	94
比重（%）	13.6	60.7	20.6	5.1

从日常行走是否存在问题的情况来看，59.0% 的受访农民没有问题，30.5% 的农民有轻微问题，6.8% 的农民在行走方面问题比较严重，完全不能行走的农民占有效样本的比重约为 3.7%（见表 10）。在贫困村样本农民中，行走存在轻微问题和严重问题的农民占有效样本的比重较样本整体分别高出 3.7 个百分点和 1 个百分点，但贫困村

行走不存在问题的农民所占比重较样本整体低了 4.5 个百分点。整体而言，多数农民在日常行走方面没有问题，即便有问题，程度亦比较轻微。

表10 日常行走是否存在问题

项目	否	轻微	比较严重	非常严重
全样本（人）	2434	1260	279	153
比重（%）	59.0	30.5	6.8	3.7
其中：贫困村样本（人）	1003	629	121	88
比重（%）	54.5	34.2	6.6	4.7

当被询问"日常洗漱、穿衣是否存在问题"时，78.7%的农民表示完全没有问题，可以自理；15.1%的农民表示有轻微问题；在洗漱、穿衣方面存在严重问题的农民占有效样本的比重约为2.7%；此外，还有3.5%的农民完全不能自理（见表11）。贫困村农民的这项指标与样本整体情况相比，差异很小。

表11 日常洗漱、穿衣是否存在问题

项目	否	轻微	比较严重	非常严重
全样本（人）	3033	583	105	134
比重（%）	78.7	15.1	2.7	3.5
其中：贫困村样本（人）	1450	272	44	84
比重（%）	78.4	14.7	2.4	4.5

从逻辑上讲，农民家中身体不健康人数越多，越不利于家庭成员的健康。最直接的原因是，家中身体状况欠佳的成员越多，农民照顾他们需要耗费的体力与精力就越多，从而可能不利于自身健康；从间接原因来看，农户家中身体不健康人数越多，医疗支出可能越多，家庭可支配收入必然受到影响，从而家中每个成员的吃穿住行必然受到影响，进而每个人的健康状况都将受到影响。因此，家中身体不健康的人数应被视作衡量农民健康状况的重要指标之一。

此次调研，农户家中身体不健康的人数最多为 6 人，占有效样本的 0.02%。家中有 1 人身体不健康的情况最为普遍，所占比重约为 38.6%；其次是家中没有身体不健康者的情况，这类农户约占 36.30%；然后是家中有 2 人身体不健康的情况，所占比重约为 21.29；家中身体不健康人数达到 3 人、4 人和 5 人的农户所占比重均比较小，分别为 3.27%、0.49% 和 0.03%（见表 12）。从家中身体不健康者的严重程度来看，52.4% 属于严重，41.1% 属于一般，6.5% 属于轻微。在贫困村农民中，最普遍的情况也是家中有 1 人身体不健康，所占比重为 39.44%；其次是家中没有身体不健康者和有 2 人身体不健康的情况，这类农户分别占有效样本的 34.91% 和 22.29%；贫困村农民家中身体不健康人数最多为 5 人，所占比重为 0.03%。

表 12 家中不健康人数

项目	0 人	1 人	2 人	3 人	4 人	5 人	6 人
全样本（人）	2157	2293	1265	194	29	2	1
比重（%）	36.30	38.60	21.29	3.27	0.49	0.03	0.02
其中：贫困村样本（人）	965	1090	616	82	10	1	
比重（%）	34.91	39.44	22.29	2.97	0.36	0.03	

注：若如全文保留一位小数，此表中有些数据信息将变为 0。因此，为说明问题，此表保留两位小数。

2. 主观健康评价

通过询问农民"你当前健康状况如何"，获得其对自身健康状态的评价。虽然这是一种主观感知的健康水平，但也是农民基于自身健康情况得出的判断。从结果来看，受访农民中，健康者所占比重为 64.8%，患有大病者占 5.6%，受长期慢性病困扰者占 29.6%（见表 13）。贫困村的情况与样本整体情况基本一致。可见，现阶段我国农村居民主观评价的健康状况总体比较理想，而不健康主要表现为受长期慢性病困扰。

表13　农民主观健康评价

项目	健康	有长期慢性病	患有大病
全样本（人）	3779	1726	324
比重（%）	64.8	29.6	5.6
其中：贫困村样本（人）	1750	799	140
比重（%）	65.1	29.7	5.2

衡量心理健康的指标虽有不少，但多属于心理学范畴。本报告结合调研信息，选择是否焦虑与抑郁这项指标来衡量农民的心理健康状况。在这样一个瞬息万变、高速发展的时代，人们在日常生活、工作中难免产生不同程度的抑郁或者焦虑情绪，由此该指标在一定程度上可以反映农民的心理健康状况。此次调研，有54.5%的农民表示自己在日常生活中偶尔会有一些焦虑或抑郁，但程度并不严重；30.0%的农民表示自己没有焦虑或者抑郁的情况。受访农民中，焦虑或抑郁达到比较严重和非常严重者所占比重分别为11.7%和3.8%（见表14）。由此可见，我国农村居民的心理状态总体上处于比较健康的水平。从贫困村农民的情况来看，没有或有轻微焦虑/抑郁的农民占有效样本的比重比样本整体略高，焦虑或抑郁感比较严重或非常严重的农民所占比重则比样本整体略低。但总体上，贫困村农民在这项指标上与样本一般情况差异不大。

表14　是否感到焦虑或抑郁

项目	否	有一点	比较严重	非常严重
全样本（人）	1135	2070	444	146
比重（%）	30.0	54.5	11.7	3.8
其中：贫困村样本（人）	548	1002	210	65
比重（%）	30.0	54.9	11.5	3.6

三　健康乡村建设存在的主要问题

农村医疗卫生服务供给情况、医疗保障情况、健康环境建设情况以及农民健康状况与健康行为四个层面是健康乡村建设的主要内容，那么围绕上述层面所产生的问题应是现阶段推进健康乡村建设与改善农民健康状况所面临的重要挑战。根据上面的描述分析，可以得出如下判断。

（一）农村医疗卫生服务供给能力有待提高

农村医疗卫生服务的供给能力是保障农村居民健康的客观条件与重要基础。一般来讲，医疗机构布局越合理、设施条件越好、服务水平越高，越有利于保障农民健康。从前面的分析来看，随着医疗领域改革不断推进，农村医疗卫生服务水平与质量明显提升，但与城乡公共卫生服务均等化目标的实现仍有一定距离。目前，该领域比较突出的两个问题如下。

第一，贫困地区医疗卫生供给能力有待提高。虽然贫困村与非贫困村在每千人拥有的药店个数上比较接近，但贫困村每千人拥有的医生人数以及卫生室个数与非贫困村相比尚有差距，尤其一些深度贫困地区，尚存在无标准化卫生室和医务人员明显不足的情况。当然，随着脱贫攻坚进入收尾阶段，这种差异明显在缩小，但该效应在一定程度上有赖于脱贫政策的红利，当脱贫攻坚收官以后，如何通过制度衔接来保障乡村振兴背景下农村医疗卫生供给能力继续提升是需要审慎思考的问题。

第二，作为农村三级卫生服务网络基础的村卫生室，建设资金来源严重依赖财政拨款。村卫生室建设资金主要来源于村民集资、集体出资和上级拨款三个渠道。此次调查，上级拨款占样本村卫生室建设资金的比重为88.2%，平均达到46.2万元；村民集资和集体出资平均金额为0.7万元和3.2万元，所占比重分别为4.7%和7.1%。由此可见，财政拨款是现阶段村卫生室建设资金的主要来源，单一的资金筹措渠道必然给财政带来负担。

（二）农村主要医疗保障形式偏单一，农民对政策认知度较低

为保障农村居民享有基本医疗服务权利，政府从制度层面对建立覆盖城乡居民的医疗保障体系进行了诸多探索与实践。在城镇职工医疗保险的基础上，2002年中共中央、国务院《关于进一步加强农村卫生工作

的决定》提出建立以大病统筹为主的新型合作医疗制度和医疗救助制度；2007 年开始城镇居民基本医疗保险试点；2016 年发布的《关于整合城乡居民基本医疗保险制度的意见》，提出整合城镇居民基本医疗保险和新农合两项制度，建立统一的城乡居民基本医疗保险制度。2018 年《中共中央国务院关于实施乡村振兴战略的意见》指出，"完善统一的城乡居民基本医疗保险制度和大病保险制度，做好农民重特大疾病救助工作"。虽然近年来，中国农村基本医疗保障水平明显提升，但在一些地区（尤其是深度贫困地区），有病不敢医、有病医不起的情况依然存在。此次调研中，95% 以上的农民有且只有新农合一项保障，而参加城镇居民医疗保险、城镇职工保险、商业医疗保险的农民所占比重之和不到 5%。可见，新农合是当前中国农村居民最主要的医疗保障选择。从农民家庭医疗支出构成来看，自费占医疗总支出的比重平均为 71.3%，完全自费治疗所占比重约为 45.6%。农村主要医疗保障形式偏单一，使得一些农民家庭在应对实际医疗（尤其是大病医疗）需求时捉襟见肘。

此外，围绕农村医疗保障还存在以下问题亟待解决：农民对医疗保障体系认知度普遍比较低，部分农民对于有哪些医疗保障选择知之甚少，从而防患于未然的能力不足，导致相关政策的实施效果不尽如人意，并且一些农民对该制度体系的主观评价亦不够理想。

（三）家庭经济困难仍是影响农民健康的重要因素

健康不可避免地受到个体生活水平的影响，原因是保障健康需要一定的物质基础。吃穿用度事关健康，亦皆离不开钱，因此表征生活水平最直接、最常用的指标即收入。个体生活得好与不好，收入并非唯一衡量标准，但一定是一项重要指标。通常来讲，在其他条件不变的情况下，收入水平越高，越有利于个体维持比较健康的生活状态。在农民生病却不医治的原因中，家庭经济困难所占比重为 54.3%，排在首位。此次调研，农民家庭年平均自费医疗支出为 6025.1 元，平均报销金额为 1617.4 元，农民家庭自费医疗支出占总医疗支出的平均比重达 71.3%。2019 年，中国居民人均可支配收入达到 30733 元，其中城镇居民与农村居民人均可支配收入分别为 42359 元和 16021 元。同期，贫困地区农村居民人均可支配收入为 11567 元，比农村居民整体收入水平还要低 27.8%。[①] 一方面是未达到全国平均水平的收入能力，另一方面是较高的医疗自费比例，这两重制约也解释了为何受访农民将因病致贫列在了贫困诱因第一位。可见，提高农民收入是改善中国农村居民健康状况、推进健康乡村建设至关重要的一环。

（四）事关健康的农村人居环境短板频现

健康与个体所处生活环境息息相关。住房状况、饮用水供给情况、生活垃圾与污水处理方式、有无卫生厕所、主要炊用能源是否为清洁能源等均对农民的健康有着重要影响。乡村振兴战略提出要以垃圾、污水治理和村容村貌提升为主攻方向，持续改善农村人居环境。

一方面，随着乡村振兴的实施，中国农村人居环境不断得到改善。特别地，依托脱贫攻坚的有效经验和大力扶持，一些脱贫村在人居环境改善上取得了亮眼成绩。另一方面，围绕饮水安全、生活垃圾和污水有效治理、居住安全、村容村貌提升等目标，农村人居环境建设短板频现，不容忽视。以饮水安全为例。此次调研中，饮水困难的农民占总样本的比重达到 27.5%；其中，饮水困难表现为单次往返取水需要 30 分钟以上的占 14.9%，表现为间断或定时供水的占 53.5%，表现为全年连续缺水时间达 15 天以上的占 31.6%。水是生命之源，日常饮用水是否安全不仅关系广大农村居民的生活质量，而且对他们的健康亦有着最直接的影响。此外，有 82.5% 的农民目前是以不利于环境的方式排放生活污水的；75%以上的农民以非清洁能源作为主要炊用能源。这些短板不仅不利于农村人居环境建设，而且将给农民的身体和心理健康带来负面影响。

需要说明的是，除以上几个方面外，还有一些影响农村居民健康的问题需要注意。例如，在调研中，有些农民对健康重视程度不够，分别有 1.5% 和 9.7% 的农民因为没有时间或自己认为不重要而在生病时未选择医治，从而严重损害了自身的健康。再如，有的农民欠缺正确的健康

---

① 资料来源：国家统计局《中华人民共和国 2019 年国民经济和社会发展统计公报》。

知识，生病不医治，讳疾忌医或选择用迷信方式处理。以上虽属于农民主观层面的原因，但同样也是推进健康乡村建设所面临的挑战。

四 推进健康乡村建设的政策建议

只有健康的体魄作为基础，农民才能从中国特色社会主义事业的推进中真正谋得幸福。针对上述农村健康领域存在的主要问题，结合中共中央国务院《关于实施乡村振兴战略的意见》以及《关于打赢脱贫攻坚战的决定》中关于健康乡村建设的政策要点，本报告提出以下政策建议。

（一）多方位持续提高农村医疗卫生供给水平

第一，根据区域常住人口数合理制定公共卫生发展规划和医疗机构设置规划，统筹并优化配置各项资源，构建并完善以县级医疗卫生机构为龙头、标准化乡镇卫生院为主体、村卫生室为基础的农村卫生服务体系。

第二，加大人、财、物投入，落实各项规划，打造完善的基层医疗服务圈。具体来讲，一方面要加大财政投入，完善基本公共卫生服务项目补助政策；同时，致力于拓展多元化筹资渠道，支持乡镇卫生院和村卫生室尽快完成标准化建设。另一方面要加强基层医疗服务队伍建设，这包含三项要义：①加强对现有基层医务人员的业务素质与敬业态度的培养与提升；②重视未来基层医疗服务队伍的建设，通过订单定向培养或特设岗位计划等措施为基层的目的地培育符合需求的医务人员；③加强乡村医务人员保障体系建设，在免除其后顾之忧的同时吸引更多医疗专业人才加入基层医疗卫生服务队伍。

第三，深化基层医疗卫生改革，完善基层医疗服务体系，巩固基本药物制度，同时重视并发挥好中医药在农村健康领域中的特色作用。此外，应充分发挥农村药店分布广泛、灵活等特点，规范其发展，使它发挥好农村三级卫生服务网络补充角色的功能，共同护航农村居民的健康事业。

第四，加强妇幼健康服务机构建设，尽快充实基层产科和儿科医务人员，强化儿童健康与孕产妇健康管理，落实孕前优生健康检查、农村妇女妇科病检查、计划生育服务等相关政策。

第五，推进对农村地区长期慢性病的医治保障，提高对传染病、地方病的预防和控制能力，开展重大疾病和突发急性传染病联防联控。

第六，鉴于有些农村地区特别是深度贫困地区目前尚存在无卫生室和医务人员的情况，应继续加大项目与投入倾斜，尽快补齐医疗卫生服务的短板，早日实现城乡基本卫生服务均等化目标。

（二）完善农村医疗保障体系，提高保障政策认知度

目前，新型农村合作医疗是农民最主要的医疗保障选择，对许多农民而言，这也是他们唯一的医疗保障选择。然而，新型农村合作医疗在各地的落实情况不尽相同，从现阶段农民家庭医疗支出的结构来看，虽然政府不断加大投入力度，但新农合制度在应对农民实际医疗支出需求（特别是大病支出需求）时经常显得捉襟见肘。多元化的医疗保障体系是减少农村因病致贫、因病返贫的有效机制，显然，当前健康乡村建设在这方面尚有改进空间。为提高农村居民医疗保障水平，政府应从制度层面做出更多探索与实践，构建多重保障网，实际降低农民大病支出的自付比例。

任何政策都有其实施对象，如果对方信息不完全，那么政策的实施效果也将大打折扣。换言之，如果农村医疗保障体系的受益者——农民不知或不懂如何利用相关政策，那么设计再完美的"工具"也无济于事。因此，在完善农村医疗保障体系的同时，还应做好政策工具与施策对象之间的有效沟通，提高农民对保障体系与相关政策的认知程度，使农村各项政策能够发挥更高的效用。

（三）提高农民收入，减少因家庭经济困难而引致的健康问题

在此次调研中，农民将因病致贫列在了贫困诱因第一位，家庭经济无法支撑是他们给出的生病却未医治的首要原因。事实上，健康与个体的生活水平息息相关，而后者则需要一定的收入水平作为保障。现阶段，我国农村居民的收入水平与城镇居民相比仍然偏低，由于保障政策各地落实情况参差不齐，加上保障体系尚不完善，一旦得了大病，农民或将

面临较高的自费支出，甚至因病致贫。因此，如何提高农村居民收入，特别是解决好贫困家庭经济困难问题，是改善我国农村居民健康状况、推进健康乡村建设至关重要的一环。进一步地，提高农民收入，不仅能从经济层面切实保障农民的健康，而且提高收入所带来的成就感与社会认同感等附带效应也会对农民的心理健康产生积极影响。因此，要持续加大对农村教育与农民培训的投入，提升我国农村居民的人力资本，同时因地制宜发展区域经济，增加农民就业，带动农民收入切实增长。除此之外，对于贫困地区而言，提高农民收入、防止因病致贫还应注意以下问题：一是现阶段所实施的各项增收政策一定要保持稳定，防止出现返贫；二是要深入落实健康扶贫政策，新农合和大病保险制度应向贫困人口倾斜，加大对特困人群医疗救助、临时救助、慈善救助的力度，将贫困人口全部纳入重特大疾病救助范围，从制度上有效解决贫困人口的看病支出问题。

（四）持续改善农村人居环境，为农民健康提供有利外在条件

住房、饮水、生活能源以及生活垃圾与污水处理方式等都是农村人居环境的构成要素，改善农村人居环境不仅是乡村振兴战略的重要内容之一，而且有利于人类与环境和谐发展，进而有助于农村居民的身体健康和心理健康。针对农村人居环境建设中出现的各项短板，宜从以下几个方面着手。

首先，饮水安全关乎健康，尤其对贫困地区而言，饮水安全是"三保障"显著的短板，事关打赢脱贫攻坚战的举国大计，因此，应加快实施农村饮水安全巩固提升工程，针对当地饮水不安全的具体原因施策，重点解决贫困人口的饮水安全问题，将这件关系农村居民生存质量与健康的民生大事解决好。

其次，住房方面，要继续加大对农村危房改造的投入，同时强化对新建农房的管控，并通过探索拆除后改建花园、菜（果）园、民宿、农家乐等方式，积极完成对农村"空心院"的改造，释放与优化农村公共空间。

再次，生活能源方面，此次调研显示，许多农村地区仍以非清洁能源作为主要炊用能源，这不仅不利于农村环境保护，焚烧秸秆等还会对农民身体健康产生负面影响。因此，要稳步推进农村地区散煤替代，因地制宜地推进煤改气、煤改电和新能源利用。

最后，生活垃圾与污水处理方面，既要加大政府的管理和引导力度，也要着力引导农民形成良好的生活垃圾与污水处理习惯。具体来看，生活垃圾处理可以从三个方面着手：一是行政村要做出整体治理规划，防止出现资源的重置与浪费；二是要加大垃圾收纳、转运、处理各项环节的投入，在硬件上保障农村生活垃圾处理按照有利于农民健康与农村环境的方向发展；三是要加强宣传与指导，改变一些农民随意丢弃垃圾的习惯与观念。在这方面，可以探讨建立监督机制，从成本节约的角度来看，最好能探索一些村民互相监督的机制。生活污水处理方面，除了上述提到的要整村规划、加大投入、加强宣传之外，还应考虑到污水处理技术方面的要求，加强技术支撑和指导，稳步有序推进农村生活污水治理，为农民保持健康的生活提供客观条件。

专题七　生态扶贫：精准脱贫与生态建设的"双赢"之策

党的十八大以来，以习近平同志为核心的党中央把精准扶贫精准脱贫工作摆在治国理政的重要位置，吹响了打赢脱贫攻坚战的进军号。习近平总书记站在全面建成小康社会、实现中华民族伟大复兴中国梦的战略高度，提出了一系列新思想新观点，做出了一系列新决策新部署，推动中国减贫事业取得巨大成就，对世界减贫进程做出了重大贡献。2015年提出的"五个一批"脱贫措施，打通了脱贫攻坚的"最后一公里"，并被写入《中共中央国务院关于打赢脱贫攻坚战的决定》。"生态补偿脱贫一批"作为其中之一，通过加大贫困地区生态保护修复力度，增加重点生态功能区转移支付，扩大政策实施范围，让有劳动能力的贫困人口就地转成护林员等生态保护人员。本专题在对生态扶贫的提出、模式及成效进行阐述的基础上，基于村级问卷、农户问卷数据，结合基层调研中的发现，重点分析百村生态扶贫所采取的措施及成效，剖析生态扶贫中存在的问题，并提出实施生态扶贫、助力精准脱贫的对策建议。

一　生态扶贫的提出、模式及成效

生态扶贫不仅是打赢脱贫攻坚战"五个一批"中的重要内容，而且是以绿色发展理念为指导，实现2020年全面建成小康社会的重要保证。尽管对"生态扶贫"的概念没有统一的界定，但关于生态扶贫有两个核心：一是贫困人口收入增加及可持续性生计提升；二是贫困地区生态优化。

（一）生态扶贫的提出与发展

武陵山片区是我国 14 个集中连片特困地区之一。2013 年 11 月，习近平总书记到地处武陵山区中心地带的湘西土家族苗族自治州进行考察，首次做出了"实事求是、因地制宜、分类指导、精准扶贫"的重要指示，标志着我国扶贫攻坚进入了"精准扶贫"的新时代。[①]

2015 年 1 月，习近平总书记在云南省调研时指出，以牺牲环境为代价的扶贫绝不可取。同年 10 月，习近平总书记在"2015 减贫与发展高层论坛"上强调，中国精准扶贫注重"六个精准"、实施"五个一批"，即扶贫对象精准、项目安排精准、资金使用精准、措施到户精准、因村派人精准、脱贫成效精准；发展生产脱贫一批、易地搬迁脱贫一批、生态补偿脱贫一批、发展教育脱贫一批、社会保障兜底一批。这也是首次将生态扶贫作为实施扶贫攻坚战略的重要一环。随后通过的《中共中央关于制定国民经济和社会发展第十三个五年规划的建议》首次将生态文明建设作为五年规划的任务目标，并第一次明确提出"生态扶贫"思想，将"对生态特别重要和生态脆弱地区实施生态保护脱贫"作为"实施精准扶贫精准脱贫，因人因地施策，提高扶贫时效"的重要方式之一。习近平总书记在多种场合强调，扶贫开发要同生态环境保护结合起来，扎实做好生态扶贫等重点工作。

20 世纪 80 年代，我国曾在贵州省毕节市开展了生态保护与扶贫开发试点，并将"开发扶贫、生态保护、人口控制"作为基本方针。但由于对生态问题认知不足，再加上繁重的扶贫任务，实际操作中没能真正贯彻落实上述方针，存在明显的"重脱贫、轻环保"现象，导致在开发项目选择时，相对忽略了可能带来的资源破坏及环境污染问题。

---

① 冷志明、丁建军、殷强：《生态扶贫研究》，《吉首大学学报》（社会科学版）2018 年第 4 期。

党的十八大以来，围绕着生态扶贫，国家采取了多项政策性措施，发布了一系列政策文件。2016年3月，农业部和财政部联合印发了《新一轮草原生态保护补助奖励政策实施指导意见（2016~2020年）》，分别在内蒙古等8个省区和河北等5个省实施草原生态保护补助奖励和草原平衡奖励。依托草原补奖政策，推行草原禁牧休牧轮牧和草畜平衡制度，推动草牧业发展方式转变，拓宽牧民增收渠道，改善草原生态环境，促进牧区经济可持续发展，提高牧民收入水平。同年5月，《国务院办公厅关于健全生态保护补偿机制的意见》（国办发〔2016〕31号）提出，结合生态保护补偿推进精准脱贫。在生存条件差、生态系统重要、需要保护修复的贫困地区，大力支持生态环境保护、治理和生态扶贫，开展贫困地区生态综合补偿试点，创新资金使用方式，一方面利用生态保护补偿和生态保护工程资金聘用部分有劳动能力的贫困者作为生态保护人员，另一方面运用集体股权补偿贫困地区水电、矿产资源开发占用的集体土地，增加贫困户的工资和权益性收入。2016年11月，国务院印发《"十三五"脱贫攻坚规划》，从生态保护修复、生态保护补偿机制两个方面，提出了11项重大生态扶贫工程和4项生态保护补偿方式，使贫困群众通过参与生态保护实现脱贫。

2018年1月，国家发改委、国务院扶贫办等六部委联合下发了《生态扶贫工作方案》，将生态扶贫作为精准扶贫、精准脱贫的重大举措，以扶贫开发与生态保护并重为准绳，推动贫困地区脱贫致富与可持续发展，以实现脱贫攻坚与生态文明建设"双赢"为目标，采取实施重大生态工程建设、加大生态补偿力度、大力发展生态产业、创新生态扶贫方式等超常规举措，切实加大对贫困地区、贫困人口的帮扶力度，使贫困人口从生态保护与修复中得到更多实惠。

（二）生态扶贫的主要模式

在全面落实国家生态扶贫相关政策中，各地积极实践和探索生态扶贫模式，创新生态扶贫的思路和方法，形成了生态产业、生态旅游、生态补偿、生态建设、生态搬迁等多种扶贫模式。①②

1. 生态产业扶贫模式

贫困地区良好的生态环境、优质的生态资源，一方面迎合了新时代人民日益增长的美好生活需要，另一方面也为区域发展生态产业、增加农民收入、实现脱贫目标提供了基础。因此，"生态保护+产业发展"自然成为生态扶贫中的新模式和新方向。

2. 生态旅游扶贫模式

生态旅游作为生态产业的一个重要内容，特别是在全域旅游理念提出并推广的背景下，生态旅游成为生态扶贫产业发展的首选，尤其以乡村生态旅游最为典型，它有效带动了贫困群体的参与，在实施精准脱贫中发挥了重要作用。

3. 生态补偿扶贫模式

生态补偿作为一项制度措施，在生态扶贫中发挥了重要作用。近年来，国家加大了对生态脆弱地区生态补偿的力度，并将符合条件的区域纳入重点生态功能区重点补助范围，通过财政转移支付和生态补偿实现了生态脆弱区贫困人口的脱贫致富。

4. 生态建设扶贫模式

贫困地区尤其是山区、丘陵地带，退耕还林、退牧还草、公益林补偿、天然林资源保护等重点生态建设工程，可以为有劳动能力的贫困人口提供生态建设与保护的就业岗位，为生态保护区的贫困户提供就业机会，提高贫困户收入水平，实现脱贫目标。

5. 生态搬迁扶贫模式

不适宜居住的地质灾害频发地区，以及水源涵养林区、生态环境脆弱区、重要生态功能区等重点区域，通过推进生态移民范围和补助力度，对贫困人口进行补助，增加他们的收入，改善他们的生活条件。

---

① 陈甲、刘德钦、王昌海：《生态扶贫研究综述》，《林业经济》2017年第8期。
② 骆方金、胡炜：《生态扶贫：文献梳理及简评》，《经济论坛》2017年第3期。

（三）生态扶贫的成效及百村调研验证

在"绿水青山就是金山银山"理念指导下，贫困地区坚定不移走生态优先、绿色发展之路，坚持扶贫开发与生态保护相统一，生态扶贫取得明显成效，突出表现在如下几个方面。①

1. 增加了贫困地区人口的收入

通过生态扶贫建立了长中短相结合的多元增收渠道，提高了贫困人口的补偿、就业、财产等收入。据国家林业与草原局的信息，当前160多万贫困户享受退耕还林还草补助政策，平均每户增加补助资金2500元；实施禁牧和草畜平衡的农牧户，给予的禁牧补助和草畜平衡奖励使得年人均增收700元。通过生态护林员岗位为贫困人口提供了就业机会，生态护林员选聘规模稳步扩大，以集中连片特困地区为重点，累计选聘建档立卡贫困人口生态护林员50多万名，带动180万贫困人口增收脱贫。

2. 推动了贫困地区生态产业的发展

贫困地区特别是广大的山区，因地制宜发展木本油料、森林旅游、林下经济、种苗花卉等生态产业，加快推动生态产业快速健康发展，实现生态效益和经济效益双赢的富民增收产业化道路。

3. 提升了贫困地区生态治理的水平

通过实施贫困地区生态环境保护修复工程，加强监管力度，将生态保护与精准扶贫、提高贫困人口收入、改善生产生活条件有机结合起来，实现生态保护与减贫脱贫双赢。

4. 加快了贫困地区美丽乡村建设的步伐

通过生态扶贫，在增加贫困人口收入的同时，推进贫困地区农村人居环境整治，以建设美丽宜居村庄为导向，以农村垃圾、污水治理和村容村貌为主攻方向，改善贫困地区农村环境，为乡村生态旅游提供更好的支撑条件。

从上面的分析看出，生态扶贫实现了贫困人口增收与生态环境保护

---

① 史玉成：《生态扶贫：精准扶贫与生态保护的结合路径》，《甘肃社会科学》2018年第6期。

的"双赢",贫困人口如何看待这些成效?对此是否满意?在推动生态扶贫过程中,还存在着哪些需要进一步完善之处?为此,在全国范围内开展百村调研,可以为上述问题提供答案。

(四)开展生态扶贫的资源条件分析

为了充分有效地利用样本数,对获得的100个样本村问卷进行了筛选,将数据不全、数据明显错误的问卷剔除,最后获得有效问卷69个,有效率为69%,本部分的所有数据分析都是基于这69个样本村的数据。

1. 土地资源状况分析

样本村土地面积为54.35万公顷。其中,耕地面积24.75万公顷,占比45.54%;园地面积为0.39万公顷,占比0.72%;林地面积为4.36万公顷,占比8.02%;牧草地面积为24.85万公顷,占比45.72%。在24.75万公顷耕地面积中,有效灌溉面积为0.60万公顷,占比2.42%。

另外,样本村畜禽养殖占地面积为506.75公顷,养殖水面162.99公顷,全年撂荒、季节性撂荒耕地面积为485.13公顷,实现退耕还林面积为4615.93公顷。

2. 环保设施状况分析

党中央国务院高度关注农村人居环境整治工作,特别是近几年,出台了一系列的政策措施,有力地改善了农村人居环境质量。在农村人居环境整治中,生活垃圾处理是一项重要内容。围绕着生活垃圾处理,加大环保设施投入,环保设施得到进一步完善。目前,样本村共设置村内垃圾池690个,平均每个村10个;村内垃圾箱1838个,平均每个村27个;户用沼气池为3546个,平均每个村51个。

环保设施的不断完善,为生活垃圾集中处理奠定了基础。但不同村庄垃圾集中处理率差异性较大,为了分析不同集中处理垃圾率水平下的村庄分布情况,将集中处理垃圾率划分为如下6个区间:10%以下、(10%~30%]、(30%~50%]、(50%~70%]、(70%~90%]、90%以上。如见表1所示,呈现一个明显的U形分布。

表1 不同集中处理垃圾率的村庄分布情况

单位：个、%

区间	行政村数	所占比例
10%以下	15	21.74
(10%~30%]	10	14.49
(30%~50%]	9	13.04
(50%~70%]	7	10.14
(70%~90%]	8	11.59
90%以上	16	23.19
数据缺失	4	5.80
合计	69	100.00

二 实施生态扶贫的做法及成效

《中共中央国务院关于打赢脱贫攻坚战的决定》指出，把生态保护放在优先位置，扶贫开发不能以牺牲环境为代价，要探索生态脱贫新路子，让贫困人口从生态建设与修复中得到更多实惠。本部分重点阐述生态扶贫的做法及成效，并分析贫困人口对生态扶贫效果的满意度评价。

(一) 生态扶贫的做法及成效

精准扶贫工作，既要改善农业生产条件、提高农业生产能力、推动农业及相关产业发展，也要关注农村人居环境等生活条件，后者正是生态扶贫关注的重点问题。百村调研发现，通过实施上述生态扶贫措施，极大地改善了农民尤其是贫困户的生产生活条件。本部分对这些成效进行系统的梳理。

1. 基础设施水平不断提升

（1）生产设施条件的改善。在精准扶贫工作中，与农业生产紧密相关的基础设施就是水利工程及基本农田改造。2015年、2016年样本村生产设施建设项目及成效见表2。

表 2　生产设施建设项目及其成效

单位：个、户、亩

年份	小型水利建设		基本农田建设及改造	
	数量	受益户数	面积	受益户数
2015	95	1997	31	60
2016	157	3145	8107	3312

小型农田水利工程简称小农水，主要是指为解决耕地灌溉和农村人畜饮水而修建的田间灌排工程、小型灌区、灌区抗旱水源工程、小型水库、塘坝、蓄水池、水窖、水井、引水工程和中小型泵站等。从表2可以看出，2015年样本村实施小型水利建设项目95个，受益农户为1997户；2016年实施小型水利建设项目157个，受益农户为3145户。

基本农田建设是为发展农业生产，在土地上采取工程措施或生物措施，兴建能在生产上长期发挥效益的设施，也是为发展农业生产，实现稳产高产，对农田进行改造和建设所采取的措施的总称。从表2可以看出，2015年样本村实施基本农田建设及改造31亩，受益农户为60户；2016年实施基本农田建设及改造8107亩，受益农户为3312户。

（2）生活设施水平进一步提升。"小康不小康，关键看老乡。"习近平总书记曾明确要求，不能把饮水不安全问题带入小康社会。因此，农村饮水安全工程建设是精准扶贫的一项重点工作。与此同时，农村人居环境治理也是近几年党中央、国务院高度关注的问题，而且被列为2019年的硬任务之一。2015年、2016年生活设施建设项目及其成效见表3。

表 3　生活设施建设项目及其成效

单位：个、户

年份	新建自来水入户	新建蓄水池		新建村级自来水厂		人居环境改善
		数量	受益户数	数量	受益户数	
2015	1482	162	83	2	89	1525
2016	2988	90	1035	—	—	2686

资料来源：问卷调查。

贫困人口饮水安全一直都是党中央、国务院关注的重点问题，并采取了相应的政策措施，特别是水利部专门实施了农村饮水安全工程，逐渐解决了贫困人口的饮水安全问题，贫困群体的饮水安全水平得到大幅提高。从表3可以看出，2016年、2015年新建自来水入户分别为2988户、1482户，2016年新建自来水入户数与2015年相比大幅增加。

蓄水池是用人工材料修建、具有防渗作用的蓄水设施，是重要的雨水蓄积重要工程设施，是有效解决人畜饮水的有效途径。2015年新建蓄水池162个，受益农户83户；2016年新建蓄水池90个，受益农户为1035户。比较两年的情况可以发现，2016年新建的蓄水池规格较高、覆盖农民较多。

在解决农村安全饮水中，一般采取集中式供水和分散式供水两种方式。与分散式供给水相比，集中式供给水有利于水源的选择和防护，也易于采取水质改善措施，以保证水质良好。因此，近年来集中式供给水成为一些农村供水的主要方式。2015年，样本村新建村级自来水厂2个，受益农户为89户。

2. 农村居民生活条件不断改善

根据百村调研获得的6252个农户调研问卷数据，对与农户生活密切相关的饮水、生活用能源等条件进行分析。

（1）饮水条件得到改善。新时期以来，如何改善农村居民饮水安全一直受到党中央、国务院高度关注。从2005年国家启动农村饮水安全工程建设以来，全国累计解决了5.2亿农村居民和4700多万农村学校师生的饮水安全问题，水质达标率连年提高，农村供水的质量和管理显著改善。

表4中的数据表明，在6252个农户中，管道供水入户的农户4539户，占72.60%；管道供水至公共取水点的农户233户，占3.73%；没有管道设施的农户1380户，占22.07%。还有100个农户没有对此问题进行回答，占1.60%。

良好的农村饮水设施是改善农户饮水状况的必要条件，但不是充分条件。在上述设施下，农户用水保障程度依然是一个需要关注的问题。农户取水花费时间是表征农户饮水保障程度的一个重要指标，从表5可

表 4　农户饮水设施状况

单位：户、%

项目	农户数	占比
管道供水入户	4539	72.60
管道供水至公共取水点	233	3.73
没有管道设施	1380	22.07
没有回答	100	1.60
合计	6252	100.00

以看出，有245户农户单次取水往返时间超过半小时，占3.92%；有838户农户用水存在间断或定时供水现象，占13.40%；当年连续缺水时间超过15天的农户达498户，占7.97%；4694户农户饮水都有保障，不存在往返取水时间长、间断或定时供水以及连续缺水问题，占75.08%。

表 5　农村供水用水保障程度

单位：户、%

项目	单次取水往返时间超过半小时	间断或定时供水	当年连续缺水时间超过15天	无上述困难
农户数	245	838	498	4694
占比	3.92	13.40	7.97	75.08

（2）生活能源进一步优化。在农村生活用能源利用过程中，将会产生二氧化硫、氮氧化物以及总悬浮颗粒物，对农村环境产生一定的影响。随着农村居民生活水平的提高，农村生活能源结构不断优化，促进了农村环境的有效改善。表6中的数据表明，在6252户农户中，还有3972户农户以柴草作为生活能源，占63.53%；有826户农户以电作为生活能源，占13.21%；还有712户农户以煤炭作为生活能源，占11.39%；570户农户以罐装液化石油气作为生活能源，占9.12%；以管道液化石油气、管道煤气、管道天然气、燃料用油、沼气以及其他能源作为生活能源的农户较少。

表6 农户生活能源结构

单位：户、%

项目	农户数	比例
柴草	3972	63.53
煤炭	712	11.39
罐装液化石油气	570	9.12
管道液化石油气	13	0.21
管道煤气	19	0.30
管道天然气	48	0.77
电	826	13.21
燃料用油	3	0.05
沼气	14	0.22
其他	68	1.09
无炊行为	7	0.11
合计	6252	100.00

3. 农村人居环境质量不断提升

农村人居环境整治是建设美丽宜居乡村的重要内容，也是农村全面建成小康社会的必然要求，更是实现乡村生态振兴的抓手。农村人居环境涵盖了农村生活污水、生活垃圾、厕所革命以及村容村貌。2018年2月，中办、国办印发了《农村人居环境整治三年行动方案》，对农村人居环境整治进行了战略部署。在精准扶贫进程中，围绕着农村人居环境整治也进行了相关的项目建设，并确定了相应的成效。2015年进行人居环境改善的农户有1525户，2016年进行人居环境改善的农户为2686户。

（1）生活垃圾处理方式趋好。近些年来，随着农村居民生活水平的提高，农村生活垃圾产生量越来越多，而且成分越来越复杂。据估算，每年我国农村生活垃圾产生量约为2亿吨，农村生活垃圾处理成为农村人居环境整治中的一个难点。表7中的数据表明，农户对生活垃圾的收集方式存在明显的差异，将生活垃圾送到垃圾池等的农户为1907户，占30.54%；将生活垃圾进行定点堆放的农户为2482户，占39.75%；依然有1357户农户随意丢弃生活垃圾，占21.73%。

表7　农村生活垃圾收集方式

单位：户、%

项目	农户数	比例
送到垃圾池等	1907	30.54
定点堆放	2482	39.75
随意丢弃	1357	21.73
其他	498	7.98
合计	6244	100.00

（2）生活污水处理之路依然漫长。由于不同地域农村居民用水习惯不同，生活污水产生量和排放规律存在很大差异，客观上造成生活污水处理难度大。农村生活污水成为农村人居环境整治中的另一个难点。从表8可以看出，通过管道排放生活污水的农户1043户，占16.73%；将生活污水排放到家里渗井的农户388户，占6.22%；将生活污水排放到院外沟渠的农户达到2352户，占37.72%；还有2176户农户将生活污水随意排放，占34.89%。

表8　农村生活污水排放方式

单位：户、%

项目	农户数	比例
管道排放	1043	16.73
排放到家里渗井	388	6.22
院外沟渠	2352	37.72
随意排放	2176	34.89
其他	277	4.44
合计	6236	100.00

（3）厕所革命仍需推进。根据国家旅游局发布的《厕所革命推进报告》中的数据，农村地区80%的传染病是由厕所粪便污染和饮水不卫生引起的。近些年来，我国对农村改厕工作高度关注，并取得了一定成效。新时代，农村作为全面建成小康社会的主要阵地，没有农村的全面小康，

就没有全国的全面小康。中国要美，农村必须美。厕所问题是事关农村人居环境健康的重要问题。党中央将"厕所革命"作为乡村振兴战略和农村生态文明建设的重要内容，并从战略上进行了部署，凸显了这一工程的重大意义。

从表9可以看出，在6256户农户中，依然有3994户农户使用传统的旱厕，占63.84%；使用卫生厕所的农户为1766户，占28.23%；还有410户农户没有厕所，占6.55%。由此表明，在实施农村人居环境整治中，推进厕所革命任重道远。

表9 农户厕所革命情况

单位：户、%

项目	农户数	比例
传统旱厕	3994	63.84
卫生厕所	1766	28.23
没有厕所	410	6.55
其他	86	1.37
合计	6256	100.00

（二）对生态扶贫成效的评价

在精准扶贫工程中，不但乡村生态环境得到一定的改善，而且农民生活条件也得到极大的改善，本部分重点分析农户对周边生态环境的满意情况，与农户生活紧密联系的饮水、生活能源改善情况，以及农村生活环境状况。

1. 农村环境污染状况得到改善

问卷调研中的水污染主要针对生活饮用水而言，土壤污染主要指耕地，而垃圾污染指村里的垃圾是否影响了农民的生活和健康，空气污染、噪声污染则是指它们是否影响了农民的日常生活。表10是农户对这些污染是否存在的判断。由此可以看出，较大比例的农户都认为，农村不存在水污染、空气污染、噪声污染、土壤污染以及垃圾污染，五种污染是否存在的比例也有一定的差异,特别是针对垃圾污染,有 14.31% 的农户认为是存在的。其他四种该比例相对较低。

表 10　农村环境污染状况

单位:户、%

项目	水污染	空气污染	噪声污染	土壤污染	垃圾污染
有	9.89	8.37	8.22	7.13	14.31
没有	90.11	91.63	91.78	92.87	85.69
样本数	6066	6047	6034	5999	5983

在认为存在污染的农户问卷中,剔除没有对污染程度进行判断的问卷,整理得到表 11,从中可以看出不同环境污染程度情况。

表 11　农村环境污染程度评价

单位:户、%

污染程度	水污染 农户	水污染 比例	空气污染 农户	空气污染 比例	噪声污染 农户	噪声污染 比例	土壤污染 农户	土壤污染 比例	垃圾污染 农户	垃圾污染 比例
非常严重	55	10.36	38	8.24	33	7.19	36	9.28	61	8.07
较严重	191	35.97	112	24.30	108	23.53	98	25.26	202	26.72
一般	121	22.79	102	22.13	115	25.05	114	29.38	222	29.37
轻微	110	20.72	152	32.97	95	20.70	85	21.91	192	25.40
没多大影响	54	10.17	57	12.36	108	23.53	55	14.18	79	10.45
合计	531	100.00	461	100.00	459	100.00	388	100.00	756	100.00

2. 农户对居住环境满意度总体上尚可

"良好生态环境是最普惠的民生福祉。"对优美生态环境的关注,成为新时代广大农村居民消费最显著的特征。从表 12 可以看出,对居住环境非常满意的农户为 1424 户,占 23.59%;对居住环境满意的农户为 2632 户,占 43.61%;对居住环境持一般态度的农户为 1338 户,占 22.17%;也有部分农户对居住环境很不满意,占 2.45%。

表 12 农户对居住环境的满意度评价

单位：户、%

评价	农户	比例
非常满意	1424	23.59
比较满意	2632	43.61
一般	1338	22.17
不太满意	494	8.18
很不满意	148	2.45
合计	6036	100.00

资料来源：问卷调查。

三 生态扶贫中依然存在的问题剖析

新时代，贫困地区特别是广大的贫困山区，在开展生态扶贫、深入推进精准扶贫精准脱贫工作中，依然存在着一些问题需要解决。[①]

（一）对扶贫脱贫与生态保护之间的关系把握有待提升

众所周知，广大山区是我国贫困问题的集聚区，不但贫困面广，而且贫困程度深，实现精准脱贫的任务异常艰巨。虽然经过本轮扶贫工作，山区贫困人口数量有较大幅度下降，但是山区作为国家扶贫攻坚的主战场，贫困人口大多分布在生态脆弱地区的状况依然没有得到根本性改变。

山区又是生态建设的主战场，是生态资源的富集区，是实现国家生态安全的重要生态功能区，是平原地区的绿色生态屏障。但从目前来看，由于国家战略的导向，基层各级政府并没有科学认识到二者之间的关系，更没有制定协调二者关系的具体措施。需要科学认识山区的地位，山区是大自然赋予的"宝贝"，而不是"包袱"。山区丰富的资源可以为精准扶贫提供产业发展的基础，通过生态农业、乡村生态旅游等环境友好型

---

① 王宾、于法稳：《基于绿色发展理念的山区精准扶贫路径选择——来自重庆市的调查》，《农村经济》2017年第10期。

产业的发展，可以增加贫困人口收入，实现精准扶贫与生态保护的和谐与统一。

（二）生态资源环境保护未能作为扶贫规划的重要内容

调研发现，根据现有扶贫要求，每个贫困村都制定了精准扶贫精准脱贫规划。其中，扶贫内容主要围绕"五个一批"工程展开，将重点放在基础设施建设以及如何增加贫困人口的收入方面，明显缺失生态资源环境保护的相关内容，更缺乏保护的具体措施及手段。由此可见，扶贫规划的科学性有待提升。如在易地扶贫搬迁方面，规划内容也主要涵盖搬迁数量、完成时间等，对空间布局没有很好的规划，由此导致了搬迁安置之后道路等基础设施的建设成本的增加，以及可能对生态资源环境造成的破坏。

上述问题的出现，表明政策落实方面还存在偏差。尽管国家提出了"坚持保护生态，实现绿色发展"的原则，但由于缺乏扶贫对生态环境保护的配套政策和具体举措，各地在实施过程中还是将工作重点放在基础设施建设、贫困人口危房改造以及贫困群体增加收入等现实性方面，没能有效地对生态环境进行保护。如果基础设施建设对贫困地区的植被、生态环境造成的冲击超过了该区域生态系统的承载能力，将会导致其生态系统服务功能的下降甚至丧失，而这些区域自然生态系统一旦失去生态保障功能，将对国家生态安全以及平原地区的屏障作用造成重大影响。

（三）生态产业的选择与区域实际有所脱节

产业扶贫是扶贫开发工作的重点，是精准扶贫的核心，产业扶贫应着眼大产业，注重第一、第二、第三产业间的融合。然而，调研发现，由于缺乏龙头企业的带动，山区产业扶贫依旧以传统粗放型产业为主，缺乏环境友好型产业，从而给生态资源环境带来一定的影响甚至破坏。再加上农民生态保护意识相对薄弱，在产业选择方面缺乏生态保护的考虑。立足于山区优良生态资源基础的生态旅游、有机农业、生态农业等产业的发展，还没有得到足够的关注；同时，大多数山区又是少数民族地区，民族文化特色浓厚，这些资源优势还没有转化为产业优势，旅游资源的文化内涵未被充分挖掘，服务和管理水平不高。

在精准扶贫工作中，乡村旅游成为产业选择中的亮点之一。可以说，乡村旅游是破解新时代社会主要矛盾的重要途径之一，也是实现乡村产业振兴的重要内容。国家政策的出台为发展乡村旅游提供了战略机遇，乡村旅游将进入跨越式发展的黄金期。当前，优美的生态环境是发展乡村旅游最重要的资源基础与前提条件，但并不是说具备了发展乡村旅游的所有条件。基层调研发现，一些地方盲目追逐全域旅游的发展理念，"有条件上，没有条件创造条件也要上"现象相当普遍。关键问题在于，乡村旅游发展多采用外延式的方式，盲目扩大发展规模，根本没有考虑到区域生态承载能力，更缺乏科学的分析与评价，从而导致区域资源破坏及环境污染等一系列问题。

（四）基础设施建设缺乏生态环境安全隐患意识

山区贫困很大程度上是由于交通不便以及其他基础设施条件落后，广大山区贫困村通过政策扶持及资金帮扶，道路硬化及改扩建工程、人饮工程、公共服务设施改建工程等已基本完成，有效地改善了山区贫困面貌，明显提升了农民生产生活便利性。

但是，在基础设施建设过程中，缺乏必要的保护措施，也会导致一定的生态环境安全隐患。由于基础设施建设与生态保护之间存在一定的矛盾，山区基础设施建设特别是道路建设，需要开山、砍树，势必造成山区资源和生态环境的破坏，尤其是农村道路建设，对山区的生态破坏更甚。再则，道路修建完成之后，没有对开垦的山地边坡进行及时的生态修复，一旦遇到强降雨，则会导致严重的水土流失；此外，可能导致山体碎石等的滑落，对村民生命财产安全构成一定的威胁。为了实现精准扶贫精准脱贫的目标，各级政府更关注基础设施建设，而对其带来的生态破坏以及建设之后需要进行的生态修复都没有给予足够重视，更缺乏有效的补救措施。

(五)易地搬迁与生态保护没有实现同步

在精准扶贫工作中,生态扶贫搬迁是脱贫攻坚"五个一批"中任务最重、指标对应要求最严的一项系统性工程,对于山区贫困户而言,生活生产方式将发生彻底变化。

但在搬迁过程中,缺乏全面统筹的科学规划,导致易地扶贫搬迁项目在空间布局上具有一定的随意性,从而对周边生态环境造成破坏。同时,绿色发展理念要求实行最严格的生态环境保护制度,推进国土绿化。然而,搬迁地的生态修复问题仍未得到有效解决,原有土地即便进行复垦,能否形成生产力也值得探究。且搬迁后,贫困户致富难度增加,虽然政府给予了财政支持,但是,搬迁资金标准较低,建房资金仍有部分需要贫困户自筹,且贫困户产业培育力度小,导致贫困户缺乏产业发展启动资金,后续发展困难。此外,易地扶贫搬迁意味着山区居民的居住方式及结构进行重新构建,民居、民族文化将面临来自外界的强大冲击,对社区文化延续和社会稳定性造成风险。

四 实施生态扶贫,助力精准脱贫的对策建议

精准扶贫出现诸多问题的根本原因,在于理念和制度设计还没有真正契合贫困地区和贫困人口的实际情况。因此,就山区扶贫而言,应因地制宜制定发展政策才能达到"精""准",才能根治贫困。要实现山区脱贫,就必须坚持绿色发展理念,在地区生态环境承载强度之内,合理有效地利用资源要素,走社会、经济、生态协调统一的可持续发展之路,以实现绿色减贫,并有效地巩固精准脱贫成效。

(一)强化绿色发展理念的引领作用,做好精准扶贫顶层设计

山区是实现国家生态安全的重要区域,是实现精准扶贫精准脱贫的关键环节。为此,国家应对山区发展进行科学规划,统筹发展。

首先,加强顶层设计,相关政策制定应根据贫困山区生态环境承载能力,以及贫困状况的实际,将绿色理念贯彻于精准扶贫精准脱贫的

全过程，制定科学的规划、工作方案，以强化生态环境保护。通过开展"国家绿色生态扶贫发展示范区"评选工作，发挥带动示范效应，积极引导精准扶贫工作中忽略生态保护的地区重视生态保护。

其次，将生态建设成效作为脱贫考核的重点内容。目前的考核主要关注贫困人口的满意率。为此，贫困村所在的乡镇政府几乎出动所有力量，动员贫困人口，旨在提升满意率。国家应出台相关政策，特别是要将精准扶贫中生态建设的成效作为考核的重点。只有这样，才能在精准扶贫精准脱贫中，真正落实习近平总书记提出的"良好生态环境是最公平的公共产品，是最普惠的民生福祉"。

（二）科学认识山区地位及优势，牢记和坚守生态底线

"绿色发展"是引领"十三五"乃至更长时期社会经济发展的一个基本理念，将该理念注入脱贫攻坚工作中，就要突出绿色、环保、可持续等扶贫思想，将绿色发展作为扶贫攻坚、推进长久脱贫的重要引领。

首先，尽管山区社会经济发展水平相对落后，但拥有丰富优美的生态资源，可以提供清洁的水源和空气，这是未来发展有机农业、生态农业、生态旅游等生态产业的重要基础，也是未来发展的潜力所在和竞争力所在。因此，山区是大自然留下的珍贵"宝贝"，而不是发展的"包袱"，这是认识山区最基本的出发点。应充分利用山区优势资源，选择适宜的业态，让山区贫困农民广泛地参与其中，实现生态脱贫和科学发展。

其次，牢记和坚守生态底线，打造精准扶贫生态屏障。要将绿色发展理念作为扶贫行动的先导，提高生态扶贫过程中的"绿色"含量，突出绿色、生态、环保的扶贫理念，在扶贫目标、原则、任务和措施上注重体现绿色发展要求。

（三）强化基础设施建设过程中的生态保护及生态修复

首先，科学制定贫困山区的基础设施建设规划。山区基础设施所需人力、物力、财力远高于平原地区，要根据山区发展实际，合理制定基础设施、易地搬迁规划，合理进行产业发展布局，确保精准扶贫有利于民、有利于村和有利于生态建设，实现绿色可持续发展。

其次，要减少基础设施建设对生态环境的影响。在广大贫困山区实施村组道路建设时，工程量较大，需要开山的面积广、砍伐树木多，对生态环境的破坏较为严重。目前，一些山区村庄道路建设对生态环境破坏已经成为事实，但在未来道路建设、易地搬迁中，要做好规划，尽可能减少对生态环境的影响，做到工程施工与生态恢复同步进行。同时，要按照生态规律及生态破坏的程度，加快生态修复进程。尽快对道路边坡、山体边坡进行生态恢复。特别应关注因基础设施建设、易地搬迁造成严重生态破坏的区域。

（四）依托山区资源优势发展生态产业，激发绿色发展新动能

发展特色生态产业是山区贫困地区脱贫的重要依托，更是长期稳定脱贫效果的保证。针对山区独特资源优势，产业发展应以绿色理念为指导，着力激发绿色发展新动能，采取"一户一举措，一村一产业"的帮扶措施，探索建立绿色扶贫产业开发及帮扶体系，摆脱山区贫困户的发展瓶颈。

首先，大力发展生态农业，促进山区农业精品化提升。山区农业应走市场化和生态化道路，将生产、加工、运输、销售等各环节相串联，转变高污染、高耗能的生产方式，实现循环发展、低碳发展，形成良性的生态农业产业链。针对特色资源禀赋，发展精品农业及特色品牌，积极推进绿色有机产品认证和有机特色农产品生产示范基地建设，生产绿色、无污染、原汁原味的"土特"产品。同时，将生态农业发展与生态休闲旅游结合，融合山区少数民族的文化特色，提升山区生态农业的精品化程度。鼓励贫困户建立或参与专业合作社、家庭农场、农业企业等新型经营主体，努力实现农产品的优质优价；金融领域应放宽中小型企业融资准入门槛，推行绿色贷款，通过建立风险补偿资金融资模式，共建风险共担机制，支持山区农业发展。

其次，发展生态休闲旅游，促进山区旅游产业化提升。立足自然生态资源优势，遵循生态系统发展规律，大力发展乡村生态休闲旅游，并

由此带动农家乐发展，提升旅游商品的地域特色，从根本上、长远考虑上巩固脱贫成效。精心编制山区旅游发展规划，不搞运动式发展，探索建立旅游产业协作联盟，大力推广"旅游+"产业，全面解决山区旅游资源分布散落、基础服务差、经济实力弱等制约因素，以整合多元旅游资源优势、形成产业集聚，促进山区生态资源向产业转移、向效益转化。

最后，针对贫困山区的特色，进一步完善自然资源产权制度，创新生态补偿方式，探索建立碳汇和碳排放权交易平台。国家应加大对生态保护地区的财政转移支付力度，提高农民保护生态的积极性，为乡村旅游发展提供更好的环境，形成良性循环。省级层面应加大省域内和跨区域间的转移支付，完善跨区域生态建设协作机制，加强区间合作。

（五）有序推进生态扶贫易地搬迁，健全长效扶持机制

易地扶贫搬迁应该与地区城乡建设总体规划相协调，在生态环境保护规划范围内，根据山区资源禀赋和资源环境承载力，积极稳妥推进易地扶贫搬迁。努力完善资金筹措机制，延展资金投入渠道，以保证生态搬迁所需要的高启动和高维护资金。

首先，针对搬迁地而言，要加大生态环境修复工程，实行最严格的生态环境保护制度，强化搬迁地土壤、水源、环境等质量监测工作，对原有宅基地进行生态复垦或建设民族特色的民居，提高土地使用率，确保土地资源不浪费。鼓励搬迁贫困户参与"地票"交易，增加搬迁农户收入。

其次，易地扶贫搬迁最重要也是最根本的在于保障搬迁户后续生产生活问题。如果没有后续产业做支撑，极易造成返贫，加剧贫困程度。易地搬迁不是简单的人员迁徙，而是一个经济重组、社会重构的系统工程。因此，要拓宽搬迁户增收渠道，培育发展后续产业，确保搬迁贫困户持续增收。

（六）强化农村人居环境整治，提升居民生态福祉

新时代背景下，农村人居环境整治的必要性、紧迫性、长期性更加明显。因此，在推进精准扶贫工作中，要针对存在的突出生态环境问题，采取有效措施。

首先，制定科学合理的农村人居环境整治规划。一是充分认识到农村人居环境整治规划的重要性。注重以规划作为农村人居环境整治工作的引领，避免项目实施的随意性。二是制定详细的科学规划。根据村庄不同区位、不同类型、不同人居环境的现状，确定农村人居环境整治的重点，明确综合整治的路线图、时间表。三是科学核算资金需求规模。根据农村人居环境整治规划，充分考虑农村人居环境整治所需的硬件设施、运营等各种要素，对全国范围内农村人居环境整治所需要的资金规模进行科学核算。根据资金需求规模，在国家层面再制定实施的具体方案。

其次，加大资金投入，完善农村人居环境整治设施。一是加大财政资金投入。根据农村人居环境整治需求，国家层面应加大资金投入力度，一方面用于完善设施，另一方面用于建立运营机制。同时，建议取消配套资金，加大资金使用的监督与审计，发现问题严厉追责。二是创新融资机制。建立"政府投入为主，村民支持为辅，积极发挥社会支持"建设公共设施的多元化投资机制和以村民为主体的公共设施运行维护管理机制，调动村民参与农村人居环境整治的积极性。三是建立农村人居环境整治专项资金。农村人居环境整治是一项长期任务，建议在国家层面设立农村人居环境整治专项资金，明确政府的投资主体责任。同时，鼓励社会团体、企业和个人捐款或以其他方式参与农村人居环境整治。此外，建立和完善适应各地经济水平的地方政府补助机制，将其作为国家专项资金、社会资金投入的有效补充。

再次，实现技术与模式的创新，为农村人居环境整治提供保障。一是加快已有技术的推广应用。在农村人居环境整治领域，已经探索出了一些有效的技术，需要加快推广应用，在更大范围内服务于农村人居环境整治。二是加快新技术研发。根据规划所划分的区域，研发农村人居环境整治所需要的技术，提高技术的区域适应性。三是加强相关技术整合。农村人居环境整治所需的技术具有综合性特点，因此，需要加强各种相关技术的整合，更好地服务于农村人居环境的整治。

最后，完善机制，推动农村人居环境整治。一是建立环保设施运营机制。在实施之初，建议政府负责相应设施的运营与维护，然后再逐步过渡到具有专业运营能力的第三方。二是建立评估与监督机制。采取第三方参与模式，建立农村人居环境整治的评估与监督机制，对参与农村人居环境整治的利益相关者的行为、治理效果、满意度、存在的问题进行全面科学的评估，以寻求完善农村人居环境整治的途径与措施。三是建立有效的参与机制。通过提高农村居民的认知水平，使他们逐步产生相应的责任意识，进而提高农村居民的参与意识，使其积极、主动、全面参与农村人居环境整治的全过程。

附　录

附录一　百村村情

（一）区位与地理

87个样本村分布于全国四大区域[①]的27个省（自治区、直辖市），除台港澳的31个省级行政区中，仅缺京津沪及吉林省。[②] 其中，52个位于西部地区，23个位于中部地区，12个位于东部及东北地区（见附表1-1）。87个样本村中，贫困村为80个，非贫困村为7个。村庄地貌以山区为主，87个样本村中，59个为山区或高原，13个为丘陵，15个为平原（见附表1-2）。7个非贫困村都位于山区或丘陵。平原村在三大区域[③]均匀分布，丘陵村以中部为主，山区高原村主要位于西部。分民族聚居类型看，主要特点是，少数民族聚居村绝大部分位于山区高原，位于平原的绝大部分是汉族聚居村。分村贫困类型看，7个非贫困村均位于中西部地区，也均为丘陵、山区或高原地貌。脱贫村共有14个，占贫困村的17.50%，三大区域均有分布，西部地区占一半（见附表1-3）。

[①] 四大区域为：东部地区、东北地区、中部地区、西部地区。
[②] 但是吉林省有户问卷数据。
[③] 将四大区域合并为三大区域时，是将东部和东北地区合并为东部及东北地区；下文分析中还有两大区域的划分，乃是将东部、东北和中部合称为东中部地区。

附表1-1 样本村地区及类型分布

单位：个

地区	省份	样本村总数	本报告样本村数	贫困村数	贫困县村数	民族村数
		100	100/87	91/80	76/65	47/43
东部地区	福建	1	11/10	11/10	5/4	3/3
	广东	1				
	海南	1				
	河北	4				
	江苏	1				
	山东	2				
	浙江	1				
东北地区	黑龙江	3	4/2	4/2	3/2	0/0
	辽宁	1				
中部地区	安徽	5	28/23	23/19	24/19	7/7
	河南	6				
	湖北	5				
	湖南	5				
	江西	4				
	山西	3				
西部地区	甘肃	6	57/52	53/49	44/40	37/33
	广西	8				
	贵州	11				
	内蒙古	2				
	宁夏	4				
	青海	3				
	陕西	3				
	四川	4				
	西藏	4				
	云南	8				
	重庆	3				
	新疆	1				

注：表中为立项的样本村数量和提供村级问卷数据的样本村数量。

附表 1-2 分地区的样本村地貌

单位：个

地貌	东部及东北	中部	西部	合计
平原	4	6	5	15
丘陵	2	7	4	13
山区/高原	6	10	43	59
合计	12	23	52	87

附表 1-3 分地区的样本村贫困类型

单位：个

类型	东部及东北	中部	西部	合计
贫困村	9	17	40	66
脱贫村	3	2	9	14
非贫困村	0	4	3	7
合计	12	23	52	87

大部分样本村都较偏远。87个样本村与县城或城市的平均距离约40公里，与乡镇平均距离10公里。具体来看，与县城距离在20公里以内的村只有28.74%，超过50公里的有28.74%，最远的距离达160公里以上；与乡镇距离达到或超过10公里的村占45.98%，最远的距离达50多公里。建档立卡村与非贫困村的地理位置分布没有明显差异，非贫困村距离县城的平均距离还要大于建档立卡村，与乡镇平均距离接近。不过，受历史因素影响，少数民族聚居村位置更加偏远，少数民族聚居村和汉族村与县城平均距离分别为46.45公里和33.15公里，与乡镇平均距离分别为12.92公里和7.12公里（见附表1-4）。

附表 1-4 分贫困村类型样本村与县城、乡镇距离

单位：公里

项目	与县城或城市距离			与乡镇距离		
	平均值	最小值	最大值	平均值	最小值	最大值
全部样本村	39.72	2	165	10.06	0.3	55
建档立卡村	38.80	2	140	10.10	0.3	55
非贫困村	51.88	19	165	9.50	2.0	18
汉族村	33.15	2	140	7.12	0.3	20
少数民族聚居村	46.45	3	165	12.92	1.0	55

（二）人口与劳动力

1. 人口规模

所有样本村有 549.44 户 2173.08 人，户均 3.96 人。贫困村的户数和人口规模稍微低于非贫困村，但是贫困村户均人口大于非贫困村。分民族看，汉族村户数大于民族村，但两类村人口规模几乎相同，这表明少数民族聚居村户均人口大于汉族聚居村（见附表 1-5）。

附表 1-5　不同类型样本村户数和人口数

单位：户、人

项目	所有样本村	贫困村	非贫困村	汉族村	民族村
户数	549.44	535.48	689.14	577.21	520.09
人口数	2173.08	2157.51	2378.17	2188.00	2158.51
户均人口	3.96	4.03	3.45	3.79	4.15

对于所有样本村，村均建档立卡贫困人口比例为 25.24%；低保和五保人口比例较低，分别只有 6.87% 和 0.56%；由于少数民族聚居村比例高，少数民族人口比例高达 40.75%。贫困村中上述各类人口比例与所有样本村非常接近。非贫困村的上述各类人口比例都较大幅度地低于贫困村。不过需要注意的是，非贫困村的贫困人口比例达到 18.66%，也是相当高的。汉族聚居村与少数民族聚居村相比，建档立卡人口比例低 6 个百分点左右，低保人口比例低 4 个百分点左右，但是五保人口比例高将近 1 倍。少数民族聚居村的少数民族人口占 71% 左右，汉族聚居村则有约 5% 的少数民族人口。总的来看，少数民族聚居村拥有最高的建档立卡人口及低保人口比例，非贫困村拥有最低的低保人口比例，汉族村的五保人口比例最高（见附图 1-1）。

2. 年龄结构与受教育程度

（1）年龄结构

由于采取了分类随机抽样，所以样本村居民的年龄结构信息可以从抽样的住户样本信息中推断，以样本户代表样本村居民。我们将样本村人群分为非建档立卡户（也称非贫困户）和建档立卡户（也称贫困户），

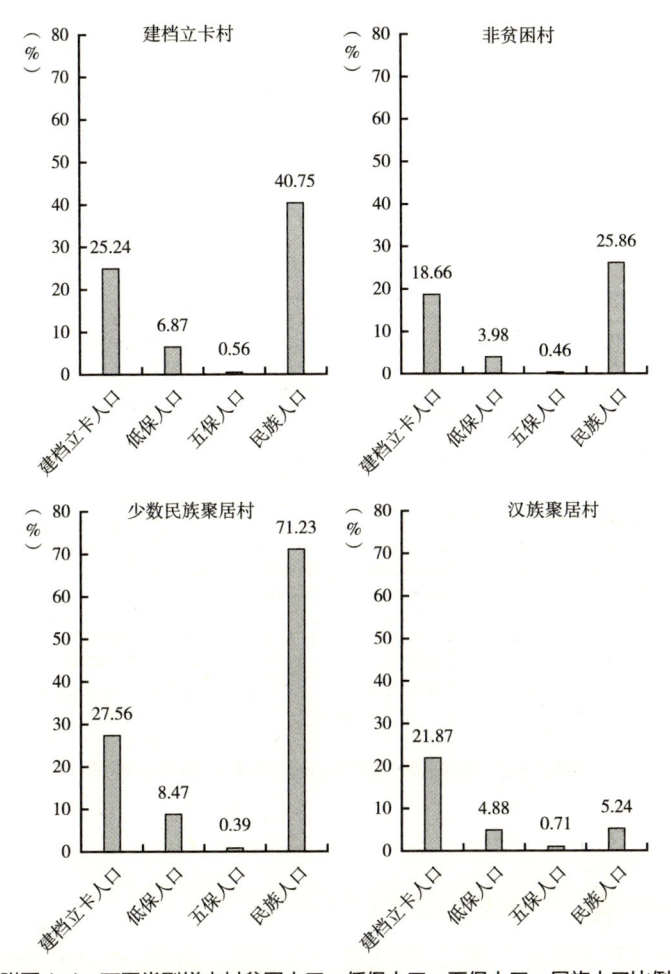

附图1-1　不同类型样本村贫困人口、低保人口、五保人口、民族人口比例

各自由非建档立卡户样本和建档立卡户样本代表。从全体样本人口来看，建档立卡家庭和非建档立卡家庭人口平均年龄分为别38.23岁和36.15岁。① 样本中有4位百岁老人。人口年龄呈金字塔形分布，所调查的非贫困户人口结构呈现从稳定型向收缩型转变的形态，建档立卡户人口结构呈现更加明显的收缩型形态（见附图1-2）。在此基础上，比较建档立卡户与非贫困户，可以发现贫困户的年龄结果的特征是：10~19岁比例大

---

① 注：此处计算时间节点为2016年底，2017年以后出生的人口未计算在内。

于非贫困户；20~39岁比例小于非贫困户；40~49岁比例大于非贫困户；60岁以上比例明显大于非贫困户。这意味着，建档立卡户劳动力年龄结构相对老化，子女上学负担重，养老压力大。

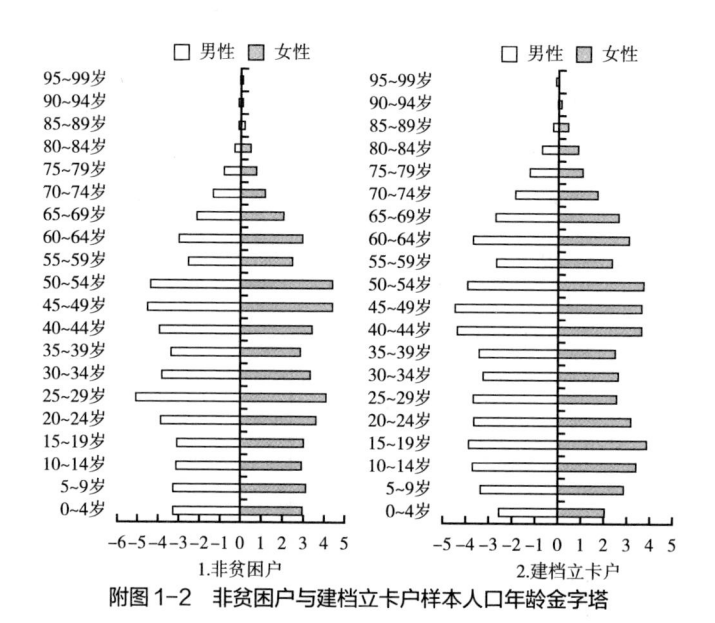

附图1-2 非贫困户与建档立卡户样本人口年龄金字塔

（2）受教育情况

全体样本人口的受教育程度低，小学及以下文化程度占比56.06%。小学程度所占比例最高，其次依次是初中和文盲，高中以上比例极低。男女受教育程度差别明显，两者小学比例几乎一致，但是，女性文盲比例明显更高，而初中比例明显更低。高中及以上学历的，性别差距很小（见附图1-3）。

建档立卡户人口的受教育程度更低。建档立卡户人口中，小学及以下比例明显高于非贫困户，而初中及以上人口的比例均低于非贫困户。具体来说，建档立卡户上小学及以下的比例比非贫困户高10.83个百分点，而初中及以上人口的比例却低5.73个百分点（见附图1-4）。样本人口受教育程度，如果按东中部地区和西部地区进行划分，以及按照村的民族聚居类型或人口民族类型划分，几乎都是建档立卡户和非建档立

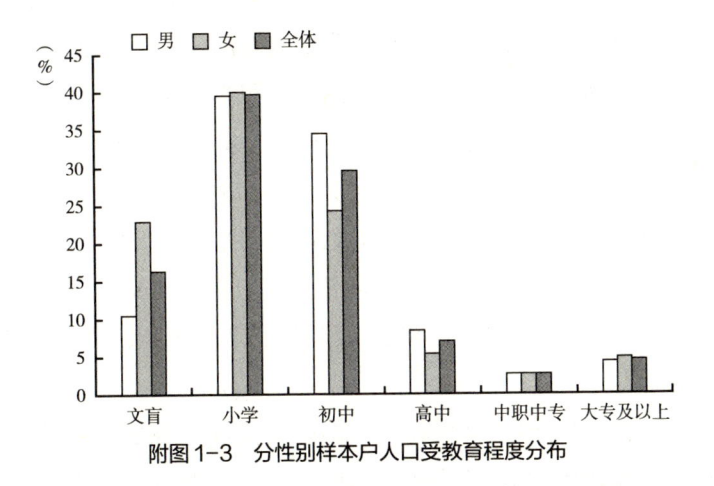

附图1-3　分性别样本户人口受教育程度分布

卡户区别的翻版，西部地区人口教育程度全面低于东中部地区，少数民族人口及少数民族聚居村人口的受教育程度也全面偏低。如果再进一步看劳动年龄人口的受教育程度，结论同样如此，而且西部地区劳动年龄人口与东中部地区受教育程度的反差进一步加大。

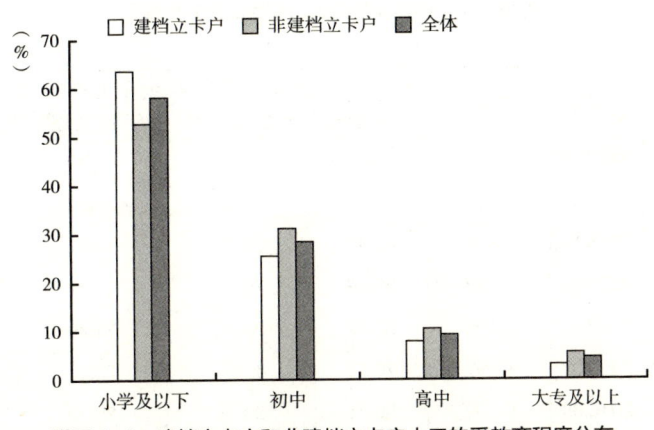

附图1-4　建档立卡户和非建档立卡户人口的受教育程度分布

3. 劳动力就业及外出情况

所有样本村中，村均劳动力人数为1121.96人，占人口比例为51.63%。样本村劳动力有相当大的外出就业比例。从外出时间看，劳动力外出半年以上和半年以内比例分别为 34.78% 和 26.29%，合计达到 61.07%。从外出地点看，劳动力到省外和省内县外就业的比例分别为 19.52% 和 18.77%，合计达到 38.29%。外出人口中有一部分举家外出。所有样本村中，举家外出户数平均为 56.76 户，举家外出人口数平均为 199.04 人，占村均户数和人口数比例分别为 10.33% 和 9.16%。由于长期外出者以及举家外出者，村内常住人口数明显少于总人口数（户籍人口数）。数据显示的村均常住人口数为 1796.27 人，常住人口比例为 82.66%。

从劳动力资源的丰裕程度来看，非贫困村略好于贫困村，民族村略好于汉族村，西部地区村略好于中东部地区村。从贫困村与非贫困村的对比看，贫困村的劳动力外出比例都比非贫困村更高一些。从汉族村与少数民族村的对比看，很显然民族村的外出就业及举家外出比例都更低一些。分区域看，中东部地区劳动力外出比例更高，但是西部地区劳动力外出半年以内比例高于中东部地区（见附表 1-6）。

附表 1-6　不同类型村人口和劳动力外出情况

单位：人、%

项目	人口数	劳动力比例	常住人口比例	劳动力外出半年以上比例	劳动力外出半年以内比例	举家外出人口比例
所有村	2173.08	51.63	82.66	34.78	26.29	9.16
贫困村	2157.51	51.41	82.44	35.50	26.94	11.08
非贫困村	2378.17	54.40	85.47	26.78	19.51	8.32
汉族村	2188.00	50.27	79.69	39.10	31.82	12.38
民族村	2158.51	52.95	85.57	30.66	21.29	9.31
中东部	2408.88	47.97	76.48	42.50	23.59	13.68
西部	2015.88	54.04	86.91	29.78	28.00	8.90

注：为简化起见，这里将中部、东部及东北合并为中东部地区。

（三）土地资源

1. 村均及人均农用地面积

总的来说，各村土地资源情况差别很大。所有类型的农用地，都有一些村面积很大、一些村一点都没有。例如，以最常见的耕地来说，面积最大的 1 个村达到 2.77 万亩，是位于宁夏同心县的移民村三山井村。也有 1 个村没有耕地，是位于内蒙古鄂温克旗的查干诺尔嘎查，但是这个村有 12.6 万亩的牧草地。位于青海海晏县的俄日村牧草地面积高达 30 万亩。附表 1-7 显示了所有样本村以及分类样本村各类农用地平均面积，以及各类土地面积为 0 的村数。所有样本村的平均耕地面积为 3176.64 亩，其中有效灌溉面积约为 1402 亩，比例为 44.13%，灌溉条件有限。村均林地面积和牧草地面积比较大，分别达到 1.36 万亩和 1.26 万亩，但是只有 21 个村有牧草地。畜禽饲养及水产养殖面积都比较小，且有面积的村数不足 1/3。从贫困村与非贫困村对比看，比较特别的是，贫困村大部分类型农用地面积都多于非贫困村，但是林地面积和牧草地面积都是以非贫困村远远为高。不过这是从均值来说的，这两类用地面积最大的村都是贫困村。退耕还林面积，贫困村超过 1000 亩，是非贫困村的将近 2 倍。分地区看，东中部地区与西部地区的村均耕地面积、园地面积、养殖水面面积都比较接近；但是东中部地区的有效灌溉面积比西部高约 600 亩，退耕还林面积高约 200 亩；反过来，西部地区村均林地面积是中东部地区的 2 倍，牧草地更是几乎都集中在西部地区，畜禽养殖用地也是如此。分民族聚居类型看，汉族聚居村的耕地面积（以及退耕还林面积）、水产养殖面积更大，少数民族聚居村的林地面积、牧草地面积以及畜禽养殖面积更大。

附表 1-7 不同类型村农用地面积

单位：亩

项目	耕地面积	有效灌溉面积	园地面积	林地面积	退耕还林面积	牧草地面积	畜禽饲养地面积	养殖水面面积
所有村	3176.64	1401.96	855.73	13573.36	1023.19	12581.62	109.24	34.40
村样本数	83	78	74	80	78	78	73	75
面积为 0 村数	1	21	27	8	20	57	45	50
贫困村	3282.93	1453.51	900.61	12865.41	1060.53	11246.95	116.72	36.52

续表

项目	耕地面积	有效灌溉面积	园地面积	林地面积	退耕还林面积	牧草地面积	畜禽饲养地面积	养殖水面面积
非贫困村	1812.50	783.33	426.14	20956.29	575.07	28597.67	25.67	10.00
东中部	3135.01	1711.13	930.37	8345.73	1177.68	65.52	17.31	38.40
西部	3205.52	1175.23	804.84	16880.64	921.29	19989.11	166.43	31.73
汉族村	3864.92	1924.26	764.47	6735.53	1101.63	1549.77	71.28	55.90
民族村	2436.73	879.66	942.18	20411.20	944.74	23061.88	144.20	14.55

用各村的平均农地面积除以各村的平均人口，即相应类型村庄的人均农地面积（见附表1-8）。限于篇幅，此处仅列出所有村以及分地区村的人均面积。可以看出，所有样本村人均耕地面积为1.41亩，低于全国人均耕地面积，其中有效灌溉面积0.57亩，其比例也低于全国平均比例；人均林地面积4.64亩，退耕还林面积0.46亩；人均牧草地面积3.72亩。分地区看，西部地区村人均耕地面积是东中部地区村的1.22倍，但是其人均有效灌溉面积略低于东中部地区；两类地区人均园地面积和人均养殖水面面积几乎相同。人均林地面积西部地区村是东中部地区村的2倍，人均畜禽饲养地面积西部地区村是东部地区村的8倍，人均牧草地面积西部地区村是东部地区村的214倍。

附表1-8 不同类型村人均农用地均值

单位：亩

项目	耕地面积	有效灌溉面积	园地面积	林地面积	退耕还林面积	牧草地面积	畜禽饲养地面积	养殖水面面积
所有村	1.41	0.57	0.39	4.64	0.46	3.72	0.05	0.02
东中部村	1.25	0.62	0.40	2.91	0.55	0.03	0.01	0.01
西部村	1.53	0.53	0.39	5.91	0.39	6.42	0.08	0.02

2. 耕地流转及撂荒

关于样本村的土地利用，此处仅展示耕地流转和闲置土地抛荒情况。

所有样本村平均流转耕地面积 678.63 亩,相当于村耕地面积的 21.36%,低于全国平均耕地流转比例。参与对外流转耕地农户也占全部农户 20% 左右。分地区看,东中部地区村耕地流转比例达到近 25%,而西部地区村为 19.5% 左右;反过来看,西部地区村参与土地流转农户比例还要略高一些,为 21.68%,而中东部地区村为 17.88%(见附图 1-5)。

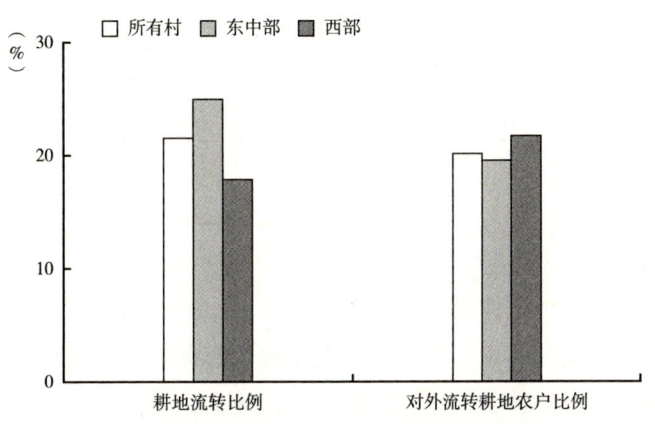

附图 1-5 分地区样本村的耕地流转比例和流转耕地农户比例

关于耕地撂荒情况,76 个样本村平均撂荒面积 127.86 亩,相当于耕地面积的 4.03%。其中,45 个村无撂荒,占村比例为 59.21%。31 个有撂荒的村,村均撂荒面积为 227.63 亩。

3. 农户农地利用

建档立卡户几乎所有类型农地的平均自有面积均低于非贫困户,仅养殖设施用地除外。包括建档立卡户和非贫困户在内,它们的各类土地实际经营面积几乎都低于自有面积,而且建档立卡户的经营比例还要低于非贫困户。其结果是,建档立卡户的实际农地经营面积,除了有效灌溉耕地面积持平、养殖设施用地面积更高外,其他五类农地均低于非贫困户(见附表 1-9)。从农户之间差异看,建档立卡户有 65.50% 的实际经营面积大于等于自有面积,非贫困户该比例为 69.99%。这意味着,分别有 34.50% 和 30% 的建档立卡户和非贫困户的实际经营面积低于自有面积。

附表1-9 两类样本户农地自有面积及经营面积

单位：亩

项目	建档立卡户 自有面积	建档立卡户 经营面积	非建档立卡户 自有面积	非建档立卡户 经营面积
有效灌溉耕地	2.29	1.16	2.56	2.15
旱地	4.05	2.39	4.68	3.68
园地	0.30	0.20	0.52	0.44
林地	17.56	10.18	19.50	13.22
牧草地	21.50	7.67	77.49	29.82
养殖水面	0.01	0.00	0.05	0.07
养殖设施用地	0.75	0.51	0.50	0.35

（四）村庄经济

1. 人均纯收入

村民收入水平是体现一个村庄经济发展水平的基础指标。有两个可用指标：一个是村问卷调查中收集的（村干部报告的）本村村民人均纯收入，这是一个估计数，没有严格的统计依据，大体上具有纵向和横向可比性，但是与统计意义上的住户家庭人均纯收入或可支配收入没有直接可比性；另一个指标是从住户调查数据中推断的农户家庭人均可支配收入。国家统计局住户调查数据中，人均可支配收入比人均纯收入高约6%。[①] 课题组调查数据一方面难以估算可支配收入所需的利息支出和社保支出，另一方面误差也会更大，所以不能估算标准的可支配收入，但是将按照四类收入估算出来的收入称为家庭人均纯收入，与此同时忽略纯收入和可支配收入的偏差。

87个样本村共有78个村提供了村农民人均纯收入指标，9个未提供数据的均是建档立卡村。所有样本村农民人均纯收入均值为6265.91元，中值为5640元。村级调查的农民人均纯收入比建档立卡数据计算的平均收入5504元高13.84%。非贫困村与贫困村的人均纯收入差别不大，前者只比后者高2.5%左右。西部地区村与中东部地区村、民族村与汉族村的收入差距更大一些，前者分别比后者低13%左右（见附表1-10）。

---

① 国家统计局住户办原主任王萍萍提供的2013年数据。

附表 1-10　不同类型样本村农民人均纯收入平均值及中值

单位：元

项目	平均值	中值	观察值
所有村	6265.91	5640	78
建档立卡村	6252.09	5600	71
非贫困村	6406.14	6000	7
中东部村	6765.81	6789	32
西部村	5918.15	5225	46
汉族村	6675.10	6300	41
民族村	5812.49	4300	37

2. 经营实体

本报告用村内各类经营实体数量说明经济发展状态（见附表1-11）。从最重要的农民专业合作社来说，其村均数量为2.52个，有合作社的村比例达到86.05%，总的来说合作社已经比较普及，但是还有12个村内没有合作社。家庭农场的平均数量为1.41个，拥有率只有39.19%，有家庭农场的村平均拥有3.58个。专业大户的平均数量为4.45个，约2/3的村有专业大户。加工制造企业数量最少，平均只有1.04个，而且只有不到30%的村有此类企业。餐饮企业代表村内服务业发展情况，样本村平均拥有2.16个，拥有率刚刚超过1/3。有餐饮企业的村平均有6.33个，但是分布严重不均，一般拥有1~5个，但是有5个村超过10个，估计与发展旅游业有关。批发零售、超市、小卖部等销售实体平均有6.94个，拥有率87.95%。有销售实体的村平均达到约8个，但是也有10个村没有任何销售实体。

附表 1-11　样本村拥有各类经营实体情况

单位：个、%

项目	农民专业合作社	家庭农场	专业大户	农业企业	加工制造企业	餐饮企业	销售实体	其他企业
平均个数	2.52	1.41	4.45	1.13	1.04	2.16	6.94	0.57
有该类实体村比例	86.05	39.19	65.00	35.06	28.75	34.18	87.95	18.42

3. 农业生产

课题组调查了样本村农业生产情况，请各村分别报告三类主要种植业作物和养殖畜禽的规模、市场价。对于生产种类分布，我们将种植业和养殖业合在一起，计算各村拥有的种类数（见附表1-12）。可以看出，大部分样本村的农业生产较为丰富，拥有3~6个主要种类的村占82.76%，没有任何种类的村（有的村只有草地、林地而没有报告种植业）只占4.60%，拥有1~2个种类的村只占12.64%。分种植业和养殖业看，与样本村拥有生产种类数的分布类似，拥有3个种类村比例为44.83%，拥有2~3个种类村比例接近75%，没有任何种类的村比例约10%。

附表1-12 各村拥有的主要农业生产种类数

单位：个、%

项目	种类数	村数	比例	项目	种类数	村数	比例
种植业及养殖业	有6个种类	22	25.29	种植业	有3个种类	39	44.83
	有5个种类	25	28.74		有2个种类	24	27.59
	有4个种类	14	16.09		有1个种类	17	19.54
	有3个种类	11	12.64		有0个种类	7	8.05
	有2个种类	9	10.34	养殖业	有3个种类	40	45.98
	有1个种类	2	2.30		有2个种类	26	29.89
	有0个种类	4	4.60		有1个种类	12	13.79
					有0个种类	9	10.34

在种植业上，样本村生产规模最大的农作物是三大主粮作物玉米、小麦和水稻，总面积分别超过9万、5万和4万亩，远远高于其他农作物。三大作物的村均面积，以小麦为大，达到3200余亩。它们的平均单产均超过400公斤。如果将三大主粮作物之外的作物视为"特色农产品"，那么样本村生产规模最大的特色农产品有四类，分别是干鲜果品、以马铃薯为主的薯类、小杂粮以及其他经济作物。干鲜果品包括柑橘、桃、猕猴桃、葡萄、枣、核桃、红树莓等，小杂粮包括谷子、荞麦、青稞、燕麦、薏仁等。油料作物也有一定规模的种植，蔬菜种植的范围比较小。

从村分布看，玉米分布最广，55 个村有种植；除蔬菜外，其他种类的种植范围大体上为 15~30 个村左右。从平均单产看，样本村农作物的平均单产要比平均水平低一些。平均单价表明该年度样本村农产品平均售价不高（见附表 1-13）。[①]

附表 1-13　样本村主要农作物生产情况及单价

农产品	村数（个）	总面积（亩）	平均面积（亩）	平均单产（公斤/亩）	平均单价（元/公斤）
玉米	55	94511.40	1718.39	423.96	1.66
小麦	17	54870.00	3227.65	412.65	2.02
水稻	31	46270.00	1542.33	470.52	6.23
干鲜果品	13	27190.00	2091.54	998.38	9.34
薯类	23	21979.00	955.61	922.48	1.39
其他经济作物	13	19007.00	1462.08	355.33	52.55
小杂粮	16	18921.32	1261.42	227.86	3.61
油料类	14	13233.00	1017.92	202.67	4.97
蔬菜	3	3299.00	1099.67	7083.33	2.25

在养殖业方面，从出栏规模看，排序前三位的分别是鸡、羊和猪。鸡由于体量小，所以规模很大，总量达 57 万只，村均达 1.9 万只。由于鸡中包含一部分蛋鸡，其数量未必是出栏量，也可能是存栏量。羊和猪的出栏量分别是 6.7 万只和 6.0 万头，村均出栏量分别为 1500 余只和近 1200 头。其他养殖种类从总规模上看都远远低于上述三类，例如鸭为约 2 万只，牛为约 9000 头，鹅、马、牦牛、驴的出栏量更低。我们也调查了养殖产品的市场价。样本村主要养殖种类出栏情况及单价可见附表 1-14。但是从数据看，可能由于定价的单位没有按每公斤进行统一，所以结果并不可靠。例如，鸡的单价有的填写高达 300 元，牛的单价有的填写高达 1000 元，猪的单价既有高达 181 元，也有低至 4~5 元。

---

① 注：评价单位受一些特殊值的影响。例如，水稻的单价有的问卷里高达 30 元甚至 60 元；茶叶单价的计量可能也有鲜茶叶和干茶叶之分，故误差比较大。

附表 1-14　样本村主要养殖种类出栏情况及单价

种类	村数（个）	总出栏量（只/头）	平均出栏量（只/头）	平均毛重（公斤）	市场均价（元/公斤）
鸡	31	570437	19014.57	2.89	25.80
羊	45	67430	1568.14	38.75	25.02
猪	52	60379	1183.90	121.96	21.68
鸭	7	19630	2804.29	2.47	28.71
牛	38	8862	239.51	316.68	60.27
其他	13	18271	1522.58	131.33	64.60

4. 集体企业

与各类经营实体的数量相比，样本村的集体企业及其经营情况显得更加有限。87个样本村，有11个村未回答，66个村无集体企业，只有10个村有集体企业，平均数量1.8个（见附图1-6）。这10个村的集体企业资产及经营情况相差非常悬殊。从集体资产来说，2个村为0，3个村超过1000万元，1个村达到6000万元，总和超过1亿元，平均为1083.77万元。有3个村有集体负债，平均为1033万元，相当于这3个村集体资产的79.90%。这些集体的总从业人数为1682人，其中原隆村达到1200人，另有2个村超过100人，其他7个村平均就业8.86人，其中还有1个村为0就业。[①] 安徽永顺村注册了一个集体企业，但是无资产、无经营、无就业。该村持有的集体经营性资产都登记在村委会名下。这些集体企业所吸收的就业，规模小的都是本村人，规模大的本村人也占一半以上。这些企业的行业分类，大多数都是农林牧渔业，共有6例回答，其他行业包括建筑业、交通运输业和住宿餐饮业。这些集体企业的经营收入和利润数据很不完整，只有3个村报告了正值的收入和利润，其平均值分别为113.17万元和14.17万元，其他均为0或未填。

[①] 此处的极端值为宁夏原隆村。经与子课题组负责人核实，该村为永宁县境内最大的生态移民村，规划安置移民1998户近10000人。2014年原隆村共有建档立卡贫困户709户。2016年以来，原隆村依靠产业发展全面高效整合当地资源要素，形成了"股权+土地流转+务工+个人承包"四种收益形式的资产收益扶贫制度，将贫困户的股权化进行规模化、集约化、产业化发展。原隆村经济发展主要依托的就是企业带动当地就业，资产估价是根据企业注册资金估算出来的，带动就业人数中，贫困户人口为每户1人，合计709人。

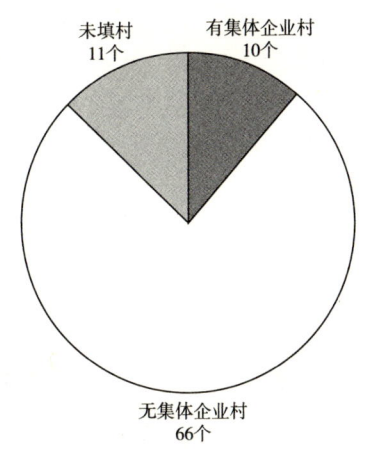

附图1-6　样本村拥有集体企业情况

5. 集体收入与资产

在所有样本村中，有69个村提供了2016年村集体收入数据。从总量看，这些村2016年集体收入平均值为59.79万元，分布分散，最低的仅为300元，最高的达1100万元。根据问卷设计，村集体收入不包括上级发放的村干部工资、代村民收取的资金以及不经集体账户（也不由集体支配）的项目经费。根据这个界定，问卷中的一些数据很有可能存在口径错误。尤其是上级补助资金，一些村显然将项目经费也列入了，有的还将项目经费列为"集资"项目。为减少误差，以及更加贴近村集体收入含义，这里单独计算如下收入项目：发包机动地收入、发包荒山坡地收入、发包林地收入、店面厂房等租金收入、集体企业上交收入、捐赠收入等，将它们视为可用于经济发展、社会事业等支出的"可支配集体收入"。根据这个界定，69个样本村的平均集体收入为4.94万元，是它们所报告的总收入的8.26%。56.52%的村无任何此类收入。47.83%的村有此类收入，它们的平均收入为10.33万元。但是，如果考虑到1个土地发包收入高达160万元极端值对平均值的"扭曲性放大"作用，并假设将其"修正"为5万元，那么平均土地发包收入将从2.58万元下降到3300元，村集体平均收入将从4.94万元下降到2.69万元（见附图1-7）。

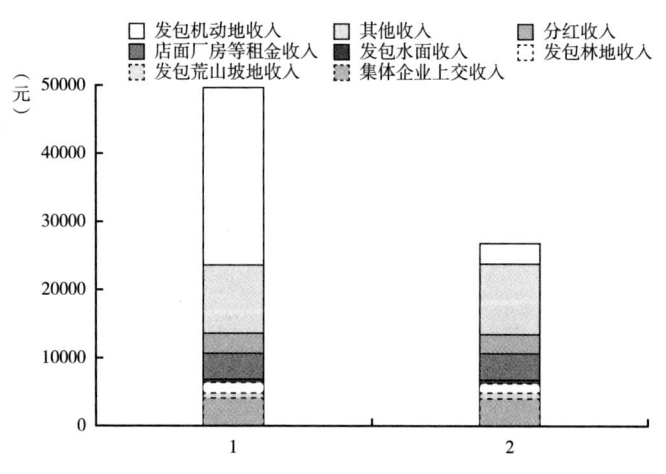

附图 1-7　样本村可支配集体收入

注：图中 1 表示样本村实际"可支配集体收入"，2 表示将一个发包机动地收入极端值调减至 5 万元时的"可支配集体收入"。

问卷简要调查了村集体拥有的集体资产情况，包括办公楼等设施的建筑面积、未承包到户的集体耕地面积和集体山场面积以及其他集体资产（见附表 1-15）。可以看出，拥有集体耕地、集体山林的村集体比例都很低，拥有其他经营性集体资产的村比例也很低。但是，值得注意的是，经营性资产包括较多的光伏电站、厂房、车间、冷库等，基本都是精准扶贫支持的项目，因此代表着大规模发展集体经济和增加集体收入的开端。

附表 1-15　样本村拥有集体资产情况

资产类型	平均值（或注明）	有该类资产村比例（%）
办公楼等设施的建筑面积（单位：平方米）	339.05	85.06
未承包到户的集体耕地面积（单位：亩）	122.28	13.79
未承包到户的集体山场面积（单位：亩）	352.56	13.79
其他集体资产	5 例光伏电站、2 例车间厂房、1 例冷库、1 例车队、1 例林场、1 例合作社、1 例原村部办公楼	13.79

(五)社区设施和公共服务

1. 道路交通

调查期间，绝大部分样本村的通村道路类型已经是硬化路，所占比例为达 94.25%，只有 5 个村仍为泥土路。[①] 但是这并不是说绝大部分村已经完全实现进村道路硬化。33 个村（42.31%）的通村路还存在未完全硬化的通村道路，平均未硬化长度为 10.23 公里。通村道路的宽度差别很大，最常见的是 3.5 米、4 米或 4.5 米，最窄的只有 1 米，最宽的达 8 米，其平均宽度为 4.33 米。[②] 村内通组道路的硬化的情况是，27 个已实现全部硬化，52 个村存在未硬化的通组路，平均长度为 12.52 公里（见附表1-16）。此外，超过 50% 的村内已经开通了路灯。

附表 1-16　样本村道路硬化情况

项目	通村路	通组路
已完全硬化村比例（%）	51.72	31.03
未完全硬化村比例（%）	37.93	59.77
平均未硬化长度（公里）	10.23	12.52

2. 电视通信

所有样本村中，除了个别未回答的，村内有广播电视的比例为 60.92%，村委会有联网电脑的比例为 74.41%。61.9% 的村已实现手机信号全覆盖，手机信号覆盖率超过 90% 的村比例达到 76.19%。反过来看，还有 25.59% 的村委会还没有联网电脑，还有 9.52% 的村手机信号覆盖率低于 50%，个别甚至为 0，也就是说还有个别村没有手机信号。

从家庭来说，能接收外部信号的电视、电脑、电话、智能手机等都代表着传递信息、参加文化娱乐活动的渠道，对生产生活有重要意义。

[①] 注：其中有 3 个村的问卷标注为硬化路和泥土路或沙石路，根据其未硬化路段较长的情况，将其更正为泥土路。

[②] 注：有 1 个为 1 米，1 个为 2 米，可信性存疑。

村问卷数据显示，样本村农户有95%都能使用有充分信号源的卫星或有线电视，其中约2/3为卫星电视。使用智能手机的人数已接近50%，约有11%的农户拥有能联网的电脑，这些人或家庭都具备了"触网"条件。但是，村内仍有5.2%的农户既无手机也无电话，有3.5%的农户无电视（见附图1-8）。

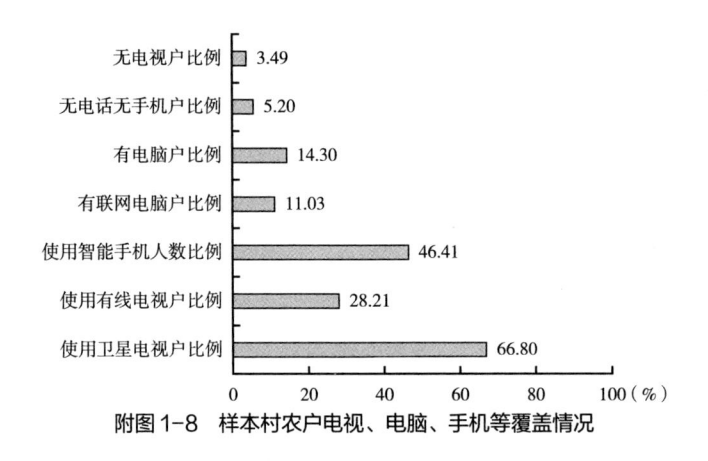

附图1-8　样本村农户电视、电脑、手机等覆盖情况

- 无电视户比例 3.49
- 无电话无手机户比例 5.20
- 有电脑户比例 14.30
- 有联网电脑户比例 11.03
- 使用智能手机人数比例 46.41
- 使用有线电视户比例 28.21
- 使用卫星电视户比例 66.80

3. 生活设施

（1）农户供电情况

除个别村外，民用电供应已基本实现全覆盖。所有样本村农户用电覆盖比例达到98.41%，其中82.35%的村实现100%覆盖，还有7.08%的村覆盖率低于95%，其中覆盖率最低的村只有63.09%。停电在样本村似乎还是一个普遍现象。只有14.94%的村从来不停电，其他村当年停电次数，少的1年1次，多的高达3~4天停电1次（见附图1-9）。

（2）饮水安全

在饮水安全方面，样本村的居民饮用水源是多样的。从自来水供应来说，28%的村实现管道自来水全覆盖；26%的村虽未全覆盖，但是覆盖率达到或超过50%；其他村基本上没有自来水，或者自来水覆盖率很低（见附图1-10）。调查问卷中含有各项水源比例信息，但是不少课题组似乎未按各种来源水源合计应小于或等于100%的要求填写，致使不

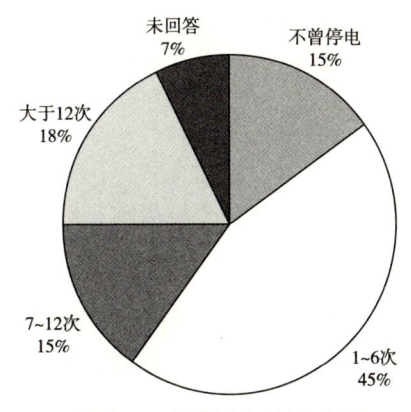

附图1-9　样本村当年停电次数

少样本数据中各项水源比例相加超过100%。其中可能包含错误理解因素，也可能包含多种水源并行使用因素。如果不考虑数值本身的准确性，但认可其存在性，那么可以发现，以下三类可以看作"不安全"的水源在样本村中的使用情况是：主要使用江河湖泊水的村比例是9.20%，主要使用雨水/窖水的村比例是18.39%，主要使用不受保护的井水或泉水的村比例是27.59%。32.20%的样本村拥有水窖，数量从1个到1000个不等，村均145.41个。[①]

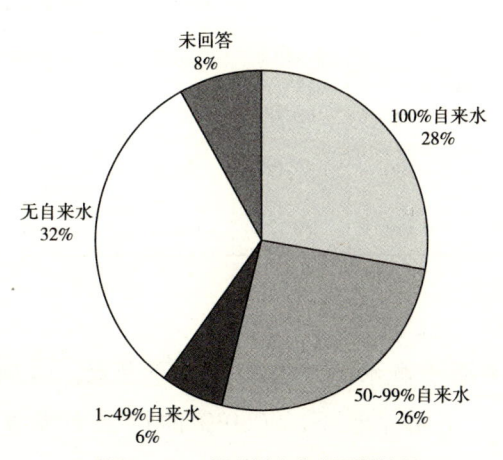

附图1-10　样本村自来水覆盖情况

---

① 注：计算时排除了水窖数量为1000的特殊值。

60.92%的样本村已经实现所有农户饮水无困难。33.33%的样本村内仍有饮水困难户,数量同样差别很大,最低1户,最高800户,平均为170.38户。

(3)垃圾处理

有回答的样本村,平均拥有9个垃圾池,约34个垃圾桶,垃圾集中处置比例达到50%。约70%的村设有垃圾池,近60%的村设有垃圾桶,70%的村有一定比例的垃圾集中处置。垃圾池、垃圾桶以及垃圾集中处理的分布很不均匀。绝大部分村垃圾池数量在50个以内,有2个村超过100个,有将垃圾桶误认为是垃圾池的可能。垃圾桶数量多数在100个以内,还有9个村的数量在100~600个。垃圾集中处置情况分化严重,分别有20%的村没有集中处置以及100%集中处置,另有10%的集中处置比例为50%,其他比例则非常分散(见附表1-17)。另外,37个样本村拥有沼气池,平均数量为106.81个;43个样本村没有沼气池。

附表1-17 样本村垃圾处置情况

单位:个、%

项目	总均值	有该项目的村		无该项目的村	未回答
		村比例	均值	村比例	村比例
垃圾池数量	9.05	68.97	12.67	27.59	3.45
垃圾桶数量	33.69	57.47	55.92	37.93	4.60
垃圾集中处置比例	49.97	70.11	64.71	20.69	9.20

4.农田水利

样本村的主要灌溉水源,42.53%为地表水,14.94%为地下水,35.63%为雨水。正常年景下,80.46%的村认为灌溉水源有保障,14.94%认为水源无保障。样本村平均有1.29个灌溉站,19.15个机电井,40个生产用集雨窖,水渠平均长度2034米。但是,分别有71.26%、

25.29%、37.93% 以及 25.29% 的村没有排灌站、机电井、集雨窖以及水渠。

5.妇幼、医疗保障

样本村中，绝大多数有 1 个卫生室，少数有 2~3 个卫生室，还有 3 个村没有卫生室（见附图 1-11）。没有卫生室的村，最近的卫生室或医院的距离分别为 1 公里、1.5 公里和 5.0 公里。这些村卫生室一般拥有 1~5 名村医，以 1~2 人居多，村均村医数量为 2.05 人，村均有行医资格证的村医数量为 1.86 人。可见，村医中有行医资格证的比例达到 81.71%。

45.98% 的样本村没有药店（药铺），47.12% 的样本村有药店（药铺），一般个数为 1~3 个，另有 2 个特殊个案分别达到 5 个和 9 个。①

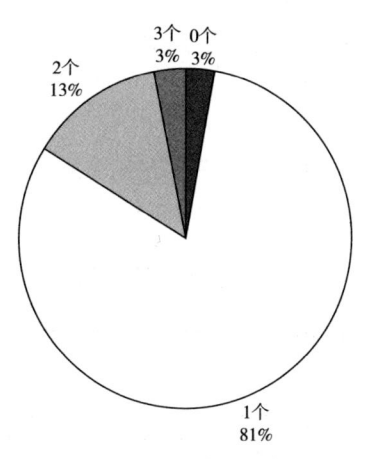

附图 1-11 样本村卫生室数量

由于一些特远偏远地区仍存在特殊需求，样本村中共有 18 个村仍有接生人员，一般为 1 人，个别有 2~4 人。调查当年，所有村没有孕产妇死亡案例。但是，有 14 个村报告了 0~5 岁儿童死亡案例，累计死亡 25 人，村均 1.64 人，以所有村为基数的村均死亡人数为 0.30 人。在调查年

---

① 注：1031 永乐村原值为 50 个，经核实应为 5 个。

度，共有5个村发生了6例自杀行为，发生自杀村比例为6.33%，自杀人口占这5个村总人口比例为1.17‰。

在社会养老方面，样本村中，当时只有9个村有村内敬老院，每个村有1个。这9个村的敬老院共赡养80位老人，村均8.89人，其中有2个村达到20余人。另外，共有25个村的80位老人在村外敬老院供养。两项合计，共有32个村160位老人享受社会供养。从另一个角度说，将近一半的样本村没有老人享受社会化供养。

6. 社会保险

样本村农户参加两类社会保险的情况与其他村的规律基本一致，即参加合作医疗的比例高于参加养老保险的比例，参加的户数比例高于人口比例。所有样本村参加合作医疗的户比例为95.75%，参加养老保险的户比例为76.15%；样本村人口参加合作医疗的户比例为89.93%，参加养老保险的户比例为51.38%（见附图1-12）。

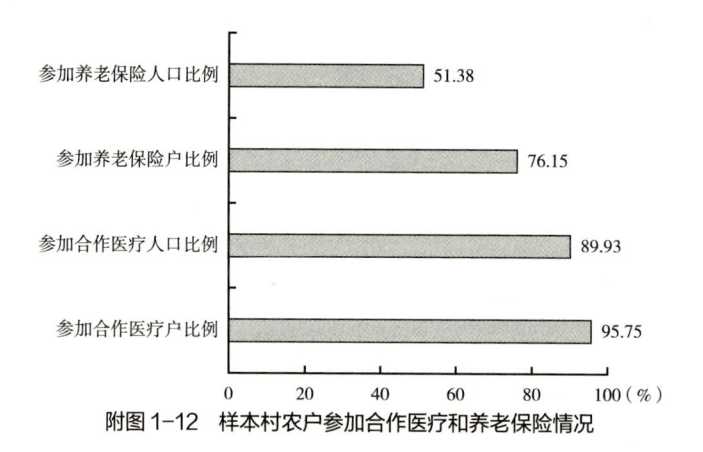

附图1-12 样本村农户参加合作医疗和养老保险情况

从村内农户和人口参加两项社会保险比例的分布看，100%户参加合作医疗的村比例为50.57%，而100%人口参加合作医疗的户比例低至31.03%；100%户参加养老保险的村比例低至21.82%，100%人口参加养老保险的户比例可忽略不计（见附表1-18）。

附表1-18 样本村农户和人口参加两项社会保险比例分布

项目	参加合作医疗户比例	参加合作医疗人口比例	参加养老保险户比例	参加养老保险人口比例
0~50%	1.15	5.75	19.55	44.85
50%~80%	2.3	5.75	16.1	32.2
80%~90%	9.2	10.35	5.75	3.45
90%~100%	31.05	40.25	25.3	8.05
100%	50.57	31.03	21.82	2.3

(六) 农村教育

1. 学前教育

学前教育阶段，32个村建有幼儿园或托儿所，一般为1个，少量有2个甚至3个，占样本村的45.16%。样本村的学前教育机构中，公办园和民办园各占一半。幼儿园平均在园人数29人，少的只有几个人，多的有300多人。49个村办有学前班，占样本村的56.32%。学前班平均在学人数39.20人。

样本村平均有87.55名3~5岁学龄前儿童，其中不在园人数平均为25.91人，相当于总人数的29.59%。

2. 村小学情况

样本村中，43个村有小学，占比49.43%。这些村小学的最高办学年级从二年级到六年级均有，以六年制的完整小学为主，达24所；四年级以下的教学点共有13个。这43个村的小学中，38个为独立校舍，5个校舍并非独立使用。38个村内无小学，占比43.68%。无小学的村，距离最近小学的距离5公里以内（含5公里）和5公里以上的各占一半左右，有的村到最近小学的距离约为40~60公里（见附表1-19）。①

---

① 注：这个指标有大量缺失值。

附表 1-19　样本村小学分布情况

项目	村数	最高办学年级				
有小学	43	二年级	三年级	四年级	五年级	六年级
		3	7	3	5	24

项目	村数	村外小学距离			
无小学	38	5公里以内	5~10公里	10~20公里	20公里以上
		12	6	4	3

43个有小学的样本村，平均拥有在校生178人，拥有教师13.37人，平均生师比为14.68∶1，总量上看生师比符合国家要求。教师当中的绝大部分是公办教师，少量是非公办教师，两者平均值分别为12.23人和1.14人（见附表1-20）。教师的文化水平构成是：本科水平占34.09%、大专水平占46.78%、高中或中专水平占15.83%，其中公办教师与非公办教师的差别主要在于大专和高中中专的比例，前者一定程度上高于后者。但是学生、教师及生师比的分布差别相当大。有个别学校没有学生，但是仍有教师留守；有2个学校有学生但是没有公办教师，由其他教师补充。生师比低的达到1∶1，高的超过30∶1。以国家规定的城乡义务教育小学阶段生师比19∶1的标准看，27.91%的学校生师比超标；与此同时，72.09%的学校生师比偏低，其中37.21%的学校低于10∶1（见附图1-13）。

附表 1-20　样本村小学的平均学生数、教师数及生师比

学生数（人）	公办教师数（人）	非公办教师数（人）	教师数（人）	生师比
178.00	12.23	1.14	13.37	14.68

43个样本村小学中，32个能够提供午餐，11个还不能提供午餐。提供午餐的学校，绝大部分为免费午餐，有少量学校提供部分补贴的午餐以及没有补贴的午餐（见附图1-14）。午餐标准多数介于3~5元，占83.33%；其他标准包括2.5元、7元、10元等。

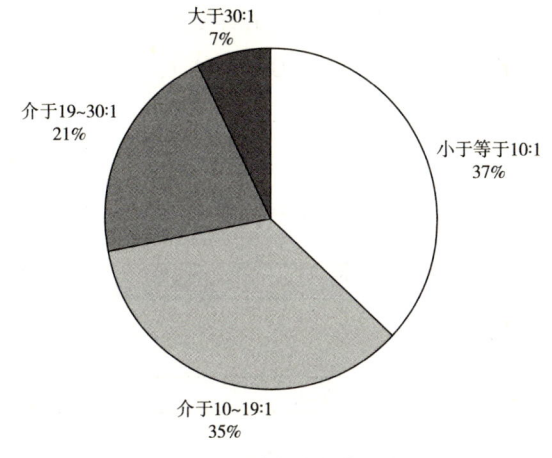

附图 1-13 样本村小学生师比分布

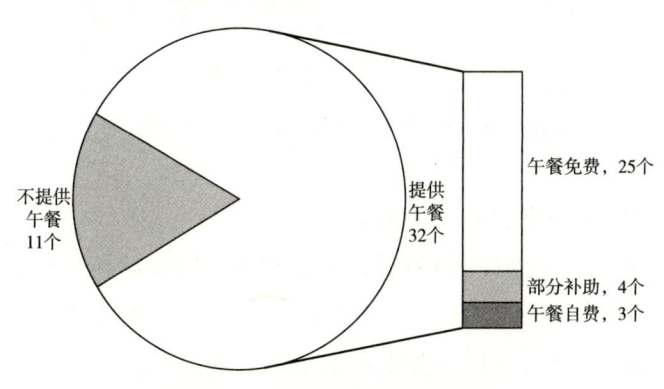

附图 1-14 样本村小学提供午餐情况

3. 小学阶段学龄儿童上学情况

关于学龄儿童数量及其上学情况，由于村干部掌握数据存在客观困难，本部分允许一定程度的缺失值及偏差，但是数据中呈现的规律是可以接受的。在忽略缺失值情况下，有数据样本村平均有 167.57 名小学阶段学龄儿童。其中，有小学的村平均有 207.71 人，无小学的村平均有 123.53 人。可见，无小学的村总的来说规模更小，学龄儿童也更少。小学阶段学龄儿童上学地点的分布，总的来说以本村为主，本乡镇比重也很高，本县市和外地基本持平且各占 11% 左右。但是，有小学的村和无小学的村小学阶段上学地点差别很大。有小学的村，近 70% 在本村上学,约15%在本乡镇,剩下的15%左右分别在县市及外地。无小学的村,将近60%在本乡镇,剩下的40%大体上均分在本县市和外地(见附图1-15)。①

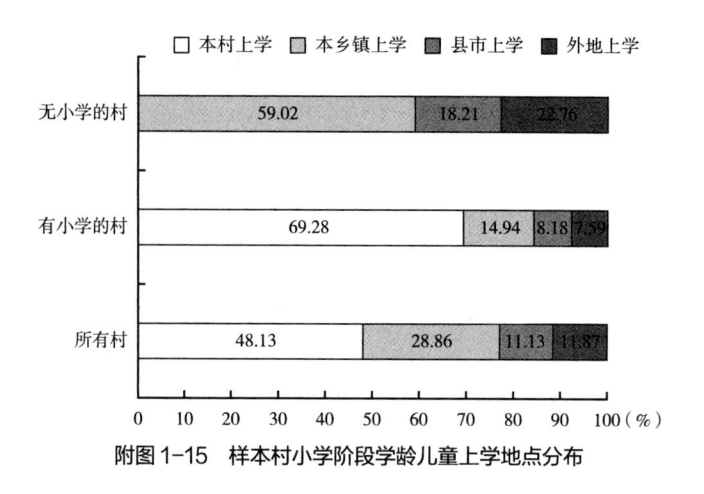

附图1-15 样本村小学阶段学龄儿童上学地点分布

4. 初中阶段学龄儿童上学情况

一般初中学校在乡镇而不在村,农村学生应到乡镇或县城上初中。样本村中,共有73个村报告了到乡镇中学的距离,平均为8.20公里。其中,5公里以内的占46.58%,5~10公里的占17.81%,10公里以上的占35.62%(见附图1-16)。14例未回答,原因是漏答或乡镇无中学,尚不可知。

样本村初中阶段上学学生数量平均为68.68人,报告该数据的村有75个。初中生数量最少的村只有1名,最多的达到近300名。其中,在本乡镇中学上学的比例为61.97%,在县城上学的比例为26.67%,在外地上学的比例为11.36%。在本乡镇上学的初中生中,住校比例为46.13%。

乡镇中学中,能够提供午餐的比例为79.41%,稍高于小学的74%左右。初中学校伙食费补助情况与小学阶段差别很大,免费午餐比例只有

---

① 注:由于填报误差以及缺失值较多,在不同地点上学学生的加总数略大于所填报的本村学龄人数,故此表采用的是分项数,主要展示分布情况。

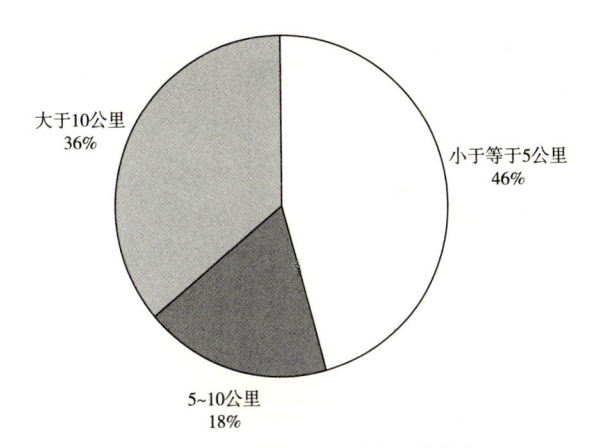

附图1-16　乡镇中学与本村距离分布

（饼图：小于等于5公里 46%；5~10公里 18%；大于10公里 36%）

39%左右，而小学阶段免费午餐比例是其2倍。

5. 样本户子女上学情况

根据住户调查样本的家庭成员信息，6391个样本户中，3374个样本户没有3~18周岁适龄儿童，3017个样本户中有3~18周岁适龄儿童，有适龄儿童子女样本比例为47.21%。根据人口登记信息，这些家庭共有3~18周岁人口4576人，其中在校生占85.61%，非在校生占10.07%。[①] 非在校适龄儿童分布于从2013年到1999年的每一个年份。如果扣除2013年9月以后出生的以及1999年8月以前出生的人口，那么学龄意义上3~18周岁非在学人口368人，占该年龄人口的8.04%。分不同的学习阶段看，学前阶段、义务教育阶段、高中教育阶段，适龄儿童的非在学比例分别为20.75%、3.15%和12.86%（见附图1-17）。可见，义务教育阶段的失学辍学率比较低，但是学前教育阶段入园比例也不够高。

分建档立卡户和非贫困户看，其3~17周岁子女的分学段在学情况存在着一些差异（见附表1-21）。从不同学段的非在校比例看，各学段建档立卡户子女的非在校比例均高于非贫困户，不过高中阶段非常接近。义务教育阶段，两个比例分别为3.97%和3.22%，建档立卡户子女义务教育阶段非在校比例比非建档立卡家庭低0.75个百分点。学前教育阶段，

---

① 另外4.13%为缺失值。

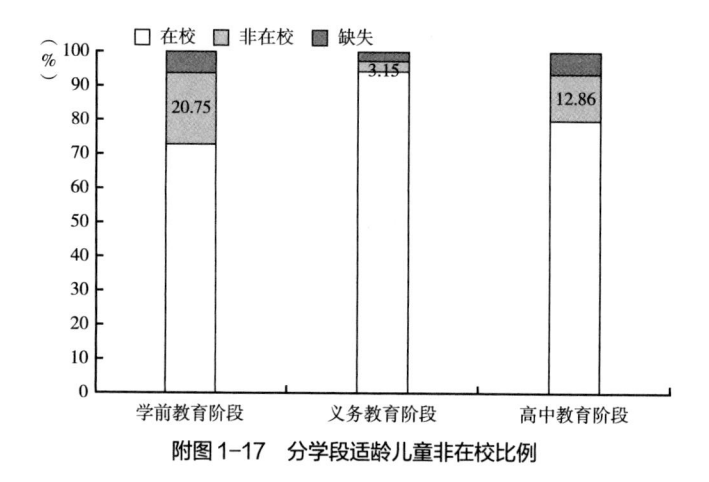

附图 1-17　分学段适龄儿童非在校比例

建档立卡户子女入园比例明显低于非贫困户子女。义务教育阶段，总体上两类家庭子女正在接受义务教育的比例相同，但是建档立卡户子女入学时间滞后，体现为其小学阶段比例高于后者，而初中阶段比例低于后者。高中教育阶段，两类家庭子女在学比例几乎持平，但是建档立卡户子女就读普通高中比例明显偏低，而就读职业学校比例明显高于后者。

附表 1-21　建档立卡户和非建档立卡户 3~17 岁子女分学段在学比例

单位：%

项目	3~5 岁 建档立卡户	3~5 岁 非建档立卡户	6~14 岁 建档立卡户	6~14 岁 非建档立卡户	15~17 岁 建档立卡户	15~17 岁 非建档立卡户
非在校	26.39	18.59	3.97	3.22	21.8	20.05
学前教育	59.24	68.47				
小学			66.96	64.95		
初中			23.45	25.96		
高中					30.4	38.54
中职					14.4	7.29
其他	14.37	12.95	5.63	5.87	33.4	34.12

注：本表标注的年龄段对应于学龄，以 2016 年底为基准，如 3~5 岁指 2010 年 9 月至 2013 年 8 月，是在 2016 学年上幼儿园的年龄。以此类推。表中的其他包括本年龄段孩子在其他学段上学，或情况未知等，其中包含明显异常情况，如 3~5 岁儿童在上初中等。

(七)村庄治理

1. 党员及党组织

样本村平均拥有 53.32 名党员，其中 50 岁以上党员 29.51 人，高中及以上文化程度党员 12.01 名。村内党员数量，最低的只有 7 名，最高的达 210 名。党员占村人口比例平均为 3.15%，与全国农牧渔民党员比例非常接近。[①] 但是，样本村党员比例分布还是相当分散的。如果大体上以 2%~5% 为合理范围，那么属于合理范围的村比例为 60.69%，党员比例过低的村比例达 28.56%，党员比例过高的村比例为 10.71%。

农村党小组数量平均为 3.93 个，16.09% 的村没有党小组，数量为 1~5 个的村占 52.88%，数量为 6~10 个的村占 14.95%，数量大于 10 个的村占 8.05%。在做出回答的样本村中，85.37% 的村设有党员代表会议。

样本村党支部（党总支）委员会的人数，以 3 人和 5 人居多，分别占 36.78% 和 33.33%；其他人数 1~9 人均存在。有 5 个村党支部人数只有 1 或 2 人，这似乎是不合规定的。

村问卷收集了 80 个样本村的支部书记信息。其中，75 人为男性，5 人为女性；平均年龄为 49.05 岁，其中女性年龄略低于男性；书记们的文化程度大体上在初中、高中、大专及以上层次上均匀分布，小学文化的比例已经很低；书记的平均党龄达到 19.08 年，党龄不足 5 年的比例只有 6.49%。数据显示，样本村支部书记兼任村主任只有 12 人，比例为 15%。村支部书记任职前的身份相当多样化。之前已经是支部书记的只占 6.94%，由村委会主任转任的占 22.22%，由其他村干部转任的占 19.44%。由普通村民直接担任书记的比例最高，达 29.17%。值得关注的是，有 7 例（9.72%）由乡镇干部担任，如党政办主任、团委书记、乡镇聘用干部等（见附图 1-18）。可见，样本村在调查期间党支部书记的更换程度是非常高的。而且从村庄调查报告中可以看到，2017 年以后，还有很多村由于原村干部工作不力或正常换届而更换。

[①] 2018 年全国农牧渔民党员占农村户籍人口比例为 3.22%。

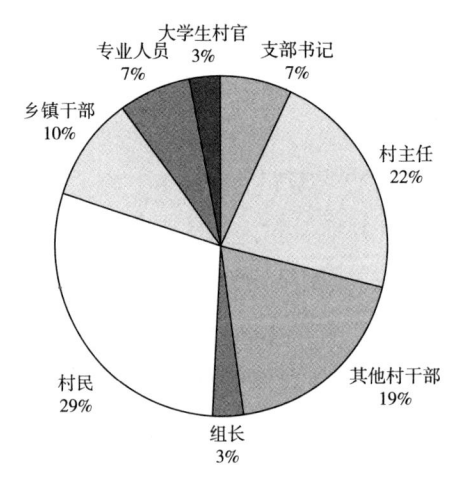

附图 1-18　样本村支部书记任职前身份

2. 村民委员会

村民委员会人数，按《村民委员会组织法》规定一般是 3~7 人。样本村情况也大体如此。84 个有回答样本中，村委会人数为 3 人、5 人、7 人的比例分别为 22.62%、39.29% 和 11.9%。其他比例较高的人数包括 4 人和 6 人。个别情况下还有 1 人和 2 人组成的村委会。数据中出现了 5 例村委会人数介于 8 人至 18 人的案例，这不仅不符合要求，而且这些村的居民人数也并不是很多，因此存疑。

样本村截至调查时最近的村委会换届选举，其时间分布从 2013 年到 2017 年。2017 年，也就是调查当年，共有 10 例换届，占 12.99%；2017 年对应的上一届换届应是 2014 年，样本中共有 36 例，占比 46.75%，按规定都应于 2017 年进行换届；2013 年换届之后还未换届的有 5 例（6.49%）；2015 年和 2016 年换届的有 26 例，占比 33.77%（见附图 1-19）。换届数据显示，书记与主任"一肩挑"比例为 18.18%，略高于前述 15% 的支部书记兼任村主任比例。这次换届选举中，94.81% 实施了大会唱票，50.65% 设置了秘密画票间，61.04% 采用了流动投票。在收集到的 58 例村委会主任信息中，只有 2 例为女性，比例更低于书记；平均年龄 47 岁，比书记低 3 岁。村主任文化水平明显低于书记，其高中及以上比例仅为 38.60%，而书记该比例达 57.5%。

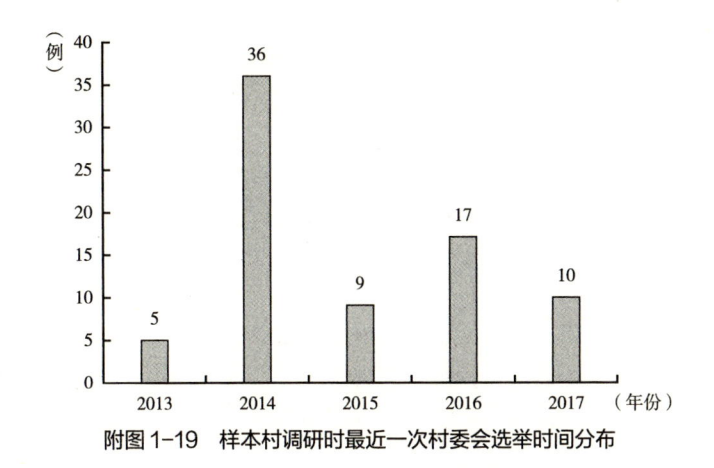

附图1-19　样本村调研时最近一次村委会选举时间分布

3. 村民代表及村务监督

按照《村民委员会组织法》规定，村民代表会议作为议事机构，由村委会和村民代表组成。所有调查样本村均有村民代表，平均为30.80人，最低的为2人，最高的为115人。从村民代表所代表的户数看，符合每人代表5~15户比例的比重为39.24%，低于该比例的比重为2.53%，高于该比例的比重为58.23%。从数据看，多数村的村民代表数量不足。此外，96.34%的村设有村务监督委员会，70.89%的村设有民主理财小组，它们的成员均以村民代表为主体。

附录二 百村样本特征

附表 2-1 扶贫百村调研样本村基本特征

村代码	村名	省	县名	县类型(1贫困县2片区县3非贫困县)	地形(1平原2丘陵3山区4高原)	村类型(1贫困村2脱贫村3非贫困村)	是否少数民族聚居村(1是2否)	总人口(人)	建档立卡贫困人口(人)	人均耕地面积(亩)	到县城距离(公里)	通村路是否完全硬化(1是2否)	集中供应自来水户比重(%)	垃圾集中处置比例(%)	村委会是否有联网电脑(1是2否)	本村是否有小学(1是2否,括号内为距最近小学距离)	本村是否有卫生室(1是2否)	农民合作社数量(个)	村农民年人均纯收入(元)	样本调查户数(户)
1001	河源村	云南	玉龙县	2	3	2	1	2145	447	3.31	80	2	0	10	1	1	1	2	6800	64
1002	牛红村	云南	红河县	1	3	1	1	3280	1834	0.91	114	1	85	1	1	1	1	2	3151	72
1003	牛庄村	河南	社旗县	1	1	2	2	2078	118	1.72	2	2	100	50	1	1	1	3	4000	63
1004	八列村	贵州	黎平县	1	3	1	1	524	835	0.52	110	2	80	0	2	1	1	1	3200	59
1005	落坡洞村	云南	开远市	3	3	1	1	5339	238	0.48	60	2	100	100	1	1	1	0	3200	60
1006	龙凤村	贵州	七星关区	2	3	1	2	3229	175	3.34	30	1	0	14	1	1	1	4	4000	74
1007	文池村	甘肃	徽县	2	3	1	2	649	156	3.20	9	1	86	70	1	1	1	2	5300	56
1008	孙家湾村	甘肃	武都区	1	3	1	2	404	223	2.08	120	2	100	50	1	2(6)	1	2	3500	60
1009	广福村	广西	全州县	3	3	2	2	1633	929	0.94	37	1	80	85	1	2(1.5)	1	0	3900	60
1010	初化村	广西	凌云县	1	3	1	1	1851	210	0.98	30	1	0	100	2	1	1	1	3589	39
1011	双台村	河北	大名县	1	1	1	2	1736	300	1.84	7	2	100	80	2	1	1	1	1500	93
1012	店子村	贵州	大方县	1	2	3	2	3023		0.57	19	2	90	30	1	2(1)	1	3	7800	157

续表

村代码	村名	省	县名	县类型(1贫困县2片区县3非贫困县)	地形(1平原2丘陵3山区4高原)	村类型(1贫困村2脱贫村3非贫困村)	是否少数民族聚居村(1是2否)	总人口(人)	建档立卡贫困人口(人)	人均耕地面积(亩)	到县城距离(公里)	通村路是否完全硬化(1是2否)	集中供应自来水户比重(%)	垃圾集中处置比例(%)	村委会是否有联网电脑(1是2否)	本村是否有小学(1是2否,括号内为离最近小学距离)	本村是否有卫生室(1是2否)	农民合作社数量(个)	村农民年人均纯收入(元)	样本调查户数(户)
1013	沙湾村	重庆	城口县	1		1		1009	253	1.05	60	1	99.6	2	1	1	1	1	3100	60
1014	松坪村	云南	鹤庆县	1	3	1	1	3056	1000	0.59	21	1	70	70	2	1	1	0	4200	61
1015	交汪村	贵州	合江县	1	3	1	1	1798	630	0.92	40	2	15	20	1	1	1	1	2700	60
1016	顺安村	广西	都安县	1	3	1	1	1396	328	0.69	14	1	0	100	1	1	1	3	7300	60
1017	打安村	海南	白沙县	1	3	1	1	1296	410		68	2	0	95	2	2 (2)	1	1	3550	61
1018	科皮村	湖南	永顺县	1	3	1	1	2167	840	0.76	12	2	0	0	2	2 (6)	1	0	6300	83
1019	罗庄村	河南	宛城区	3	1	2	2	1988	464	0.35	18	1	6	32	1	1	1	1		80
1020	青龙寺村	陕西	城固县	2	3	1	2	5339	835	1.15	26	2	90	90	1	2 (3.9)	1	3	7400	69
1021	永顺村	安徽	利辛县	1	1	2	2									1				147
1022	大仓村	云南	祥云县	2		2														101
1023	东胜村	黑龙江	林甸县	1		1														
1024	杨柳村	安徽	裕安区	1	2	2	2	3394	363	1.36	35	2	17	100	1	1	1	2	8790	70
1025	华阳村	重庆	石柱县	1	3	2	1	798	113	3.22	73	1	100	10	1	2 (10)	1	1	6000	60
1026	松树村	重庆	武隆区	3	3	2	2	1477	193	0.54	16	1	100	100	1	2 (3.5)	1	0	8000	60
1027	灯塔村	陕西	白河县	1	1	1	2	1867	712	1.53	60	2	0	100	1	1	1	1	8650	60
1028	三山井村	宁夏	同心县	2	1	2	2	5934	4037	4.68	70	1	100	0	1	1	1	7	5150	65
1029	烂山村	贵州	长顺县	1	3	1	1	2987	909	1.31	15	2	53.5	15	1	2 (5)	1	2	3560	60
1030	桐滩村	山西	左权县	1		1														88

续表

村代码	村名	省	县名	县类型(1贫困县2片区县3非贫困县)	地形(1平原2丘陵3山区4高原)	村类型(1贫困村2脱贫村3非贫困村)	是否少数民族聚居村(1是2否)	总人口(人)	建档立卡贫困人口(人)	人均耕地面积(亩)	到县城距离(公里)	通村路是否完全硬化(1是2否)	集中供应自来水户比重(%)	垃圾集中处置比例(%)	村委会是否有联网电脑(1是2否)	本村是否有小学(1是2否,括号内为最近小学距离)	本村是否有卫生室(1是2否)	农民合作社数量(个)	村民年人均纯收入(元)	样本调查户数(户)
1031	永乐村	云南	巍山县	1	2	1	1	7015	136	0.71	24	1	93	60	1	1	1	2	6800	89
1032	王码村	江苏	淮阴区	3	1	1	2	2452	289	1.31	40	2	0	90	1	2(1.8)	2	2	12000	62
1033	中广村	陕西	丹凤县	1	3	1	2	1575		1.67	51	1	0	70		1	1	0	4000	61
1034	紫霞村	四川	北川县	2	3	2	2	423	75	1.54	30	1	100	0	1	2	1	2	9636	60
1035	作干村	青海	互助县	2	3	1	2	498	253	3.39	20	2	90	0		2(2)	1	3	3960	60
1036	寺尔沟村	青海	门源县	2	3	1	2	1079	152	2.82	35	1	0	0	2	2	1	2	6720	61
1037	何畈村	河南	光山县	1	2	1	2	2086	711	0.63	28	2	0	100	1	1	1	6	4600	60
1038	新店台村	甘肃	敦煌市	3	1	3	2	1780	108	2.28	18	2	100	100	1	2	1	2	11000	61
1039	长乐村	湖南	武冈市	2	1	1	1	5348	1646	1.03	20	1	24.7	30	1	2	1	10	7500	62
1040	杨家山村	湖北	恩施市	1	3	1	2	2114	256	3.63	40	1	100	0		1	2	1	5500	60
1041	六户村	内蒙古	突泉县	1	2	1	2	2400	536	0.67	20	1	80	100	1	1	1	2	4000	63
1042	西相王村	山西	方山县	1	3	3	2	879	454	3.24	60	2	0	0		1	1	0	2630	60
1043	向阳村	河北	赤城县	1	3	1	2	2332	258	0.45	40	2	0	100	1	2	1	1	2850	60
1044	双进村	湖南	龙山县	1	3	1	1														
1045	中坝村	江西	会昌县	1		1															

续表

村代码	村名	省	县名	县类型（1贫困县2片区县3非贫困县）	地形（1平原2丘陵3山区4高原）	村类型（1贫困村2脱贫村3非贫困村）	是否少数民族聚居村（1是2否）	总人口（人）	建档立卡贫困人口（人）	人均耕地面积（亩）	到县城距离（公里）	通村路是否完全硬化（1是2否）	集中供应自来水户比重（%）	垃圾集中处置比例（%）	村委会是否有联网电脑（1是2否）	本村是否有小学（1是2否，括号内为离小学最近距离）	本村是否有卫生室（1是2否）	农民合作社数量（个）	村农民人均纯收入（元）	样本调查户数（户）
1046	百蒙村	广西	东兰县	1	3	1	1	2983	694	0.28	12	2	0	70.2	2	1	1	0	3000	63
1048	查干淖尔嘎查	内蒙古	鄂温克旗	3	2	1	1	320	77	0.00	65	1	30	10	2	2（65）	2	3	7827	60
1049	老庄村	甘肃	临洮县	1	4	1	2	803	294	2.53	10	1	100	80	2	2	1	2	5680	61
1050	黄土坎村	安徽	镇溪县	3	3	3	2	3170	105	0.66	24	1	100	95	1	2（4）	1	1	9800	65
1051	鹍落坪村	安徽	岳西县	1	3	3	2	1373	515	0.51	58.3	1	100	90	1	1	1	7	6000	99
1052	白石口村	河北	涞源县	1	3	1	2														60
1053	景阳村	广西	环江县	1	3	1	1	295	149	1.47	62	2	0	50	2	2	1	1		60
1054	追高来村	湖南	凤凰县	1	2	1	1	1343	496	1.41	39	2	0	100	1	1	1	0	3880	69
1055	吾路岗村	西藏	工布江达县	2		1															62
1057	姜家村	浙江	龙游县	3	2	2	1	1212	186	0.68	20	1	100	100	1	2（5）	1	1	6000	60
1058	王井村	山东	夏津县	3	1	2	2	1595		1.44	5	1	100	100	1	1	1	2	7600	64
1059	寨下村	江西	万安县	1		1	1														60
1060	菊村	云南	宾川县	2	3	2	1	6207	454	1.30	32	1	80	80	1	1	1	3	6478	79
1061	赛鼎村	甘肃	肃南县	3	4	1	1	348	20	1.21	48	1	0	50	2	2（23）	1	1	11927	61
1062	措月山三村	四川	丹巴县	2	3	2	1	191	52	0.67	37	1	95.7	20	2	2（16）	1	3	4300	79

续表

村代码	村名	省	县名	县类型（1锁困县2片区县3非贫困县）	地形（1平原2丘陵3山区4高原）	村类型（1贫困村2脱贫村3非贫困村）	是否少数民族聚居村（1是2否）	总人口（人）	建档立卡贫困人口（人）	人均耕地面积（亩）	到县城距离（公里）	通村路是否完全硬化（1是2否）	集中供应自来水户比重（%）	垃圾集中处置比例（%）	村委会是否有联网电脑（1是2否）	本村是否有小学（1是2否，括号内为最近小学距离）	本村是否有卫生室（1是2否）	农民合作社数量（个）	村农民年人均纯收入（元）	样本调查户数（户）
1063	牛场村	贵州	望谟县	1	3	1	1	2335	663	3.86	48	1	0	0	1	1	1	1	5600	69
1064	丁岗堡村	宁夏	彭阳县	1	3	2	1	1384	155	4.84	25	1	50	0	1	1	1	2	6280	60
1065	王家村	湖北	恩施市	1	3	2	2	2355	752	1.28	30	2	0	0	1	2(6)	1	1	9102	66
1066	色乌绒一村	四川	康定市	2	4	3	1	658	94	1.88	165	1	80	50	2	2(16)	1	0	9343	60
1067	俄日村	青海	海晏县	2	4	1	1	1001	253	9.35	50		50		2	2(40)	1	5	6700	60
1068	庆阳农场	黑龙江	延寿县	1	2	2	2	1605	103	22.91	63	1	0	0	1	2(1)	1	2	22000	60
1069	朝阳村	黑龙江	明水县	2	2	1	2	365	68	0.66	15	1	98	16	1	2(2)	1	7	6000	60
1070	朱岗村	安徽	颍上县	1	1	2	2	5877	313	0.66	5	1	100	80	1	2	1	1	8860	60
1071	原隆村	宁夏	永宁县	3	1	1	1	10578	3232	4.92	40	1	0	70	1	1	1	4		62
1072	奎子湾村	四川	西吉县	1	3	3	2	1430	382	0.76	13	2	100	60	2	2	1	6	7553	65
1073	小山村	贵州	喜德县	1	3	1	1	1298	158	1.43	31	1	0	60	1	1	1	2	3800	60
1074	新龙村	云南	威宁县	1	3	1	1		879		106	1	90	0	1	1	1	0	4600	95
1075	生基村	湖南	盐津县	1	1	2	2	2246	1238	1.20	36	1	0	0	1	1	1	2	8000	77
1076	官田村	广西	临湘市	3	2	1	1	2998	541	0.56	25	1	0	50	1	2	1	1	3076	57
1077	大莫村		靖西市	1	4	1	1	1317			52	1	0	0	2	1	1			60

续表

村代码	村名	省	县名	县类型(1贫困县2片区县3非贫困县)	地形(1平原2丘陵3山区4高原)	村类型(1贫困村2脱贫村3非贫困村)	是否少数民族聚居村(1是2否)	总人口(人)	建档立卡贫困人口(人)	人均耕地面积(亩)	到县城距离(公里)	通村路是否完全硬化(1是2否)	集中供应自来水户比重(%)	垃圾集中处置比例(%)	村委会是否有联网电脑(1是2否)	本村是否有小学(1是2否,括号内为距最近小学距离)	本村是否有卫生室(1是2否)	农民合作社数量(个)	村农民年人均纯收入(元)	样本调查户数(户)
1078	井嘎村	贵州	兴仁县	1	3	1	1	2455	462	0.91	29	1	100	100	1	2(3)	1	2	5000	61
1079	贵溪村	贵州	三穗县	1	3	1	1	888	353	0.42	30	2	100	50	2	2(4)	1	2		75
1080	章麦村	西藏	巴宜区	2	3	2	1	441	15	1.14	7	1	0		1	2(8)	1	7	10455	
1081	公众村	西藏	巴宜区	2	4	2	1	275	40	2.44	9				1	2	1	7	14000	63
1082	巴吉村	西藏	巴宜区	2	3	2	1	489	16		3	1	60		1	2	1	2	14000	86
1083	螺岭村	江西	上饶县	1	2	1	2	5862	954	0.24	45	1	100	100	1	2	1	2	2600	60
1084	崔家沟村	山东	费县	3	3	1	2	1670	768	3.26	15	2	0	100	1	2(2.5)	1	1	8300	60
1085	沙壕村	山西	兴县	1	3	1	2	753	215	2.56	27	1	0	0	2	2(2,20)	1	2	3200	63
1086	龙岗村	广西	马山县	1	1	1	1	1821	1614	0.75	55	2	100	3	2	1	1	4	3500	72
1087	张庄村	河南	兰考县	1	1	2	2	2960	745	1.62	12	1	98	70	1	1	1	5	8600	61
1088	潘董正村	河南	沈丘县	1	1	2	2	1743	570	0.97	27	1	100	30	1	1	1	1	7900	53
1089	西湘村	广东	丰顺县	3	3	1	2	3201	193	0.34	32	2	100	100	1	1	1	3	3120	70
1090	骆驼湾村	河北	阜平县	1	3	1	2	580	447	1.71	38	1	100		1	1	1		4300	63
1091	梅杖子村	辽宁	建昌县	3	2	2														
1092	馕岭村	湖北	长阳县	1	3	1	1	2654	712	1.65	130	1	60	0	1	2(10)	1	3		

续表

村代码	村名	省	县名	县类型（1贫困县2片区县3非贫困县）	地形（1平原2丘陵3山区4高原）	村类型（1贫困村2脱贫村3非贫困村）	是否少数民族聚居村（1是2否）	总人口（人）	建档立卡贫困人口（人）	人均耕地面积（亩）	到县城距离（公里）	通村路是否完全硬化（1是2否）	集中供应自来水户比重（%）	垃圾集中处置比例（%）	村委会是否有联网电脑（1是2否）	本村是否有小学（1是2否，括号内为小学距最近小学距离）	本村是否有卫生室（1是2否）	农民合作社数量（个）	村农民年人均纯收入（元）	样本调查户数（户）
1094	安马村	广西	三江县	1	3	1	1	2112	865	0.39	45	1	60	100	2	1	1	0	2300	60
1095	北塔山牧场	新疆	奇台县	3																
1096	朝阳村	湖北	利川市	1	2	3	1	3645	678	0.96	25	1	30	30	1	1	1	12	4100	61
1097	十八洞村	湖南	花垣县	1	3	2	1	939	533	0.87	35	2	100	80	1	1	1	9		61
1098	营坪村	贵州	威宁县	1	3	1	2	1128	461	2.36	140	1	0	50	1	1	1	2	3750	60
1099	金龙坪村	湖北	宣恩县	1	3	2	1	1380	750	1.23	8	1	0	0	1	2 (11)	1	2		65
1101	赤溪村	福建	福鼎市	3	3	1	1	1827	7	0.77	53	1	100	100	1	1	1	7	15696	60
1102	土桥村	河南	鲁山县	1	2	1	2	2589	790	0.47	38	1	50	0	1	1	1	4	7278	62
1103	布楞沟村	甘肃	东乡县	1		2														
1104	司铺村	江西	横峰县	1		1														

注：共100个村，不含终止执行的1047、1093和1100号村。

资料来源：百村调研。

附表 2-2 按三大地区分类统计的样本村和样本户基本特征

项目	东部	中部	西部
一、村基本特征			
1. 位于贫困县/片区县比例（%）	50.00	87.50	86.27
2. 按地形：平原村（%）	33.33	25.00	9.80
丘陵村（%）	16.67	29.17	7.84
山区村（%）	50.00	45.83	70.59
高原村（%）	0.00	0.00	11.76
3. 按贫困类型：贫困村（%）	75.00	41.67	68.63
脱贫村（%）	25.00	41.67	25.49
非贫困村（%）	0.00	16.67	5.88
4. 少数民族聚居村（%）	25.00	33.33	64.71
5. 村均总人口（人）	1543	2753	2010
6. 村均建档立卡人口（人）	278	599	564
7. 村人均耕地（亩）	3.96	1.04	1.69
8. 与县城平均距离（公里）	30.17	32.47	46.08
9. 通村路完全硬化比例（%）	58.33	62.50	67.35
10. 集中供应自来水平均比例（%）	60.00	48.16	54.77
11. 垃圾集中处置平均比例（%）	68.00	57.27	40.94
12. 村委会有联网电脑比例（%）	91.67	87.50	66.00
13. 本村有小学比例（%）	50.00	52.17	52.08
14. 本村有卫生室比例（%）	91.67	100.00	96.08
15. 本村有合作社比例（%）	91.67	91.30	82.35
16. 村农民年人均纯收入（元）	8337	5939	5986
二、样本户基本特征			
17. 贫困类型：贫困户（%）	36.08	31.33	31.86
脱贫户（%）	13.17	23.00	20.70
非贫困户（%）	50.75	45.67	47.44
18. 户均人口（人）	3.10	3.61	4.06
19. 户均劳动力（人）	1.79	2.17	2.43
20. 年人均纯收入（元）	11773	11424	8984
21. 住房安全状况：良好或一般（%）	80.00	81.00	78.38
政府认定危房（%）	7.07	6.00	6.47
没有认定，但农户认为属于危房（%）	10.39	10.61	11.43
未回答（%）	2.53	2.39	3.71

续表

项目	东部	中部	西部
22. 饮水困难状况：单次取水往返时间超过半小时（%）	2.36	3.06	3.57
间断或定时供水（%）	16.94	8.11	13.23
当年连续缺水时间超过15天（%）	2.53	6.22	10.45
无上述困难（%）	77.55	81.44	71.45
未回答（%）	0.61	1.17	1.31
23. 基本医疗保险：全家都有（%）	91.27	93.28	91.67
非全家都有（%）	6.99	3.67	5.19
未回答（%）	1.75	3.06	3.13
24. 6~15岁儿童在校率（%）	95.80	94.54	91.58
25. 享受低保比例（%）	22.88	21.17	19.04
26. 对现在生活满意程度：非常满意（%）	9.61	15.11	12.65
比较满意（%）	29.52	38.50	34.42
一般（%）	36.33	28.22	30.24
不太满意（%）	16.33	12.44	17.82
很不满意（%）	7.16	5.06	4.47
未回答（%）	1.05	0.67	0.41
27. 与5年前相比生活变化：好很多（%）	23.23	31.44	27.51
好一些（%）	43.49	43.44	50.12
差不多（%）	20.96	14.06	14.63
差一些（%）	6.99	6.50	4.90
差很多（%）	4.28	3.67	1.89
未回答（%）	1.05	0.89	0.96
28. 预计5年后生活变化：好很多（%）	18.17	22.89	24.14
好一些（%）	35.90	43.44	41.44
差不多（%）	17.55	11.33	12.71
差一些（%）	3.14	4.83	3.40
差很多（%）	1.83	1.89	0.75
不好说（%）	22.45	14.67	16.83
未回答（%）	0.96	0.94	0.73

注：1. 村统计覆盖有村问卷的87个村；户统计覆盖有户问卷的95个村，含保留户问卷的3个终止项目村。

2. "16.村农民年人均纯收入（元）"只有78个村报告了数据。

资料来源：百村调研。

附表2-3 按村贫困属性分类统计的样本村和样本户基本特征

项目	贫困村	脱贫村	非贫困村
一、村基本特征			
1. 区位分布：东部（%）	16.67	11.54	0.00
中部（%）	18.52	38.46	57.14
西部（%）	64.81	50.00	42.86
2. 位于贫困县/片区县比例（%）	83.33	80.77	71.43
3. 按地形：平原村（%）	9.26	34.62	14.29
丘陵村（%）	14.81	11.54	28.57
山区村（%）	68.52	50.00	42.86
高原村（%）	7.41	3.85	14.29
4. 少数民族聚居村（%）	55.56	46.15	28.57
5. 村均总人口（人）	2127	2165	2293
6. 村均建档立卡人口（人）	568	527	334
7. 村人均耕地（亩）	1.89	1.97	1.08
8. 与县城平均距离（公里）	44.94	28.27	47.04
9. 通村路完全硬化比例（%）	58.49	76.00	71.43
10. 集中供应自来水平均比例（%）	43.64	68.12	82.86
11. 垃圾集中处置平均比例（%）	49.96	44.32	65.83
12. 村委会有联网电脑比例（%）	66.04	92.31	85.71
13. 本村有小学比例（%）	53.85	52.00	33.33
14. 本村有卫生室比例（%）	94.44	100.00	100.00
15. 本村有合作社比例（%）	84.91	88.46	85.71
16. 村农民年人均纯收入（元）	5288	8185	7435
二、样本户基本特征			
17. 类型：贫困户（%）	37.58	19.57	33.65
脱贫户（%）	17.30	26.93	19.09
非贫困户（%）	45.12	53.50	47.26
18. 户均人口（人）	3.88	3.67	3.24
19. 户均劳动力（人）	2.32	2.18	1.92
20. 年人均纯收入（元）			
21. 住房安全状况：良好或一般（%）	77.74	82.94	80.78
政府认定危房（%）	7.46	4.43	5.27
没有认定，但农户认为属于危房（%）	11.17	10.41	11.63
未回答（%）	3.63	2.21	2.33

续表

项目	贫困村	脱贫村	非贫困村
22.饮水困难状况：单次取水往返时间超过半小时（%）	3.83	1.50	3.72
间断或定时供水（%）	12.69	5.98	27.75
当年连续缺水时间超过15天（%）	10.33	3.89	2.33
无上述困难（%）	71.88	87.73	65.27
未回答（%）	1.28	0.90	0.93
23.基本医疗保险：全家都有（%）	91.56	93.48	91.47
非全家都有（%）	5.28	4.85	4.50
未回答（%）	3.17	1.68	4.03
24.6~15岁儿童在校率（%）	92.36	94.44	92.44
25.享受低保比例（%）	21.47	18.79	17.05
26.对现在生活满意程度：非常满意（%）	11.34	18.79	6.51
比较满意（%）	34.92	36.03	29.77
一般（%）	29.87	30.16	37.98
不太满意（%）	17.96	10.47	18.29
很不满意（%）	5.28	4.01	6.98
未回答（%）	0.64	0.54	0.47
27.与5年前相比生活变化：好很多（%）	25.87	35.25	21.24
好一些（%）	48.86	42.79	46.67
差不多（%）	16.29	12.93	18.14
差一些（%）	5.55	5.75	6.82
差很多（%）	2.43	2.45	6.20
未回答（%）	1.01	0.84	0.93
28.预计5年后生活变化：好很多（%）	20.64	28.90	19.84
好一些（%）	41.74	38.48	42.95
差不多（%）	14.21	10.47	13.80
差一些（%）	3.61	3.71	4.81
差很多（%）	1.28	0.84	2.33
不好说（%）	17.74	16.76	15.19
未回答（%）	0.79	0.84	1.09

注：1.村统计覆盖有村问卷的87个村；户统计覆盖有户问卷的95个村，含保留户问卷的3个终止项目村。

2."16.村农民年人均纯收入"只有78个村报告了数据。

资料来源：百村调研。

附表 2-4 按户贫困属性分类统计的样本户基本特征

项目		贫困户	脱贫户	非贫困户
1. 户均人口（人）		3.42	3.79	3.98
2. 户均劳动力（人）		1.91	2.23	2.47
3. 年人均纯收入（元）		6518	8830	10546
4. 住房安全状况：	良好或一般（%）	68.57	82.21	85.75
	政府认定危房（%）	12.17	5.72	2.77
	没有认定，但农户认为属于危房（%）	15.64	8.86	8.71
	未回答（%）	3.62	3.21	2.77
5. 饮水困难状况：	单次取水往返时间超过半小时（%）	4.30	1.72	3.10
	间断或定时供水（%）	15.02	7.29	12.93
	当年连续缺水时间超过15天（%）	9.03	9.40	6.30
	无上述困难（%）	70.40	80.49	76.58
	未回答（%）	1.26	1.10	1.09
6. 基本医疗保险：	全家都有（%）	90.83	94.28	92.05
	非全家都有（%）	5.75	3.53	5.21
	未回答（%）	3.43	2.19	2.74
7. 6~15岁儿童在校率（%）		90.41	94.81	93.53
8. 享受低保比例（%）		36.26	20.38	9.50
9. 对现在生活满意程度：	非常满意（%）	7.87	16.38	14.71
	比较满意（%）	27.86	40.05	37.14
	一般（%）	32.79	28.92	30.15
	不太满意（%）	22.45	10.50	13.89
	很不满意（%）	8.26	3.45	3.69
	未回答（%）	0.77	0.71	0.43
10. 与5年前相比生活变化：	好很多（%）	19.60	35.89	30.18
	好一些（%）	48.43	46.39	46.37
	差不多（%）	17.53	11.68	15.83
	差一些（%）	8.31	2.82	5.21
	差很多（%）	4.83	1.88	1.85
	未回答（%）	1.30	1.33	0.56
11. 预计5年后生活变化：	好很多（%）	15.79	29.78	24.51
	好一些（%）	42.49	40.44	40.24
	差不多（%）	14.39	11.36	13.09
	差一些（%）	4.78	3.21	3.30
	差很多（%）	2.08	0.78	0.92
	不好说（%）	19.27	13.48	17.41
	未回答（%）	1.21	0.94	0.53

注：1. 村统计覆盖有村问卷的87个村；户统计覆盖有户问卷的95个村，含保留户问卷的3个终止项目村。

资料来源：百村调研。

附录三　百村调查问卷

行政村调查问卷
精准扶贫精准脱贫百村调研　　　　　问卷编码_____

行政村调查问卷
（调查年度：2016 年）

省（区、市）	
县（市、区）	
乡（镇）	
行政村	
村干部姓名	书记　　　　　主任
受访者姓名/职务	
联系电话	
贫困类型	□贫困村 [□国定 □省定 □省以下]　□非贫困村　□已脱贫村
民族类型	□非少数民族聚居村　□少数民族聚居村（_____族）
调查日期	_____年_____月_____日，星期_____
调查员姓名	
检查员姓名	

中国社会科学院"百村调研"总课题组

2016 年

调查说明

中国社会科学院是中国哲学社会科学研究的最高学术机构和综合研究中心,研究成果对政府政策的制定与执行有着重要影响。中国社会科学院国情调研是国家财政全额拨款支持的大型调研项目,通过调查全面翔实地掌握经济社会运行状况,推动研究深入发展,以更好地完成政府智囊团作用。"百村调研"是在国情调研总体框架下展开的首个特大调研项目,服务中央精准脱贫大局,为进一步的精准脱贫事业提供经验和政策借鉴。

调查获得的所有资料仅用于学术研究,不做任何商业应用,不以任何形式传播个人信息和隐私,特此申明。

A. 自然地理

A1 地貌(1=平原;2=丘陵;3=山区 4=半山半川)		A6 距乡镇的距离(公里)	
A2 村域面积(平方公里)		A7 距最近的车站码头的距离(公里)	
A3 自然村(寨)数(个)		A8 是否经历过村庄合并(1=是;2=否→B1)	
A4 村民组数(个)		a. 哪一年合并(年,4位)	
A5 距县城或城市距离(公里)		b. 由几个村合并而成(个)	

B. 人口就业

B1 总户数(户)		d. 残疾人口数	
a. 贫困户数		e. 妇女人口数	
b. 低保户数		f. 外来人口数	
c. 五保户数		g. 文盲、半文盲人口数	
d. 少数民族户数		h. 少数民族人口数	
e. 外来人口户数		B3 常住人口数(人)	
B2 总人口数(人)		B4 劳动力人数(人)	
a. 贫困人口数		B5 外出半年以上劳动力人数(人)	
b. 低保人口数		a. 举家外出户数(户)	
c. 五保人口数		b. 举家外出人口数(人)	

续表

B6 外出半年以内劳动力人数	B11 定期回家务农的外出劳动力数（人）	
B7 外出到省外劳动力比例（%）	B12 初中毕业未升学的新成长劳动力数（人）	
B8 外出到省内县外劳动力比例（%）	B13 高中毕业未升学的新成长劳动力数（人）	
B9 外出人员从事主要行业（填代码，前3项）	B14 参加雨露计划"两后生"培训人数（人）	
B10 今年外出务工人员中途返乡人数（人）		

注：行业代码：1=农、林、牧、渔业；2=采矿业；3=制造业；4=电力、热力、燃气及水的生产和供应业；5=建筑业；6=批发和零售业；7=交通运输、仓储和邮政业；8=住宿和餐饮业；9=信息传输、软件和信息技术服务业；10=金融业；11=房地产业；12=租赁和商务服务业；13=科学研究和技术服务业；14=水利、环境和公共设施管理业；15=居民服务、修理和其他服务业；16=教育；17=卫生和社会工作；18=文化、体育和娱乐业；19=公共管理、社会保障和社会组织；20=国际组织。

C. 土地资源及利用

C1 耕地面积（亩）	C9 2015年底土地确权颁证面积（亩）	
a. 有效灌溉面积	C10 农户自留地面积（亩）	
C2 园地面积（亩，桑园果园茶园等）	C11 全年国家征用耕地面积（亩）	
C3 林地面积（亩）	C12 农户对外流转耕地面积（亩）	
a. 退耕还林面积	C13 农户对外流转山林地面积（亩）	
C4 牧草地面积（亩）	C14 参与耕地林地等流转农户数（户）	
C5 畜禽集中饲养地面积（亩）	C15 村集体对外出租耕地面积（亩）	
C6 水产养殖水面（亩）	C16 村集体对外出租山林地面积（亩）	
C7 集体土地面积（亩）	C17 本村土地流转平均租金（元/亩）	
a. 未发包面积	C18 本村林地流转平均租金（元/亩）	
C8 第二轮土地承包期内土地调整次数（次）	C19 全村闲置抛荒耕地面积（亩）	
a. 土地调整面积	C20 耕地抛荒的最主要原因（见代码，单选）	

注：抛荒原因代码：1=没有劳动力；2=劳动力外出；3=产出太低；4=成本太高；5=其他。

D. 经济发展

（一）农业生产

主要种植作物	种植面积（亩）	单产（公斤/亩）	市场均价（元/公斤）	耕作起止月份
D1.				
D2.				
D3.				

主要养殖畜禽	出栏量（头/只）	平均毛重（公斤/头）	市场均价（元/公斤）	×
D4.				×
D5.				×
D6.				×

（二）农民合作社

合作组织名称	成立时间（年月）	成立户数	目前户数	业务范围	总资产（万元）	总销售额（万元）	分红额（万元）
D8.							
D9.							
D10.							
D11.							
D12.							

（三）企业与收入

D13 农业企业个数（个）	D19 企业主要从事的行业（填代码，前3项）
D14 农业企业从业人员数（人）	D20 企业中，集体企业个数（个）
D15 加工制造企业个数（个）	D21 集体企业从业人员数（人）
D16 加工制造企业从业人员数（人）	D22 吸纳本村从业人数（人）
D17 商业服务业企业个数（个）	D23 村级集体经济经营收入（万元）
D18 商业服务业企业从业人员数（人）	D24 村农民年人均纯收入（元）

E. 社区设施和公共服务

（一）道路交通

E1 通村道路主要类型（1=硬化路、水泥、柏油；2=沙石路；3=泥土路；4=其他）		E4 行政村是否通客运班车（1=是；2=否）	
		a. 离最近客运站距离（公里）	
E2 通村道路路面宽度（米）		E5 村内道路（通自然村）长度（公里）	
E3 通村道路长度（公里）		a. 未硬化路段长度（公里）	
a. 未硬化路段长度（公里）		E6 村内主要道路是否有可用路灯（1=是；2=否）	

（二）广播电视

E7 有线广播（1=有；2=无）		E10 家中没有电视机户数（户）	
E8 使用有线电视住户所占比例（%）		E11 通宽带户数（户）	
E9 使用卫星电视住户所占比例（%）		E12 手机信号覆盖范围（%）	

（三）妇幼、医疗保健

E13 卫生室数（个）		E18 当年0~5岁儿童死亡人数（人）	
E14 药店（铺）数（个）		E19 当年孕产妇死亡人数（人）	
E15 全村医生人数（人）		E20 当前身患大病人数（人）	
a. 其中有行医资格证书人数（人）		E21 当年自杀人数（人）	
E16 全村接生员人数（人）		E22 村内敬老院数（个）	
a. 其中有行医资格证书人数（人）		E23 在村内敬老院居住老年人人数（人）	
E17 最近的医院、卫生院距离（公里）		E24 在村外敬老院居住老年人人数（人）	

（四）生活设施

E25 未通民用电户数（户）		a. 自来水（%）	
E26 民用电单价（元/度）		b. 江河湖水（%）	
E27 当年停电时间（天）		c. 池塘水（%）	
E28 全村未通电话（含手机）户数（户）		d. 雨水/窖水（%）	
E29 村内垃圾池、垃圾箱数量（个）		e. 浅井水（%）	
E30 集中堆放、处置垃圾所占比例（%）		f. 深井水（%）	
E31 沼气池数量（个）		g. 其他水源（注明）	
E32 生活污水管道排放比例（%）		E36 全村使用自来水户数（户）	
E33 饮水不安全户数（户）		a. 自来水单价（元/吨）	
E34 饮水困难户数（户）		b. 当年停水时间（天）	
E35 饮用水源比例	×	E37 农户水窖数量（个）	

（五）居民住房情况

E38 户均宅基地面积（平方米）	E42 危房户数（户）
E39 楼房所占比例（%）	E43 空置一年或更久宅院数（户）
E40 砖瓦房、钢筋水泥房所占比例（%）	E44 房屋出租户数（户）
E41 违规占用宅基地建房户数（户）	a 月均房租（如有，按10平方米折算，元）

（六）社会保障

E45 参加新型合作医疗户数（户）	E52 五保集中供养户数（户）
E46 参加新型合作医疗人数（人）	E53 五保集中供养标准（含实物折现，元/人年）
E47 新型合作医疗缴费标准（元/年·人）	E54 五保集中供养村集体出资金额（元）
E48 参加社会养老保险户数（户）	E55 当年全村获得国家救助总额（万元）
E49 参加社会养老保险人数（人）	a. 其中灾害救助金额（万元）
E50 低保人数（人）	E56 村集体出资帮助困难户（1=是；2=否）
E51 低保平均保障标准（含实物折现）（元/人年）	a. 如是，年出资额（元）

（七）农田水利

E57 近年平均年降水量（毫米）	E61 机电井数量（个）
E58 主要灌溉水源（1=地表水；2=地下水；3=雨水）	E62 蓄水池数量（个）
E59 正常年景下水源是否有保障（1=是；2=否）	E63 集体集雨窖数量（个）
E60 排灌站数量（个）	E64 水渠长度（米）

F. 村庄治理与基层民主

（一）村庄治理结构

F1 全村党员数量（人）	F7 村民代表人数（人）
a. 50岁以上党员数（人）	a. 其中属于村"两委"人数（人）
b. 高中及以上文化党员数（人）	F8 是否有村民监督委员会（1=是；2=否）
F2 是否建有党员代表会议（1=是；2=否）	a. 监督委员会人数（人）
a. 党员代表人数（人）	b. 属于村"两委"人数（人）
b. 党员代表属于村"两委"人数（人）	c. 属于村民代表人数（人）
F3 党小组数量（个）	F9 是否有民主理财小组（1=是；2=否）
F4 村支部支委会人数（人）	a. 民主理财小组人数（人）
F5 村民委员会人数（人）	b. 属于村"两委"人数（人）
F6 村"两委"交叉任职人数（人）	c. 属于村民代表人数（人）

（二）当前村"两委"情况（先填党支部，后填村委会。按照书记、副书记、委员等顺序填写。）

序号	职务	姓名	性别	年龄	文化程度	党龄	交叉任职	工资（元）	任职时间	任职前身份
F10										
F11										
F12										
F13										
F14										
F15										
F16										
F17										
F21						×	×			
F22						×	×			
F23						×	×			
F24						×	×			
F25						×	×			
F26						×	×			
F27						×	×			

注：职务代码：1=支部书记；2=副书记；3=支部委员；4=村委会主任；5=副主任；6=村委委员；7=委员兼妇女主任；9=第一书记。

性别代码：1=男；2=女。

交叉任职：填写党支部干部所交叉担任的村委会职务代码。

文化程度代码：1=文盲；2=小学；3=初中；4=高中或中专；5=大专以上。

任职前身份：如是村干部，填写村干部职务代码；如果不是村干部，写明身份，如经商、外出务工、退伍军人等。

（三）最近两届村委会选举情况

序号	年份	有选举权人数	实际参选人数	村主任得票数	是否设有秘密划票间	书记与主任是否"一肩挑"	是否搞大会唱票选举	投票是否发钱发物	是否流动投票
F30									
F31									

注：是否选项：1=是；2=否。

G. 教育、科技、文化

（一）学前教育（2016~2017 学年）

G1 本村幼儿园、托儿所数量（个）		G4 幼儿园收费标准（元/月）	
G2 其中，公立园数量（个）		G5 学前班在学人数（人）	
G3 幼儿园在园人数（人）		G6 学前班收费标准（元/月）	

（二）小学阶段教育（2016~2017 学年）

G7 本村适龄儿童人数（人）		G10 在县市小学上学人数（人）	
a. 其中女生数（人）		a. 其中女生数（人）	
G8 在本村学校学生人数（人）		G11 去外地上学人数（人）	
a. 其中女生数（人）		a. 其中女生数（人）	
b. 住校生人数（人）		G12 失学辍学人数（人）	
G9 在乡镇小学上学人数（人）		a. 其中女生数（人）	
a. 其中女生数（人）		G13 本地上学是否提供午餐（1=是；2=否→G14）	
b. 住校生人数（人）		a. 是否有补助（1=免费；2=部分补助；3=无）	

（三）初中阶段教育（2016~2017 学年）

G14 乡镇中学离本村距离（公里）		G17 在县城中学上学人数（人）	
G15 在乡镇中学上学人数（人）		a. 其中女生数（人）	
a. 其中女生数（人）		G18 去外地上学人数（人）	
b. 住校生人数（人）		a. 其中女生数（人）	
G16 中学是否提供午餐（1=是；2=否→G17）		G19 失学辍学人数（人）	
a. 是否免费或有补助（1=免费；2=补助；3=无）		a. 其中女生数（人）	

（四）村小学情况

G20 本村是否有小学（1=是；2=否→G28）	c. 高中或中专
G21 最高教学年级为	d. 初中及以下
G22 公办教师人数（人）	G24 教学楼建成时间（年）
a. 本科	G25 学校建筑面积（平方米）
b. 大专	G26 是否提供午餐（1=是；2=否→G27）
c. 高中或中专	a. 午餐标准（元/顿）
d. 初中及以下	b. 是否有补助（1=免费；2=部分补助；3=无）
G23 非公办教师人数（人）	G27 是否配有能上网电脑（1=是；2=否）
a. 本科	G28 原小学哪年撤销
b. 大专	G29 最近小学离本村距离（公里）

（五）科技与文化

G30 是否有农民文化技术学校（1=是；2=否）	G36 棋牌活动场所（个）
G31 举办农业技术讲座次数（次）	G37 社团（老年协会、秧歌队等）个数（个）
G32 参加农业技术培训人次	G38 村民最主要宗教信仰（单选，代码1）
G33 获得县以上证书农业技术人员数量（人）	G39 具有各种宗教信仰群众数量（人）
G34 参加职业技术培训人次	G40 是否有教堂、寺庙等宗教活动场所（1=是；2=否→H1）
G35 图书室、文化站个数（个）	
a. 如有，活动场地面积（平方米）	a. 建设与维护费用主要来源（1=群众集资；2=收费；3=社会捐助；4=其他）
b. 藏书数量（册）	
c. 月均使用人数（人）	b. 多久举行一次活动（代码2）
G36 体育健身场所（个）	c. 平均每次活动参加人数（人）

注：代码1（宗教信仰）：1=无；2=佛教；3=道教；4=伊斯兰教；5=基督教；6=天主教；7=喇嘛；8=其他宗教。

代码2（活动频率）：1=每天；2=每周；3=每月；4=一个月以上。

H. 社会稳定情况

H1 打架斗殴事件（件）	H5 判刑人数
H2 偷盗事件（件）	H6 接受治安处罚人次
H3 抢劫事件（件）	H7 上访人次
H4 刑事案件（件）	

I. 村集体经济、集体财务

（一）集体财务收支（元）

村财务收入	村财务支出	
I1 上级补助	I16 村干部工资	
I2 村集体企业上交	I17 组干部工资	
I3 发包机动地收入	I18 水电等办公费	
I4 发包荒山、坡地收入	I19 订报刊费	
I5 发包林地收入	I20 招待费	
I6 发包水面收入	I21 五保户生活费	
I7 店面厂房等租金	I22 军烈属优抚	
I8 修建学校集资	I23 困难户补助费	
I9 修建道路集资	I24 教师工资	
I10 修建水利集资	I25 修建学校	
I11 其他集资	I26 修建道路	
I12 计划生育罚款（返还）	I27 修建水利	
I13 其他收入1（注明）	I28 垫交费用	
I14 其他收入1（注明）	I29 偿还债务及利息支付	
I15 其他收入1（注明）	I30 其他支出（注明）	

（二）集体债权债务（元）

集体债权	集体负债	
I31 村组干部欠	I36 欠村组干部	
I32 农户欠	I37 欠农户	
I33 商户欠	I38 欠商户	
I34 上级政府欠	I39 欠上级政府	
I35 其他人欠（注明）	I40 欠银行	
×	I41 欠教师	
×	I42 欠其他人（注明）	

（三）集体资产

办公楼等设施建筑面积（平方米）		集体企业数量（个）	
办公楼等设施估价（万元）		集体企业资产估价（万元）	
未发包的集体耕地面积（亩）		集体企业负债（万元）	
未发包的集体山场面积（亩）		其他集体资产（注明）	

J. 公共建设与农民集资

（一）公共建设（2015年以来）

项目名称（单位）	数量	建设开始时间（年月）	建设完成时间（年月）	投资额（万元）		
				农民集资	集体出资	上级拨款
学校（平方米）						
村办公场所（平方米）						
卫生室（平方米）						
文化体育设施（处）						
其他项目（注明）						

（二）"一事一议"筹资筹劳开展情况（2015年以来）

	事项内容（代码1）	通过方式（代码2）	建设开始时间（年月）	建设完成时间（年月）	出资出劳户数（户）	户均筹劳数量（个）	户均筹资金额（元）	政府补助（元）	
								补助现金	物资折合
事项1									
事项2									
事项3									
事项4									

注：代码1：1=村内小型农田水利基本建设；2=道路修建；3=植树造林；4=其他集体生产生活及公益事业项目。

代码2：1=村民会议或村民代表会议讨论；2=党支部或村委会决定；3=其他。

K. 建档立卡贫困人口

项目	2014 年	2015 年	2016 年
贫困户数（户）			
贫困人口数（人）			
因病致贫人口（人）			
因学致贫人口（人）			
因缺劳力致贫人口（人）			
调出贫困户数（调整为非贫困户）（户）	×		
调出贫困人口数（人）	×		
调入贫困户数（调整为贫困户）（户）	×		
调入贫困人口数（人）	×		
脱贫人口数（人）	×		
发展生产脱贫	×		
转移就业脱贫	×		
易地搬迁脱贫	×		
生态补偿脱贫	×		
社保兜底脱贫	×		

L. 发展干预（2015 年）

建设项目		单位	数量	受益户数（户）	总投资（万元）财政专项扶贫资金	投资构成（万元）				
						行业部门资金	社会帮扶资金	信贷资金	群众自筹资金	其他资金
L1 村级道路	新建通村沥青（水泥）路	公里								
	新建村内道路	公里								
L2 农田水利	小型水利建设	处								
	基本农田建设及改造	亩								

续表

建设项目		单位	数量	受益户数（户）	总投资（万元）财政专项扶贫资金	投资构成（万元）				
						行业部门资金	社会帮扶资金	信贷资金	群众自筹资金	其他资金
L3 饮水安全	新建自来水入户	户		×						
	新建蓄水池（窖）	个								
	新建村级自来水厂	座								
L4 电力保障	新增农村电网改造	处								
	解决无电户	户		×						
L5 居住改善	危房改造	户		×						
	人居环境改善	户		×						
L6 特色产业	培育特色产业项目	个								
	培育合作社	个								
L7 乡村旅游	新扶持农家乐户数	户		×						
L8 卫生计生	参加卫生计生技术培训	人次		×						
L9 文化建设	广播电视入户	户		×						
	村文化活动室	个								
L10 信息化	宽带入户	户								
	手机信号覆盖范围	%		×	×	×	×	×	×	×
L11 易地搬迁	易地搬迁（迁出）	户		×						
	易地搬迁（迁入）	户		×						

L. 发展干预（2016年）

建设项目		单位	数量	受益户数（户）	总投资（万元）财政专项扶贫资金	投资构成（万元）				
						行业部门资金	社会帮扶资金	信贷资金	群众自筹资金	其他资金
L1 村级道路	新建通村沥青（水泥）路	公里								
	新建村内道路	公里								
L2 农田水利	小型水利建设	处								
	基本农田建设及改造	亩								
L3 饮水安全	新建自来水入户	户		×						
	新建蓄水池（窖）	个								
	新建村级自来水厂	座								
L4 电力保障	新增农村电网改造	处								
	解决无电户	户		×						
L5 居住改善	危房改造	户		×						
	人居环境改善	户		×						
L6 特色产业	培育特色产业项目	个								
	培育合作社	个								
L7 乡村旅游	新扶持农家乐户数	户		×						
L8 卫生计生	参加卫生计生技术培训	人次		×						
L9 文化建设	广播电视入户	户								
	村文化活动室	个		×						
L10 信息化	宽带入户	户		×						
	手机信号覆盖范围	%		×	×	×	×	×	×	
L11 易地搬迁	易地搬迁（迁出）	户		×						
	易地搬迁（迁入）	户		×						

村问卷附表（问村干部）：
M. 第一书记和扶贫工作队

M1 村是否派驻有第一书记（1=有；2=以前有、现在没有→M12；3=没有→M12）
M2 第一书记什么时间派驻（年月/6位）
M3 第一书记来自[1=中央单位；2=省级单位；3=市级单位；4=县级单位；5=乡镇；6=其他（请注明）]
M4 第一书记最近半年在村工作多少天（含因公出差）（天）
M5 第一书记最近半年在村居住多少天（天）
M6 第一书记最近半年在乡镇居住多少天（天）
M7 第一书记直接联系多少贫困户（户）
M8 第一书记到过贫困户家的比例（%）
M9 第一书记做了哪些工作（可多选）（1=识别扶贫对象；2=诊断致贫原因；3=引进资金；4=引进项目；5=帮助贫困户制定脱贫计划；6=帮助落实帮扶措施；7=参与脱贫考核；8=接待、处理群众上访；9=其他（注明））
M10 最近一次对第一书记考核结果等级（0=未考核；9999=不知道）
M11 村委会对第一书记工作满意程度（1=满意；2=一般；3=不满意）
M12 你村是否派驻有扶贫工作队（1=有；2=以前有、现在没有→结束；3=没有→结束）
M13 工作队什么时间派驻（年月/6位）
M14 工作队有几名成员（人）
M15 工作队成员来自（1=中央单位；2=省级单位；3=市级单位；4=县级单位；5=乡镇；6=其他（注明））（可多选）
M16 工作队长是否为第一书记（1=是→M18；2=否）
M17 工作队长来自（1=中央单位；2=省级单位；3=市级单位；4=县级单位；5=乡镇；6=其他（注明））
M18 工作队员最近半年平均在村工作多少天（含因公出差）（天）
M19 工作队员最近半年在村平均住了多少天（天）
M20 工作队员最近半年在乡镇平均住了多少天（天）
M21 工作队员总共直接联系多少扶贫对象（户）
M22 工作队员到过贫困户家的比例（%）
M23 工作队员做了哪些工作（可多选）（1=识别扶贫对象；2=诊断致贫原因；3=引进资金；4=引进项；5=帮助贫困户制定脱贫计划；6=帮助落实帮扶措施；7=参与脱贫考核；8=接待、处理群众上访；9=其他（注明））
M24 最近一次对工作队员考核结果不合格的人数（0=未考核；9999=不知道）
M25 村委会对工作队工作满意程度（1=都满意；2=部分满意；3=一般；4=都不满意）

调查提示：

1. 村问卷内容较多，可分多次完成；也可请村干部预先填写，但是一定要当面逐项检查核实。

2. 涉及的专业信息，例如学校、教育等信息，建议通过村委向相关部门联系调研。

3. 调查结束前，请调查员检查一遍问卷，并感谢受访者的配合。

住户调查问卷
精准扶贫精准脱贫百村调研　　　　　　问卷编码＿＿＿＿＿＿

住户调查问卷
（调查年度：2016年）

省（区、市）	
县（市、区）	
乡（镇）	
行政村	
户主姓名	
受访者姓名	
联系电话	
住户类型	□非贫困户 □建档立卡户（□扶贫户 □低保户 □脱贫户）□五保户
调查日期	2016年＿＿＿月＿＿＿日，星期＿＿＿＿
调查时间	开始：＿＿＿点＿＿＿分；结束：＿＿＿点＿＿＿分
调查员姓名	
检查员姓名	

中国社会科学院"百村调研"总课题组编制

2016年

调查说明

中国社会科学院是中国哲学社会科学研究的最高学术机构和综合研究中心，研究成果对政府政策的制定与执行有着重要影响。中国社会科学院国情调研是国家财政全额拨款支持的大型调研项目，通过调查全面翔实地掌握经济社会运行状况，推动研究深入发展，以更好地完成政府智囊团作用。"百村调研"是在国情调研总体框架下展开的特大调研项目，服务中央精准脱贫大局，为进一步的精准脱贫事业提供经验和政策借鉴。

调查获得的所有资料仅用于学术研究，不做任何商业应用，不以任何形式传播个人信息和隐私，特此申明。

A. 家庭成员

A0 代码	−	1 户主	2	3	4	5	6	7
A1 姓名	（请填写清楚）							
A2 性别	1= 男；2= 女							
A3 出生年月	填具体年月（如 197001）							
A4 与户主关系	1= 户主；2= 配偶；3= 子女；4= 儿媳/女婿；5= 孙子女；6= 外孙子女；7= 父母；8= 岳父母；9= 公公婆婆；10= 祖父母；11= 外祖父母；12= 其他	1						
A5 民族	1= 汉族；2= 其他民族							
A6 文化程度	1= 文盲或半文盲；2= 小学；3= 初中；4= 高中；5= 大专及以上							
婚姻状况	1= 已婚；2= 未婚；3= 离异；4= 丧偶；5= 同居							
主要社会身份	1= 村干部；2= 离退休干部职工；3= 教师医生；4= 村民代表；5= 农民；6= 其他							
A7 在校生状况	1=非在校；2=学前教育；3= 小学；4= 初中；5= 高中；6= 中职/高职；7= 大专及以上							
A8 当前健康状况	1= 健康；2= 长期慢性病；3= 患有大病；4= 残疾							
A9 去年是否参加体检	1= 是；2= 否							
A10 劳动、自理能力	1= 普通全劳动力；2= 技能劳动力；3= 部分丧失劳动能力；4= 无劳动能力但有自理能力；5= 无自理能力；6= 不适用							
A11 在家时间	1=3 个月以下；2=3~6 个月；3=6~12 个月							
A12 务工状况	1= 乡镇内务工；2= 乡镇外县内务工；3= 县外省内务工；4= 省外务工；5= 其他（包括在家务农、学生、军人等情况）							
A13 务工时间	1=3 个月以下；2=3~6 个月；3=6~12 个月；4= 无							
A14 医疗保障（多选）	1= 新农合；2= 城镇居民医保；3= 职工医保；4= 商业保险；5= 均无							
A15 养老保障（多选）	1= 新农保；2= 城镇职工养老保险；3= 城镇居民养老保险；4= 商业养老保险；5= 退休金；6= 均无							
A16 户籍类型	1=农村；2= 城镇；3= 居民；4= 其他（注明）							
A17 户籍是否在本户	1= 是（含一家两户）；2= 否							
A18 是否本户常住人口	1= 是；2= 否							

B. 住房条件

（一）住房满意度及拥有情况

B1 你家拥有几处住房	指自有住房	

（二）当前所居住住房情况（仅填当前居住的住房，包括院子，但不包括畜禽圈舍和大棚）

B2 住房来源	1= 自有；2= 租用（→B5）；3= 借用/寄居（→B6）；4= 其他（注明）（→B6）	
B3 如为自有，哪一年建造或购买	年	
B4 建造或购买花多少钱（→B6）	万元	
B5 如为租房，租房月租金	元	
B6 是否与别人共用这处住房	1= 独立；2= 共用	
a. 如果共用，你的家庭占用比例	%	
B7 住宅类型	1= 平房；2= 楼房	
B8 住宅的建筑材料	1= 草房；2= 土瓦房；3= 砖房；4= 砖混；5= 钢混房；6= 其他（注明）	
B9 建筑面积	平方米	
B10 屋内有什么取暖设施（选最主要的，单选）	1= 无；2= 炕；3= 炉子；4= 土暖气；5= 电暖气；6= 空调；7= 市政暖气；8= 其他取暖设施	
B11 是否有沐浴设施	1= 无；2= 电热水器；3= 太阳能；4= 空气能；5= 其他	
B12 是否有互联网宽带	1= 是；2= 否	
B13 离最近硬化公路的距离	米	
B14 最主要饮用水源（单选）	1= 桶装水；2= 入户集中供自来水；3= 自家井水；4= 需人工挑的户外清洁水源；5= 其他水源（注明）	
B15 厕所类型	1= 传统旱厕；2= 卫生厕所；3= 没有厕所；4= 其他	
B16 生活垃圾处理	1= 送到垃圾池等；2= 定点堆放；3= 随意丢弃；4= 其他	
B17 生活污水排放	1= 管道排放；2= 排到家里渗井；3= 院外沟渠；4= 随意排放；5= 其他	

（三）其他自有住房情况（如无→C 表）

项目	代码／单位	第 2 处	第 3 处
B18 住宅的建筑材料	1= 草房；2= 土瓦房；3= 砖房；4= 砖混；5= 钢混；6= 其他		
B19 建筑面积	平方米		
B20 哪一年建造或购买	年		
B21 建造或购买这所房子花了多少钱	万元		

C. 生活状况

（一）收入与支出

C1 去年家庭纯收入构成：		×
a. 工资性收入	元	
b. 农业收入	元	
c. 非农业经营性收入	元	
d. 财产性收入	元	
e. 转移性收入	元	
C2 家庭纯收入合计	元	
C3 你觉得你们家的去年收入怎么样	1= 非常高；2= 较高；3= 一般；4= 较低；5= 非常低	
C4 如果让你对家庭收入满意度打分，能打多少分	从 0 分到 10 分，10 分代表非常满意，0 分代表一点也不满意，分数越高满意度程度越高	
C5 你家今年的收入与去年相比，预计会怎么样	1= 多很多；2= 多一些；3= 差不多；4= 少一些；5= 少很多；6= 不好说	
C6 去年你家全年生活消费总支出	元	
a. 医疗总支出	元	

（二）家庭财产状况

C7 家庭耐用消费品拥有数量（当前仍在使用的，不包括已经废弃的）

a. 彩色电视机	f. 手机／电话
b. 空调	g. 如有手机，几部智能手机
c. 洗衣机	h. 摩托车／电动自行车（三轮车）
d. 电冰箱或冰柜	i. 轿车／面包车
e. 电脑	j. 卡车／中巴／大客车

C8 去年年底家庭存款（包括借出的钱）：_____（元）

去年年底家庭借贷余额：_____元

项目	第1笔	第2笔	第3笔	第4笔	第5笔	第6笔
a. 借贷主体（代码）						
b. 金额（元）						
c. 贷款用途（代码）						
d. 借贷期限（月）						
e. 年利率（%）						
f. 贷款利率贴息率（%）						

注：借贷主体代码：1=信用社；2=银行；3=私人；4=其他（注明）。

贷款用途代码：1=发展生产；2=易地搬迁；3=助学；4=助病助残；5=婚丧嫁娶；6=生活开支；7=其他（注明）。

贴息率相当于年利率的百分比，如全部贴息即100%。

（三）生活评价

C9 总体来看，对现在的生活满意度打分	（10~0分）	
C10 与5年前比，你家的生活变得怎么样	1=好很多；2=好一些；3=差不多；4=差一些；5=差很多	
C11 你觉得5年后，你家的生活会变得怎么样	1=好很多；2=好一些；3=差不多；4=差一些；5=差很多；6=不好说	
C12 与你的多数亲朋好友比，你家过得怎么样	1=好很多；2=好一些；3=差不多；4=差一些；5=差很多	
C13 与本村多数人比，你觉得你家过得怎么样	1=好很多；2=好一些；3=差不多；4=差一些；5=差很多	

（四）环境条件

C14 请对你家周围的居住环境打分	（10~0分）	

C15 你家周围存在的污染情况

污染类型	1=有；2=无	污染程度	污染类型	1=有；2=无	污染程度
a. 水污染			d. 土壤污染		
b. 空气污染			e. 垃圾污染		
c. 噪声污染			×	×	×

注：污染程度代码：1=非常严重；2=较严重；3=一般；4=轻微；5=没多大影响。若无污染，则无须询问污染程度。

D. 健康与医疗

D0 家中身体不健康的人数：_____（A8 代码为 2、3、4 的成员）

		_1	_2	_3
D1 拟调查不健康成员对应的 A1 代码				
D2 患有何种疾病、残疾等	（填病名）			
D3 所患疾病的严重程度	1= 不严重；2= 一般；3= 严重 （如有多种，评价最主要的疾病）			
D4 去年是否发病/需要治疗	1= 是；2= 否			
D5 去年治疗情况（可多选）	1= 没治疗；2= 自行买药；3= 门诊治疗； 4= 住院；5= 急救；6= 其他			
D6 治疗总费用	（元）			
D7 其中自费部分	（元）			
D8 现在在行走方面有问题吗	1= 没问题；2= 有点问题；3= 有些问题；4= 有严重问题；5= 不能行走			
D9 在洗漱或穿衣等方面是否可以照顾自己	1= 没问题；2= 有点问题；3= 有些问题；4= 有严重问题；5= 不能洗漱或穿衣			
D10 日常活动（工作、学习、家务、休闲等活动）有问题吗	1= 没问题；2= 有点问题；3= 有些问题；4= 有严重问题；5= 不能进行任何活动			
D11 身体是否有疼痛或不适	1= 一点没有；2= 有一点；3= 有一些；4= 比较严重；5= 极其严重			
D12 是否感到焦虑或压抑	1= 没有；2= 有一点；3= 有一些；4= 挺严重；5= 极其严重			

E. 安全与保障

（一）意外事故和公共安全

E1 去年你家是否遭受过意外事故	1= 自己；2= 家人；3= 自己和家人；4= 否	
a. 如是，是什么（可多选）	1= 工伤；2= 交通事故；3= 火灾；4= 其他（注明）	
b. 如是，严重程度	1= 严重；2= 一般；3= 轻微	
c. 如是，估计损失金额	（元）	
E2 去年，你家是否遇到过公共安全方面的问题	1= 是；2= 否	
a. 如是，是什么（可多选）	1= 偷盗；2= 抢劫；3= 人身安全威胁；4= 其他（注明）	
b. 如是，严重程度	1= 严重；2= 一般；3= 轻微	
c. 如是，估计损失金额	（元）	
E3 去年，你家是否因自然灾害发生财产损失	1= 是；2= 否	
a. 如是，估计财产损失金额	（元）	

（二）社区安全

E4 你家在安全方面采取了哪些具体防护措施（可多选）	1=无；2=安防盗门；3=安警报器；4=参加社区巡逻；5=养狗；6=其他（注明）
E5 在你居住的地方，天黑以后一个人走路，你觉得安全吗	1=非常安全；2=比较安全；3=有点不安全；4=非常不安全；5=不一个人走路；6=说不清

（三）基本生活保障

E6 去年你家有没有挨饿的情况	1=没有；2=小于7天；3=7~14天；4=15~30天；5=大于30天
E7 你将来养老主要靠什么（可多选）	1=子女；2=个人积蓄；3=养老金；4=个人劳动；5其他（注明）；6=说不清
E8 你觉得自己的养老有保障吗	1=有；2=没有；3=说不清

（四）农业资源和风险

E9 农业资源面积

项目	自有面积（亩，承包或自留）	实际经营面积（亩）
a. 有效灌溉耕地（水田/水浇地）	a1.	a2.
b. 旱地（含望天田）	b1.	b2.
c. 园地（果、桑、茶、橡、胶、花卉、药材等）	c1.	c2.
d. 林地	d1.	d2.
e. 牧草地	e1.	e2.
f. 养殖水面	f1.	f2.
g. 畜牧养殖设施用地	g1.	g2.

E10 农业风险

a. 去年农业生产是否遭遇自然灾害	1=是；2=否；3=不适用
b. 如是，估计收入损失金额	（元）
c. 去年主要农产品是否遇到卖难问题	1=无人收购；2=价格下跌；3=否；4=不适用
d. 如是，估计收入损失金额	（元）

F. 劳动与就业

F0 本地常住人口中劳动力人数：_____人。下表调查两位主要劳动力（男性和女性各1位；如无，则少填）

项目		_1	_2
F1 拟调查主要劳动力对应的 A1 代码			
F2 去年劳动时间（不含家务劳动）	月（可保留一位小数，下同）		
a. 本地自营农业（实际天数）	月		
b. 本地自营非农业	月		
c. 本地打零工	月		
d. 本乡镇内固定工资性就业	月		
e. 县内本乡镇外打工或自营	月		
f. 县内本乡镇外打工或自营	月		
g. 省内县外打工或自营	月		
h. 省外打工或自营	月		
F3 去年最主要工作（按时间）行业代码	（见代码表）		
F4 去年劳动收入	元	×	×
a. 农业经营收入	元		
b. 非农业经营收入	元		
c. 工资性收入	元		
F4a. 上个月非农业劳动天数	天		
b. 农业劳动天数	天		
c. 农业劳动折合天数	天（按8小时1天折算）		
F5 上个月总劳动天数	天		
F6 上个月折合劳动天数	天		
F7 如果上月折合劳动天数少于10天，最主要原因是什么（单选）	1=患病；2=有其他紧急事情；3=找不着活干；4=不想干活；5=农闲季节；6=年老；7丧失劳动能力；8=其他原因（注明）		
F8 最近一个星期累计劳动时间（小时）	（实际劳动时间）		

G. 政治参与

G1 你是否是党员	1=是；2=否
G2 家里有几位党员	位
G4 你或者家人是否参加了最近一次村委会投票	1=都参加；2=仅自己参加；3=别人参加；4=都没参加；5=不知道
G5 你或者家人在去年是否参加了村委会召开的会议	（选项同上）
G6 你或者家人在去年是否参加了村民组召开的会议	（选项同上）
G3 你或者家人是否参加了最近一次乡镇人大代表投票	（选项同上）

H. 社会联系

（一）社会组织

项目	本村或邻近有没有（1=有；2=无；3=不清楚）	若有，自家是否参加（1=是；2=否）	若是，多长时间参加一次活动（1=每天；2=每周；3=每月；4=每季度；5=一年或以上）
H1 农民合作经济组织	a1.	a2.	a3.
H2 文化娱乐或兴趣组织	b1.	b2.	b3.
H3 其他组织	c1.	c2.	c3.

（二）家庭关系和社会联系

H4 你现在是否已婚	1=已婚；2=同居；3=其他（→问题10）
H5 对自己的婚姻满意度打分	（10~0分）
H6 去年你与你爱人不在一起的时间有多少天	天
H7 夫妻不在一块时，多长时间联系一次（包括打电话、网聊、发短信或微信）	1=每天；2=每周至少一次；3=每月至少一次；4=没事不联系
H8 你们夫妻间相互信任程度打分	（10~0分）
H9 夫妻间遇到大事商量吗	1=都会商量；2=很少；3=不商量；4=有些事情商量，有些事情不商量
H10 你们与不住在一起的父母多长时间联系一次	1=每天；2=每周至少一次；3=每月至少一次；4=没事不联系；5=住在一起；6=不适用
H11 不住在一起的子女与你们多长时间联系一次	1=每天；2=每周至少一次；3=每月至少一次；4=没事不联系；5=不适用（如无子女或住一起）

续表

H12 临时有事时，一般找谁帮忙（可多选，按从主要到次要顺序填写，最多三类）	1= 直系亲属；2= 其他亲戚；3= 邻居或老乡；4= 村干部；5= 朋友或同学；6= 同事或同行；7= 同组织里的人（教友/棋牌友等）；8= 其他人（注明）	
H13 急用钱时你向谁借（可多选，按从主要到次要顺序填写，最多三类）	（选项同上）	

I. 时间利用

I1 平常多数时间里是不是很忙	1= 是的；2= 有点，还好；3= 正常；4= 不忙；5= 一点不忙	
I2 业余时间（工作、睡觉之外的时间）的主要活动（选最主要的三项，按重要性排序）	1= 上网；2= 社会交往；3= 看电视；4= 参加文娱体育活动；5= 参加学习培训；6= 读书看报；7= 休息；8= 做家务；9= 照顾小孩；10= 什么也不做；11= 其他	
I3 最近一周平均每天看电视时间	（小时，累积）	
I5 最近一周每天平均睡觉时间	（小时，包含夜间睡眠和午睡）	

J. 子女教育

J0 填入家庭年满 3~18 周岁子女人数：_____ 人

项目		_1	_2	_3
J1 子女代码	（填入子女对应的 A1 代码）			
J2 出生年月	（阳历，六位数格式，如 2010 年 8 月为 201008）			
J3 现在和谁一起生活	1= 父母；2= 母亲一方；3= 父亲一方；4=（外）祖父母；5= 亲戚；6= 独自生活；7= 其他			
J4 今年上半年就学状态	1= 上幼儿园或学前班；2= 上中小学； 3= 上中等职业学校；4= 未上学； 5= 失学辍学（4/5→Q14）；6= 初中毕业离校；7= 高中中专毕业离校（6/7→Q16）； 8= 其他（注明）			
J5 上学地点	1= 本村；2= 本乡镇；3= 本县城（市、区）；4= 省内县外；5= 省外；6= 其他（注明）			
J6 上学学校类型	1= 公办；2= 民办；3= 不知道类型			
J7 上学年级	1~9 分别代表从一年级到初三；10~12 分别代表从高一到高三（含中专、职高）			
J8 学校条件怎么样	1= 非常好；2= 比较好；3= 一般；4= 比较差；5= 非常差			

续表

项目		_1	_2	_3
J9 对其学习情况满意吗	1= 非常满意；2= 比较满意；3= 一般；4= 不太满意；5= 非常不满意；6= 不适用			
J10 按最常用的交通方式上学的时间（单程）	1= 住校；2=15 分钟以下；3=15~30 分钟；4=30 分钟~1 小时；5=1 小时以上			
J11 去年上学直接费用	（元，学费、书本费、住校费用等）			
J12 去年上学间接费用	（元，交通、校外住宿、陪读等）			
J13 赞助费、借读费等额外费用	（元，包括实物折款，没有填 0。主要指因户口不在当地而额外发生的费用）			
J14 未上学或者失学辍学的主要原因	1= 生病、残疾等健康问题；2 上学费用高，承担不起；3= 附近没有学校；4= 附近学校不接收；5= 孩子自己不想上；6= 家长流动；7= 家庭缺少劳动力；8= 其他			
J15 失学辍学时间	（阳历，六位数格式）			
J16 失学辍学、毕业离校后去向	1= 待在家里；2= 外出务工；3= 参加培训；4= 务农；5= 其他（注明）			

K. 扶贫脱贫

（一）如果受访家庭为非建档立卡户

K1 是否曾经为建档立卡贫困户？	1=2014 年进入；2=2015 年进入；3=2016 年进入；4= 不是；5= 不清楚	
K2 2010 年至 2013 年是否为政府认定的贫困户？	1= 是；2= 否（→）；3= 说不清	
K3 如果曾为贫困户，哪一年"脱贫"	（非贫困户填 9999）	
K4 在"脱贫"时是否的确达到脱贫标准	1= 是；2= 否；3= 说不清	
K5 本村贫苦户选择是否合理	1= 非常合理；2= 比较合理；3= 一般；4= 不太合理；5= 很不合理；6= 说不清	
K6 政府为本村安排的各种扶贫项目是否合理	1= 非常合理；2= 比较合理；3= 一般；4= 不太合理；5= 很不合理；6= 说不清	
K7 本村扶贫效果评价打分	1= 非常好；2= 比较好；3= 一般；4= 不太好；5= 很不好；6= 说不清	

（二）如果受访家庭为建档立卡户

K8 哪一年成为建档立卡贫困户	年	
K9 政府计划本户哪一年"摘帽"	年	
K10 本村贫困户的选择是否合理	1= 非常合理；2= 比较合理；3= 一般；4= 不太合理；5= 很不合理；6= 说不清	
K11 为本村安排的扶贫项目是否合理	1= 非常合理；2= 比较合理；3= 一般；4= 不太合理；5= 很不合理；6= 说不清	
K12 本村到目前为止扶贫效果如何	1= 非常好；2= 比较好；3= 一般；4= 不太好；5= 很不好；6= 说不清	
K13 为本户安排的扶贫措施是否适合	1= 非常适合；2= 比较适合；3= 一般；4= 不太适合；5= 很不适合；6= 说不清	
K14 本户到目前为止的扶贫效果如何	1= 非常好；2= 比较好；3= 一般；4= 不太好；5= 很不好；6= 说不清	
K15 最主要致贫原因（单选）	1= 生病；2= 残疾；3= 上学；4= 灾害；5= 缺土地；6= 缺水；7= 缺技术；8= 缺劳力；9= 缺资金；10= 交通条件落后；11= 自身发展动力不足；12= 因婚	
K16 其他致贫原因（可多选）	1= 生病；2= 残疾；3= 上学；4= 灾害；5= 缺土地；6= 缺水；7= 缺技术；8= 缺劳力；9= 缺资金；10= 交通条件落后；11= 自身发展动力不足；12= 因婚；13= 无	
K17 得到的帮扶措施（可多选）	1= 技能培训；2= 小额信贷；3= 发展生产；4= 带动就业；5= 易地搬迁；6= 基础设施建设；7= 公共服务和社会事业	

以下依据 K17 选中的帮扶措施填写

K18 技能培训

a. 培训类别	1= 新成长劳动力职业教育（培训）；2= 劳动力转移就业培训；3= 农村实用技能培训；4= 贫困村致富带头人培训；5= 说不清	
b. 培训内容（填写）		
c. 学制	1= 一年；2= 两年；3= 三年；4= 短期（注明天数）	
d. 证书类型	1= 毕业证；2= 结业证；3= 职业资格证书；4= 无证书；5= 尚未结束	
e. 补助资金	（元）	
f. 自费资金	（元）	
g. 是否实现稳定就业	1= 是；2= 否；3= 尚未结业	

K19 发展生产

a. 产业类型（可多选）	1= 种植业；2= 养殖业；3= 林果业；4= 加工业；5= 服务业；6= 制造业
b. 扶持方式（可多选）	1= 资金扶持；2= 产业化带动；3= 技术支持；4= 其他（注明）
c. 自筹资金	（元）
d. 扶持资金	（元）
e. 项目效果评价	1= 非常满意；2= 比较满意；3= 一般；4= 不太满意；5= 很不满意

K20 带动就业

a. 就业地点	1= 本村；2= 本乡镇；3= 本县（市/区）；4= 省内县外；5= 省外；6= 境外
b. 就业方式	1=零工；2= 季节工；3=固定就业；4= 劳务派遣；5= 其他（注明）
c. 去年带动就业时间	（月，保留一位小数）
d. 去年带动就业收入	（元）
e. 扶贫带动就业评价	1= 非常满意；2= 比较满意；3= 一般；4= 不太满意；5= 很不满意

K21 易地搬迁

a. 搬迁时间（或计划时间）	（年月，如 201608）
b. 搬迁类型	1= 一般扶贫搬迁；2= 生态扶贫搬迁
c. 搬迁方向	1= 迁出；2= 迁入
d. 现居住地为	1= 搬迁前住址；2= 搬迁后住址
e. 安置方式	1= 集中；2= 插花/分散
f. 安置类型	1= 自建；2= 购买商品房；3= 政府集中安置
g. 安置地点	1= 村内；2= 村外乡镇内；3= 乡外县内；4= 县外
h. 安置房面积	（平方米，建筑面积）
i. 搬迁总金额	（元）
j. 自筹金额	（元）
k. 补助金额	（元）
l. 补助标准	（元/人）
m. 原房是否拆除	1= 是；2= 否
n. 是否重新安排土地	1= 是；2= 否；3= 不清楚
o. 是否提供就业机会	1= 提供就业机会；2= 提供培训机会；3= 否；4= 不清楚
p. 搬迁效果评价	1= 非常满意；2= 比较满意；3= 一般；4= 不太满意；5= 很不满意；6= 说不清

K23 基础设施建设

a. 项目内容（可多选）	1= 自来水入户；2= 小型水利建设；3= 蓄水池（窖）；4= 电入户；5= 入户路；6= 危房改造；7= 设施农业大棚；8= 牧畜圈舍；9= 基本农田建设改造；10= 其他（注明）
b. 基础设施建设评价	1= 非常满意；2= 比较满意；3= 一般；4= 不太满意；5= 很不满意

K24 公共服务和社会事业

类型	教育补助	疾病救助	灾害救助	低保五保	其他（注明）
补助标准					
已领取金额（元）					

[以下为调查员自行记录]

调查结束时间：_____点_____分

调查效果评估：

1. 被访人语言能否听懂	1= 完全能懂；2= 问题不大；3= 经常听不懂；4= 听不懂，借助了翻译
1. 被访人的态度	1= 友好且感兴趣；2= 不太感兴趣；3= 不耐烦；4= 不愿合作
2. 被访人对问题的理解情况	1= 很好；2= 不太好；3= 不好
3. 被访人在调查过程中的表现	1= 一直紧张；2= 有时紧张；3= 放松
4. 被访人对问题的反应速度	1= 很快；2= 正常；3= 偏慢；4= 非常慢
5. 被访人的真诚坦率程度	1= 非常真诚坦率；2= 正常；3= 不很真诚坦率

其他问题记录：_____

_____

附录四 中国农村贫困标准及贫困状况

附表 4-1 中国的三个农村贫困标准

标准名称	标准内涵
1984年标准	按1984年价格农民年人均纯收入200元。这是一条低水平的生存标准，保证每人每天2100大卡热量的食物支出，食物支出比重约85%。基于测算时的农村实际情况，基本食物需求质量较差，比如主食中粗粮比重较高，副食中肉蛋比重很低，且标准中的食物支出比重过高，因而只能勉强果腹
2008年标准	实际上是从2000年开始使用的，当时称为低收入标准，在2008年国家正式将其作为扶贫标准使用，因而也称"2008标准"。按2000年价格每人每年865元，这是一条基本温饱标准，保证每人每天2100大卡热量的食物支出，是在"1984年标准"基础上，适当增加非食物部分，将食物支出比重降低到60%。可基本保证实现"有吃、有穿"，基本满足温饱
2010年标准	现行农村贫困标准，为按2010年价格农民年人均纯收入2300元，按2015年和2019年价格分别为2855元和3218元。这是结合"两不愁、三保障"测定的基本稳定温饱标准。根据对全国居民家庭的直接调查结果测算，在义务教育、基本医疗和住房安全有保障（即"三保障"）的情况下，现行贫困标准包括的食物支出，可按农村住户农产品出售和购买综合平均价，每天消费1斤米面、1斤蔬菜和1两肉或1个鸡蛋，获得每天2100大卡热量和60克左右的蛋白质，以满足基本维持稳定温饱的需要，同时，现行贫困标准中还包括较高的非食物支出，2014年实际食物支出比重为53.5%。此外，在实际测算过程中，对高寒地区采用1.1倍贫困线

资料来源：李培林、魏后凯主编《扶贫蓝皮书：中国农村扶贫开发报告（2016）》，社会科学文献出版社，2016。

附表 4-2　不同贫困标准下中国农村贫困人口数和贫困发生率

年份	1978年标准 贫困人口（万人）	1978年标准 贫困发生率（%）	2008年标准 贫困人口（万人）	2008年标准 贫困发生率（%）	2010年标准 贫困人口（万人）	2010年标准 贫困发生率（%）
1978	25000	30.7			77039	97.5
1980	22000	26.8			76542	96.2
1981	15200	18.5				
1982	14500	17.5				
1983	13500	16.2				
1984	12800	15.1				
1985	12500	14.8			66101	78.3
1986	13100	15.5				
1987	12200	14.3				
1988	9600	11.1				
1989	10200	11.6				
1990	8500	9.4			65849	73.5
1991	9400	10.4				
1992	8000	8.8				
1994	7000	7.7				
1995	6540	7.1			55463	60.5
1997	4962	5.4				
1998	4210	4.6				
1999	3412	3.7				
2000	3209	3.5	9422	10.2	46224	49.8
2001	2927	3.2	9029	9.8		

续表

年份	1978年标准 贫困人口（万人）	1978年标准 贫困发生率（%）	2008年标准 贫困人口（万人）	2008年标准 贫困发生率（%）	2010年标准 贫困人口（万人）	2010年标准 贫困发生率（%）
2002	2820	3.0	8645	9.2		
2003	2900	3.1	8517	9.1		
2004	2610	2.8	7587	8.1		
2005	2365	2.5	6432	6.8	28662	30.2
2006	2148	2.3	5698	6.0		
2007	1479	1.6	4320	4.6		
2008			4007	4.2		
2009			3597	3.8		
2010			2688	2.8	16567	17.2
2011					12238	12.7
2012					9899	10.2
2013					8249	8.5
2014					7017	7.2
2015					5575	5.7
2016					4335	4.5
2017					3046	3.1
2018					1660	1.7

注：① 1978年标准：1978~1999年称为农村贫困标准，2000~2007年称为农村绝对贫困标准。
② 2008年标准：2000~2007年称为农村低收入标准，2008~2010年称为农村贫困标准。
③ 2010年标准：即现行农村贫困标准。现行农村贫困标准为每人每年2300元（2010年不变价）。
资料来源：《中国住户调查年鉴2019》，中国统计出版社，2019。

附表 4-3　2010~2018 年全国分地区农村贫困发生率

单位：%

地区	2010年	2011年	2012年	2013年	2014年	2015年	2016年	2017年	2018年
全国	17.2	12.7	10.2	8.5	7.2	5.7	4.5	3.1	1.7
河北	15.8	10.1	7.8	6.5	5.6	4.3	3.3	2.2	1.1
山西	24.1	18.6	15.0	12.4	11.1	9.2	7.7	5.5	3.0
内蒙古	19.7	12.2	10.6	8.5	7.3	5.6	3.9	2.7	1.0
辽宁	9.1	6.8	6.3	5.4	5.1	3.8	2.6	1.7	1.1
吉林	14.7	9.5	7.0	5.9	5.4	4.6	3.8	2.7	1.8
黑龙江	12.7	8.3	6.9	5.9	5.1	4.6	3.7	2.7	1.4
江苏	3.8	2.5	2.1	2.0	1.3				
浙江	3.9	2.5	2.2	1.9	1.1				
安徽	15.7	13.2	10.1	8.2	6.9	5.8	4.4	3.0	1.3
福建	6.2	4.2	3.2	2.6	1.8	1.3	0.8		
江西	15.8	12.6	11.1	9.2	7.7	5.8	4.3	3.0	1.8
山东	7.6	4.8	4.4	3.7	3.2	2.4	1.9	0.8	
河南	18.1	11.8	9.4	7.9	7.0	5.8	4.6	3.4	2.1
湖北	16.9	12.1	9.8	8.0	6.6	5.3	4.3	2.8	1.6
湖南	17.9	16.0	13.5	11.2	9.3	7.6	6.0	4.1	1.8

续表

地区	2010年	2011年	2012年	2013年	2014年	2015年	2016年	2017年	2018年
广东	4.6	2.4	1.9	1.7	1.2	0.7			
广西	24.3	22.6	18.0	14.9	12.6	10.5	7.9	5.7	3.3
海南	23.8	15.5	11.4	10.3	8.5	6.9	5.5	3.9	1.3
重庆	15.1	8.5	6.8	6.0	5.3	3.9	2.0	0.9	0.6
四川	20.2	13.0	10.3	8.6	7.3	5.7	4.4	3.1	1.4
贵州	45.1	33.4	26.8	21.3	18.0	14.7	11.6	8.5	5.0
云南	40.0	27.3	21.7	17.8	15.5	12.7	10.1	7.5	4.8
西藏	49.2	43.9	35.2	28.8	23.7	18.6	13.2	7.9	5.1
陕西	27.3	21.4	17.5	15.1	13.0	10.7	8.4	6.3	3.1
甘肃	41.3	34.6	28.5	23.8	20.1	15.7	12.6	9.7	5.8
青海	31.5	28.5	21.6	16.4	13.4	10.9	8.1	6.0	2.6
宁夏	18.3	18.3	14.2	12.5	10.8	8.9	7.1	4.5	2.2
新疆	44.6	32.9	25.4	19.8	18.6	15.8	12.8	9.9	5.7

资料来源：国家统计局住户调查办公室编：《2019中国农村贫困监测报告》，中国统计出版社2019年版。

附表 4-4　2014 年和 2016 年分省建档立卡户数和人口数

单位：万户、万人

地区	2014 年 户数	2014 年 人数	2016 年 户数	2016 年 人数
全国	2553.6	7995.4	2724.1	8764.7
河北	178.3	411.8	188.7	456.1
山西	95.9	247.4	101.5	262.6
内蒙古	43.2	103.9	48.9	119.6
辽宁	41.0	93.4	42.6	96.7
吉林	33.8	63.4	37.4	71.8
黑龙江	22.5	47.8	28.8	62.0
江苏	19.8	55.4	19.8	55.4
浙江	20.7	41.3	20.7	41.3
安徽	177.2	456.2	182.9	481.8
福建	14.0	39.2	15.3	43.3
江西	72.0	239.7	79.5	271.7
山东	114.3	239.7	106.9	228.9
河南	184.2	580.2	204.0	654.4
湖北	185.3	540.5	192.8	565.7
湖南	179.7	589.7	199.6	679.5
广东	23.6	91.5	23.6	91.5
广西	156.4	632.3	158.0	640.7
海南	12.2	50.1	13.9	59.2
重庆	44.2	151.1	49.4	174.4
四川	193.4	618.9	192.5	619.4
贵州	190.5	677.7	193.1	727.6
云南	144.9	540.0	184.1	722.6
西藏	15.9	61.2	17.1	70.5
陕西	150.6	467.6	164.2	520.8
甘肃	128.9	534.5	136.1	565.2
青海	19.8	69.8	21.8	79.9
宁夏	19.9	76.3	20.8	81.8
新疆	71.4	275.0	80.1	320.4

注：数据截至 2020 年 9 月 30 日。
资料来源：国务院扶贫办。

参考文献

Neil Gilbert, Paul Terrell：《社会福利政策》，黄志忠、曾蕙瑜译，台湾双叶书廊有限公司，2015。

〔古希腊〕亚里士多德：《尼各马可伦理学》，廖申白译，商务印书馆，2003。

〔美〕安东尼·哈尔、詹姆斯·梅志里：《发展型社会政策》，罗敏等译，社会科学文献出版社，2006。

〔美〕马丁·塞利格曼：《持续的幸福》，赵显鲲译，浙江人民出版社，2012。

〔美〕威廉·朱利叶斯·威尔逊：《真正的穷人：内城区、底层阶级和公共政策》，成伯清等译，上海人民出版社，2007。

〔美〕约翰·博德利：《发展的受害者》，何小荣等译，北京大学出版社，2011。

〔印度〕阿马蒂亚·森：《以自由看待发展》，任赜等译，中国人民大学出版社，2002。

蔡昉、刘伟、洪银兴、顾海良、陈宗胜：《学习党的十九届四中全会〈决定〉笔谈》，《经济学动态》2020年第1期。

蔡昉:《穷人的经济学——中国扶贫理念、实践及其全球贡献》,《世界经济与政治》2018年第10期。

陈浩、陈雪春:《城镇化背景下失地农民健康风险及其影响因素——基于福建漳州484个农户调查数据》,《农林经济管理学报》2015年第3期。

陈甲、刘德钦、王昌海:《生态扶贫研究综述》,《林业经济》2017年第8期。

陈志钢、毕洁颖、吴国宝、何晓军、王子妹一:《中国扶贫现状与演进以及2020年后的扶贫愿景和战略重点》,《中国农村经济》2019年第1期。

范小建:《中国特色扶贫开发的基本经验》,《求是》2007年第23期。

费孝通:《禄村农田·导言》,载费孝通、张之毅:《云南三村》,社会科学文献出版社,2006。

付昌奎、邬志辉:《教育扶贫政策执行何以偏差——基于政策执行系统模型的考量》,《教育与经济》2018年第3期。

付民主编《中国政府消除贫困行为》,湖北科学技术出版社,1996。

付卫东、曾新:《十八大以来我国教育扶贫实施的成效、问题及展望——基于中西部6省18个扶贫开发重点县(区)的调查》,《华中师范大学学报(人文社会科学版)》2019年第5期。

龚欣、李贞义:《贫困地区农村学前教育的发展困境与突围策略——基于41所农村幼儿园的实证研究》,《行政管理改革》2019年第6期。

国家统计局住户调查办公室:《中国农村贫困监测报告(2017)》,中国统计出版社,2017。

国家发展和改革委员会就业和收入分配司、北京师范大学中国收入分配研究院编著《中国居民收入分配年度报告(2018)》,社会科学文献出版社,2019。

黄薇:《保险政策与中国式减贫:经验、困局与路径优化》,《管理世界》

2019年第1期。

黄祖辉、姜霞：《以"两山"重要思想引领丘陵山区减贫与发展》，《农业经济问题》2017年第8期。

教育部：《2018年全国教育事业发展统计公报》，2018年。

冷志明、丁建军、殷强：《生态扶贫研究》，《吉首大学学报（社会科学版）》2018年第4期。

李静、谭清香：《农民健康状况及其影响因素——基于三省调查数据的经验分析》，《中国农村经济》2013年第12期。

李君如：《2000年：我国进入小康社会》，《毛泽东邓小平理论研究》2000年第1期。

李立清、龚君：《农村贫困人口健康问题研究》，《湖南社会科学》2020年第2期。

李培林、魏后凯主编《扶贫蓝皮书：中国农村扶贫开发报告（2016）》，社会科学文献出版社，2016。

李淑霞、曹耀锋：《从源头筑起防贫"拦水坝"——魏县为低收入人群创设精准防贫保险》，《共产党员（河北）》2018年第20期。

李晚莲、周思雨、于勇：《医疗健康保障、卫生资源配置与农村劳动力就医选择——基于2016CLDS数据分析》，《湖南社会科学》2019年第1期。

李小云、唐丽霞、陆继霞等：《新发展的示范：中国援非农业技术示范中心的微观叙事》，社会科学文献出版社，2017。

梁俊山、方严英：《我国互联网精准扶贫的现状、困境及出路——以龙驹镇农村淘宝为例》，《电子政务》2019年第1期。

林万亿：《社会福利》，五南图书出版公司，2010。

林毅夫、蔡昉、李周：《中国的奇迹：发展战略与经济改革（增订版）》，上海人民出版社，1999。

刘芳：《农村居民"健康堕距"问题的社会学成因与治理对策》，《东岳论丛》2019年第11期。

刘建生、陈鑫、曹佳慧：《产业精准扶贫作用机制研究》，《中国人口·资源与环境》2017年第6期。

刘永富：《全面贯彻中央决策部署　坚决打赢脱贫攻坚战》，《学习时报》2017年5月5日。

陆学艺主编《内发的村庄》，社会科学文献出版社，2001。

骆方金、胡炜：《生态扶贫：文献梳理及简评》，《经济论坛》2017年第3期。

彭妮娅：《教育扶贫成效如何？——基于全国省级面板数据的实证研究》，《清华大学教育研究》2019年第4期。

齐艺莹、董辉：《1990年中国文盲半文盲人口状况分析》，《人口学刊》1993年第5期。

史玉成：《生态扶贫：精准扶贫与生态保护的结合路径》，《甘肃社会科学》2018年第6期。

世界银行：《从贫困地区到贫困人群：中国扶贫议程的演进——中国贫困和不平等问题评估》，2015。

世界银行：《中国：90年代的扶贫战略》，高鸿宾、张一明、叶光庆译，中国财政经济出版社，1993。

司树杰、王文静、李兴洲主编《中国教育扶贫报告（2016）》，社会科学文献出版社，2016。

孙兆霞、张建、曹端波、毛刚强：《政治制度优势与贫困治理》，湖南人民出版社，2018。

檀学文：《贫困村的内生发展研究——皖北辛村精准扶贫考察》，《中国农村经济》2018 年第 11 期。

檀学文:《中国教育扶贫:进展、经验与政策再建构》,《社会发展研究》2018 年第 3 期。

汪三贵、郭子豪:《论中国的精准扶贫》,《贵州社会科学》2015 年第 5 期。

汪三贵、梁晓敏:《我国资产收益扶贫的实践与机制创新》,《农业经济问题》2017 年第 9 期。

汪三贵:《中国扶贫绩效与精准扶贫》,《政治经济学评论》2020 年第 1 期。

王宾、于法稳:《基于绿色发展理念的山区精准扶贫路径选择——来自重庆市的调查》,《农村经济》2017 年第 10 期。

王春光、孙兆霞、曾芸等:《社会建设与扶贫开发新模式的探求》,社会科学文献出版社,2014。

王萍萍、徐鑫、郝彦宏:《中国农村贫困标准问题研究》,《调研世界》2015 年第 8 期。

王晓宇、原新、成前:《中国农村人居环境问题、收入与农民健康》,《生态经济》2018 年第 6 期。

翁伯琦、黄颖、王义祥、仇秀丽:《以科技兴农推动精准扶贫战略实施的对策思考——以福建省建宁县为例》,《中国人口·资源与环境》2015 年第 S2 期。

邬志辉、秦玉友主编《中国农村教育发展报告 2019》,北京师范大学出版社,2019。

邬志辉:《农村义务教育质量至关重要》,《教育研究》2008 年第 3 期。

吴大华、张学立、黄承伟、叶韬主编《生态文明建设与精准脱贫》,社会科学文献出版社,2018。

吴国宝等:《中国减贫与发展(1978~2018)》,社会科学文献出版社,2018。

吴国宝主编《福祉测量：理论、方法与实践》，东方出版社，2014。

吴霓、王学男：《教育扶贫政策体系的政策研究》，《清华大学教育研究》2017年第3期。

习近平：《摆脱贫困》，福建人民出版社，1992。

杨穗：《扶贫对象的精准识别和动态调整》，载李培林、魏后凯、吴国宝主编《中国扶贫开发报告（2017）》，社会科学文献出版社，2017。

杨园争：《"健康中国2030"与农村医卫供给侧的现状、困境与出路——以H省三县（市）为例》，《农村经济》2018年第8期。

姚松、曹远航：《70年来中国教育扶贫政策的历史变迁与未来展望——基于历史制度主义的分析视角》，《教育与经济》2019年第4期。

叶敬忠、贺聪志：《基于小农户生产的扶贫实践与理论探索——以"巢状市场小农扶贫试验"为例》，《中国社会科学》2019年第2期。

于法稳：《基于健康视角的乡村振兴战略相关问题研究》，《重庆社会科学》2018年第4期。

袁利平、张欣鑫：《教育扶贫何以可能——多学科视角下的教育扶贫及其实现》，《教育与经济》2018年第5期。

中国教育在线：《2018年基础教育发展调查报告》，http://www.eol.cn/e_html/zxx/report/wz.shtml。

中国社会科学院农村发展研究所课题组：《中国扶贫标准研究报告》（未刊稿），2017。

朱玲：《实地调查基础之上的研究报告写作》，《经济研究》2007年第1期。

朱启臻、鲁可荣：《柔性扶贫——基于乡村价值的扶贫理念》，中原农民出版社，2016。

朱薇：《社会保障兜底扶贫的作用机理》，《人民论坛》2019年第7期。

朱新卓、刘焕然:《农村初中生隐性辍学的文化分析》,《教育科学》2015年第4期。

Dahl, R., *Who Governs? Democracy and Power in an American City*, New Haven, CT: Yale University Press, 1961.

Dye, T. R. and H. Zeigler, *The Irony of Democracy*, Monterrey, CA: Brooks/Cole, 1981.

Janssen, I., R. L. Berg, B. Marlenga, and W. Pickett, "Sleep in Farm Adolescents," *The Journal of Rural Health*, 2018, 35(4): 436–441.

Ravallion, M., and S. Chen, "Weakly Relative Poverty," *The Review of Economics and Statistics,* 2014, 93(4): 1251–1261.

Raymond, W. J., *Dictionary of Politics*, NY: Brunswick Publishing Co., 1992.

Sen, A., *Commodities and Capabilities*, Amsterdam: Elsevier Science Publisher, 1985.

Sen, A., "Poor, Relatively Speaking," *Oxford Economic Papers New Series*, 1983, 35(2): 153–169.

Stern, S., A. Wares, and S. Orzell, "Social Progress Index 2014: Methodological Report," https://www.socialprogress.org/resources?filter=2014, 2014.

Stiglitz, J., A. Sen, and J-P. Fitoussi, "Report by the Commission on the Measurement of Economic Performance and Social Progress," INSEE, https://www.insee.fr/en/information/2662494, 2009.

Ura, K., S. Alkire, T. Zangmo, and K. Wangdi, "An Extensive Analysis of GNH Index," Centre for Bhutan Studies, www.grossnationalhappiness.com, 2012.

Wagstaff, A., M. Lindelow, S. Wang, and S. Zhang, *Reforming China's Rural*

Health System, Washington D. C.: The World Bank, 2009.

Wiseman, J. and K. Brasher, "Community Wellbeing in an Unwell World: Trends, Challenges, and Possibilities," *Journal of Public Health Policy*, 2008, 29(3): 353 – 366.

World Bank, "Poverty and Shared Prosperity 2016: Taking on Inequality," Washington, DC: World Bank Group, https://www.worldbank.org/en/publication/poverty-and-shared-prosperity-2016, 2016.

World Bank, *The World Bank Annual Report 2013*, The World Bank, 2013.

后　记

　　精准扶贫精准脱贫百村调研是中国社会科学院秉承国情调研传统、服务中央全面建成小康社会和打赢脱贫攻坚战大局，于2016年设立的国情调研特大项目。项目发动整个中国社会科学院乃至全国各地大学和科研系统研究力量，以贫困村为基本研究单元，以村庄脱贫发展、居民脱贫致富为研究主题，在全国范围内，以中西部地区为主，以少数民族地区为主，成功地对100个贫困程度较深的村庄开展了系统、深入的国情调研。每个贫困村调研都成立了一个子课题组，以2017年为主，至少开展30个工作日以上的实地调研，完成一份村庄调查问卷和60份住户调查问卷，并结合村庄特点开展深入的专题调研。每个子课题组都要撰写村庄调研报告，到2020年底，将有80本村庄调研报告出版。

　　总课题组利用各子课题组收集的样本村和样本户问卷调查数据，辅以村庄调研报告素材，撰写百村调研总报告。总报告以2016年调查得到的截面数据为基础，在脱贫攻坚战从"宣战"到"收官"的视野下，以贫困村脱贫与内生发展为主线，对百村贫困状况、脱贫过程和效果进行了细致分析。总报告以翔实的数据说明，随着精准扶贫的推进和脱贫攻坚力度的加大，精准扶贫和精准脱贫成效显著，脱贫村形成了一定的内生发展能力，积累了宝贵的脱贫攻坚经验。报告提出，贫困村发展可采取"三步走"战略，在全面脱贫基础上，需进一步培育内生发展能力，进而追求繁荣性发展。相关政策建议围绕着脱贫攻坚期后巩固脱贫成果、培育内生发展能力、制定解决相对贫困战略和政策的思路而展开。

本报告由三部分组成。第一部分是主报告，主题是"精准扶贫精准脱贫与贫困村的内生发展研究"，由魏后凯、檀学文、谭清香、曲海燕执笔，谭清香和杨穗组织了数据清理，谭清香为数据分析提供了技术支持。第二部分是专题篇，共分7篇。"专题一 村庄扶贫减贫：成效、挑战与建议"由刘同山、杨龙执笔；"专题二 村庄贫困治理与乡村治理"由王春光执笔；"专题三 精准扶贫村农户收入与消费状况分析"由陈光金、严米平执笔；"专题四 就业扶贫与社会保障扶贫"由杨穗执笔；"专题五 贫困村教育现状、教育扶贫成效及建议"由曾俊霞执笔；"专题六 健康乡村建设现状、问题及对策"由白描执笔；"专题七 生态扶贫：精准脱贫与生态建设的'双赢'之策"由于法稳执笔。第三部分为附录，由四部分组成。附录一"百村村情"由檀学文执笔；附录二为"百村样本特征"、附录四为中国农村贫困标准及贫困状况的相关附表，由谭清香、檀学文整理；附录三为调研所使用的村问卷和户问卷。总课题组项目协调办公室在王子豪副局长领导下为调研、数据收集整理、报告撰写等环节做了大量协调、支持工作。檀学文承担了总课题组的具体协调工作；于法稳、白描、刘同山、檀学文对报告全文进行了分工统稿。总课题组各位负责人对总报告全文进行了审定。

百村调研的任务十分艰巨，很庆幸这个特大项目能在2020年顺利与脱贫攻坚战同步"收官"。在此，我谨代表国情调研特大项目和总课题组对项目协调办公室、各子课题组、总报告卷各位执笔人和审稿人表示衷心感谢和祝贺。

李培林
2020年8月2日

图书在版编目（CIP）数据

精准扶贫精准脱贫百村调研. 总报告卷：脱贫与内生发展 / 李培林主编. -- 北京：社会科学文献出版社，2020.10
　ISBN 978-7-5201-7526-5

　Ⅰ.①精… Ⅱ.①李… Ⅲ.①农村－扶贫－调查报告－中国 Ⅳ.①F323.8

　中国版本图书馆CIP数据核字（2020）第209277号

・精准扶贫精准脱贫百村调研丛书・
精准扶贫精准脱贫百村调研·总报告卷
——脱贫与内生发展

主　　编 /	李培林
副 主 编 /	马　援　魏后凯　陈光金
出 版 人 /	谢寿光
组稿编辑 /	邓泳红
责任编辑 /	陈　颖
出　　版 /	社会科学文献出版社・皮书出版分社（010）59367127 地址：北京市北三环中路甲29号院华龙大厦　邮编：100029 网址：www.ssap.com.cn
发　　行 /	市场营销中心（010）59367081　59367083
印　　装 /	三河市东方印刷有限公司
规　　格 /	开　本：787mm×1092mm　1/16 印　张：25　字　数：368千字
版　　次 /	2020年10月第1版　2020年10月第1次印刷
书　　号 /	ISBN 978-7-5201-7526-5
定　　价 /	128.00元

本书如有印装质量问题，请与读者服务中心（010-59367028）联系

▲ 版权所有 翻印必究